U0153235

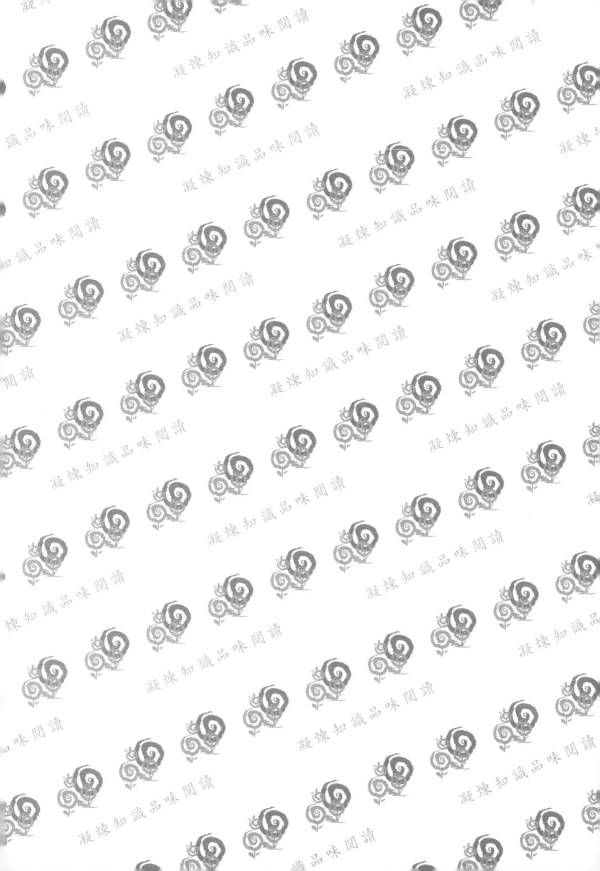

漢代道家思想

——— 陳麗桂 — 著

五南學術叢刊

序

　　漢代是一統的大時代，漢代學術因著政治的一統，也呈現出統合的現象：前漢七十年統合於「道」，七十年以後的三百五、六十年則統合於「儒」。從期程的久暫看來，漢代絕大部分時間是以儒學經術治世的。但是，從哲學的角度來看，能有較大貢獻的，其實是「道家」。「道家」之名非先秦所本有，而始於漢人之冠稱。漢人所謂「道家」，從司馬談的〈論六家要旨〉、劉安《淮南鴻烈》，一直到班固《漢書藝文志》「諸子略」，指的都是一種「因陰陽之大順，采儒墨之善，撮名法之要」，「兼儒墨，合名法」，既要「與化游息，又要與世浮沉」，要「紀綱道德」、「經緯人事」，「道」、「事」並重，治身、治國一理通貫，融合各家而尚用的黃老之道。

　　他們上承先秦老莊，尤其是戰國以來的黃老思想，以《老子》的理論內容為論證的核心依據，透過鋪衍、推闡、解證、注釋等等不同手法，將《老子》學說作了顯實的說解與入世的轉化運用，開創出屬於漢人的老學新風貌。這是先秦齊學的傳統。黃老源於齊學，崇功而尚用，它們一方面堅持老子自然、清靜的基本思想，另一方面配合著時代社會的需求與推闡者特殊的目的，將《老子》哲學作了不同面向與功能的調整轉化。從哲學到宗教，從道到術，從本體到宇宙，從治身到治國，由出世到入世，由簡而繁，由虛而實，將《老子》哲學玄虛不易領理的困擾，作了精粗不一的疏解與釋放。他們其實不盡在推闡老學，更在應用老學。在《淮南子》裏，我們看到的是，推演、解證、應用三者合一，相當細緻豐富的精彩表現，這是漢代道家哲學中最高品質的表現。在《老子指歸》裏，嚴遵緊扣住老莊哲學虛無的旨意，作濃重思辨性的推衍，去注解《老子》。在文字的表現上，兩家都明顯呈現出漢儒鋪張、揚厲、漫衍的風格。《老子河上公章句》與《老子想爾注》則不同，他們雖也明標注老，卻都顯現出用「老」的強烈企圖，將《老子》許多玄理，朝向自己特定的養生、宣教目

標，作了落實的應用性詮釋，一如董仲舒之於《春秋》與儒學，將漢代學者務實、尚用、崇功的性格表露無遺。從某種角度看，他們對《老子》作了另類的創造性詮釋。

然而，不論精、粗，在中國哲學史上，漢代道家最大的貢獻是氣化宇宙論的建構完成。「氣」觀念成為中國哲學的重要議題，始於稷下道家與黃老之學。影響所及，戰國秦漢的文獻，若法家《韓非子‧解老》，《管子‧內業》、〈心術〉，乃至儒家《孟子》論心、性，雜家《呂氏春秋》論天人，談修養，皆莫不以氣為論證的核心要素。漢代道家源承先秦老莊的本體「道」論，除了將作為至高境界與理則的「道」，轉化成為高妙的人事操作之「術」外，也吸取《莊子》外雜篇與黃老的「氣」論，圍繞著《老子》「道生一，一生二……萬物負陰而抱陽，沖氣以為和」的命題，將「道」詮釋為「氣」，在《淮南子》裏完成了中國哲學史上氣化宇宙論的建構。在《老子指歸》裏，我們也看到了它的延續推闡。由氣化萬物下論治身、養生，漢代道家沿承《管子‧內業》一系的精氣說，完成了《淮南子》形、神、氣、志四位一體的修養論，與《老子河上公章句》轉治國為治身，由重神到理形的精氣養生論。再向下發展，《想爾》房中節制的道教養生觀，與魏晉葛洪為代表的道教煉形術，也很自然地形成了。與莊老養生論幾乎同時，由嚴遵《老子指歸》帶著強烈思辨性與玄虛氣質、反覆鋪衍的「有」、「無」論述，下至王弼尚「無」的玄學，也是有軌跡可尋的。

換一個角度來看，先秦老子原本治身、治國並論，漢代道家因承老子，也治身、治國並論。早期漢代道家若《淮南子》裏的理論，依然保持著這種治身、治國雙論的情況。唯自武帝獨尊儒術以後，漢代道家外王治術一路的思想受到了抑扼，其治身、養身之論，如司馬談所說，基於統治者治國的切身之需，反更蓬勃發展，而「老子」的神異化也逐漸開始形成。《後漢書》裡許多以「莊老」為名的貴族養生家，若矯慎、貢閔、楚王英等的出現，與祠老子之類宗教行為的載記，清楚說明了漢代道家因應時勢，由黃老而莊老，放棄治國，

轉向治身發展的狀況。《淮南子》、《老子指歸》、《老子河上公章句》、《老子想爾注》不同的解老面向與理論內容，清楚印證了這種事實。總之，上承先秦老莊、黃老之學，結合著漢人特有的崇功、尚用、閎闊、樸茂的質性，漢代道家既繁複也豐富地展現出它獨特的哲學風貌，完成了它作為大時代學術思潮的任務。

本書因分別由對司馬談〈論六家要旨〉、齊學與黃老、氣化宇宙論、《淮南子》、漢代養生觀、《老子指歸》、《老子河上公章句》、《老子想爾注》等議題與傳世文獻的探討，作為論證之據點，以呈顯道家思想在漢代發展與應用的狀況。唯《淮南子》中治身、治國並重的理論內容，個人於〈淮南子〉的政治論與修養論兩文中探討過，兩文斟酌再三，認為仍應歸入《淮南子》整體思想系統中討論，個人亦將另出專書，整體討論，故雖重要，卻無法收入本書中，只就《淮南子》的解老模式與推闡狀況加以探討，尚祈方雅大家，不吝指正。

陳麗桂

目　錄

壹

漢代道家思維中的各家思想——〈論六家要旨〉論六家

　　司馬談〈論六家要旨〉是論述先秦諸子的重要文獻，它和馬王堆黃老帛書共同成爲判定黃老思想內容課題的主要依據。根據司馬遷的說法，這是其父「愍學者不達其意而師悖」所作。如果所言屬實，則撰作之初，本有糾導學者論學之微意，當然有其自我之學術立場。全文原不知多少篇幅，見載於《史記・自序》者僅926字，不到一千，卻層次分明地包括三個段落。第一段是引論，只有42字，提出六家之名，並引《易・繫辭傳》殊途同歸之論，說明六家皆歸治道。第二段是「論」，共288字，提挈六家學術之大要及其得失。第三段是說（解），有596字，依次說明六家學術所以優劣之故。全篇條理簡單，層次分明，將先秦諸子百家之學中有關治道，又較具格局，影響也較大的陰陽、儒、道、墨、名、法六家之說，作了極爲精警的提挈與論述，並站在黃老道家的立場加以批判。

一、六家思想要旨與得失

　　〈論六家要旨〉引《易・大傳（繫辭）》說：

> 「天下一致而百慮，同歸而殊途。」夫陰陽、儒、墨、名、法、道德，此務爲治者也。直所從言之異路，有省不省耳。

六家理論，理趣雖各不相同，其目的功能，司馬談認爲，皆一致地朝向政治、社會問題的處理。換言之，都通向外王的目的，要求外王的功能。

　　接著它開始依陰陽、儒、墨、法、名、道的順序，分由得、失雙面，論述各家的思想要義。

(一)五家之得失

　　它先說陰陽家：

常竊觀陰陽之術，大祥而眾忌諱，使人拘而多所畏，然其序四時之大順不可失也。……夫陰陽、四時、八位、十二度、二十四節，各有教令，順之者昌，逆之者不死則亡，未必然也，故曰：「使人拘而多畏。」夫春生、夏長、秋收、冬藏，此天道之大經也，弗順則無以為天下綱紀，故曰：「四時之大順不可失也。」

它稱陰陽家所言是一種「術」，六家之中，唯陰陽家直接稱「術」，其餘則或稱「儒者」、「墨者」，或稱「法家」、「名家」。「道家」雖稱家，卻繼而說，「其為『術』也……」。在司馬談看來，「道家」也是以「術」行世。

　　陰陽之學內容太過枝節，忌諱又多，令人行事多所畏忌，是缺點。所謂枝節、忌諱，根據它下文的解說，是指若《呂氏春秋》十二紀，《淮南子·時則》，乃至《禮記·月令》一系，一年四季、十二個月、二十四節氣，天象、氣候與人事政令、休咎吉凶之一一搭配，帶有宗教性的神秘意味，司馬談不以為然。因此，所謂不以為然，並不是否定「陰陽、四時、八位、十二度、二十四節氣」等等的天道、陰陽序列，而是反對它以此搭配教令之後，言之鑿鑿地叮囑什麼季該行什麼令；不行什麼令，就會有如何的休咎吉凶、災異禍害。故肯定其依順四季以長養萬類的天道大常，以為是治政的綱紀。

　　繼而論儒家，他說：

儒者博而寡要，勞而少功，是以其事難盡從。然其序君臣、父子之禮，列夫婦、長幼之別不可易也。……夫儒者以六藝為法，六藝經傳以千萬數，累世不能通其學，當年不能究其禮，故曰：「博而寡要，勞而少功。」若夫列君臣父子之禮，序夫婦長幼之別，雖百家夫能易也。

他肯定儒家修明人倫之功，卻反對其以六藝教人，以爲大而無當，窮其一生難奏功。這和《老子》「爲學日益，爲道日損」（48章），《莊子·養生主》「生也有涯，知也無涯，以有涯隨無涯，殆矣。」的道家本調是一致的。

他再說墨家：

> 墨者儉而難遵，是以其事不可徧循，然其強本節用不可廢也。……墨者亦尚堯舜道，言其德性曰：堂高三尺，土階三等，茅茨不翦，采椽不刮。食土簋，啜土刑，糲梁之食，藜藿之羹。夏日葛衣，冬日鹿裘。其送死桐棺三寸，舉音不盡其哀，教喪禮必以此為萬民之率。使天下法若此，則尊卑無別也。夫世異時移，事業不必同，故曰「儉而難遵」。要曰強本節用，則家給人足之道也，此墨子之所長，雖百家弗能廢也。

「茅茨不翦」是以茅草覆屋而不修翦其邊。「采椽不刮」，指取質地粗鬆的櫟檽之木以爲梁，且不加細削，皆以指稱居室之陋。土簋，以土爲器以盛飯。土刑，燒土爲瓦器以盛羹。糲是粗米，藜藿是野菜。他說墨家尚儉太過，要求人居室簡陋、衣粗、食惡，又非禮、非樂，人生最重要的養生、送死兩大事，都是一式地粗陋草率，站在「爲治」的立場，如此要求人君，非特啼笑皆非，而且君民一同，尊卑無別，是其反對的第一因。其次，時代在推移，文明在進步，物質益愈發皇是必然的趨勢，千古一式地粗陋清簡，絲毫不具普遍的可行性，是其反對的第二因。換言之，司馬談反對墨家太儉，第一個因素立論的著眼點是針對「爲治」之君的用度，而非一般人。他說人君爲治用度太儉會破壞封建禮制下的尊卑差序。第二個因素是墨家忽略「時變」因素。然而，墨學要求奮耕力農，降低物質用度，增加生產，減少消費，是最古老的致富原則，仍應予以肯定。

他再說法家：

> 法家嚴而少恩，然其正君臣上下之分，不可改矣。……
> 法家不別親疏，不疏貴賤，一斷於法，則親親尊尊之恩
> 絕矣。可以行一時之計，而不可長用也，故曰：「嚴而
> 少恩」。若尊主卑臣，明分職不得相逾越，雖百家弗能
> 改也。

法家明法審令，王子犯法與庶民一體同罪，打破周代封建宗法親親尊
尊架構下的名位獨佔與資源分配，企圖透過「法」來齊一西周以來
以血緣爲依據的權益參差，司馬談說，可收短效，而難以久長。然法
家尊君卑臣，在申不害刑名術的推展下，組織嚴明，人各一職，權責
分明，是各家唯一正面針對「爲治」的終極目標，去處理其相關問
題，效果當然直接了當，爲他家所不及。

續論「名家」，他說：

> 名家使人儉而善失真，然其正名實不可不察也……名家
> 苛察繳繞，使人不得反其意，專決於名，而失人情，故
> 曰：「使人儉而善失真」。若夫控名責實，參伍不失，
> 此不可不察也。

各家之中，司馬談對於「名家」的說解與批論較爲混亂。他說名
家「儉而失真」，司馬貞索隱引班固漢志〈諸子略〉，亦即劉向
《別錄》，以「名家流出於禮官。古者名位不同，禮亦異數」來解
釋「儉」；以「受命不受辭」解釋「失其真」，顯然錯誤。根據司
馬談論其餘五家的慣例，後說本以解釋前面的批論。所謂「儉而失
真」，「儉」不知何所指？「失真」依後文解釋，指的是其理論
「苛察繳繞，使人不得反其情，專決於名，而失人情。」這應該是

指辯者一系的名論。蓋不論惠施之「合同異」，或公孫龍之「離堅白」，所論皆顛覆傳統思維概念與語文表述習慣，與現實人生中人與人間之實際交流狀況有很大落差，故曰「失真」。至於所說優點「控名責實，參伍不失」，是指法家因任授官，以督核臣下之刑名術。兩系名論，不論內容或氣質，差異都很大，前者指辯者一支，後者指法家刑名說。司馬談合而批論，肯定後者，否定前者，或許是他基於「務為治」的觀點所作的考量。前者是知識領域之事，後者則是不折不扣的政治事務，當然加以肯定。最後論說道家。

(二)道家思想要旨

不論本論或說解，道家的論述都是六家中篇幅最長的，次序列最後，內容也最豐富。尤其特別的，各家皆有得有失，且先論失，後述得。唯獨「道家」，詳述其「術」，說其得，而不見其失，大有以之總結前五家之意味。稍加觀察，即可發現，不論「論」或「說」，「道家」部分的內容大致可分為二層：第一層論說其稟承先秦道家清靜虛無的思想精神，及其源自刑名法家，因循無為、主刑名、講時變的為君治國之術。第二層論述其儉約節制、形神並重的治身之理，並以之為治國的先決條件。茲先說第一層。〈論六家要旨〉說：

> 道家使人精神專一，動合無形，瞻足萬物。其為術也，因陰陽之大順，采儒墨之善，撮名法之要，與時遷移，應物變化，立俗施事，無所不宜。指約而易操，事少而功多。（儒者則不然，以為人主天下之儀表也，主倡而臣和，主先而臣隨，如此，則主勞而臣逸。）至於大道之要，去健羨，絀聰明，釋此而任術。……道家無為，又曰無不為，其實易行，其辭難知，其術以虛無為本，以因循為用，無成勢，無常形，故能究萬物之情；不為物先，不為物後，故能為萬物主。有法無法，因時為

業；有度無度，因物與合，故曰：「聖人不朽，時變是
守。」虛者，道之常也；因者，君之綱也，群臣並至，
使各自明也。其實中其聲者謂之端，實不中其聲者謂之
窾；窾言不聽，姦乃不生，賢不肖自分，白黑乃形，在
所欲用耳，何事不成？乃合大道，混混冥冥，光耀天
下，復反無名。（「儒者則不然……主勞而臣逸」一段
宜置此。）

1.虛無簡約、因循時變

　　上文在「道家」部分的前「論」中，「儒者則不然，……主勞而
臣逸」一節，個人以為，極有可能是誤置之簡，應該移開，今本置
此，隔斷文意。移開，則上下文皆述道家之「道」與「術」，文意
文氣連通為一。至其正確的位置，個人以為當在下文說解末「光耀
天下，復反無名」之後，較為順當。因為該節首在否定儒家，君倡
臣和，君先臣後，有為式的君術之失。最好置於與之相反的君後臣
先，無為君術之後。若置「法家」之後，於論於說，文氣文意皆不銜
接。論陰陽家、名家部分，亦無可置處。論「道家」處，闡述完道
家刑名大用後，始舉與之相反之儒家君術煩勞不清簡以為諷，才恰
當。

　　「道家」崇尚虛無，講求心靈的清靜虛無，化育萬物，安定一
切，滿足一切。清靜虛無是「無為」，化育萬物、滿足一切是「無
不為」，因此其下解說：「道家無為，又曰無不為」。清靜虛無，發
乎自然，無須造作，又簡約不繁瑣，故曰「易行」。然而，其理幽
深微妙，故曰「難知」[1]。較特殊的，他一再稱「道家」學說為一種
「術」，說「其為術也……」、「釋此而任術」、「其術……」。

---

[1]　以上詮釋依據張守節《史記正義》（台北：臺灣商務印書館，1983年），當句下注。

六家之中，唯陰陽與道家學說被稱爲「術」，但二者顯然不同。陰陽家太拘之「術」，指漢志所謂「明堂、羲和、史卜之職」的「數術」。此處的道家之術，指的是一種可以操作掌握的要領與原則，尤其是領導統御的要領與原則。司馬談說，這種「術」是兼採陰陽、儒、墨、名、法各家之長，所提煉出來的。它重時變，有彈性，用以處理事物，總能順遂穩當。因爲精簡容易把握，故能有四兩撥千斤的效果。總說它的核心要旨，就是教人去除剛強、貪欲，不用心慮智巧，一依此清靜虛無之原則，不主觀，不專斷，順隨外物自然之理，隨時相應變化以治之。這樣的學說內容乍看之下，基本上是《老子》一系先秦道家清靜無爲，去己棄智，反對剛強突露的哲學，吸收法家重時變的精神所成的治事之術。就前論部分而言，原本不見有特別政治意味，未必專指君術。然至後之解說，卻將這一切轉向領導統御，使成督核臣下的帝王術，班固漢志所謂「君人南面之術」，完全切合其「務爲治」之大前提。

其說，「道家」之術本質虛隱無形，不可知見。應用時，依順外物，無固定招式，亦不見行迹，故能靈妙萬用，曲盡萬物本狀。它在處理事物時，不搶先，亦未必守後，故總能有效掌控萬物。它時有法則，時無法則，時依軌度，時不依軌度，全看情況需要，掌握恰當時機，因應所處理的對象而採取行動。它並引聖人的話，強調這一切最重要的是掌握時機，聖人就是能準確掌握時機，相應變化，所以治事理物永不頹敗。這就不是《老子》的原意，而兼採了法家「時變」的觀念。《老子》主柔主後，也說過「動善時」（第八章），要人注意行動的時機，卻沒有強調「變」的觀念。這裏說「不爲物先，不爲物後」，又說「時變是守」。拋開《老子》對「後」的堅持，開放地以「時機」作爲行動與否的關鍵，而不再定著於先後問題。比起《老子》來，更具機動性，也更靈活好用。

2.欲言不聽，循名責實

接著他將這種治事通則指向領導統御。說：把這種經由《老子》

的虛無或柔弱之理轉化而來的「因循」之術，施用於政治上，就是人君領導統御的大原則。人君可以透過這種虛無因循之理去考核臣下。自己虛無靜默，不逞智巧，不綻好惡，不有定見，不露形迹，讓臣下能充分展現其各自之才能，一如道之應物。臣下所致之「實」（績效），合其所言，判之為正；所致之「實」（績效）不合其所言，判之為空。人君當能辨察空言，不受蒙騙，姦欺之事便無由產生，臣下的賢能與不肖自然清楚，是非無所遁形。這是最精簡省事的治事理政之術，也是申不害賴以成名的循名責實之術。運用之妙存乎一心，誠能領略個中三昧，司馬談說，沒有失敗的可能。能掌握這虛無、因循、時變之理，便是與道合一，其功能效用將遍天遍地，無所不能。說解顯然將這種轉化自先秦老子哲學，卻又採參法家時變觀念的道家之「術」，轉向法家靜因刑名的方向，完成了黃老道家的理論提挈。這一切，當然反映司馬談的觀點。

3.清靜節制，形神並養

在論說完道家虛無簡約，因循時變的君術之後，〈論六家要旨〉接著又說：

> 夫神大用則竭，形大勞則敝，形神騷動，欲與天地長久，非所聞也。……凡人所生者神也，所託者形也，神大用則竭，形大勞則敝，形神離則死，死者不可復生，離者不可復反，故聖人重之。由是觀之，神者，生之本也；形者，生之具也。不先定其神，而曰我有以治天下，何由哉？

這是第二層。《史記》所載〈論六家要旨〉便在對治身之術的重視與叮囑中結束。這部分也和前述六家一樣，前有論，後有說解，顯然，它應該是「道家」之論與說解的一部分。換言之，除了治事之術、治國之術外，「道家」之術也含包治身養生之術。〈論六家

要旨〉中的道家是治國、治身並重的，黃老道家正是治身、治國並重。

　　在第二層的論與說解中，都關切形、神過度疲耗，認爲那是養生大忌。說解更明白點出，之所以重視形神問題，主要因爲它們不但是生命的基礎，更是「爲治」的基礎。值得注意的是，先秦道家基本上重神，不重形，養神遺形[2]。黃老道家卻形神並重、交養[3]。〈論六家要旨〉以形爲生之具，神爲生之本，重戒形、神之過度勞用，和《淮南子》之神重於形，卻形神交修並養，表現出一致的觀點，顯現西漢黃老理論不只重神，也兼治形的觀點。要之，〈論六家要旨〉以黃老「道家」的治身之術，首尾完具地呼應了前述引論的「務爲治」，結束全文。

---

[2]　《老子》以「身」爲「大患」（13章），戒五色、五音、五味（12章），要人「不見可欲，使心不亂。」（3章）教人透過「致虛」、「守靜」的工夫，去澄明心靈，俾能透澈觀照萬物變化之全貌（16章）。《莊子》則要人透過「心齋坐忘」的工夫，「墮肢體，黜聰明」、「離形去智」，全然擺脫對形骸的牽掛與顧念，甚至停止一切無意義的思維活動，去澄澈心靈與精神，使臻至無限虛明，謂之「靈臺」，那才是大同大通的至高道境。〈養生主〉說，庖丁解牛是「官知止而神欲行。」感官過不去的，精神仍寬綽有餘。都在強調神高於形，貴於形。

[3]　《管子・內業》說：「人能正靜，皮膚寬裕，耳目聰明，筋信而骨強；乃能戴大圓而履大方，鑑於大清，視於大明，敬慎無忒，日新其德，遍知天下，窮於四極，敬發其充，是謂『內得』」不但以人心靈的平靜爲形身強健的基礎，也以外在形身的強健，爲人內在精神靈明的基礎，形神兩者是交互影響的。《淮南子》也一樣，它一面說：「以神爲主者，形從而制；以形爲制者，神從而害。」（〈原道〉）「治身，太上養神，其次養形……神清志平，……養性之本也；肥肌膚、充腸腹、供嗜欲，養性之末也。」（〈泰族〉）因承老莊，以「神」爲重於「形」。卻同時又說：「形者生之舍也，氣者生之充也，神者生之制也，一失位則三者傷矣。」（〈原道〉）以形、氣、神三者爲一體互牽，要人交修並養，說：「聖人將養其神，和弱其氣，平夷其形。」（〈原道〉）

二、〈論六家要旨〉的思想傾向

㈠為治與尚功

　　〈論六家要旨〉一開始在相當於引論的地方已經提出了所選六家之說皆「務為治」。明白告訴我們，選此六家是以「為治」為考量。以後它批判各家，大致也是站在「為治」的觀點來發論。它否定陰陽家將天道、政令與休咎吉凶之搭配太過肯定而神秘多忌諱，使人拘而多畏，固不利於「為治」，卻肯定其序四時之大順，因為那是「天道之大經」，「不順，無以為天下綱紀」，考慮的焦點仍是「為治」。它肯定儒家的序人倫，墨家的強本節用，能使家給人足，固然是站在治道的立場；其否定墨家尚儉太過，非禮非樂，難以為「萬民率」、「天下法」，說的還是「為治」的問題。它肯定法家「正君臣上下之分」、「尊主卑臣，明分職」固是「為治」之事；否定其不別親疏，也是考慮到它可行於一時，不能長用，仍是「為治」問題。它肯定名家的「控名責實，參伍不失」固是政治課題；其大篇論說道家終極歸趨，仍然是君術，尤其是「為治」問題。它由治事說到治國、治身，而治身乃「治天下」的先決條件。凡此，皆以「為治」為核心與歸趨。

　　不僅如此，〈論六家要旨〉還尚「功」，它批儒家六經「勞而少功」，稱揚道家之術「事少而功多」；說墨家尚儉，忽略「事異時移，事業不必同」，故「儉而難遵」；「法家」斷親親，「不可長用」；稱揚道家之刑名「何事不成」，都是站在尚「功」，要求成效的觀點而批判。漢代是個太平初開的時代，重治道而講求事功，漢代學者與思想家在中國思想史上的貢獻，常常不在玄學上而在實際政治事務的涉入與討論，多少反映這種現象。和〈論六家要旨〉的寫成差不多同一時間的西漢另一黃老道家《淮南子‧氾論》也說：「百家殊業，而皆務於治。」可見，以「務為治」期許各家，不但是黃老道家的觀點，也同時是西漢思想家的時代特色。

㈡由道到術，由老子到黃老

　　司馬談將道家之學詮釋爲一種「術」，這樣的說法是很有時代性的。它反映出西漢人對老子「道」的理解與應用。西漢人所理解的「道家」是源起於戰國，而流行於西漢的「黃老治術」的黃老道家。與〈論六家要旨〉同爲論述先秦諸子重要篇章的漢志〈諸子略〉，同樣說道家之學是一種「術」，一種「君人南面之術」。不僅如此，較司馬談稍早的文帝時代，賈誼的論著中，「道」的意義也被當作如此理解。《新書・道術》說：

> 道者，所從接物也，其本者謂之「虛」，其末者謂之「術」。虛者，言其精微也，平素而無設施也。術者，所從制物也，動靜之術也，凡此皆爲道也。

賈誼把「道」界定在現象界裏來論。道以應對事物，有體（本）、用（末）之分，就體而言，精微、素樸、不可見，稱「虛」；就用而言，是處理事物的手法與要領，故稱「術」。說「其本者謂之虛，其末者謂之術」，和〈論六家要旨〉的「其術以虛無爲本，以因循爲用」意思相同。他並從體用不同層面論証「道」之「接物」，說：

> 鏡儀而居，無執不臧，美惡畢至，各得其當，衡虛無私，平靜而處，輕重畢懸，各得其所。明主者，南面而正，清虛而靜，令名自宣，命物自定，如鑑之應，如衡之稱，有豐和之，有端隨之，物鞠其極，而以當施之，此虛之接物也。……人主仁而境內和矣，……人主義而境內理矣……人主有德而境內肅矣……人主有信而境內貞矣……人主公而境內服矣……人主法而境內軌矣……舉賢則民化善，使能則官職治，英俊在位則主尊，羽翼

勝任則民顯，操德而固則威立，教順而必則令行，周聽
則不蔽，稽驗則不惶，明好惡則民心化，密事端則人主
神。術者接物之隊，凡權重者必謹於事，令行者必謹於
言，則過敗鮮矣，此術之接物之道者也。其為原無屈，
其應變無極，故聖人尊之，道之詳不可勝述也。

就本體「虛」一義而言，道如秤、如鏡，無所堅持，也絕不隱瞞，
以應對外物。其施用於君道上，人君治政，也應如鏡、如衡，清虛
安靜，公平無私，聽任外物，然後恰當應對。就末用之「術」一義
而言，賈誼便全然就政道發論，要求統治者透過虛、靜、無執、無
私等的自我要求，把自己調整到最平正、客觀的標準狀態，讓所統
御的對象在極其自然的情況下找到自己的位置，並且如實反應，纖
毫不爽，這叫「令名自宣」、「令物自定」、「美惡畢至，各得其
當」。講的其實就是《管子・內業》、〈心術〉、〈白心〉一系
「靜因」的統御術，也是黃老刑名家君靜臣動、因而不動，應而不設
的統御術。都是將道家虛無清靜、去己棄智以應物之理，推用之於君
道，而得到如法家刑名一系的領導統御要領。所不同的，賈誼參探了
儒家的仁義道德說與躬身示範的觀點[4]，〈論六家要旨〉不然而已。
其以「道家」之學為南面之君術，似乎是黃老治術盛行的西漢早期知
識份子的共識。

　　而黃老之學相對於老子學說，本質上最大的不同，一則是以
「氣」將《老子》本體與修養範疇中的「道」，作了宇宙創生與精
氣治身的詮釋[5]。一則是結合法家刑名說，以「術」將《老子》的

---

[4]　參見筆者所撰：〈從《新書》看賈誼融合儒道法的思想要論〉，《中國學術年刊》第25期
　　（1996年6月），頁40-41。

[5]　在《管子》四篇中，以精氣來說明道的創生作用。說「道」和「氣」同樣都是充滿形身，不
　　可知見，卻遍天遍地，無所不灑滿，能化生萬物。「氣」能孕生智慧，「道」能由肌膚、容

「道」作了治事理物，尤其是領導統御方向的轉化[6]。使《老子》原本治身、治國兼論的思想課題更為顯實，更為強化。以後道法（刑名）結合的統御術，與治身治國並重相通的理論，乃至精氣養生說，變成了黃老之學的明顯標記，也是後人據以判準黃老思想的重要指標。從上述馬王堆三號墓出土的黃老帛書，出自稷下學宮的《管子》四篇，與被司馬遷判定為其學歸本於黃老的韓非、申不害等人的部分理論，乃至秦代《呂氏春秋》，漢代《淮南子》中的相關理論，都表現出同樣狀況[7]。

　　上述的這些理論情況都明顯反映在司馬談的〈論六家要旨〉中。〈論六家要旨〉論說「道家」，不但將《老子》一系虛無為本、清靜為要、去貪欲、戒剛強、去己棄智、自然無為的柔後哲學，「術」化為虛隱無形、不先不後、因循時變的君術，而且結合法家的刑名防姦之說以為佐助，又以「務為治」為六家之學的最大交集與最終歸

色中去徵知，「道」就是「氣」。〈內業〉並且以防杜精氣過度耗損與保持體內精氣汩汩不絕，為維持生命長久與智慧靈明之道。馬王堆黃老帛書說「道」，「濕濕蒙蒙」，類似一種原始物質的狀態，是「萬物之所從生」（〈經法・道法〉）。《呂氏春秋》以「道」為「太一」，「太一」是陰陽二氣混沌未分之狀態，是宇宙萬物創生的始元，也是「精氣」。《淮南子》〈天文〉、〈俶真〉、〈精神〉更直接以「氣」（元氣）開展其宇宙論。

[6] 馬王堆黃老帛書不論〈九主〉還是〈經法〉等四篇，終極目的都在由對天道的順逆中推衍出治道，由天道中提煉出名、分、理、度，以為施政的準則。以「審名察刑」為施政上的「無為」（〈十大經〉）。《管子》四篇則抬出「道」來貫串治心、治事、治國。〈內業〉以心統九竅的治心之術喻君統百官的治國之理，從而得出君靜臣動，因任無為的統御術與督言正名的刑名術。《呂氏春秋》〈不苟〉、〈君道〉、〈君守〉、〈圜道〉等篇不但以天道的天圜地方，喻治道的主圜臣方；並且以天道的圜轉不已，論證君道的不拘不滯，無為無處，以一馭萬，虛靜因任。又以地道之井然有序論證臣道之正名審分，各守其職，從而拈出正名審分的刑名術。《淮南子》更將無為、靜因、刑名等同起來，說所謂無為靜因的君術，就是操持刑名以施治。

[7] 有關黃老之學對於《老子》之學的因承與轉化，筆者已在《戰國時期的黃老思想》與《秦漢時期的黃老思想》中討論過，此處僅於注5、6中隱括論說，不再詳述。前書為聯經出版社1991年出版，後書為文津出版社1997年出版。

趨，並以形神並重爲「爲治」之基礎，一而再、再而三明顯地標示其「黃老」特質，其所謂「道家」，非老，非莊，而是不折不扣的黃老道家思想綱領之提挈。

不僅如此，老子原本主柔弱，守雌後，〈論六家要旨〉卻說，「道家」以「因循」爲用。「不爲物先，不爲物後」，「因時爲業，因物與合」，這是黃老道家推演轉化老子柔弱哲學的結果。因、時、變三個觀念在黃老學說中，常是互濟共存的。在〈論六家要旨〉之前，馬王堆黃老帛書說行事要「因天時」，「非時而榮則不果」，要「因時以取成」，「反義逆時」必無以成功。《管子・內業》說聖人「與時變而不化」，〈心術〉上、下並大談虛無因任之理。《呂氏春秋》除了在〈因循〉、〈任數〉、〈貴因〉中大談因循、因乘之理外，並有〈審時〉、〈守時〉篇闡發因時、適時的重要，〈遇合〉等篇論述「遇合」與「時機」的密切關係。〈召類〉說：「事適於時者，其功大」，〈不廣〉說：「智者之舉事必因時」，將「因循」與「時」的重要性，發揮得相當透澈。與〈論六家要旨〉同時代的《淮南子》也是這樣的表現。《淮南子・原道》在推演《老子》的無爲無不爲與柔弱哲學時說，所謂「柔弱」是要「志弱而事強」，「執道理以偶變」，「先亦制後，後亦制先」，「動不失時，與萬物回周旋轉」，同時也能「遭變應卒，應化揆時」。強調的同樣是時機的成熟與否，而不是先後問題。因循與時變是黃老學的另一重要觀點。〈論六家要旨〉說「道家」，「不爲物先，不爲物後」，而要因物、因時，以「虛」爲常，以「因」爲綱，正是黃老理論的明顯表徵。

(三)采儒墨，撮名法

班固漢志解說「道家」爲一種「清虛以自守，卑弱以自持」的「君人南面之術」，又說「雜家」，出於古之「議官」，「兼儒墨、合名法，知國體之有此，見王治之無不貫。」基本上，講的也都是黃老「道家」。在漢志裡，司馬談〈論六家要旨〉的道家被一

分為二，卻仍保留它「務為治」的性質與功能。它說「雜家」之學出於古議政之官，議政官之學直接關涉到「國體」與「王治」的問題，當然是「務為治」，且屬道家「君人南面」之事。這種一變為二的詮釋，明顯反映出由司馬談的武帝時代（《史記‧自序》說司馬談仕於武帝建元、元封之間〈論六家要旨〉的撰作，或在其間）至劉向《別錄》的撰寫時代之間，「雜家」已經自「道家」中分離出來。所以《淮南子》自謂「紀綱道德」，後世多謂其屬黃老「道家」，漢志卻列之為「雜家」。結合漢志「道家」「清虛以自守，卑弱以自持」的「君人南面之術」，與「雜家」「兼儒墨，合名法」的內容，正等於〈論六家要旨〉所述「道家」的內涵，說的都是黃老「道家」以老子虛無柔弱為核心本旨，參探儒、墨、刑名、法各家之說而成的「君術」。蒙文通說，司馬談所說的「道家」，顯然是「雜家」，就是「黃老」，和莊周一流道家不同，就是這個意思[8]。

　　其采自名法的部分，已如上述的「時變」觀念，與「虛靜因任」、「循名責實」的刑名術；其采自儒墨處，則就西漢文景黃老治期各種慈惠、清儉、省刑之德政看來，黃老「道家」確實如司馬談〈論六家要旨〉所說，吸收了墨家「強本節用」的主張，與儒家仁愛惠民的精神，希望能「人給家足」，庶民安樂。而據史書的記載，文景時期，在黃老清靜慈惠之風的管理下，刑省獄空，斷獄四百，號稱「刑錯」。較之此後獨尊儒術的武帝時代，「斷獄萬數」來說，對於儒家德惠之教的推行，更為努力而真誠。司馬談在〈論六家要旨〉中，只肯定儒家序人倫上下之序。實則，黃老「道家」所參探自儒家的，恐不只此。在馬王堆三號漢墓出土的黃老帛書中，「慈惠以愛人，端正勇」是和「卑約主柔，好德不爭」（〈十大經‧順道〉）同時被強調跟重視的，那應該是「采儒墨之善」的結果，而非來自《老子》。

8　詳見蒙文通：《中國哲學思想探源》（台北：台灣古籍出版社，1997年），頁370。

㈣因陰陽之大順

　　然而，在漢志所述的「雜家」之學中，只有「兼儒墨、合名法」，而沒有「因陰陽之大順」。換言之，漢志的「雜家」與「道家」都沒有兼采陰陽說。漢志的雜家、道家和陰陽家不見有何關係；在漢志裡，雜家、道家與陰陽家是分流的。〈論六家要旨〉詮解則不然，它不但以陰陽家起論，列「陰陽之術」為第一序，並且在它所唯一推崇的「道家」之學中，擷採了「陰陽之大順」，較之班志，〈論六家要旨〉詮解黃老「道家」更為精確。黃老道家之學本來就跟陰陽之學有深厚的淵源。

　　就作為黃老之學源頭的黃帝之學來說，漢志所列黃帝著作之內容與類別（漢志多注明為依託），除了道家類的《黃帝四經》、《黃帝君臣》、《黃帝銘》、《雜黃帝》等四種與小說家的《黃帝說》外，其餘雜占、醫經、經方、房中、神仙、天文、曆譜、五行各類依託的黃帝著作，都和陰陽家有深厚關係。都在陰陽之學的範圍內。以後，這「道家」一支，「術」化為治事的要領與治國之方；那些與陰陽學相關的黃帝學說，在治身的醫學、科學、養生之道，與史官專職的天文曆數等方面，發展轉化成為黃老學的另一部份內容。從先秦到兩漢的黃老之學，因此常常是治國、治身並重的。而陰陽之理、陰陽之術與陰陽之說也始終出現在相關於黃老之學的論著中。不但在較早的馬王堆黃老帛書〈稱〉中，有大篇幅的「陰陽大義」，在相傳為黃老學發源地兼大本營的稷下學宮集體大作《管子》中，也有〈幼官〉（一說當作〈玄宮〉）、〈幼官圖〉、〈四時〉、〈五行〉、〈宙合〉等陰陽論的篇章。以後，在《呂氏春秋》的十二紀裡，陰陽學更是它的主體綱領。而〈應同〉與〈召類〉，一般也被認為是鄒衍遺說。在與〈論六家要旨〉同時的《淮南子》中，一連串有〈天文〉、〈地形〉、〈時則〉、〈覽冥〉等四篇相關於陰陽家學的篇章，緊接在推闡道家理論的〈原道〉、〈俶眞〉之後，而這些書都被公認為直屬或相關於黃老學的專著。凡此，在在說明了陰陽學和黃老

學之間的緊密關係。

　　大陸學者葛志毅與張惟明對黃老學與陰陽學之間的密切關係，有特殊的看法。他們根據《管子・四時》、〈五行〉乃至《淮南子・說林》「黃帝生陰陽」，〈覽冥〉：「昔者黃帝治天下，……以治日月之行律，治陰陽之氣，節四時之度，正律曆之數」，以及《史記・五帝本紀》「（黃帝）順天地之紀、幽明之占。」〈曆書〉「黃帝考定星曆，建立五行，起消息，正閏餘」等等說法，認定曆法起於黃帝時，黃帝之學本具與陰陽家言相近的性質。而「陰陽家」，根據漢志「曆象日月星辰，敬授民時」的記載，應起於古代治曆明時的天文曆數之學。因推定黃帝遺說是「陰陽家的嚆矢」，陰陽學乃發端於黃帝的天文曆數之學，其後此中的陰陽思想因素日益發展，至戰國成為系統化體系，而獨立為陰陽家學派。

　　道家本不稱揚黃帝，但隨著陰陽學的擴大發展，道家也吸收其思想充實自己的理論，甚至取黃帝之名以稱其學，黃帝因借助道家之說，續揚其名，此黃老之學產生之由[9]。換言之，依照葛、張二人的說法，陰陽學的源頭本是黃帝之學，而黃帝之學與陰陽學都以天文曆數為主要內容。黃帝之學其後結合道家《老子》之說成為黃老之學，黃老之學先天上因此本就是「因陰陽之大順」的。其實「道家」如依班志所說，本出於「史官」，史官歷來皆掌天文曆數，正是以黃帝之學與陰陽家學為主要職掌，其「因陰陽之大順」本就不足為奇。

　　而司馬談的學術淵源，根據其子司馬遷的說法，曾經「學天官於唐都，受《易》於楊何，習道論於黃子」。天官之學本是陰陽學的內容之一，已如上述，漢志也說，陰陽家出於古「羲和之官」。司馬談是史官，習天官，知陰陽，是很自然的事。但他又「習道論於黃

---

[9]　詳見葛志毅、張惟明所撰：〈黃帝與黃帝之學〉，《先秦兩漢的制度與文化》（哈爾濱：黑龍江教育出版社，1998年），頁133-151。

子」，「受《易》於楊何」。黃子，《漢書‧儒林傳》說他「好黃老之術」。《易》本道「陰陽」，楊何，根據《漢書‧儒林傳》的記載，他是西漢《易》家始祖田何的再傳弟子，菑川人。田何傳王同，王同傳楊何，司馬談的陰陽學根柢應該很深厚。他不但是漢代正統《易》學的嫡傳，還有掌管天文的史職，在在令他深闇陰陽之學與陰陽之術。加上又有黃生黃老之學的承授淵源，他的黃老「道家」成分是很醇厚的。而黃老與陰陽本有深厚淵源，已如前述，司馬談列「陰陽之術」為第一家，又以道家之學為「因陰陽之大順」，其黃老立場是很明顯的。

三、融合五家以批判五家

　　總之，司馬談在六家中唯一肯定「道家」，他並以之批判各家。他所界定的「道家」，非老、非莊，而是以老子虛無、清靜、柔弱、去智為主體，結合時變觀念與刑名術為主，兼揉陰陽家重陰陽、四時、八度……等與天文曆數相關的天道陰陽觀，與儒墨慈惠、務本、節用等觀念而形成的，重視治國與治身之術的黃老「道家」。他也就以這種統合眾家之長的黃老「道家」之「術」去批判各家。他基於漢代重治，與黃老「道家」以領導統御為主體目標的立場，重視各家「務為治」的功能，又崇尚事功，並以他所取的各家之長，去批判他所去的各家之短。他以黃老「道家」源自老子的清靜儉約、虛無因循，肯定陰陽家因順天時，反對其忌諱繁瑣，與名家（辯者）之苛察繳繞，儒家六經之博而寡要。以黃老道家采自法家、刑名家之尊君觀念、君逸臣勞、重刑名之特質，否定儒家之君勞臣逸，批判墨家要求人君養生送死太過簡陋，「尊卑無別」，肯定法家之「尊君卑臣，明職分」與刑名家之「循名責實」。又以黃老「道家」採自法家的時變觀念，批判墨家不懂「世異時移，事業不必同」，務要節儉。同時參採墨家之強本節用，與儒家之修明人倫，並據以批判法家不為黃老道家所取之「不別親疏」。五家之中，舉

凡他所肯定，所論爲「得」的，皆爲他所「因」、所「采」、所「撮」。反之，舉凡他所批爲「失」的，皆在不采之列。終歸結於寧靜節制的治身之術，以爲治國「爲治」的先決條件，明顯顯示了黃老「道家」的立場與特質。

四、結語

　　如果我們想從前代典籍中，尋找出可以作爲黃老道家思想理論判準依據的文獻，則毫無疑問地，馬王堆黃老帛書和〈論六家要旨〉是兩把標準尺。它具體而微地提挈了戰國以來黃老思想的核心課題：一種以《老子》或轉化自《老子》的虛無、清靜、因循之理，結合著法家的時變觀念與刑名考核之方所成的領導統御之術，與形神並重、自然節制的治身之理，同時兼合陰陽家的天道陰陽觀，與墨家節用、儒家仁惠思想所構成的天道、治道一體相通，治身、治國並重的「君人南面之術」。它不但是司馬談〈論六家要旨〉所述「道家」的具體內容，其實也正是戰國秦漢以來黃老之學的核心課題與主要內容。

貳

黃老道家與齊學

　　黃老是齊學的一支，所謂「齊學」，指的是源起於先秦時期的齊地，而發展、盛行於戰國兩漢時期，深帶齊國文化風格與特質的學術。欲了解齊學，不能不根源性地，從齊國與齊文化的起源與發展說起。

一、齊文化的起源、發展與特質

　　大陸學者習慣將中國先秦時期的學術，依文化類型，分為四大區類[1]：

㈠鄒魯文化：以儒家的孔、孟與墨家為主。

㈡荊楚文化：以道家的老莊為代表。

㈢三晉文化：以法家的申、愼、韓為代表。

㈣燕齊文化：以管、晏、陰陽家、黃老為代表。

　　黃老正是齊文化的產物。先秦的齊文化，其基本性格的奠定，當然是以太公封齊為關鍵，逐漸發展起來的。但，太公封齊，卻不是齊文化的開端；前此，根據大陸學者在山東地區的考古研究，遠在黃帝、少昊的大汶口文化期，虞夏的龍山文化期、東岳石文化期，近至商代的尹家城文化期，齊地早有至少五千年的歷史文明[2]。它原是少昊之虛、少昊之國，有著奉鳥為圖騰的傳統[3]。然而，其文化之定型

---

[1]　參見王志民主編：《齊文化概論·序》（濟南：山東人民出版社，1993年），頁2。

[2]　參見林麗娥：《先秦齊學考》（台北：台灣商務印書館，1992年），頁34-45。

[3]　《左傳》昭公十七年載少昊之後郯子自述其祖少昊之職云：「昔者黃帝氏以雲紀，故為雲師而雲名；炎帝氏以火紀，故為火師而火名；共工氏以水紀，故為水師而水名；大昊氏以龍紀，故為龍師而龍名。我高祖少昊摯之立也，鳳鳥適至，故紀於鳥，為鳥師而鳥名。」《左傳》昭公二十年載晏子述姜齊之來歷與沿革云：「昔爽鳩氏始居此地，季前因之，有逢伯陵因之，蒲姑氏因之，而後太公因之。」根據杜預的注解可知這大致就是少昊氏之後，歷經「虞夏」、「殷商」、「殷商之間」，一直到「周初」各階段，齊地政權的代遞狀況。爽鳩氏是「少皞之司寇」，爽鳩是鳥稱；逢伯陵為「殷諸侯」，是「姜姓」；「蒲姑」音諧「布穀」，亦是鳥稱。然則，自少昊為鳥師而鳥名，歷經爽鳩氏→季前→逢伯陵→蒲姑氏，迄太

與有進度地發展，應該是從太公封齊開始。

㈠太公封齊與齊文化的發展

1.立國風教

西元前一一二二年，約當周武王十三年，滅商，不久之後，封姜尚於齊，周公於魯。根據《史記‧魯世家》的記載：

> 魯公伯禽之初受封之魯，三年而後報政周公。周公曰：「何遲也？」伯禽曰：「變其俗，革其禮，喪三年，然後除之，故遲。」太公亦封於齊，五月而報政周公。周公曰：「何疾也？」曰：「吾簡其君臣禮，從其俗為也。」及後聞伯禽報政遲，乃歎曰：「嗚呼！魯後世其北面事齊矣！夫政不簡不易，民不有近；平易近民，民必歸之。」

《淮南子‧齊俗》亦載記其事，內容稍有不同，它說：

> 昔太公望、周公旦受封而相見，太公問周公曰：「何以治魯？」周公曰：「尊尊親親」，太公曰：「魯從此弱矣。」周公問太公曰：「何以治齊？」太公曰：「舉賢而上功。」周公曰：「後世必有劫殺之君。」其後齊日以大，至於霸，二十四世而田氏代之。魯日以削，至於三十二世而亡。

公的六大代遞階段中，根據史載，至少有三大階段統治者明顯以鳥為圖騰。則齊地遠古之為鳥圖騰部族統治區亦可以理解。

這兩則西漢人的記載，明白顯示了幾個訊息：

(1)作爲周代「親親」之封的魯周公，自己本身既是王室近親，也是王室禮樂文化的制作者、確立者，基本上有著承繼與傳揚周文化的使命與重擔。周公的「親親尊尊」是大原則的確立，伯禽治魯的「變其俗，革其禮」與「喪三年」，基本上就是依循這一大原則，在魯地全面推行周文化，要使魯地澈底地周化。反之，作爲周代「尊尊」之封的齊太公，本身以軍師的角色，因賢智與伐紂之軍功受封，性知權變，尚智謀，既無歷史包袱，境內民族與文化原本也多元（有東夷、萊夷等文化），諸多因素終於決定了太公治齊因禮簡俗的立國風教，與尊賢尚功的傳統。三歲定終生，齊魯兩國從此開出截然不同的立國方向與文化傳統，更從而決定了齊魯之學的基本歧異：魯從此發展禮樂之治而出聖賢；齊從此多謀臣，尊賢智，崇霸業而傾向軍國主義。孔孟出鄒魯，春秋第一霸在齊，是很自然的事。

(2)禮樂之治柔性而耗時，變俗革禮絕對排他，魯之報遲與削弱可以理解。反之，因禮簡俗，多元尊重，可能遭遇之抵拒相對減少。重以尚賢崇功，效率提高，報政快速，此其根由。雖然，兼容並蓄，無所不納，不免瑕瑜互見，齊學以是多雜。

(3)太公「舉賢尚功」，眞遇通達賢士，則匡君佐政，大展鴻圖，若管仲，若晏嬰，大以榮國濟世，小以規過箴失。然遇奸邪雄徒，則極易導致功大權尊，越禮犯分，甚而奪權篡位。賢達睿智如管仲，尚不能免於「鏤簋朱紘，山節藻梲」[4]有「三歸」僭禮之譏；而田氏終篡齊國。雖然，尚功務實，尊賢崇智，終使齊國快速強大，自西周以迄戰國，始終雄霸東方，於春秋爲首霸，於戰國爲東帝，於六國最末亡。

4　見〔宋〕司馬光：〈訓儉示康〉，《溫國公司馬文集》（台北：臺灣商務印書館影印《四部叢刊》本，1979年），卷69，頁504。

2.地理條件與生產方式

　　《孟子・告子》說：「太公封營丘，為方百里。」疆域既不大，地理條件也不好。《漢書・地理志》說他們「辟草萊而居」。然而，在太公因禮簡俗的穩定發展下，到了東周的春秋時代，桓公降服三十一國，《國語・齊語》說，這時的齊國「方三百六十里」。再繼續發展下去，至景公、靈公時代，齊國已是邦君「有馬千乘」之國了。根據臨淄東北河崖頭村一處相傳為景公時期墓葬的「殉馬坑」看來，內中所殉眞馬屍骨多達六百具以上，可以想見其富盛。下逮戰國，《戰國策・齊策》說，齊國已是「方兩千里」的東方大國，與西方的秦，南方的楚，鼎足而三。《孟子・梁惠王（下）》也說，田齊宣王憑藉這些條件，內心有著「辟土地、朝秦楚，蒞中國而撫四夷」的宏願。因此，可以說，在春秋初期以前，齊國的疆域其實不大。根據林麗娥的考證，春秋初年，其領土仍只有山東偏北大部，並未濱海。然而經過襄公、靈公以下的連串滅國取地，到了春秋末年，齊國大致已有今山東北部大部分與河北東南部[5]。因此，《史記・齊世家》載管仲之言，稱齊地「東至海，西至河，南至穆陵，北至無棣。」恐是指的勢力範圍影響所及，而非實際疆域。齊國疆域的大事擴增，應是襄、靈以下迄戰國，不斷的攻戰滅取所致。

　　齊國初封之期領地儘管不大，又「潟鹵」，可耕地不多；然自太公受封之初，便已知道利用齊國近海的地理條件，「勸其女功，極技巧，通魚鹽」（《漢書・地理志》）發展工商產業。《史記・齊世家》說：

> 太公至國，因其俗，簡其禮，通商工之業，便魚鹽之利，而人民多歸齊，齊為大國。

5　同見注2，頁24。

漁鹽之利的開發，工商產業的發展，終使「方百里」、「辟草萊」、「多潟鹵」的侷促齊域，成為經濟富厚，實力強大的東方強國。以後管仲佐桓公治齊，基本上也是循著這樣的方向與路線，「設輕重，慎權衡」（《史記·管晏列傳》），透過工商經貿活動去富厚財力，以為壯大國力的堅實基礎。其所發展的工商，以傳統的漁鹽為基礎與大宗；但事實上，齊國境內多銅、鐵礦山，《淮南子·脩務》提到美人「曳齊紈」，可見齊國的冶鐵業、紡織業、絲織品也是名聞天下的工商經貿要項。而《孟子》不只一次記載牛山濯濯，據說正是伐木煮鹽的結果。商人重功利，講實效，靈活闊達而多智，好客、重交游而有天下觀。較之農人之拘謹、內斂、安土重遷，重傳統，求穩實，明顯不同。司馬遷說，齊人「多匿智」；齊人不僅多匿智，立國傳統與海國經濟尤其養成了齊人胸襟開闊、前衛開放而好客的習性，凡此皆可在此後田齊稷下學風中找到印證。而同時，伴隨著商業活動而來的，財力富厚，交通發達，與外界接觸頻繁，所見世面廣闊，在在孕育成齊國與齊文化博大寬廣的氣派與格局。

3.多元文化與宗教傳統

齊地北有渤海，東與東南有東海，三面臨海，境內原本有著東夷、萊夷兩支瀕海民族與文化。而太公自己所屬的姜炎民族，《史記·齊世家》說：

> 太公望呂尚者，東海上人。其先祖嘗為四獄，佐禹治水土，甚有功。虞夏之際封於呂，或封於申，姓姜氏……尚，其後苗裔也。本姓姜氏，從其封姓，故曰呂尚。

根據《史記》的說法，太公望祖籍原應屬山東，先人因功封呂，至太公又東遷回齊。有關「呂」的地望，陳槃說：

> 或曰在南陽宛縣（今河南南陽縣附近），或曰上蔡，或

曰新蔡，或曰山東莒縣，或曰山西霍縣。蓋霍縣之呂是
其初封，河南東諸呂，遷徙之跡也。[6]

《呂氏春秋》也說，太公是「東夷之士」。然則，太公所屬的姜炎民族，原與東夷、萊夷同屬濱海文化族群，其後因封而內徙，再不斷移徙，至太公定封齊。在內封呂與其後不斷的移徙中，吸收不少內陸文化，終遷回齊地，來統轄這一濱海文化區。而在西周初期，因著管、蔡、武庚的東封，這一地區與周魯的內陸文化也有了接觸。其後管蔡之亂，齊地夷人、薄姑都曾參與其事，顯見其文化有過對話。此外，自姬周文明開創以來，姜、姬兩族不斷聯姻[7]，更促成姬周與姜炎文化的自然交融。因此，可以說，就文化而言，齊地是豐富而多元的，至少包括濱海的東夷、萊夷土著文化與內陸的周魯文化。而它自己原本的姜炎文化，基本上就是東夷濱海文化與不斷遷移吸收的內陸文化的結合體。像這樣多元而豐富的文化內涵，太公立國之初，固以開闊的胸襟，本著因、簡的原則，融會包容；其後，至桓公時，管仲佐治，基本上也因承這種包容尊重的精神原則，「俗之所欲，因而與之；俗之所惡，因而去之。」（《史記‧管晏列傳》）。

其次，就宗教言，齊地靠海又多山，原本有著海神傳說。而根據《史記‧封禪書》的記載，在當地傳統的祭祀中，又有所謂「八祠」，祠八主，亦即八山神將，依次是：「天主」，祠天齊（「齊所以為齊，以天齊也。」）；「地主」，祠泰山、梁父；「陰主」，

---

[6]　參見陳槃：〈史記齊太公世家補註〉，《中央研究院歷史語言研究所集刊》53卷3期（1982年9月），頁368。

[7]　姬周與姜齊的婚姻關係是源遠流長的。根據林麗娥的考證，周的始祖后稷之母名姜嫄，是姜氏女子；太王之妃，王季之母名太姜，也是姜姓女；武王之后，成王之母邑姜，更是姜太公的次女；宣王之后是齊侯之女；即幽王之后，平王母親，亦姜氏的申候之女。可見姬周與太公的姜齊，由其祖先下迄子孫，累世都有著親密的姻親關係，《左傳‧成公二年》載周天子稱齊為「甥舅之國」就是這個意思。其說同見注2，頁48-49。

祠三山；「陽主」，祠之罘；「兵主」，祠蚩尤；「月主」，祠萊山；「日主」，祠成山，以迎日出；「四時主」，祠琅琊，以爲歲之所始。一般認爲，殷墟龜卜由骨卜演化而來，考古學家則曾在山東歷城縣龍山鎮城子崖發現十六塊牛鹿肩胛骨卜。[8]雖仍不足以證明殷商龜卜文化始於山東（因爲不只一處地區出土骨卜），卻仍可以說明，山東境內早期的宗教現象和殷商龜卜文化可能有著某些關聯。而齊人本好巫覡，史傳周人驅紂將飛廉於海隅，齊地因有飛廉之祭。而根據《漢書・地理志下》的記載，自齊襄公淫亂其妹之後，齊俗從此有了「姑姊妹不嫁，令國中民家長女亦不嫁，名爲巫兒，爲家主祠」的風俗。《晏子春秋・內篇雜下》記載齊景公置白茅以鎮夜梟之致鬼，顯見齊地流傳鬼俗。此外，根據考古學家一九七二年在郎家莊大墓的發掘，有十七具殉人之骨骸，其中九具甚且是斷首肢解的，顯見齊地除了有景公時期的墓葬顯示的殉馬之俗外，尚有殉人之俗。凡此，極可能與殷商尚鬼之宗教文化有一定淵源。而燕齊靠海，變幻莫測的海洋狀況與海市蜃樓的奇幻景觀，也在在激發了燕齊之人豐富的想像力。由是而燕齊多方士，尚方術，多奇譎誇誕乃至神仙鬼巫之道，此陰陽家與陰陽說所以源起、興盛於齊之故。

　　總之，在諸多先天與後天，自然環境與人爲因素的綜合交織下，終於孕生出齊地大別於荊楚與鄒魯的文化特質。

㈡齊文化的特質

1.兼容而多元

　　這是境內多元文化並存的客觀情勢使然，也是太公盱衡客觀情勢所開立的傳統風教所導致。

2.崇物利、尚功利而卑禮義

　　這是發展工商經貿產業的必然現象。農耕文明安土重遷，又需求

8　參見張立志：《山東文化史研究甲編》（台北：文海出版社，1971年），頁82。

大量人力資源，因著群居的現實需求，團體紀律的規範與倫理道德的講求，成了農耕文明的重要綱紀，此鄒魯文化之最大特質。工商社會則不然，它逐什一之利，貴貨而輕德，講效率，務實際。然而，這種現象到了田齊稷下，卻明顯有了不同。因著學術風氣的大開，人才的大量擁入，儒家學者參與其列者不在少數，其中若孟軻、荀卿、魯連，皆是傑出人品。在被推定爲稷下集體著作的《管子》一書中，禮義廉恥等道德被奉爲政教的主體內容，合稱「四維」，在開宗明義的〈牧民〉中即被大力推闡，成了齊文化與齊學兼容並包特質的另一鐵證。

3. 尚權變，惡守常

太公以軍師出身，以兵謀見長（六國兵書韜略之屬因皆附會太公所作），深通權變因革之道。史稱太公治齊，不但「尊賢智」，也「修道術」。所謂「道術」，應是指的道家虛無形上妙理轉爲治事應物之用的要領。故其治齊，蓋亦因勢利導，彈性靈活，而收大功。其後管仲治齊，亦深得此中三昧，除承太公因俗好惡以爲教外，常能「因禍而爲福，轉敗而爲功」（《史記‧管晏列傳》），斯皆通達權變之效。

4. 尊賢智，重外王

自太公以賢智爲「尊尊」之封後，齊國從此尊賢容智，蔚爲傳統。這種傳統由姜齊直下，貫串田齊，且籍有明載。姜齊桓公之於管仲固無論矣，即中下之君的景公，據傳籍所載，吾人亦但見晏子之時加譏刺諷諫，與景公之尷尬從納，而不見其怒激斥責。下逮田齊，《戰國策‧齊策》載顏斶對齊宣王爭辯「士貴，王者不貴」，全然孟子民貴君輕、「說大人則藐之」的體現。孟子雖承鄒魯之學大統，然在稷下年數不淺，其土芥、寇讎之說，與對齊宣王論卿可代立等等行迳，雖曰縱橫之才性與潑辣、捷敏之個性使然，或亦不無沾染稷下肆放之風。

不僅如此，在尚功務實的傳統下，齊文化的外王質性相當明顯而

濃厚。他們重視對現實事物的處理，也重視知識學問的應世之用。
其表現在《管子》中的，如〈牧民〉的「四維」，明是用以治民的
綱紀，是外王義的道德，非內省自克的律則；其顯現於〈心術上、
下〉、〈內業〉、〈白心〉的諸多治心之道，終極目的，尤非關修
身或養生，乃在成就完美的領導統御心靈。下至清代康有為的公羊
學，也仍是以保皇變法，富國圖強為目的。

　　要之，齊學不拘守學術，而講求經世，齊人始終有著努力解決問
題，突破困境，尋找出路的習性與傳統，他們不會困守愁城，坐以待
斃，而習慣與時俱進，另謀生道，即使是鄒衍的「五德終始說」、
「大九州說」，乃至陰陽五行之論，天人災異之說，基本上都不離這
一外王的目的與功能。總之，不論任何素材，齊學常欲求其經世一
用。先秦齊學尤其自姜齊桓公崇霸業以下，尊王攘夷，濟弱扶傾，顯
現了至宏至大的氣派。其「霸」，非陝隘自是的霸道，而是泱泱堂
堂，有容乃大的格局與風範。齊學這種外王的特殊質性甚至下貫至漢
代，乃至清代的今文公羊經學中。公羊學是齊學，漢代的公羊學是
外王的。漢代政治上、刑法上的各類問題，都從《春秋》中去找依
據，孔子被奉抬為另類的「聖王」，稱「素王」，這是漢代公羊學的
主要內容與重大使命。而漢代公羊學大師董仲舒的儒學，基本上就
是齊化的儒學。整個今文經學都是齊學，它們重經世，尚外王。在
《春秋繁露》中，一切的理論內容也全是外王目的與功能，非關內
聖。

5.闊達、誇誕與譎怪

　　前文已言，面海的地理環境與寬闊的海洋文明，造成齊人好想像
的個性，而傳統的宗教習俗也成就了齊文化詭異的特質。然而，齊
人的好想像，卻與荊楚之人不同。荊楚之人亦尚鬼巫，好想像；其
所表現出來的文化，卻細膩、約柔，明顯與齊不同。原因之一乃在荊
楚域處雲夢、彭蠡澤區，江山搖情，其氤氳迷濛之地理環境所孕育出
的人民情緒，因多柔靡、細膩、俳惻、纏綿而富情緻，為楚騷風格所

自出。齊地則不然，廣闊的海洋與崇高的大山，加上務實的經貿產業，與尚功、鶩利的傳統習性，在在令齊人的情緒與想像，不能如楚人內腸之一迴九折，陰柔深入，而轉爲剛陽性的誇誕、譎奇。重以經貿活動所帶來的交通發達、資訊流通，不免引入千奇百怪、五花八門的訊息與事物，因構成孟子所謂「齊東野語」，《莊子・逍遙遊》所謂「齊諧志怪」，亦鄒衍「荒唐」的大九州說，與悠遠奇特之五德終始說產生的背景。

　　齊人與齊文化的這些特質，最明顯而全面的呈現，便是田齊的稷下學術。

二、齊文化與齊學的鼎盛——稷下學宮及其學術

㈠田氏篡齊與稷下學宮

　　姜齊康公十九年（西元前三八六年），奔齊的田敬仲完十世孫田和逐康公於海上而篡位，是爲太公。七年後，亦即康公二十六年（西元前三七九年），康公死於海上，姜齊亡，齊國從此完全進入田齊時代。爲了改變人篡逆的不良觀感，三、兩年後，田和之子田午，循著逆取順守的通則，企圖藉由推崇學術來漂白政權。憑藉姜齊累世積聚的富厚經濟實力，開始在齊都臨淄城南門（一說西門，或南門偏西處），名曰稷門之內，平坦寬闊處，大興土木，建造黌宮學舍，招集天下學士，「立稷下之宮，設大夫之號」（《中論・亡國》）「高門大屋尊寵之」。（《史記・田敬仲完世家》），儼然大規模的國際學術交流中心。它以官學的形式，私學的管理，有教席（稱先生），也有學子，並訂有學則（《管子・弟子職》載），以教學與學術研討爲正面目的，著書、立說、論辯、研討、號稱「不治而議論」，實則平日論學、議政，有事則猶如齊君的國是顧問團，諮詢、進諫、出使、策畫，無所不能。甚至爲官拜相（《戰國策・齊策》載鄒忌曾爲齊威王相），任將領軍（如田巴之爲齊王建將）。最高給至「上大夫」之位，成爲田齊政權龐大而多功能的人力資源。

其始創自田齊桓公午，下歷威宣兩朝，達於鼎盛，一時學術名流若鄒衍、鄒奭、淳于髡、田駢、慎到、接予、環淵等七十六人，「皆賜列第，爲大夫」，稷下學士多達數百千人。孟子於宣王時入稷下。其最精采的保民而王章，正是對齊宣王所講。至湣王時一度中衰，學士多散去。下逮襄王，田單以火牛陣敗燕復國，還都臨淄，重新「脩列（稷下）大夫之缺」，荀卿此時在稷下，「最爲老師」，後遭讒去楚。至齊王建時，燕昭王禮賢下士，賢士多去齊之燕，學宮復衰。迄於西元前二二一年，秦將王賁兵臨城下，齊王建聽相后勝之計，不戰而降，田齊政權結束，稷下學宮才走入歷史。因此，可以說，稷下學宮的興衰，幾與一百六十餘年的田齊政權相終始。整個稷下學宮的興衰史，就是一部田齊政權興亡史。

稷下學宮百餘年間雖興衰交迭，然其在先秦、兩漢，乃至整個中國學術史上的影響卻是鉅大的。它史無前例地以官方立場，正式揭開中國學術史上百家交流、會通、爭鳴的局面與盛況。繼之而起者，若燕之武陽學館，楚之蘭臺學宮，戰國四公子有養士之風，秦博士有議政傳統，秦呂不韋、漢劉安之養士著書，基本上皆遠承稷下之流風遺韻。部分學者甚至認爲，戰國百家爭鳴之局，稷下學宮有著一份無以抹殺的功勞。

(二)稷下學術與學風

不論沿承姜齊的傳統，還是就其成立的特殊背景言，稷下學風都是開放的，其學術是豐富而多元的，陰陽、儒、道、墨、名、法、縱橫，各家各派都有，各家學者在這兒相激、相盪，論辯交流，其在學術史上迄今留有聲名的，至少就有陰陽家的鄒衍、鄒奭，縱橫家的鄒忌，長於名辯的淳于髡、田巴，尹文、兒說，道家的環淵、接子、田駢、彭蒙、宋鈃、季眞，道法家的慎到，儒家的孟軻、魯連、荀卿等等。而事實上，論辯是他們的基本素養與（交流的）普遍方式，開放是那裡的普遍風氣。各派學者自由去來，或一人獨來，或數人群來。或來而去，去而復來者亦有之。儒家學者在稷下，不論就質就

量，比重皆不輕；然而，最能代表稷下的主流學術卻有三項：一曰陰陽，二曰《管子》，三曰黃老。有關《管子》與陰陽學和齊學的關係，筆者將另文討論，此下僅述黃老之學中所顯現的齊學特質。

三、黃老之學的起源與內容

(一)黃老之學的起源

黃老之學是興起於稷下學宮的，它同時也是稷下學宮的主流學術。它的興起，是田齊為了漂白政權與所作造祖運動與原鄉情懷兩大動作，在學術上的顯現。它的發展與流傳，則由戰國，經秦、漢，下衍至《太平經》的時代為止。就名稱上說，「黃老」是黃帝與老子。黃帝是史遷歷史記載的上古第一帝，是絕對外王的事功中人，他同時被塑造成中國上古文明的開創者，老子則是先秦時代的哲學家。這兩個氣質形象截然不同的角色人物，是如何被結合起來，成為田齊逆取順守大動作下，學術的標幟？至少可以從兩方面來論述：

1.黃帝的附會與依托——造祖運動的學術落實

被田氏所篡的姜齊原是炎帝之後，史載炎帝與黃帝同為少昊氏之後；《國語‧晉語》說：

> 昔少典氏取於有蟜氏，生黃帝、炎帝。黃帝以姬水成，
> 炎帝以姜水成；成而異德，故黃帝為姬，炎帝為姜。

這同源異質的炎、黃二支兄弟部族，《國語》特別強調它們「成而異德」，顯然在發展過程中，不但途轍各異，質性大別，且是互別苗頭，旗鼓相當的。衡諸以後姬周、姜齊文化與齊、魯之學之涇渭歧分，仍然有跡可察。而篡姜齊的田氏，本為陳國之後，周武王平紂之後，封胡公媯滿於陳，十二傳至厲公。西元前六七二年，厲公子敬仲完畏害奔齊，十世而至田和篡姜齊。是田齊本媯姓；然而，為示與所

篡的姜齊，有同等高遠的來歷，他們抬出與姜齊祖先本為兄弟，且旗鼓相當的「黃帝」來，做為他們的遠祖，以光顯自己的來歷。有一個相傳為田齊威王時所鑄造的錞上銘文可以為證，陳侯因資（齊）錞上銘文說：

其惟因齊揚皇考，紹繼高祖黃帝，邇嗣桓文。

「因齊」是齊威王之名，銘文說要發揚偉大先人之業，上紹高遠的祖先──黃帝，近繼桓公（田午）與太公（田和），明奉「黃帝」為他們的「高祖」。同時配合著稷下學術活動，他們開始宣揚黃帝的聲威。一個有關黃帝戰炎帝而大勝的傳說，據推測，極可能就是此時期，由田齊政權主導的傑作。而隨著稷下學術活動的展開、田氏富厚的威勢、與造祖運動的推闡，一個遠古的帝王成了一時的流行標記，許多圍繞著他的傳說與記載霎時豐富了起來，以稷下學宮為中心，形成了一股鉅大的附會風潮，其具體的成果，就是《漢書・藝文志》所載那些依托為黃帝的著作[9]。其中，除「小說家」外，如

---

[9]　這十二類依托的黃帝著作依次為：

道家類《黃帝四經》四篇。

《黃帝銘》六篇。

《黃帝君臣》十篇（起六國時，與老子相似也）。

《雜黃帝》五十八篇（六國時賢者所作）。

陰陽家《黃帝泰素》二十篇（六國時韓諸公子所作）。

（補注：言陰陽五行以為黃帝之道也）。

小說家《黃帝說》四十篇（迂誕依託）。

兵家（兵陰陽）《黃帝》十六篇、圖三卷。

數術類（天文）《黃帝雜子氣》三十三篇。

（曆譜）《黃帝王家曆》三十三卷。

（五行）《黃帝陰陽》二十五卷。

《黃帝諸子論陰陽》二十五卷。

天文、曆譜、五行、雜占、房中、神仙、陰陽家固爲陰陽家學，即醫經與經方的傳統方伎，亦與陰陽本有一定淵源，而兵陰陽固兵家之言陰陽奇胲之數者。然則，漢志所列這十二類依托的黃帝著作，除小說家外，其實主要是道與陰陽兩類，至多加上兵家三類而已，尤其是陰陽家學，幾乎涵蓋了一切。這種現象和前述齊文化與齊學的偏倚特質，基本上是相合的。換言之，在這一由田齊政權所主導的黃帝流行風潮中，其反映在學術上的，是以道家之學與陰陽家學爲主體，再略參兵家，與圍繞著黃帝傳奇事蹟的小說家爲其學術族群。

2. 老學的推衍與轉化——領導統御與原鄉情懷

　　從今傳所見各類版本之《老子》內容看來，老子之學主清靜無爲。其內容則由天地自然之道下轉而爲治身治國虛無、清靜、儉嗇之理。以傳世之索紞本《老子》言，內中提及聖人者三十處，皆指有位之侯王[10]，則《老子》之說本便於領導統御之用。

　　此外，田齊學術以「老」合「黃」另有一個原因——老子是田齊故鄉陳國人。老子故里，史遷說是「楚苦縣厲鄉曲里」。苦縣在今河南鹿邑縣，本爲陳國領邑，春秋時曾爲楚邑，西元前四七九年滅於

　　（雜占）《黃帝長柳占夢》十卷。

　　方技類（醫經）《黃帝內經》十八卷。

　　《外經》三十九卷（一作三十七卷）。

　　（經方）《泰始黃帝扁鵲俞拊方》二十三卷。

　　《神農黃帝食禁》七卷。

　　（房中）《黃帝三五養陽方》。

　　（神仙）《黃帝雜子步引》十二卷。

　　《黃帝歧伯按摩》十卷。

　　《黃帝雜子芝菌》十八卷。

　　此外，另有托名黃帝之臣所作，亦一百二十九卷，分居四類——道家、房中、陰陽家、兵陰陽。

[10]　參見高亨：《老子正詁》（臺北，藝文印書館，1940年），第25章，頁43、65。

楚。

　　老子是陳國人，田齊奉老子之學以為領導統御之術，除了老學本身的思想特質有其方便與必然性外，就田氏政權而言，不無原鄉之微旨與情懷。他們一方面將老子的自然無為與虛靜柔弱，轉化為靜因的統御原則，以操作刑名之術，去督核臣下。另一方面，他們又崇奉老子所推崇的「道」，去帶出「法」，作為「法」產生的根源，來保障「法」的天經地義。兩者結合，以完成領導統御。

　　換言之，所謂「黃老」，就內容言，其實原本是老學的外王與術化，術化為領導統御之方。它源生於齊的稷下學宮，其源生本有著明顯的政治目的與背景，其外王質性因此也是先天已然。其以黃帝為標記，除了顯示外王的質性與功能外，主要還在田齊政權本身根源性的標示與追懷。

(二)黃老之學的特質

　　衡量黃老之學有一把標準尺，那便是司馬談的〈論六家要旨〉，它精確地提挈了黃老之學的主要內容與課題。〈論六家要旨〉說「道家」：

> 道家使人精神專一，動合無形，贍足萬物。其為術也，因陰陽之大順，採儒墨之善，撮名法之要，與時遷移，應物變化，立俗施事，無所不宜，指約而易操，事少而功多，⋯⋯至於大道之要，去健羨、黜聰明，釋此而任術。夫神大用則竭，形大勞則敝，形神騷動，欲與天地久長，非所聞也。⋯⋯道家無為，又曰無不為⋯⋯，其術以虛無為本，以因循為用，無成勢，無常形，故能究萬物之情。不為物先，不為物後，故能為萬物主。有法無法，因時為業；有度無度，因物與合。⋯⋯虛者道之常也，因者君之綱也，群臣並至，使各自明也。其實中

其聲者謂之端，實不中其聲者謂之窾，窾言不聽，姦乃
不生，賢不肖自分，白黑乃形。……凡人所生者神也，
所託者形也，神大用則竭，形大勞則敝，形神離則死，
死者不可復生，離者不可復反，故聖人重之。由是觀
之，神者生之本也，形者生之具也，不先定其神，而曰
我有以治天下，何由哉？

根據如此的提挈，「道家」是一種「術」，這種「術」
1.兼容各家。
2.崇尚精簡。
3.以虛無、因循、時變為最高原則，刑名為主要內容，去完成領導統
　御。換言之，它是一種轉化老子虛靜無為哲學，並結合刑名說，以
　完成領導統御的君術。
4.它治身、治國並講，形神兼治，且以治身為治國前提。
　　班固漢志也說道家是一種「君人南面之術」。而從馬王堆黃老帛
書內容看來，也確是推演老子的道與柔後之論，並重時變，而以刑名
為主要內容。一再地強調天道律度與人事律則之一致性，以引出刑
名、法論，明顯體現韓非子所言「因道全法」之狀況。如此的「道
家」，和法家因變的刑名術有重大關連。不但是莊子一系重超越的道
家，和五千言思想質性既類似，又歧異，代表漢人心目中的道家，亦
即西漢初年清靜無為治術之黃老道家。

1.由天道而治道，由治身到治國

　　黃老之學基本上是外王的，至少在先秦與西漢是如此。它是田齊
政權為與自己相關的一切製造出來，而後推闡出去的。從上述漢志
各類黃帝的依托著作看來，很明顯的，是治身、治國之道兼有。比
如：
(1)道家類
《黃帝四經》四篇：唐蘭以為即馬王堆三號漢墓出土的〈經法〉

等四篇，個人以爲未能遽斷。然若就馬王堆〈經法〉等篇之理論內容看來，確是道法結合、因道全法，而論刑名與陰陽刑德的帝王術，屢以黃帝君臣（若果童、力黑、太山稽等）的對話作論。

《黃帝銘》六篇：嚴可均《全上古三代秦漢三國六朝文》中所收〈金人銘〉與〈巾几銘〉極可能即其中篇章。兩篇內容演繹《老子》禍福、雌雄之理。

《黃帝君臣》十篇：班固注：「與老子相似」，葉德輝認爲，嚴可均全漢文所載托名黃帝之道言與政語皆在其中。內容亦皆推衍老子儉退虛無之理。

《雜黃帝》五十八篇，內容不得其詳。

要之，道家類四種大致推演老子柔後虛無哲學，以爲治國施政之原則與依據。

(2)陰陽學

兵陰陽《黃帝》十六篇、圖三卷：既論兵，自然是治國的相關理論。

天文、曆譜、五行、雜占：漢志統歸爲「數術」，並曰：「皆明堂、羲和、史卜之職也。」顯然屬治國之事。

醫經：漢志統歸爲「方伎」類，並曰：「生生之技也。」顯然是治身養生之事。然而，這些治身養生之論，初始只怕是以統治者的「先治其身」爲考量所發展出來的，亦即與治國之務相連結。

經方、房中：衡諸馬王堆三座漢墓所出土的各類醫方、食譜，就其材料言，多爲補腎功能，可知其非爲一般士君子或民眾所設，而係爲統治者實際生活之特殊需求而設。

總之，從漢志所載十二類黃帝依托著作初步推測起來，大抵治身、治國雙項並重，而治身似乎依附於治國之下，爲治國服務。在稷下學術要籍《管子》中，〈心術上、下〉、〈內業〉、〈白心〉所論之精氣治心之理，目的也都通向領導統御心靈的培成，〈內業〉尤多治身之論，完全符應司馬談所謂「不先定其神而曰我有以治天下，何由哉？」之說。

2.由道到術

老子學說以道為基礎，由道發論開展。老子的「道」，是至上的律則與境界。在黃老之學中，「道」卻落實到人事界，尤其政治界，成為治事蒞政的方法、要領與竅訣。從現今傳世的黃老相關文獻，若《管子》、馬王堆黃老帛書、《韓非子・解老》、《呂氏春秋》與《淮南子》中的相關理論看來莫不如此，各家多由「道」發論，由天道論治身、治國之道一理相通，用以顯示政道之天經地義、愜理厭心。將老子虛靜、儉嗇、雌後之道，轉化為寧靜節制之治心術與虛無、因任、時變之治國術。漢志也說道家是「君人南面之術」，都指出黃老之「道」的實際質性。

3.兼採各家

司馬談〈論六家要旨〉說黃老道家「因陰陽之大順，采儒墨之善，撮名法之要」，班固漢志也說雜家，「出於議政之官，兼儒、墨，合名法，知國體之有此，見王治之無不貫。」說的都是黃老道家的思想特質。所不同的，司馬談所說的「道家」，班固漢志已析為「道家」與「雜家」。班固漢志的說法，明顯表現出兩個觀點：⑴雜家兼容各家。⑵雜家以「國體」、「王治」為關切焦點，「議政」為經常職責，與政治緊密結合，有濃厚外王質性。清楚道出黃老道家之特質，與齊文化、齊學之特質亦相吻合。

4.刑名與陰陽

此外，《史記・老莊申韓列傳》說韓非「喜名法術之學，而歸本於黃老」，申不害「學本於黃老而主刑名」〈孟荀列傳〉則說，環淵、田駢、慎到等人「皆學黃老道德之術」。而這些人，在思想史上被界定為或道（如環淵、接子、田駢）、或法（如申不害、韓非）、或介於道法之間（如慎到）的人物。西漢黃老治術的盛主——文、景二帝，史書都說他們「頗雜刑名」（《漢書・文帝紀》）。可見，黃老之學雖以老學為基礎與核心，卻有濃厚法家色彩。換言之，道法結合為黃老外王之學主要色調。黃老之「黃」，除作為標記

之外，確是以法家刑名統御爲主要內容。

　　除此之外，實際從黃老相關典籍與文獻看來，在馬王堆黃老帛書的〈稱〉中，已有相當比重篇幅談論陰陽大義，且已二分地規劃出陰陽配屬。《管子》中的〈四時〉、〈五行〉、〈幼官（玄宮）〉、〈幼官（玄宮）圖〉[11]尤其豐富保存較早陰陽學說。《呂氏春秋》則非特以十二紀綱維全書，其〈精通〉、〈應同〉、〈召類〉三篇尤被公認爲多存鄒衍遺說。《淮南子》則非特有〈時則〉承繼《呂氏春秋》十二紀，更有〈覽冥〉、〈天文〉、〈地形〉、〈時則〉等充滿陰陽家說之篇章。而就前述漢志所載十二類託名黃帝之作看來，陰陽學說所佔比率並不在「道（法）家」之下，其所涉及層面且更廣泛，治身、治國兼備，兵法、政論、數術、方伎兼有，且多涉及實務，尤爲「術」中之「術」。可見：道法與陰陽是黃老之學主要成分。

㈢黃老之學的思想內容

1.道的氣化──道在天地間

　　《老子》由「道」發展出哲學理論，《老子》的道，是虛無的存在與律則，是萬物的根源（「玄牝」、「天地根」），是生生不已的（「周行而不殆」），也是絕對、永恆，而非相對短暫的存在（「獨立而不改」）。這一切，在黃老之學中，基本上是繼承的。黃老帛書〈道原〉說「道」(1)至高遠，「恆先之初」[12]就已存在。(2)至廣大，「天弗能覆，地弗能載……盈四海之內，又包其外」、「高而不可際也，深而不可測也，顯明弗能爲名，廣大弗能爲形。」(3)是萬物萬事稟性賦生的根源。〈經法・名理〉說「道」是

11　「幼官」，郭沫若以為乃「玄宮」之誤，何如璋云：「玄宮即明堂」，故詳載四時十二月布政之事，其說詳見《管子集校》（東京：東豐書店，1981年），頁104-105，今從之。

12　馬王堆三號漢墓出土帛書〈經法〉等四篇文字原多簡古之通假字，茲為思辨論證之便，直以釋文記出，以下統此，不另括標原形或作注。

「神明之原」，〈經法・道法〉說「道」，「虛無無形……萬物之所從生。」、「鳥得而飛，魚得而游，獸得而走，萬物得之以名，百事得之以成」、「天地、陰陽、四時、日月、星辰、雲氣、蚑行、蟯動戴根之徒皆取生」。《管子》四篇也說「道」是「口之所不能言也，目之所不能見也，耳之所不能聞也」（〈內業〉）、「其大無外，其小無內」（〈心術上〉）、「萬物以生，萬物以成」、「人之所失以死，所得以生；事之所失以敗，所得以成也。」（〈內業〉）。《韓非子・解老》尤大事鋪寫「道」爲萬物稟生賦性之根源，說「天得之以高，地得之以藏，維斗得之，以成其威，日月得之，以恆其光……」，與〈道原〉所述相當一致。《呂氏春秋》說「道」，「至精，不可爲形，不可爲名」，是「萬物所出」（詳〈大樂〉）。甚至，稱之爲「太一」。而《淮南子・原道》開宗明義所鋪排的，正是對《老子》道義的大規模詮解。它窮盡一切時空與事物概念去恢廓道體與道性，說道「至高無上，至深無下，圓乎規，方乎矩」，能適合一切標準，「柔而能剛，弱而能強，幽而能明……」統合一切相對。這一切對「道」性徵上的描繪，基本上是沿承《老子》的。但，黃老之「道」與老子究竟有所區別。

　　老子的「道」是「先天地生」，超乎天地的；黃老的「道」，卻跌落在時空中。《管子・內業》說，「道在天地間」、「道滿天下，普在民所，民不能知……上察於天，下極於地，蟠滿九州。」「道之大如天，其廣如地。」道終究只以天地爲極限。《韓非子・解老》說「道」，「與天地之剖判也俱生；至天地之消散也，不死不衰」，道與天地同生，並不先於天地。

　　其次，爲了詮解道的普在性與生化根源，黃老把「道」的內容詮解成了「氣」。黃老帛書〈道原〉說「道」，「濕濕夢夢，未有明晦。」道雖無形狀，卻是一種類似原始物質的狀態；不過，卻仍未明言即是「氣」。然而，在《管子》中，「道」卻明白即是「氣」了。〈內業〉說，「道者所以充形」，〈心術下〉說，「氣者身之充」，道就是氣。〈心術下〉說「道」，「灑乎天下滿，不見其

塞；集於顏色，知於肌膚。」只有「氣」最具備這樣的特質，〈內業〉便以「氣」取代「道」，說生成；它說：

> 氣，物之精[13]，此則為生，下生五穀，上為列星，流於天地之間謂之鬼神，藏於胸中謂之聖人。是故此氣，杲乎如登於天，杳乎如在入於淵，淖乎如在於海，卒乎如在於己。

氣是廣大的，上天下淵，在近在遠，遍於宇宙之間，它是萬物賦生稟性的根源。所說「氣」的質性和道的質性一致，道的賦生就是氣（精氣）的賦生，道就是氣，從而推衍出精氣的治身論，以為治國之基礎。它先說：

> 精存自生，其外安榮，內藏以為泉原，浩然和平，以為氣淵。淵之不涸，四體乃固；泉之不竭，九竅遂通。……（〈內業〉）

又說：

> 人能正靜，皮膚裕寬，耳目聰明，筋信而骨強，乃能戴大圓而體大方，鑑於大清，視於大明，敬慎無忒，日新其德，徧知天下，窮於四極。（〈內業〉）

《韓非子·解老》說「道」，「死生氣稟焉，萬智斟酌焉，萬事興

13　此句「氣」本作「凡」，意與下文不相承，茲依張舜徽校改作「氣」。說詳氏著：〈內業篇疏證〉，《周秦道論發微》（台北：木鐸出版社，1988年），頁378。

廢焉。」道是萬事萬物的根源，萬物之死生是「道」透過「氣」以作用，五千言所說「德」、「不德」，〈解老〉都釋爲「氣」之作用。氣積聚則「有德」，渙散則「無德」，德與不德本屬形上精神活動，至此成爲物質性之生理作用。由是，一切禍福、吉凶、鬼神、疾痛，都是「氣」的問題。《老子》清靜寡欲之修養論，變成血氣調治問題。

　　至《呂氏春秋》，〈圓道〉論「道」之運作曰，「精氣一上一下，圓周複雜，無所稽留。」〈圓道〉以精氣爲萬物生命稟受之元，又分氣爲精氣、形氣，各以撐持物類之精神與生理生命，從而導出去太去甚之養生說與心物雜揉之精誠感通論。（詳〈精通〉、〈應同〉、〈名類〉）《呂氏春秋》與《淮南子》公認保存豐富黃老資料。

　　下迄《淮南子》，更在〈俶眞〉、〈天文〉、〈精神〉各篇中，借用《莊子・齊物論》「有始也者」……等七句爲間架，沿承〈內業〉、〈解老〉，乃至〈知北遊〉「通天下一氣」之觀點，圍繞著《老子》「道生一，一生二，二生三，三生萬物。萬物負陰而抱陽，沖氣以爲和」之命題，開展出代表漢代，乃至傳統中國哲學史上，宇宙論之基本模式，與精注目明、精集神清、慾充氣泄、形淫神失，形、氣、神三位一體之精氣養生論，暨〈覽冥〉中氣類相動、精誠感通之天人感應說。[14]

2.道分生理

　　先秦黃老之學不但主論「道」，還由｜道」支衍出「理」。馬

---

14 有關《淮南子》的氣化宇宙論與形、氣、神三位一體的精氣養生說，乃至其感應論，筆者已於〈淮南子裡的黃老思想〉與〈淮南子與春秋繁露感應思想的異同〉中詳細討論過，此處不贅述。前者收入《中國學術年刊》第14期（1993年3月），頁113-159；後者收入輔仁大學所主辦第一屆「先秦兩漢學術研討會」論文集《先秦兩漢論叢》（台北：洪葉書局，1999年），第1輯，頁115-182。

王堆黃老帛書不但有〈道原〉正面描繪「道」之質性與功能，並由「道」分生出「理」。〈經法·論〉說：

> 物有不合道者謂之失理，失理之所在謂之逆。逆順各自命也，則存亡興壞可知也。

物不合道謂「失理」，是「逆」。顯然物合於道稱「理」，是「順」。可見，「理」是道之分殊於物者，「道」是總「理」，「理」是分「道」。而按照〈論約〉的論述，「天執一、明三、定二、建八正、行七法」，這一、三、二、八正、七法等天地之「期」、「教」、「信」即是「理」。〈論約〉說，「四時有度，天地之理。」天道自然運行系統中有足效法之現象與恆度即是黃老帛書所說「理」。《韓非子·解老》論述更清楚。〈解老〉說：「萬物各異理，而道盡稽萬物之理」，「道」即是「理」，又說：

> 短長、大小、方圓、堅脆、輕重、白黑之謂理。

「理」是物之各類質性，「理定而後可得道」。又說：

> 道者，萬物之所然也，萬理之所稽也。理者，成物之文也；道者，萬物之所以成也。……故理之為萬物之制也。

一再明示「理」是「道」之分殊，是「道」賦生於物之個別質性。「道」是總則，「理」是分律。

3.因道全法

黃老帛書第一篇稱〈經法〉，〈經法〉第一章稱〈道法〉，〈道法〉第一句說：「道生法，法者引得失以繩，而明曲直者也。」明白

顯示了黃老之學論道、崇道，目的在引渡「法」，爲法取得較高之合理根源。而「法」之主要功能在定是非，明曲直。《老子》原本統和相對之絕對「道」，至此轉化爲較計是非之「法」之根源與依據。黃老帛書之道與刑名、法因此常相結合。論「道」，常爲了推衍刑名與法。〈經法・道法〉說：

> 執道者生法而弗敢犯也，法立而弗敢廢也。

到了《管子》裡，這種狀況更爲明顯。作爲齊法家的理論代表，《管子》中充滿了法論。不但有〈七法〉、〈版法〉、〈版法解〉、〈法禁〉、〈重令〉、〈法法〉、〈明法〉、〈任法〉、〈重令〉等以「法」爲名的篇章，在其他許多政論的篇章中亦多涉及「法」。唯其法論雖不若商韓之尖刻，其論法之公正、公平、客觀、嚴肅性，並以法爲一切人世事務與行爲的準則與依據則一；它說：

> 法者，天下之儀也，所以決嫌疑而明是非也，百姓所縣命也。（〈禁藏〉）
> 尺寸也、繩墨也、規矩也、衡石也、斗斛也、角量也，謂之法。（〈七法〉）

這是法家論法的一般樣式。值得注意的是，在以「道」爲核心課題的〈心術〉等四篇黃老理論中，反覆論證的，是靜因、刑名的君術，涉及「法」的很少，只有兩、三處。〈心術上〉在義界了道、德、義、禮之後，接著說：

> 禮出乎義，義出乎理，理因乎宜者也。法者，所以同出不得不然者也，故殺僇禁誅以一之也。故事督乎法，法

出乎權，權出乎道。

「禮」源生於「義」，「法」則出於「權」，而遠源於「道」。
換言之，法之產生有其特殊之情況需要，因此手法激烈而硬刻。
「禮」是「理」之恰當表現，「法」是「道」之「權」出，法由
道生。〈白心〉說，聖人之治，靜身以待物，「名正法備，則聖人
無事。」又盛讚一種至高的治事之術說：「孰能法無法乎，始無始
乎，終無終乎，弱無弱乎？」顯然，法令（或法度）的依循，並不是
〈心術〉等篇的最高目標。

而就四篇的思想內容整體看來，亦明顯地詳「術」而略「法」。
四篇一致反覆推闡靜因、刑名之術，而不大及賞罰律令之「法」，
這和馬王堆黃老帛書情況相當一致。帛書〈經法〉說「道生法，法
者引得失以繩，而明曲直者也。」其實通篇內容主要還在論證「刑
名」，亦不大及賞罰律令之「法」。〈論六家要旨〉也說黃老道
家：

有法無法，因時為業：有度無度，因物與合。

「法」與「度」並不是黃老之學第一關切的論題。「因」、「時」
與「刑名」才是它真正關切的焦點。因此，它用了好幾倍於詮說
「法」、「度」的文字去敘說、提挈虛無、靜因、時變與刑名的
「君之綱」。因此，所謂「道生法」的「法」，若就實際黃老相關
理論內容看來，指的本還應是「刑名」所賴以源生的自然律則與恆
度。及刑名以之而緣生後，便逕以指「刑名」了。而這個刑名所緣以
產生的律則與恆度，不論就黃老帛書還是《管子》四篇而言，基本上
都是從虛無的自然天道中提煉出來的，故曰「道生法」。

此外，就哲學義涵言，老子的「道」與「法」原本是不相繫的，
到了黃老學家，卻擷取道與法（不論這個「法」指的是賞罰律令還是
刑名）所同具公正無私的客觀質性，將之關聯起來，陳鼓應說：

老子的道本蘊含著公的客觀精神，黃老援法入道，乃將
道之為公轉成法之為公，提供了哲學理論的基礎。[15]

這便是黃老「道法」結合、「道生法」的內在因素。

到了《韓非子》，始明白地將「道」與律令賞罰之「法」結合起來，〈飾邪〉說：「道法萬全，智能多失」，又說：「先王以道為本，以法為常。」《老子》崇道反智原來是基於自然無為的觀點，〈飾邪〉也崇道反智，卻結合了「法」，意味便不同，而轉向政術之因任。〈大體〉說得很明白：「因道全法，君子樂而大奸止。」黃老之學推崇「道」，正是為了全「法」，保障其法家治術能順利推動，外王的政治功能才是它的終極目的。

4.道的術化

司馬談〈論六家要旨〉再三地說道家是一種「術」，班固也說道家是一種「清虛」、「卑弱」的「君人南面之術」。《史記·孟荀列傳》說，慎到、田駢諸人「皆學黃老道德之術」，也視「黃老」為一種「術」。三人都是漢人，顯然在漢代學者觀念中，黃老是「術」，因為前漢七十年，黃老確實被推上政治舞台去操作，成為一種「治術」。今實際從先秦以來前述相關的文獻理論看來，黃老之學的確「術」化了《老子》的「道」。

⑴由卑下雌柔到蓄勢因時

《老子》的道是自然無為、虛無清靜的。《老子》將這種自然無為、虛無清靜的「道」，作了治身、治國雙方面的推衍，而得到清靜、儉約、謙下、柔後的要領與原則。[16]到了黃老之學中，都得到一

15　詳見陳鼓應：〈先秦道家之禮觀〉，《漢學研究》第18卷1期（2000年6月），頁1-22。

16　《老子》第67章說：「我有三寶，持而保之，一曰慈，二曰儉，三曰不敢為天下先。」76
　　章說：「堅強者死之徒，柔弱者生之徒。」22與66章都說：「夫唯不爭，故天下莫能與之
　　爭。」78章說：「柔勝剛，弱勝強。」28章說：「知其雄，守其雌，為天下谿。」26章說：

定的承繼與轉化。就治國一端而論，馬王堆黃老帛書不談治身，只談治國，也推闡《老子》的雌柔哲學。〈十大經・雌雄節〉推崇「卑約主柔」的雌節，說：

> 憲傲驕倨，是謂雄節；□□恭儉，是謂雌節。夫雄節者，涅之徒也；雌節者，兼之徒也。夫雄節以得，乃不為福；雌節以亡，必得將有賞。

視雄節為凶、禍，雌節為吉、福。〈順道〉藉力黑之口對答黃帝，推崇大莛（庭）氏之治天下，說他：

> 安徐正靜，柔節先定，晃濕恭儉，卑約主柔，常後而不先……，好德不爭，立於不敢，行於不能，戰示不敢，明示不能，守弱節而堅之，胥雄節之窮而因之。

〈順道〉又說要「待逆節之窮，因而飭之。」「守弱節」是為了「胥雄節之窮而因之」，可見，其卑約柔後，是為了蓄勢待時以因應，奮欲有所作為，明顯強化了《老子》雌柔的積極義。

這種蓄勢待時的因應哲學，到了《淮南子・原道》，得到了強力的回應與推闡；〈原道〉說：

> 得道者志弱而事強，心虛而應當。所謂志弱而事強者，柔毳安靜，藏於不敢，行於不能，恬然無慮，動不失時，與萬物回周旋轉；不為先唱，感而應之……行柔

「重為輕根，靜為躁君。」19章說：「見素抱樸，少私寡欲」，第12章要人戒五色、五音、五味、馳騁田獵、難得之貨，「為腹不為目」。凡此多見《老子》治身、治國之主清靜、儉約、雌後、不爭。

而剛，用弱而強……所謂其事強者，遭變應卒，排患扞
難，力無不勝，敵無不凌，應化撥時，莫能害之。……
欲剛者必以柔守之，欲強者必以弱保之。

弱志是爲了強事，行柔用柔是爲了待時轉強，柔弱是爲了「保」
「守」剛強。〈論六家要旨〉說黃老道家「不爲物先，不爲物
後……有法無法，因時爲業；有度無度，因物與合。」黃老道家不再
強調先後問題，而改爲在乎「時機」問題。時機未到，當然守柔、守
後；時機一至，則當因勢以爲。《老子》的柔後哲學至此轉變爲孕含
無限後勁的「無不爲」之術。原本《老子》雖也講「動善時」（第八
章），也教人「和其光，同其塵」（第四章），卻終究沒有正面推闡
「時」的重要，只一再要人守柔弱而戒剛強，不要突露出衆，和光同
塵正是基於這樣觀點而說的。

　　黃老則不同，它在乎「時」，思以「時」來取代先後，作爲事
情成敗、吉凶的決定關鍵，教人掌握時機，因爲「非時而榮則不
果」。

　　除了將「先後」問題轉化成爲「時機」問題之外，黃老道家還
將《老子》的柔弱不爭、和光同塵結合成爲「因任」之術，用以理
事應物，立政治國。〈十大經〉有〈順道〉，就是要人「因順」其
道。〈稱〉說：「聖人不爲始、不專己、不豫謀……因天之則。」
〈順道〉要人「因天地以爲齊（資），因民以爲師」，「因時」以
取成。所謂「因」，就是順隨外事、外物以舉事。它是黃老學家對
《老子》雌後、反智哲學的共同轉化，它構成了黃老之學的核心要
素，所有黃老學家，沒有不講「因」術。《管子》有「靜因」之
道，《愼子》主因循，《呂氏春秋》有〈貴因〉篇，《淮南子》尤集
各家「因」術之大成。[17]〈論六家要旨〉說黃老道家「其術以虛無爲

---

[17]　此筆者已於〈淮南子的無爲論〉中詳論過，故不贅述，只隱括其大要。其詳參見，《國文學
　　報》第17期（1988年6月），頁108-115。

本，以因循爲用」，又說「虛者道之常，因者君之綱」，「因」與
「時」的講求與提出，使《老子》的雌柔哲學更具彈性與韌度，它積
極化了《老子》無爲哲學的意涵，使更趨近於無不爲的目的。黃老
學家便將這種「因」的哲學大用於政治上的任人考核之術。「因」與
「時變」觀念的凸顯與強化，是黃老思想對老子哲學最大的轉化，它
使老子哲學變得更爲積極而入世。

(2)由清靜儉損到虛無靜因

　　和馬王堆黃老帛書只及政治略有不同的，《管子》四篇是治身、
治國兼涉，由治身談到治國，而以治國爲終極目的。〈內業〉與
〈心術上〉由氣爲創生根源導入虛靜的治心之術，終而歸結出靜因
的統御要領與刑名術。〈內業〉先將萬物之生成說成是「道」，亦
即「氣」（精氣）所生，已如前述：道的修治因此變成氣的調理問
題，在〈內業〉裡因此常常和「氣」的調理並論。《老子》說，爲道
要「損」，要「儉」，要清靜[18]，〈內業〉也說：「心靜氣理，道乃
可得」，「修心靜音，道乃可得。」如何地「修心靜音」，使「心靜
氣理」？〈內業〉說：

> 凡心之刑，自充自盈，自生自成。其所以失之，必以憂
> 樂喜怒欲利；能去憂樂喜怒欲利，心乃反濟。彼心之
> 情，利安以寧，勿煩勿亂，和乃自成。

「心」的功能要靠「氣」的自然充處，「氣」無以自然充處，全因
「情」與「欲」的干擾。去除情與欲的攪擾，使心處於平和寧靜，
「心」的功能才能充分展現，「道」才可得。〈內業〉說：「敬除其

---

[18] 《老子》第48章說：「爲學日益，爲道日損，損之又損，以至於無爲，無爲而無不爲」第3
章「不貴難得之貨」，67章說：「我有三寶：一曰慈，二曰儉，……」19章說：「見素抱
樸，少私寡欲。」

舍，精將自來」，這個「舍」，指的是「心」。清潔其心，氣才有充處的空間，靈明的精神與智慧才能源生，道才可得。〈心術上〉說：「掃除不潔，神乃留處。」「神者至貴也，館不辟除，則貴人不舍焉。故曰：不潔，則神不處。」所謂「掃除不潔」、「潔其宮」，指的是去除心靈的雜質，不使情與慾牽擾其心，《管子》四篇因而拈出虛、一、靜以爲治心的綱領。所謂「虛」，就是去除自我（包括了情欲、念慮與成見、主觀）不預設立場，不預存成見。因此要去智、無我、因物、應物，在這《管子》四篇中有大規模的論證。〈心術上〉說：

> 虛者，無藏也。故曰：去知則奚求矣[19]，無求無設則無慮，無慮則反覆虛矣。

一方面要去好惡，更重要的，在蒞政施治上要「因」而不設，〈心術上〉說：

> 君子恬愉無為，去智與故，言虛素也，其應非所設也，其動非所取也，此言因也。因也者，舍己而以物為法者也。感而後應，非所設也；緣理而動，非所取也。過在自用，罪在變化。自用則不虛，不虛則仵於物矣。……道貴因。因者，因其能者，言所用也。君子之處也若無知，言至虛也；其應物也，若偶之，言時適也。若影之象形，響之應聲也。故物至則應，過則舍矣。舍矣者，言復所於虛也。

---

[19] 此句本作「去知則奚率求矣」王念孫以為「率」字衍文，其說詳見《讀書雜志・管子雜志》卷6，今從校改。

「虛」是全然排除主觀與自我，澈底而客觀地應物以動，順物以為，這叫「因」。馬王堆黃老帛書從推衍《老子》的雌柔之道中去轉出「因」術；《管子》四篇卻從「虛」中去轉出「因」術，且與「一」、「靜」結合，成為最高的統御要領。

所謂「一」，就是專注，不旁騖，不分神，〈心術下〉說：

> 專於意，一於心，耳目端，知遠之近[20]。能專乎？能一乎？能毋卜筮而知吉凶乎？能止乎？能已乎？能毋問於人而自得之於己乎？故曰思之不得，鬼神教之，非鬼神之力也，其精氣之極也。……執一而不失，能君萬物，日月與之同光，天地與之同理。

作者相信，透過心專注凝聚的工夫，將一切的雜質排除，一切無意義的思維活動停止，可以使精氣聚集到最高點，而產生靈妙的智慧。這時，你將能知吉凶，辨禍福，而無求於外，靈妙無比，那就是領導統御的最好條件。

所謂「靜」，是安於位，不躁動，去潛藏自我，清楚觀測外物，以體悟最高妙之理；〈心術上〉說：

> 毋先物動，以觀其則；動則失位，靜乃自得。……不出於口，不見於色，四海之人，又孰知則？……去私無言，神明若存，紛乎其若亂，靜之而自治。

透過「靜」的工夫，讓一切紛繁的事物各呈其態，其頭緒自會清楚地

---

[20] 此句本作「知遠之證」，義難通。許維遹與張舜徽皆以為當作「知遠之近」，其說同見注13，頁237，今從校改。

顯現出來，如此可以省去應付時所橫生的枝節與耗費的精力，同時也令人無由捉摸，因此是高效而「深囿」的領導統御要領。

　　將這「一」、「靜」與「因」相結合，《管子》四篇完成了它所標舉的，最高的統御要領。〈心術上〉說：

> 君子不怵乎好，不迫乎惡，恬愉無為，去智與故。其應也，非所設也；其動也，非所取也。過在自用，罪在變化。是故，有道之君，其處也若無知；其應物也若偶之，靜因之道也。

除了與「靜」結合成為最高統御要領外，《管子》的靜因之術還與刑名結合，成為高效的督核之術。〈心術上〉說：

> 因也者，無益無損，以其形，因為之名，此因之術也。物固有形，形固有名，此言不得過實，實不得延名，姑形以形，以形務名，督言正名，故曰聖人不言之言，應也……執其名，務其所以成[21]，之應之道也

「因」的另一層義涵是去除了主觀與成見，故能就事論事，因物應物，察形定名，沿名督實，這便導出了申韓一系的刑名督核術。這虛靜的統御要領與刑名的督核術，以後為申韓所吸收發展，成了申韓政論中最厲害的內容。

　　⑶由道到刑名

　　黃老學家說「刑名」並不始於《管子》，「刑名」始終是黃老之學的主要內容。黃老學家由「道」衍生「法」，這個「法」，從實際

---

[21] 此句本作「務其應所以成」，王引之以為，「應」字衍文，其說同見注28，今從校改。

理論內容看來，主要並非指律令、規範，而是指的「刑名」。因為從黃老帛書的內容看來，〈經法・道法〉開宗明義雖說「道生法」，實則五分之一談道、法，五分之四談道與刑名。「法」與「刑名」都是道在政治層面的體現。《管子》四篇論「道」，說「靜因」，也不涉及「法」，而大論「刑名」。黃老帛書論「道」，其實主要是為了推衍「刑名」；其所謂「道」，往往指「刑名」，《管子》四篇也一樣。帛書〈十大經・成法〉說：「昔天地既成，正若有名，合若有刑，以守一名。」「刑名」的產生和「法」一樣，都是源自自然，由「道」而生。因此，「執道者」觀天下，必先「審其刑名」，「刑名立，則白黑之分已。」（〈經法・道法〉）〈經法・名理〉也說：「執道者之觀於天下……能循名廄（究）理。」這就是司馬談〈論六家要旨〉所說的：「因者君之綱，群臣並至，使各自明也。其實中其聲者謂之端，實不中其聲者謂之窾，窾言不聽，姦乃不生；賢不肖自分，白黑乃形。」的君術。

　　黃老帛書從天道的恆度與律則，以及由道所分生出來的自然器物的質性之「理」中，去提煉刑名之術，以為主政施治的依據；〈經法・道法〉說：

> 凡事無大小，物自為舍；逆順死生，物自為名；名刑已定，物自為正。

〈十大經〉文末說：

> 欲知得失，請必審名察形。形恆自定，是我愈靜；事恆自施，是我無為。

透過授名定分，去穩定事物的條理和順序，以達不治而自治的效果。「刑名」因此和「無為」結合起來，成為「無為」統御術的主

要內容。黃老帛書用「刑名」去改造《老子》無為的內容，將《老子》的「無為」之道「刑名」化，說成各守其分，各居其名，正靜以治。〈道原〉說：

> 上信無事，則萬物周遍。分之以其分，而萬民不爭；授之以其名，而萬物自治。

要求做到「刑名出聲，聲實相調」。從這些地方看，帛書「刑名」原本用以均治一切事物，而非如申、韓之專為督核臣下之術。其內容亦偏於規範名分，使各有條理次序，以便施治，故曰「萬民不爭……萬物自治。」秩序、矩度、抱道執度、定名授分之要求是黃老帛書刑名說的核心要義。此宜為「刑名」之較早義涵。然究其終極目的，則仍在維持上尊下卑，不可踰越之倫等。〈稱〉說：

> 臣有兩位者，其國必危……子有兩位者，其家必亂。

〈經法・四度〉說：

> 君臣易位謂之逆，賢不肖並位謂之亂。

到了《管子》四篇，其督核的政治意味便濃烈了起來。四篇中所說的「道」，是正靜其心，以「因」應外物，「因而耦之」、「應而不設」、「舍己而以物為法」的因任之術。〈心術上〉說，君統百官，猶如心統九竅，君術猶如心術，要「毋代馬走，使盡其力；毋代鳥飛，使弊其羽翼。」目的在「不奪能」，使能各居其位，各竭其能，盡其職。〈白心〉說：

> 聖人之治也，靜身以待之，物至而名自治之，正名自治

之，奇身名廢，名正法備，聖人無事。

〈心術上〉因此說，「必知不言無爲之事，然後知道之紀。」「靜因」與「刑名」都是領導統御的「道紀」。這個「道紀」，在申韓理論中逕稱爲「術」。申不害以「術」聞，其「術」正是這個虛靜因任與刑名的統合體。

然而，在《管子》四篇中，主要還在強調條理、客觀、公正、無私，並不以知奸明壅爲目的。到了申、韓，始強化其「執其知則」，無限「深匿」（〈心術上〉），甚至「以闇見疵」，極其陰鷙的察奸功能，而教導人君藉「術」以知「八姦」、明「五壅」。這應是道法結合的黃老之「術」，與「慘礉少恩」的申韓法家之「術」的不同。但它們都由《老子》雌柔、虛靜的無爲之道轉化而來，且重在「無不爲」之用，宜乎司馬遷歸申韓之學爲本於黃老，卻謂其「天資刻薄」。

5.儒墨道德的擷採與推崇

老子崇道反智，對於儒家所推崇的仁、義、禮乃至忠信諸德，也有審慎的評估。他一方面在今本《道德經》第八章說：「與善仁，言善信。」對於仁、信之德顯示了一定程度的珍惜。另一方面，對於理想狀態失衡、社會失序的時代中，由於眞純之「道」的不保，連帶使仁、義、禮也產生了骨排效益，丟失了可貴的忠信內質，老子也發出了沉痛的呼喊，今本第三十八章說：「失道而後德，失德而後仁，失仁而後義，失義而後禮。禮者，忠信之薄而亂之首也」。前四句根據《韓非子・解老》的詮解則是：

失道而後失德，失德而後失仁，失仁而後失義，失義而後失禮。

多加了四個「失」字，其慨歎骨排效應的意味便突顯了出來。要

之，第三十八章呼籲人重視禮的內在情質，叮囑人維持「道」的自然純真，揚棄仁、義、禮薄華的外在貌飾，以維繫人與人之間良好的倫理關係。[22]

　　這樣的觀點，到了黃老之學中，有了更正面而直捷的推衍。黃老道家在推闡道德的同時，也正式納仁、義、禮諸德於其中。〈十大經・雌雄節〉說，「積德者昌」，〈順道〉以「安徐正靜」、「體正信以仁，慈惠以愛人，端正勇，弗敢以先人」為柔節的內容。慈惠、仁愛、正勇諸德都被納入雌柔中，成為相輔的內容。〈經法・君正〉說，施政要「行文武之道」，恩威並重，刑德相養。一方面要「以法度治」、「賞罰信」，有「父之行」；另一方面還要有「母之德」，「兼愛無私」，使民親上。要「父母之行備」，才是合於「天地之德」的好政治。這是明顯兼採儒、墨的法治之論。〈十大經・五正〉說：

　　　　反義逆時，其刑螟尤；反義倍宗，其法死亡以窮。

推崇「義」為是非存亡的標準與關鍵，這在先秦道、法兩家都不可見。崇義，是儒、墨的共法。

　　到了《管子》裡，這種兼崇儒墨道德的情況更為明顯。《管子》在開宗明義的〈牧民〉中，揭舉禮、義、廉、恥以為張國之「四維」，並謂「四維不張，國乃滅亡。」在〈心術上〉中，並界定了道、德、義、禮、法之內涵。它說：

　　　　以無為之謂道，舍之之謂德，故道之與德無間，言之者不別也，間之理者，謂其所以舍也。義者謂各處其宜

22　有關《老子》第38章的思想，學者多就鄙薄仁、義、禮之觀點而論，此處採陳鼓應之見，視為對道德失守，仁、義、禮失真之喟歎，其說同見註15。

也，禮者因人之情，緣義之理，而為之節文者也。……
法者所以同出不得不然者也，故殺戮禁誅以一之也。

「德」是「道」的落實與顯現，故曰「舍」。「義」是分寸恰當，
安置妥善之稱。「禮」是內在人情合宜而節制的對外表現。「法」
是逼不得已的最後手段，以刑殺來整飭綱紀。《老子》說：「天地
不仁」、「聖人不仁」（第五章），天地、聖人之於萬物萬民，因
順自然，無恩無德。〈心術下〉卻說：「明王之愛天下，故天下可
附。」〈內業〉說：「去憂莫若樂，節樂莫若禮」，對於禮、樂對治
情緒的功能有一定的肯定，凡此皆見黃老之學對於儒墨的吸收與採
擷。

尤其特殊的是，《管子·法法》對於法令的推行，要求由人君自
身先遵行。〈法法〉說：

明君……置法以自治，立儀以自正。
（法）信而不行，不以身先之也。故曰：「禁勝於身，
則令行於民矣。」

齊法家論法之所以大別於三晉與秦法家者在此。在三晉與秦法家的法
論中，人君是立法者，卻不見納入法令的管轄中。在夾揉黃老的齊
法家中，人君卻是法令所要規範的第一個對象。這以後到了《淮南
子·主術》中得到更大的推闡。〈主術〉說：

法生於眾適，眾適合於人心，此治之要。
法者，非天墮，非地生，發於人間，而反以自正。

法令訂定的根源來自民心的需求，人君立法非特以為天下人之行為準
則，亦所以約治其身；〈主術〉說：

法者天下之度量，而人主之準繩也。

法者所以禁君，使無擅斷也。

不論《呂氏春秋》或《淮南子》都保留了大量的儒家思想理論。《呂氏春秋》的思想理論，有人認為是以「道」統合各家，也有人認為是以儒統合各家。不論其以儒統合各家之說是否正確，《呂氏春秋》中保存不少仁義之說是事實。《淮南子》則不但在〈主術〉的法論中，明顯注入儒家躬身立教、重民、民本之義，〈繆稱〉一篇一般公認為儒家學者作品，即〈原道〉在推崇道德之餘，亦「審仁義之際」，對仁義禮樂救衰扶敗之功能給予一定之肯定，凡此皆見黃老相關理論兼參儒墨。

6.兵道與作爭

　　《老子》不但主雌下、柔後，也反對「爭」，更視兵爭為凶事，「不祥之器」，曰「有道者不處」，戰勝，當以「喪禮處之」。（詳二十二、六十六、三十一各章）然而，發源於崇功、尚霸的齊國，黃老之學非特不反戰，且多論兵道。黃老之學將黃帝與老子結合做為標記，基本上就註定了《老子》反戰之論必得修正。因為，黃帝在載籍中的形象，原是驍勇善戰，且每戰必勝的古帝王。他戰炎帝、戰蚩尤，大獲全勝，是流傳不朽的事蹟。在黃老帛書〈十大經〉中，黃帝被塑造成以武力殲滅強敵，兼并天下的一統帝王，並詳載其兵爭與戰蚩尤的殲敵過程。〈姓爭〉說：「作爭者凶，不爭者亦無以成功。」〈兵容〉說：「當斷不斷，反受其亂」，〈五正〉說：「天下大爭，時至矣，后能慎勿爭？」就黃老產生的戰國時代言，這樣的理論是有其相互侵伐的現實背景為依據的。然後在〈兵容〉中談兵道，要法天、法地。〈稱〉說用兵要「提正名」，知所止。〈本伐〉分兵為「為利」、「為義」、「行忿」三種，而以「為義」高。伐人之國且當「兼而勿擅」（〈經法・國次〉），〈經法・君正〉甚且開列一套教民戰守的七年訓練計劃。

　　到了《管子》，作為尚實派法家，又撰成於齊，內多及「兵」可以理解。〈國准〉曰「五戰而至於兵」，推商戰為兵戰之先，當一切經濟、政治等等管道皆不能奏效取勝時，兵戰只怕也是無可避免。在黃老理論的核心篇章〈白心〉中，也提及兵道，叮囑人君，兵有「報反」之道，「出於人」，終必「入於身」，兵不若德，「兵不義不可」。下迄《呂氏春秋》，孟、仲二秋之紀多言兵，計有〈蕩兵〉、〈振亂〉、〈論威〉、〈簡選〉、〈決勝〉各篇。《淮南子》尤有〈兵略〉總集前此各家論兵之大要，權謀、形勢、陰陽、技巧兼而有之，並論「將」。所論雖非盡屬黃老之學，然黃老之學素來與兵相容可以理解。

7.陰陽五行與政教

　　前文說過，陰陽五行是齊文化與齊學的重要內容，不論從齊地遠古的宗教信仰，還是就先秦陰陽家的總代表——鄒衍的遺說中，都可以得到證明。它同時也是黃老之學的主要內容。從今存可見的黃老相關文獻資料與漢志所載列的十二類黃帝依托著作看來，也都有相當分量涉及陰陽五行，且多與政教相連。

　　就馬王堆黃老帛書內容而言，如前所述，在〈稱〉裡大篇幅地將天地一時思慮所及的對等事物，諸如天地、男女、四時、晝夜、主臣、兄弟、父子、長少、大小、上下、輕重、喜喪、貴賤、窮達等，都作了陰陽二分。一切正面的、好的，都歸屬「陽」；負面的、低下的、壞的，都歸屬「陰」；且說：

> 諸陽者法天，諸陰者法地，地之德安徐正靜，柔節先定，善予不爭，此地之度而雌之節。

稱為「陰陽大義」。這樣的說法是很特殊的，它一方面將一切正面、明亮、高大、尊貴的歸屬陽，反面、幽暗、低下、卑賤者歸屬陰，又說，諸陽法天，諸陰法地。然卻沒有如其後董仲舒之崇陽黜陰

（詳《春秋繁露・陽尊陰卑》），而歸結於地道的雌柔不爭，以示對《老子》柔後之教的承繼與堅持，正是道家本色。

　　然而，黃老帛書只論陰陽，而不及五行。其論陰陽，內容亦如前述之簡單，只對人世事物與自然現象作二分之歸屬。《管子》則不然，在〈幼官（玄宮）〉、〈幼官（玄宮）圖〉、〈四時〉、〈五行〉、〈輕重己〉各篇中，對於五行的相關理論，有相當豐富的記載，從天候、節令、人事、政典到軍略，五花八門，無不含賅；然卻繁瑣、參差，並不齊整。〈四時〉以五行配五方、四季及星氣，而以「土」居中央，「輔四時出入」，卻不配「色」。〈五行〉將一年三百六十日分由五行掌御，每行各主七十二日。〈輕重己〉分一年三百六十日為四始（春始、夏始、秋始、冬始）、四至（春至、夏至、秋至、冬至），一始繼一至，配以服、綖之色與祭主。由始到至，或至到始，相隔四十六日；由至到至，或始到始，相隔九十二日，結構都尚簡單、分明。〈玄宮〉與〈玄宮圖〉內容便龐雜多了，有所謂「五圖治內」的「本圖」，內容多涉政典。依東、南、西、北、中五方，配以色、音氣、數、獸、天候、節氣、民事、道德、政令及其災眚。結構既參差，形式也不整齊。又有所謂「五圖治外」的「副圖」，內容多涉軍略，配屬異形混亂。大致依五方，配以五行、五色、旗物、兵器、號令、謀略、教施、機要……等等。各方所配內容性質、篇幅多寡差異甚大，繁瑣而雜亂，明顯呈現階段性資料匯集痕跡。學者因以為，乃尚在發展階段而未定型之記載，可視為鄒衍之前陰陽家說。[23] 各篇唯一之一致性，乃在皆以一年為三百六十日，且皆言五行相生，尚不及相剋，至鄒衍「五德終始」始言相剋，而理論亦漸趨成熟。

　　到《呂氏春秋》十二紀，與《淮南子・時則》，五行之搭配，形式已趨整齊，結果亦顯成熟而完整。〈孟春紀〉說：

---

[23] 參見徐漢昌：《管子思想研究》（台北：臺灣學生書局，1990年），頁98。

孟春之月，日在營室，昏參中，旦尾中，其日甲乙，其
帝太皞，其蟲鱗，其音角，律中太族，其數八，其味
酸，其臭羶，其祀戶，祭先脾，東風解凍，蟄蟲始振，
魚上冰，獺祭魚，候鴈北。天子居青陽左個，乘鸞輅，
駕蒼龍，載青旂，衣青衣，服青玉，食麥與羊，其器疏
以達。是月也，以立春。⋯⋯盛德在木。是月也⋯⋯
（天子發布合宜時節的政令，祭帝，躬耕籍田。）是月
也，天氣下降，地氣上騰，天地和同，草木繁動。王布
農事，⋯⋯是月也，命樂正入學習舞。乃修祭典，⋯⋯
（發助生之禁令）。孟春行夏令，則風雨不時，草木早
槁，國乃有恐；行秋令，則民大疫，疾風暴雨數至，藜
莠蓬蒿並興；行冬令，則水潦為敗，霜雪大摯，首種不
入。

其餘十一紀的內容成分與結構亦大抵如此：依次為節令、日躔、星
野、干支、主神、蟲、音、律、數、味、臭、祭祀、方位、物候、宮
室、車馬、服色、旗器、犧牲、主德、政令、天候、禁令，以迄逆令
之災眚等，一一搭配聯結，構成了形式一致而固定，天人緊密結合的
帝王全年施政綱領。下迨《淮南子・時則》，除了日躔改為月躔，主
德移前外，又加配了獸。對於天子應時所作的政治動作，較之《呂氏
春秋》十二紀敘述益趨簡潔扼要，顯見其為發展成熟之定式。

　　從帛書〈稱〉、《管子》的〈幼官（玄宮）〉、〈幼官（玄宮）
圖〉，至呂覽十二紀、《淮南子・時則》，乃至《禮記・月令》，
不論陰陽，還是五行，其所反映出來的一致精神與意義是：天人事
物的全面整理、分類與聯結。不管是陰陽的二分法，還是五行的五分
法，目的都在求得天人之間一個合理而完備的搭配模式，以提供政
治一套穩定的運作方案與依據，這是陰陽家先天的職責與一向的努

力。班固說陰陽家「出於羲知之官，敬順昊天，歷象日月星辰，敬授民時」，其末流則「舍人事而任鬼神」。顯然，天象時令與人事原是陰陽學家關切的核心焦點。從黃老帛書「陰陽大義」、《管子》〈四時〉、〈五行〉、〈幼官（玄宮）〉各篇，以迄呂覽十二紀、淮南〈時則〉看來，其企圖全面性規劃、整理一切天人事物，使便於納入政教的管理系統中，以求得一個天人完賅的政教藍圖，意味是很明顯的。其規劃之用心，內容之豐富，與格局之宏大，在在顯示出，先秦陰陽家透過本身的職能，去參與外王事業，所投注的巨大心力與貢獻。除了末了之災眚含帶神秘意味外，其所表現出來的，是人事政教對自然的尊重與配合。其言災眚之神秘意味，較之《書‧洪範》「饗用五福，威用六殛」來，少了神權氣氛，多了類應意味。

　　呂覽在〈召類〉、〈應同〉各篇中，基於氣化的觀點，也大談「物之從同」類應之理。〈應同〉說：

　　凡帝王之將興也，天必先見祥乎下民。黃帝之時，天先見草木，秋冬不殺，禹曰：「木氣勝」；木氣勝，故其色尚青，其事則木。及湯之時，天先見金刃生於水，湯曰：「金氣勝」；金氣勝，故其色尚白，其事則金。及文王之時，天先見火赤烏銜丹書，集于周社，文王曰：「火氣勝」；火氣勝，故其色尚赤，其事則火。代火者必將水，天且先見水氣勝；水氣勝，故其色尚黑，其事則水。水氣至而不知數備，將徒于土……類固相召，氣同則合，聲比則應。鼓宮而宮動，鼓角而角動。平地注水，水流溼；均薪施火，火就燥。山雲草莽，水雲魚鱗，旱雲爍火，雨雲水波，無不皆類其所生以示人。及以龍致雨，以形逐影……禍福之所自來，眾人以為命，安知其所？……物之從同，不可為記。

本節前半，一般被推定即鄒衍賴以成名的「五德終始說」，其基本原理有二：一曰氣類相動，二曰五行相剋。《管子》的五行相生說，至鄒衍而言其相剋之理，後半則適以說明五德符應之理乃在氣類之相召相應。十二紀所說逆令災眚，基本上是通過這樣的原理形成的，並非神權主宰、降災示警一路，《淮南子·時則》的災眚之理亦然。因此，嚴格說來，早期陰陽家的天人搭配固不無可譏之處；然其天人相應之道，其實多氣化類應之理。《管子·四時》說：

> 陰陽者，天之大理也；四時者，陰陽大經也；刑德者，四時之合也。刑德合於時則生福，詭則生禍。刑德易節失次，則賊氣遫至。賊氣遫至，則國多菑殃。是故聖王務時而寄政焉。……德始於春，長於夏；刑始於秋，流於冬。刑德不失，四時如一；刑德離鄉，時乃逆行。作事不成，必有大殃。

所強調的，都是順四時、因陰陽、合刑德以布教令之理。至其刑德失次以致賊氣，要亦美事召美類，惡事召惡類的類應之理。即使呂覽〈精通〉與《淮南子·覽冥》所言馳神感應之理，也是氣類交流、感通之道，非關神權威赫之理。陰陽學說「舍人事而任鬼神」之弊，從今傳相關於鄒衍的學說記載中，不見任何可能訊息。可見黃老這一系陰陽家雖因承齊文化誇誕譎異的傳統，卻或因務實尚功的質性與外王目的所致，其言天人，並不循方士之途轍，而求羲和、明堂之功。其間或不免禁令、災眚，卻絕無鬼神威靈，而為氣類感應。陰陽學之淪為「舍人事而任鬼神」，應是鄒衍之學大興後，方士與不肖儒生的推衍與變造。司馬談〈論六家要旨〉說陰陽家：

> 嘗竊觀陰陽之術，大祥而眾忌諱，使人拘而多所畏，然其序四時之大順，不可失也。……夫陰陽、四時、八

位、十二度、二十四節，各有教令，順之者昌，逆之者
不死則亡，未必然也，故曰：「使人拘而多畏。」夫春
生、夏長、秋收、冬藏，此天道之大經也，弗順，則無
以為綱紀，故曰：「四時之大順不可失也。」

說陰陽家依順四季之天道大經，以長養萬類，並從中架構起治政之
綱紀，是可貴的長處；然其過度強調逆令災眚，則是不可諱言的缺
失。這令人想起黃老帛書〈論約〉之說；〈論約〉說：

始於文而卒於武，天地之道也。四時有度，天地之理
也。日月星辰有數，天地之紀也。三時成功，一時刑
殺，天地之道也。四時時而定，不爽不忒，常有法
式……一生一殺，四時代正，終而復始，人事之理
也。……順則生，理則成，逆則死。……不循天常，不
節民力，周遷而無功。養死伐生，命曰逆成，不有人
戮，必有天刑。

講的正是呂覽十二紀、淮南〈時則〉與《禮記‧月令》一系時令、節
候與人事政令嚴謹搭配的問題。然則，這一系天道、人事、政令嚴謹
搭配的陰陽理論，非特由來已久，且本為黃老之學所推崇。

要之，齊學與齊文化尙陰陽，黃老之學亦尙陰陽。其陰陽說重在
天人事物的整理、歸納與搭配，以為政教的綱紀，而要求人君絕對
依循。求其通天人之理，則為氣化與類應。漢志說「數術」是「明
堂、羲和、史卜之職」，今從上述《管子》、呂覽、淮南各類載記看
來，正是羲和之學而為明堂之用。

四、結論

　　黃老之學產生於田齊稷下學宮，稷下學宮上承姜齊至少七百餘年[24]的富厚基業，下開田齊一百六十餘年的風教，肩負漂白政權與諮議國是、推展學術多重功能，代表著齊學與齊文化的鼎盛。齊文化自太公立風教，姜桓奮餘烈，重以面海地理與經貿產業等因素，崇利而尚功、疏闊而兼容，重時而因變。其宏闊之氣派與格局，在在構成黃老之學先天上宏富並包的特質與崇霸外王的功能。黃老之學以傳說中的上古盛主——黃帝爲標幟，去改造田齊故鄉——陳國的哲人——老子的思想學說，使成爲領導統御的要領與綱紀。換言之，稷下黃老之學一方面圍繞著田齊政權的現實欲求：爲高遠來歷而造祖崇「黃」，爲原鄉情懷與統御目的而奉「老」，又結合著齊產的陰陽之說，構造了以黃帝爲標記，老子學說爲主體，陰陽學說爲配套的外王大論。另一方面，他們稟承姜齊以來數百年的文化傳統與立國風教，將這個「主體」內容，朝向適合於齊人風格的方向去改造。從〈論六家要旨〉的提挈看來，黃老之學是以領導統御爲主體功能的「治天下」之「術」。它兼採陰陽、儒、墨、名、法各家，尤其是法家的刑名術，用以結合老子的清靜無爲，使轉化成爲一種執簡御繁、虛無因循、應時耦變的刑名術。

　　今實際就傳世的黃老文獻，若馬王堆黃老帛書、《管子》四篇、《韓非子·解老》、乃至《呂氏春秋》與《淮南子》的部分內容看來，黃老之學推崇、轉化老子之「道」的軌跡可得而察：㈠他們不但奉「道」以爲至高律則，更援之以爲治身、治事、治國之術。㈡他們奉「道」以爲生化根源，說道生萬物萬事，是一切的根源，當然也生

---

24 若依《辭海》所附〈歷代大事年表〉之記載，西元前1122年（商紂33年），周武王滅商。7年後（西元前1115五年），武王死，成王即位，周公旦輔政，封伯禽於魯，太公受封應在期間，亦即西元前1122-1115五之間。下至康公26年（西元前379年），康公死海上，姜齊亡爲止，政權至少維持730-740年。

「法」，是「法」的根源，「法」因此有了較崇高的來歷。㈢他們以「氣」釋「道」，下「道」於「天地間」，從而衍生出「理」。㈣他們以刑名為「道」（術）的主要內容，將老子的去智柔後哲學調整為不以先後為考量，而以「時」為關鍵；「因」而不設，應而不倡，虛無靜因的刑名統御術。其極終轉為申韓無限陰鷙的知姦督核術，而淪入了法家。

　　〈論六家要旨〉站在黃老道家的觀點談學術，論六家[25]，始於「陰陽」，而終於「道」。「道家」以最長的篇幅與最深入詳細的內容殿後，且不若各家之有得有失，而只見得，不見失，大有以之總結前此五家之意味。陰陽家則以有別於各家稱「家」之慣例，稱「術」（「陰陽之術」）以居首。「道家」雖亦稱「家」，卻再三謂「其為術也……」、「釋此而任術……」、「其術……」。顯然，道家亦被認定和陰陽家一樣，以「術」行世。不僅如此，〈論六家要旨〉中的「道家」，儘管到班固時，已分化為道、雜兩家，班固說「道家」依然是「（君人南面之）術」，說「雜家」也「兼儒墨，合名法」；然卻不言「因陰陽之大順」，因為班志論列九流係以儒家為準據（而非黃老）。這些現象與歧異，明顯反映出：在「先黃老而後六經」的黃老學者司馬談的思維中，黃老道家與陰陽之學關係是很密切的，它們同為「術」，同樣以「術」行。黃老「因陰陽之大順」，以為「治天下」之綱紀；而陰陽之學雖曰始於羲和之官，其發展與盛行則在戰國的燕齊，黃老亦源於田齊。今就黃老相關文獻中所載記的陰陽理論看來，大抵在求天道、人事之相應、配屬、協調、統一，而以氣化、類應為聯結要素，以成就其因天道以為政令的統御綱紀，與黃老道論之由天道以論治道，因道以入法是一致的。

　　此外，對於儒家的惠愛、恭信、誠正、仁、義、禮諸德，乃至兵

25　有關〈論六家要旨〉以黃老道家觀點論列各家，筆者已於本書〈壹、漢代道家思想中的各家思想〉中討論過，此不贅述。

家的兵道，在相關於黃老的理論中，亦得一定之推崇。

　　唯《老子》之學本含修身、治國兩路，漢志所載黃帝的依托著作中，亦有專言「生生」的「方伎」一類，應是治身之術。《管子‧內業》、〈心術〉乃至《韓非子‧解老》皆有精氣創生與充養之論。司馬談〈論六家要旨〉亦言黃老道家不但論虛無因任的治國術，也論形神兼養的治身術。此後東漢以下的養生之術與道教修煉之方亦言「黃老」，足見治身之術亦爲黃老所重。尤其至西漢武帝以儒術一統各家之後，黃老外王之路從此斷阻。此一「生生之伎」反因一統帝王與公卿希冀權位永長的後援需求而蓬勃滋長，不僅帝王、公卿，甚至深入民間，造成學術、社會、宗教界普遍的養生風潮，所謂《河上公章句》解老、《老子想爾注》解老，以迄《太平經》中的養生說，要皆此中之作，其極則轉入道教的養生術與葛洪的丹道中。本文以篇幅所限，一時未能納入討論，謹述其治國之論，以待異日。

參

漢代道家思想的演變
與轉化

　　漢代是個長治久安而可爲的大時代，也是傳統中國文化的定型時期，它崇治道而尙事功，漢代思想家與思想理論，較之先秦，因此有了明顯的改變與轉化，不尙玄虛，而重在實際政治與人生事物的涉入與討論。這種情況反應在原本以淸靜無爲爲倡的道家思想上，尤其明顯而強烈。

一、先秦道家思想

　　先秦道家，就現存文獻看來，至少有楊朱、老子、莊子三家與黃老道家。

(一)楊朱

　　在近代學者的道家思想研究中，楊朱曾被推爲道家思想的先驅。有關楊朱思想，由於著作亡佚，只能從其他傳世文獻中去拼組釐測。《列子・楊朱》是傳世典籍中保留較多相關於楊朱的記載，卻被認爲多雜魏晉縱欲觀，不盡合列子思想原貌。相較之下，《孟子》、《呂氏春秋》、《淮南子》的記載雖支零、短簡，卻較可靠。《孟子・滕文公下》說：「楊氏爲我」，〈盡心〉說：「楊子取爲我，拔一毛而利天下，不爲也。」《呂氏春秋・不二》說：「陽生貴己」，《淮南子・氾論》也說：「全生保眞，不以物累形，楊子之所立也。」根據這些記載，楊朱貴生、愛生、重己而輕物。楊子所重、所貴的「己」和「生」，由於資料不足，相關的詮釋內容欠缺，無法得知其在形軀生命與精神生命之間究竟有多少偏指。但是，從他強調「保眞」、「不以物累形」看來，這個「生」顯然不僅指自然的形軀生命，也應包含超形軀的生命情趣，它應該是泛稱一切的生命本狀。楊朱堅持淸純的生命本狀，反對以物役己、逐物不返。

(二)老子

　　在先秦，老莊被奉爲道家思想的正宗，其思想理論被後世所崇

奉、推廣、應用最爲普遍，影響也最大。相較於《莊子》，《老子》的理論重外王，多相關於治國之論。《莊子》則重內聖，多言心靈之超越。《老子》的思想理論，重點有數：

1.道論

道家以崇「道」被稱爲「家」，相關於「道」的討論是道家的基本也是核心論題。從五千言看來，相關於「道」的討論主要是對本體性徵的論述，而少及創生。根據《老子》的表述，「道」是虛無無形（惚恍）的，非一切感官知覺對象（不可見、聞、聽、搏），是生化之母（玄牝、天地根、天下母），是超越一切相對（是非、高下、長短、有無、前後）的絕對存在，而且永恆不變（獨立而不改）。但它卻不是一團死寂僵化，而是生生不已，永不止息（周行而不殆），它自然無爲、清靜眞樸。這是《老子》對「道」的本體論述，也是此後所有各派道家對「道」的基本共識，此後各派道家論「道」，大抵不出此一範圍。其涉及創生者只一見：

> 道生一，一生二，二生三，三生萬物，萬物負陰而抱陽，沖氣以爲和。

這僅有的一見，卻成爲此後言創生者之基本依據，戰國、兩漢道家之涉及宇宙論者，幾乎都是圍繞此一命題推闡、詮解。

2.治國論

《老子》雖反對政治管理，主張清靜自正，自然無爲；然五千言中涉及政治者特多，提及「聖人」侯王者有三十次之多，都指有位者。治國的外王論也是《老子》哲學的終極關切。《老子》要求有位者清靜、自然，柔後不爭，如谿谷之納百川，無詐無僞，去機心、無爲、無私、不宰，聽物自治。

3.治身論

與治國同時，《老子》也重治身。它以形身爲生命之大患，要人

「見素抱朴」、「少私寡欲」、清靜儉制以自養,「不見可欲」,「去奢、去泰、去甚」,為腹不為目,戒五色、五音、五味、馳騁田獵等,把一切高刺激活動與高度官能享受的事物降到最低,養其需要的,不過度追求想要的,讓生命的負擔減降至最低,這是對形身的安養。至於精神的處理,《老子》說要「致虛守靜」,「損之又損」,將心靈與思慮的雜質盡皆丟棄,讓精神一片虛無寧靜、清純不雜,才能洞見萬物萬理的究竟。

㈢莊子

　　相較於《老子》多外王之論,《莊子》的思想理論多偏重內聖問題的探討,亦即生命問題的安頓與思考,重視內在精神心靈的超越。即以內七篇及與內七篇思想能相應之〈秋水〉、〈知北遊〉等篇之內容為例,可以理出其思想內容之大要:

1.道論

　　《莊子》論道之本體性徵基本上與老子大致相同,唯老子但以道為萬物生化之根源,卻沒交代「道」是如何來的,《莊子》則作了詮釋,說「自本自根」。此外,老子只說「道」是萬物賦生的根源,《莊子·知北遊》則說,道不但是萬物賦生的根源,也是稟性的根源,有了「道」:

　　　　天不得不高,地不得不廣,日月不得不行,萬物不得不昌。

2.對內:貴神賤形,心靈超越

　　《莊子》運用各種技巧,透過各類表述,明顯地將形、神的貴賤輕重區分開來。原本在《老子》視此「身」為大患,理論所重,端在全其自然,養之勿甚。《莊子》則從開宗明義的第一篇〈逍遙遊〉開始,講的就是人的精神心靈如何擺脫現象世界的各種條件限制,達

到真正的自在與自由。第三篇〈養生主〉的庖丁解牛，極力強調只有靠精神的虛靈遊走，才能超越形軀的碰觸與侷限，久視長生。形軀有侷限障礙，過不去的，精神可以過得了。篇名「養生主」，清楚地揭示了：「養生」有「主」，有「賓」，形體是賓，精神才是主。形體有盡，精神無窮。養生當以養精神為主，非養護形體。第四篇〈人間世〉的支離疏正是一個形殘神全，因以「養其身，終其天年」的典型。第五篇〈德充符〉極力推衍內在之「德」不可思議的靈妙魅力。從魯王駘不肯「以物為事」，到申徒嘉不肯「遊於形骸之內」，至叔山無趾之務「解桎梏」而全「尊足者」；從哀駘它普遍而廣大，「未言而信，無功而親」的無窮魅力，到闉跂支無賑之見悅於衛靈公，無一不是以其「德」見愛，以其「德」遊。「德有所長」，因而「形有所忘」，「才全而德不形」，「內葆之而外不蕩」，才能產生如此不可思議的感動效果。而王駘、申徒嘉、叔山無趾皆「兀者」，哀駘它是個「惡（醜）人」，闉跂支無賑自然更是個支離其形者。莊子在〈德充符〉裡所安排的這些人物，無一不是形骸上天殘地缺，莊子卻極力鋪論其精神上「全」而不形，因能散發無窮魅力。其對立形、神，賤形貴神之旨是極強烈明顯的。第六篇〈大宗師〉拈出「墮肢體、黜聰明、離形去知」的「坐忘」為大通於「宗師（道）」的法門。第七篇〈應帝王〉中無名人所說的「遊心於淡，合氣於漠」固然是精神心靈中事，壺子所說的「杜德機」、「善者機」、「衡氣機」的「虛而委蛇」、「未始出吾宗」也全是因精神心靈的調整轉換，所煥發出的不同氣質與樣貌。精神心靈的無限妙用在《莊子》裡，發揮到了極致。

3. 對外：消泯對立，平等統一

〈齊物論〉曾以「有始也者……有有也者……」等七大階段來辯證天下是非之難定，理之上永遠有更高的理，層層上疊，永無窮止。又以人食芻豢、鴟鳶嗜鼠；人愛西施，鳥見之而飛，魚見之而潛，來說明天下無所謂正色、正味，「詼詭譎怪，道通為一。」

（〈秋水〉）更以河伯見北海若之自慚其形，說明天下事物比不勝比，觀測角度轉換，價值判斷必然跟著改易，天下是非原是相對而沒定準的。「自其大者觀之，萬物莫不大；自其小者觀之，萬物莫不小。」（〈秋水〉）並謂此身之爲雞、爲馬、爲輪，並無不同，皆是客體，不必堅持、在意，以說明物我同體，人我無際。

㈣黃老道家

　　黃老道家興起並流行於戰國中晚期，以依托的黃帝之學，結合法家刑名說，轉化並應用《老子》之學，使成一種尚用的政術。它們以黃帝爲名號，兼容儒、墨、法、陰陽各家之說，去推闡《老子》哲學，使成天道、政道合一，治身、治國通貫，「因道全法」的統御術或養生術。

1.天道：以「氣」釋「道」

　　從傳世相關於黃老學的論著——馬王堆黃老帛書、《管子・內業》等四篇的內容看，黃老之學對於《老子》之道論，基本上承襲並推闡其虛無、遍在、生化之源諸義。〈內業〉說，「道」是「口之所不能言，目之所不能視，耳之所不能聽」，「不見其形，不聞其聲，而序其成」，「萬物以生，萬物以成」，「滿天下，普在民所……上察於天，下察於地。」馬王堆黃老帛書說「道」，「迴同太虛……天弗能覆，地弗能載，小以成小，大以成大，盈四海之內，又包其外。……萬物得之以生，百事得之以成。人皆以之，莫知其名；人皆用之，莫見其刑。」（〈道原〉）

　　然而，這並不是黃老學者主要的目的，黃老之學的最大目的在轉化並積極運用老學。它們沿承《老子》的基本「道」義，並以「氣」去詮釋之，使轉向宇宙創生與治身養生之路。

　　就創生言，〈內業〉說：

氣，物之精[1]，此則為生，下生五穀，上為列星，流於天地之間謂之鬼神，藏於胸中謂之聖人。

道者所以充形。

〈心術上〉說：「氣者形之充」，因此，「道」就是「氣」，是生化天地萬物萬象的基元。而「氣」既然是生化又充滿萬物之生命基元，要養生因此須由治氣著手。

〈內業〉說：

精存自生，其外安榮，內藏以為泉原，浩然平和，以為氣淵。淵之不涸，四體乃固；泉之不竭，九竅遂通。乃能窮天地，被四海，中無惑意，外無邪菑，心全於中，形全於外，不逢天菑，不遇人害，謂之聖人。

人能正靜，皮膚裕寬，耳目聰明，筋信而骨強，乃能戴大圓而履大方，鑑於太清，視於大明，敬慎無忒，日新其德。

精氣的平虛充養不但是形身康健的基礎，也是精神靈明的基礎，更是智慧源生的根源。其目的並不僅在治身養生，就《管子》四篇等黃老之說，乃在培養優越的領導統御心靈。因此，治身其實是治國的前階與基礎，是通向治國的。

2.政道

(1)治身治國一理，天道政道通貫

《管子‧心術上》曾以心與九竅的關係比喻君與百官，說：心在

1　「氣」，本作「凡」，茲依張舜徽校考，說詳氏著：〈內業篇疏証〉，《周秦道論發微》（台北：木鐸出版社，1983年），頁278。

人身，如君之位；九竅有職，如官之分。心統九竅，猶君統百官，宜令各司其職，「毋代馬走，使盡其力；毋代鳥飛，使弊其羽翼。」則就治身而言，九竅循理，耳聰目明；就治政而言，可以靜觀其則以制動，無爲蒞政，完成領導統御。要之，治身、治國是一理通貫的。黃老帛書說，「天執一、明〔三定〕二，建八正，行七法。」天職司萬類生息叫「執一」，天使日月星辰運行有度叫「明三」，使「晦明（陰陽晝夜之更迭）恆定有信」叫「定二」，天具備諸多可信可期的質性與恆數，叫「七法」，人主立政施治能尊天、重地、順四時之度，以定內外之位，應動靜之化，叫「八正」。人君能明這「八正」之道，法這「七法」之理，叫「順」，反之叫「逆」，一切政治上的興廢存亡之理都在這裡了。總之，天地之道，「始於文而卒於武」，「三時成功，一時刑殺。」政治之道也一樣（詳〈論約〉）。天道、政道是一理通貫的。

(2)因道全法

像上述這樣，不論是自然天道還是治身之道，其論証與推闡目的都在通貫、引出政道，這叫「因道全法」，黃老帛書第一種叫〈經法〉，〈經法〉第一節稱〈道法〉，〈道法〉第一句就說「道生法」。將「法」的根源直接上接「道」，源自「道」，「道」是自然而然的，「法」當然也就有了崇高的來歷，而顯得愜理厭心了，這是黃老之學很基本而普遍的思維模式與形態。天道、治身與治國之道統一通貫，基本上就是這一思維模式的理論呈現。而這「道生法」的「法」，不但指法度、法制、刑名，其實也泛稱「政道」。

(3)黃老道家與陰陽說

司馬談〈論六家要旨〉說黃老道家「因陰陽之大順，採儒墨之善，撮名法之要。」並以「陰陽家」爲起論之第一家，而以黃老「道家」爲末家，論述篇幅最長。司馬談本身「習道論於黃子」，是黃老道家，又是精通天文、地理、曆算等陰陽學的史官。在漢志所列各類附會依托之黃帝之學中，除道家類與小說家類外，其餘雜占、醫經、經方、房中、神仙、天文、曆譜、五行……等各類，都和陰陽學

有密切關係，內中許多根本就是陰陽學的主要內容。此外，馬王堆黃老帛書〈稱〉中有大篇幅對「陰陽大義」的闡述。被推爲黃老之學源起大本營的稷下學宮集體代表作《管子》的〈幼官（郭沫若說是「玄宮」之誤）〉、〈五行〉、〈四時〉各篇，也都有濃厚的陰陽說。而《呂氏春秋》十二紀，更以陰陽學爲全書之架構綱領，〈召類〉、〈應同〉一般更推爲鄒衍遺說。以上這些在先秦或秦代跟黃老之學有相當淵源的文獻，或黃老著作、黃老學者，在他（它）們的著作或學說理論中都有著濃厚的陰陽色彩，或和陰陽說關係密切，可見黃老道家和陰陽學的密切關係了。

二、漢代道家思想的表現形式與特質

　　漢代有四部全面發揮道家思想的著作——《淮南子》、《老子指歸》、《老子河上公注》、《老子想爾注》，一部相當程度符合道家精神而寫成的經典醫書——《黃帝內經》，和一部融合儒家倫理觀和黃老道家氣化觀、養生觀而成的神學鉅著——《太平經》，從這幾部經典所呈現的思想理論中，尤其可以明顯觀測漢代道家思想的特質。

　　以四部全面發揮道家思想的鉅著而言，它們或者透過鋪寫的手法去推衍先秦道家老莊的思想，如《淮南子》與《老子指歸》；或者透過注釋《老子》去推衍、運用、甚至轉用《老子》的理論，如《老子河上公章句》、《老子想爾注》，終於轉化了《老子》的思想向度，使朝向治事、事功、養生之論或宗教神學。

㈠鋪衍以推闡

1.《淮南子》以鋪衍顯實老莊哲學

　　出於西漢早期淮南王劉安總其事的《淮南子》，標榜以經緯老莊的「道德」之論去紀綱人事爲其撰作宗旨。在作爲總序的〈要略〉篇中，不諱言該著作大量運用繁複的文字與鋪寫手法，去論証與表述，爲的是顯實至高至樸的「道」之旨趣（「原測淑清之道，逐

萬物之祖」）。因為，一般學者「無聖人之才」，如果詳加推闡解
說，則會「終身顛頓乎混溟之中，而不知覺寤乎昭明之術」，難以領
略。其次，道論玄深，萬物又至眾，《淮南子》既要言「道」，又要
言「事」，便只好「多為之辭，以抒其情」，使那玄深之「道」，
「無凝竭底滯，捲握而不散」，得以顯實明現。同時也「博為之
說」，使那「至眾」的事物之理能透過一定的梳理汰洗，去蕪存
菁。總之，在〈要略〉裏，《淮南子》公開承認其刻意鋪衍的表現手
法，並解說其不得不以如此鋪衍的形態詮釋老莊學說之故。在這樣明
確的策略下，《淮南子》隨處可見鋪衍顯實老莊思想的論証。

　　比如，根據先秦道家的說法，道是忽恍無形，非感官知覺可及之
對象，生化一切，而本身不死不生。《淮南子》詮解先秦道家這樣的
觀點，說「道」：

> 忽兮怳兮不可為象兮，怳兮忽兮用不屈兮，幽兮冥兮應
> 無形兮，遂兮洞兮不虛動兮，與剛柔卷舒兮，與陰陽俯
> 仰兮。（〈原道〉）
> 古未有天地之時，惘像無形，窈窈冥冥，芒芠漠閔，澒
> 濛鴻洞，莫知其門……孔乎莫知其所終極，滔乎莫知其
> 所止息。（〈精神〉）

先秦道家又說「道」涵容廣大，是「無物之境」（《莊子・齊物
論》）、「無始終」（〈秋水〉）的「無何有之鄉、廣漠之野」
（〈逍遙遊〉），是統合一切有無、剛柔、高下等相等的絕對。為了
推闡這些觀點，《淮南子》幾乎窮盡所知，大量運用一切時空與相對
概念來鋪衍，它說：

> 夫道者，覆天載地，廓四方，柝八極，高不可際，深不
> 可測，包裹天地，稟受無形。源流泉浡，沖而徐盈，混

混滑滑，濁而徐清。故植之而塞于天地，橫之而彌于四
海，施之無窮而無所朝夕。舒之幎於六合，卷之不盈
於一握。約而能張，幽而能明，弱而能強，柔而能剛，
橫四維而合陰陽，紘宇宙而章三光。甚淖而滒，甚纖而
維。

它幾乎窮盡一切的空間概念：天地、四方、八極、四海、六合、宇
宙，與相對概念：約張、幽明、弱強、柔剛、陰陽……等，來鋪寫詮
釋道家道體廣大與統合相對的重要觀點，使其玄虛之道較為顯實，這
樣的鋪寫是《淮南子》解證老莊很普遍的表現方式。

　　為了解證老莊「毀道德以為仁義」（〈馬蹄〉）、「失道而後
德，失德而後仁……」（《老子・三十八章》）等道德退化論，
《淮南子》在〈俶真〉、〈覽冥〉、〈本經〉、〈主術〉等篇一再地
「埒略衰世古今之變」（〈要略〉）排比論證自上古而下，一代不
如一代的社會狀況以為證。光是〈俶真〉的「至德之世……至伏羲
氏……乃至神農、黃帝……施及周室之衰……」前前後後便鋪寫了近
五百字。

　　此外，為了解證《老子》的「五色令人目盲，五音令人耳聾，五
味令人口爽，馳騁畋獵令人心發狂」，《淮南子》〈本經〉有「五
遁」之鋪敘，前前後後也用了五、六百字去極力論說人主沉湎於高官
能刺激活動與過度物質享受之弊。《淮南子》就是以這樣類似寫賦的
鋪排手法，大規模、長篇幅，論証齊下地詮解發揮老莊之旨，務使更
易理解與把握。

2. 《老子指歸》以鋪衍詮解《老子》的虛無道論

　　出於西漢末高士嚴遵之手的《老子指歸》也和《淮南子》一樣，
它一本漢人的寫賦手法，說是解老，其實是鋪衍老莊的虛無哲學。
在語詞表述上，它大肆運用《老子》正言若反的表述法，和玄虛的
語彙，常以一連串的否定，去烘托出其欲表達的肯定，而呈現出無比

玄虛幽隱的意味。它說聖人「味於無味，察於無形」、「言不言之言，爲不爲之爲」、「建無身之身，懷無心之心，有無有之有，託無存之存」、「教以不言之言，化以不化之化，示以無象之象，而歸乎玄妙。」在思想氣質上，它大量採用《莊子》虛無遊心的觀點以解老，這便使其鋪衍呈現出與《淮南子》不同的效果。《淮南子》的鋪排，以顯實解証老莊虛無之理爲目的，務使便於領理掌握而爲人事之用，故其鋪排或爲反覆說明，或爲具體舉証，要在顯實其理。指歸則不同，在一連串正言以反，或反言以正的表述之下，吾人所領略到的，是更大的玄虛與迷離，可以說，漢代道家幾乎全是詮老的，指歸雖解老，卻充滿莊子氣味，下開魏晉玄風。《淮南子》雖老莊並詮，卻自樹一幟，亦老亦莊，卻又非老非莊。唯大肆鋪排與推衍是《淮南子》與《老子指歸》解老的共同特色。

(二)注釋以轉用

1.《老子河上公章句》解老

　　《老子河上公章句》是今存《老子》注本中，成書較早者[2]。它沿承戰國以來，黃老一系精氣養生之路，運用夾帶的手法，去注解、詮釋《老子》。將《老子》中許多原屬本體論或政治論範疇和道家虛靜養神一系的理論，全都作了精氣養生的夾解或轉解，使《道德經》中諸多本體或外王的理論，充滿或轉易爲黃老養生之論。比如它注第十章「愛民治國，能無爲乎？」說：

　　　　治身者愛氣則身全，治國者愛民則國安。治身者呼吸精

---

[2] 有關《老子河上公章句》的寫定時代，今依吳相武之說，定其上限爲西漢末，至其下限則依王明之說稍移前，定爲東漢中期之前，應是較保守可靠的推斷。王說見〈老子河上公章句考・序說〉收入《道家道教思想研究》頁293-304，重慶：中國社會科學出版社，1984年6月出版。吳說見〈關於《河上公注》成書年代〉，收入陳鼓應主編《道家文化研究》第15輯（北京：生活・讀書・新知三聯書店，1999年3月），頁209-246。

氣，無令耳聞；治國者布施惠德，無令下知也。

注第十一章「三十幅共一轂」說：

> 古者車三十幅，法月數也。共一轂者，轂中有孔，故眾輻共湊之。治身者當除情去欲，使五藏空虛，神乃歸之；治國者寡能，摠眾弱，共扶強也。

這兩則原本論為政蒞民與治官的領導統御之道，《河上公章句》全在中間夾帶「治身」之理，使成治身、治國一理互通的黃老之術。

它注原屬《老子》本體論所在的第六章「谷神不死」說：

> 谷，養也，人能養神則不死。神，謂五藏之神：肝藏魂，肺藏魄，心藏神，腎藏精，脾藏志，五藏盡傷，則五神去矣。

注「是謂玄牝」說：

> 言不死之道在於玄牝。玄，天也，於人為鼻；牝，地也，於人為口。天食人以五氣，從鼻入藏於心，五氣清微，為精神聰明、音聲五性。其鬼曰魂，魂者雄也，主出入人鼻，與天通，故鼻為玄也。地食人以五味，從口入藏於胃，五味濁辱，為形骸骨肉、血脈六情。其鬼曰魄，魄者，雌也，主出入人口，與地通，故口為牝也。

注「玄牝之門，是為天地根」說：

> 根，元也。言鼻口之內乃是通天地之氣所從往來也。

這便使原本爲本體道論的第六章上承《黃帝內經·素問》，旁應
《太平經》[3]，完完全全地成了精氣的養生說。注七十二章「民不畏
威，則大威至矣」的外王之論說：

> 威，害也。人不畏小害則大害至。大害者，謂死亡也；
> 畏之者，當愛精養神，承天順地也。

透過一個「威，害」的注解，和「愛精養神」的夾摻，《老子》的
外王之論立刻轉化成注者所要的治身之論。在《老子河上公章句》
中，這樣的情況比比皆是，治身似乎才是它更大的目的。它自由地
透過注解，以應用或轉化《老子》的哲學，使成自己的愛精長生理
論。這種情況到了《老子想爾注》更明顯了。

2.《老子想爾注》（殘卷）解老

　　《老子想爾注》一般推定爲東漢天師道張氏一家之著[4]，它完全
站在宗教的立場，透過注解《老子》，一方面將《老子》的「道」不
只是顯實化，而是具像化爲至上之神——老君與戒律，以宣揚其重德
行善的神學本旨。另一方面又將老子虛靜恬淡的修養理論改造爲結精
避穀的仙家養生說。從它刻意、隨意地刪除《老子》中的虛字，改易
《老子》原文，以便於教徒諷誦，並轉化《老子》的義理爲宗教神學
的情況看來，強烈地凸顯其宣揚教理的宗教性目的。因爲《老子》
的「道」具有至廣大的籠罩性，與虛隱無形、不可名見的神秘性，很
適合奉爲宗教上至高無上的權威。在《想爾》裏，「道」因此被具

3　《太平經》的成書時代，從漢末太平道張角擁有該書看來，應是東漢後期的著作，說見拙
　　撰〈從《太平經》看道教對黃老理論的附會與轉化〉，《中國學術年刊》16期（1995年3
　　月），頁27-52。

4　依饒宗頤先生之見，參見饒撰《老子想爾注校箋·解題》（香港：作者自印，1956年），頁
　　5。

像化、擬人化爲能賞、能威的靈妙存在。它在注第二十章「人之所
畏，不可不畏」時說：

> 道設生以賞善，設死以威惡。

注二十章「聖人抱一」時說：「一，道也。」注第十章「載營魄抱
一」時，乾脆說：

> 一散形為氣，聚形為太上老君，常治崑崙。

結合著「道」的擬人化與「氣」的神奇化，《想爾》塑造了其至高無
上的宗教神靈——太上老君。

道不僅被具像化爲神，也被落實化爲誠，爲誠律，它在注三十七
章「王侯若能守之」時，不但刪去了「之」字，而且注說：

> 王者雖尊，猶常畏道，奉誠行之。

注同章「不欲以靜，天地自正」[5]時說：

> 天地，道臣也，王者法道行誡，臣下悉皆自正矣。

「道」有「臣」，自然是具像化的權威。「畏道」與「奉誠」，
「法道」與「行誡」並稱，「道」其實等同於「誠」。

它在注第二十五章「道大、天大、地大、王大，域中有四大，而
王處其一」時，不但把《老子》原本兩個「王」字都改作「生」，而
且注說：

5　傳世本作「不欲以靜，天下將自定。」此處「定」作「正」，或版本有別。

四大之中，所以令生處一者；生，道之別體也。

「生」是「道」在人世的具體呈現，能長「生」，便是體現了「道」。在注第十六章「容乃公，公乃王，王乃天，天乃道……」時也一樣，不但「乃」被改爲「能」，兩個「王」字也被改作了「生」，作「容能公，公能生，生能天，天能道……」，並注爲：

能行公道，故常生也；能致長生，則副天也。天能久生，法道故也……。

不但將《老子》之「道」與「長生」、永生作了統一的詮釋，而且思以「長生」和「道」來取代「王」，成爲教民心目中尊奉的主體目標。而「道」既是「太上老君」、是「神」、是「誡律」，則經《想爾》的詮解與轉移，神（太上老君）與誡律、長生終於取代了「王」，成爲教民崇奉的對象。《想爾》就是透過如此的注解手法，將《老子》的外王論改造成爲宗教論，開展其宗教的養生說。

它注第六章「谷神不死，是謂玄牝，玄牝（之）門，（是謂）天地根」時，不但省去了句中語詞「之」字，繫詞「是謂」，而且將《老子》以「玄牝」爲「道」虛無深藏的象徵比喻，全都還原爲生理性的直解，並從宗教養生與房中方面進行發揮，說：

谷者，欲也。結精爲神，欲令神不死，當結精自守。牝者，地也，體性安，女像之，故不堅。男欲結精，心當像地似女，勿爲事先。……除孔爲門，死生之官也，最要，故名根。男荼亦名根。

其下注「綿綿若存，用之不勤」尤其是大篇的房中節欲養生之論。《想爾》普遍透過這樣自我認定的理解，完成了對《老子》哲學的宗

教性改造與運用。

透過這樣的改造，虛無玄妙的《老子》哲學在《河上公章句》和《想爾》中，變成了淺顯易知的養生要則與俗實能懂的宗教誡律。

三、「道」觀念的轉變與應用——由《老子》到黃老

在上述這樣時代性的風氣和表現手法下，漢代道家思想相對於先秦，究竟產生怎樣的質變？這是本文第三部分所要討論的問題。

(一)由「道」到「氣」：由本體轉向創生

1.氣化宇宙

漢代道家不論《淮南子》還是《老子指歸》、《老子河上公章句》、《老子想爾注》，說到「道」的本體性徵，基本上都因承《老子》「道」的特質—虛無、廣大、絕對、永恆、生生不已、為宇宙萬物生化之源。《老子指歸》尤重其虛無之特質。這是《老子》學說的玄理核心，各家敷衍顯實之情況詳略容有不同，基本旨趣要不出此。然而，漢代道家與先秦老莊道家最大的不同是，它們沿承戰國以來黃老道家的傳統，以「氣」釋「道」，大談創生，完成了氣化宇宙論的建構。

《淮南子》在〈俶眞〉、〈天文〉、〈精神〉三篇中，對於宇宙萬物之創生有大規模而詳細、系統性的鋪寫。在〈俶眞〉裏，它借用《莊子・齊物論》「有始也者……」與「有有也者……」七句話作為宇宙創生的七大階段，並一一詮釋鋪寫每一階段之內容，篇幅長達三百多字。根據那些鋪敘，在「未始有夫未始有有始」的階段，「天含和而未降，地懷氣而未揚。虛無寂寞，蕭條霄霓，無有彷彿，氣遂而大通冥冥」，似乎生機初始已具。然後接著是「未始有有始」的階段，「天氣始下，地氣始上，陰陽錯合，相與優游競暢於宇宙之間」，生機明顯暢旺了起來，萬物才開始下一階段的「萌兆牙蘗，……無無蠕蠕，將欲生興……」換言之，「氣」的興生與暢遂是啓動生化機能的關鍵。〈天文〉、〈精神〉說得更明白了，它們

說：

> 太始生虛霩，虛霩生宇宙，宇宙生元氣，元氣有涯垠，
> 清陽者薄靡而為天，重濁者凝滯而為地。清陽之合搏
> 易，重濁之凝結難，故天先成而地後定。天地之襲精為
> 陰陽，陰陽之專精為四時，四時之散精為萬物。（〈天
> 文〉）

總之，天地萬物的生成是：

而〈精神〉說，萬物之生成是「煩氣為蟲，精氣為人」。

這些說法基本上以「氣」或「元氣」為創生的核心關鍵。「氣」
或「元氣」正式開啟了宇宙萬物的創生。這樣的說法基本上是圍繞著
《老子》「道生一，一生二，二生三，三生萬物」的命題而開展出來
的銓解。其核心觀點其實是《莊子‧知北遊》：「神奇化為臭腐，臭
腐化為神奇，通天下一氣」之類觀念，卻為中古的中國宇宙論確立
了基本模式。此後東漢張衡的〈靈憲〉、《易緯‧乾鑿度》、《廣
雅‧釋天》、以及相傳時代性可疑的《列子‧天瑞》等篇在鋪列宇宙
創生時，基本上均不出此模式。〈乾鑿度〉說：

> 有形生於無形，……有太易，有太初，有太始，有太
> 素。太易者……太初者……太始者……太素者……。

基本上就是《淮南子》〈天文〉、〈俶眞〉的綜合型。而且，從
「太初」開始就有了「氣」，有了「氣」，才有「太始」的「形」與
「太素」的「質」。「氣」顯然是生化的關鍵。

　　《淮南子》之外，《老子指歸》也一樣，《指歸》以道德、神
明、清濁、太和爲生化的序列，並且說這四者之間的生化其實是
「氣化連通」的過程。它說：「夫人之生也，形因於氣，氣因於
和，和因於神明，神明因於道德，道德因於自然，而萬物生。」
（卷二）「道德、神明、清濁、太和、天地人物，若末若根，……氣
化連通。」不過，指歸雖論「氣」，關切重點卻不在「氣」，而在
「道」之玄妙虛無。因此，指歸全書重在教人如何虛無淡泊、體玄守
一，而不大關切形、氣、神之間的關聯與調養問題。

　　《淮南子》、《老子指歸》之外，《河上公章句》與《老子想爾
注》（殘卷）也涉及「道」的氣化問題。不過，由於重在養生，因
此創生之論較爲支零瑣碎。《河上公章句》說：「元氣生萬物而不
有」（注第二章「生而不有」）、「萬物從道受氣」（注第二十一
章「以閱眾甫」）、「道陰行精氣，萬物自成也」（注第二十五章
「天法道」）。《老子想爾注》說：「樸，道本氣也」（注二十八章
「復歸於樸」），「道氣在間（天地），清微不見，含血之類，莫不
欽仰。」（注第五章「天地之間其猶橐籥」）雖沒明說「道」就是
「氣」，至少認爲「道」中有清澈、清純之「氣」。

　　除了上述的四部解老、注老之著外，在早期道教經典《太平經》
中，「道」的氣化創生論，也相當明顯。《太平經》說：

　　　道無不導，道無不生。（《太平經》佚文）
　　　道者乃萬物之師也，得之者明，失之者迷。（〈胞胎陰
　　　陽規矩正行消惡圖〉）
　　　夫道者，乃大化之根，大化之師長也，故天下莫不象而
　　　生者。（〈天咎四人辱道誡〉）

先確認「道」是生導天地萬物之根源。《太平經》接著又說：

> 元氣守道，乃行其氣，乃生天地。（〈安樂王者法〉）
> 元氣守道而生，……萬物皆得其所矣。（同上）
> 元氣行道以生萬物，天地大小無不由道而生也。（〈包
> 天裹地守氣不絕訣〉）

「道」是藉由「元氣」的運行作用來生化天地萬物的，元氣依循一定的法則來生化天地萬物，元氣是宇宙生化萬物與生命之基元。它甚至把人的生命分成精、氣、神三部分，說這三部分分別來自元氣中的太陰（地之氣）、太陽（天之氣）、中和等三氣，這三氣且是「相與共為一道」。換言之，「道」生「元氣」，元氣下分太陽、太陰、中和三氣，各別衍生人的神、精、氣。

2.道、一與氣

在後期道家若黃老一系的創生理論中，「氣」是宇宙由靜而動，由混冥而開化的關鍵，也是宇宙和道體創化的元機，它雖肇生在時空（宇宙）中，卻靈動、活絡了時空。而在《老子》「道生一，一生二，二生三，三生萬物」的命題中，「一」是道體創生天地萬物之始，是虛無之「道」下生萬「有」之關鍵，也是溝通有無兩頭的媒介，虛無的「道」通過「一」去化生萬「有」，我們由「一」以識「道」，「道」的創生事實上是通過「一」去執行的。從另一層意義說，一即道，道即一，《老子》已經如此認定與運用，《莊子》也一樣。《老子》二十二章說：「聖人抱一」，「載盈魄、抱一」，「抱一」即懷道，一即道。《莊子·天地》說：「泰初有無，無有無名，一之所起，有一而未形，物得以生，謂之德」，「一」也指「道」。《淮南子》的詮釋更清楚，發揮之處更多，它說：

> 道者，一立而萬物生。（〈原道〉）

一也者萬物之本也。（〈原道〉）

聖人執一而勿失，萬物之情究矣。……一者至貴，無適
於天下。（〈齊俗〉）

「道」通過「一」開始它在有形世界的運作，「一」就是「道」，取
代「道」。

值得注意的是，在《淮南子》裡，一和氣在創生系統中雖皆可以
稱代「道」，取代「道」，二者卻沒有明顯的統一起來。到了《河上
公章句》卻不同，他直接將他們統一合併起來，說：

一者，道始所生，太和之精氣。（注第十章「抱一」）

道唯恍忽，其中有一，經營生化，因氣立質。（注
二十一章「恍兮惚兮，其中有物」）

「一」就是「氣」，是「太和之精氣」，道、一、氣終於統合了
起來。這一統合，運用就更方便了。《想爾》不但說：「一，道
也」，而且說：「一，散形為氣，聚形為太上老君」，道、一、
氣、神明，甚至誡律數者合一，在宗教神學的推闡上更方便了。道
教－氣化三清之說便是基於這樣的觀點推闡出去的。《太平經》因此
主張「守一」，它並清楚的詮釋說：

一者數之始也，……一者元氣所起也。（〈五事解承負
法〉）

一者乃道之根也，氣之始也。（〈修一卻邪法〉）

由於道、一、氣之統合為一，於是「道」在黃老養生，乃至道教神
學中，運用更自在了。可以具體，可以抽象，可以形上，也可以形
下，更可以是崇高的權威存在，真是無往而不靈了。

㈡由「道」到「術」

　　〈論六家要旨〉說「道家」與陰陽家都是一種「術」，根據它的論述，「道家」之學是一種虛無簡約、因循時變、歝言不聽、循名責實，清靜節制，形神並養之「術」。《漢書・藝文志》也說「道家」是「君人南面之術」。它們所指的「道家」當然是黃老道家。「道家」之稱是漢人給的，而漢代人所謂道家，本來就是指的尚用崇功的黃老道家。

　　其實，早在西漢初期賈誼就已經在他的論著《新書》中明立了〈道術〉篇，他並對「道」與「術」下過明確的定義，他說：

> 　　道者，所從接物也，其本者謂之「虛」，其末者謂之「術」。虛者，言其精微也，平素而無誤儲也；術者，所從制物也，動靜之術也，凡此皆為道也。

「虛」指道體精微、素樸、不可見；「術」指道「用」，是處理事物的手法與要領。他並詮釋「虛」與「術」說：

> 　　鏡儀而居，無執不藏，美惡畢至，各得其當，衡虛無私，平靜而處，輕重畢懸，各得其所。明主者，南面而正，清虛而靜，令命自宣，命物自定，如鑑之應，如衡之稱，有豐和之，有端隨之，物鞠其極，而以當施之，此虛之接物也。……人主仁而境內和矣，……人主義而境內理矣……人主有理而境內肅矣……人主有信而境內貞矣……人主公而境內服矣……人主法而境內軌矣……舉賢則民化善，使能則官職治，英俊在位則主尊，羽翼勝任則民顯，操德而固則威立，教順而必則令行，周聽則不蔽，稽驗則不惶，明好惡則民心化，密事端則人主

神。術者接物之隊，凡權重者必謹於事，令行者必謹於言，則過敗鮮矣，此術之接物之道者也。其為原無屈，其應變無極，故聖人尊之。

他說「虛」是指道如秤如鏡，無所堅持，也絕不隱瞞，以應對外物。「術」是將這「虛」之理施用於君道上，人君治政也需如鏡、如衡，清虛安靜，公平無私，聽任外物，然後恰當應對。要求統治者透過虛、靜、無執、無私等的自我要求，把自己調整到最平正、客觀的標準狀態，讓所統御的對象在極其自然的情況下找到自己的位置，並且如實反應，纖毫不爽，講的其實就是黃老刑名家君靜臣動，因而不動，應而不設的統御術。

作為漢代道家玄學理論較為精彩豐富的《淮南子》，提挈其撰作之宗旨，說要「紀綱道德，經緯人事」，「紀綱道德」是「道」的玄學解析與推闡，「經緯人事」是「術」的落實與應用。要將「道」轉化落實為「術」是《淮南子》明確的宣言。又說要言「道」兼言「事」，言「道」，層次才能高，才能「與化遊息」；言「事」，是要落實其用，才能「與世浮沈」。因為《淮南子》最終希望能「應待萬方、覽耦百變」，是要真正落實外王之用的。

繼《淮南子》之後，《老子河上公章句》與《老子想爾注》也將《老子》的許多本體道論與治國外王之論，通過夾解、改削文字或轉解等手法，轉化為黃老或道教清靜自然的房中、養生之「術」，已如上文「二」之「㈡」所述，茲從略，不贅述。

㈢由道家到道教

經《河上公章句》與《想爾注》的轉化，以《老子》思想理論為主的道家哲學終於轉變為道教教理的主要依據，此可從幾方面加以論證。

1.修養觀的轉變

⑴由治國側向治身─由本體論、外王論轉爲精氣養生論

有關這部分的理論，可參看前面「二」之「㈡」，不贅述。值得注意的是，修養觀已經很明顯地由先秦道家老莊一系貴神賤形、養神遺形，逐漸轉化爲黃老道家形（氣）神並重兼養，終而進入鍊形以求長生的道教養生論。

⑵養神遺形→形（氣）神並養→鍊形以求長生

有關先秦老、莊甚至楊朱重視生命本眞以及貴神賤形的修養觀，我們在前面「一」的部分已經概說過了。到了戰國的黃老道家，逐漸因「氣化」觀念的興起，而對「治身」之論多所涉及，也重視「精氣」的充盈與否，對形、神健康、靈明之影響。比如《管子》四篇以精氣之充餒否爲人生命存活與精神靈明的關鍵，已如前「一」之「㈣」所述。到了漢代的道家，類似這樣重氣、重形的傾向日益明顯。《淮南子》沿承老莊貴神、重神的修養觀幾乎貫穿各篇，它並推演《莊子》虛無遊心之理，而有相當篇幅對心靈自得之鋪陳。〈原道〉說：

> 聖人不以心役物，不以欲滑和。是故，其爲懽不忻忻，其爲悲不惙惙，萬方百變，消搖而無所定，吾獨慷慨遺物，而與道同出。是故有以自得之也，喬木之下，空穴之中，足以適情。無以自得之也，雖以天下爲家，萬民爲臣妾，不足以養生也。能至于無樂者，則無不樂，無不樂，則至樂極矣。

〈原道〉又說：

> 萬乘之主卒，葬其形骸於廣野之中，祀其鬼神於明堂之上，神貴於形也。（〈原道〉）

治身，太上養神，其次養形；治國，太上養化，其次正法。神清志平，百節皆寧，養性之本也；肥肌膚，充腸腹，供嗜欲，養生之末也。神清者，嗜欲弗能亂也。神者，智之淵也，淵清則智明矣。（〈泰族〉）

但在〈精神〉裡，它同時又說：形、神、氣相互牽制，皆該充養，一失位，則三者傷。則顯然在《淮南子》的修養觀中，「神」固然貴重，形、氣、神卻是三位一體，須當同時充養。〈原道〉說：「形者生之舍也，氣者生之充也，神者生之制也，一失位則三者傷矣。」

與《淮南子》同時，〈論六家要旨〉也曾前後兩度反覆地論說形、神交養之重要，它說：

凡人所生者神也，所託者形也；神大用則竭，形大勞則敝，形神離則死……神者生之本也，形者生之具也，……不先定其神，而曰我有以治天下，何由哉？

神固然是主，形固然是副，但形、神是一體互依的。

前面說過，《河上公章句》在注解《老子》第六章「是謂玄牝」時，沿承《黃帝內經‧素問》的說法，說：

玄，天也，於人為鼻；牝，地也，於人為口。天食人以五氣，從鼻入藏於心。五氣清微，為精神、聰明、音聲、五性。其鬼曰魂，魂者雄也，主出入人鼻，與天通，故鼻為玄也。地食人以五味，從口入藏於胃。五味濁辱，為形骸、骨肉、血脈、六情。其鬼曰魄，魄者雌也，主出入人口，與地通，故口為牝也。

將人的形身區分為口、胃、與鼻、心兩大系統，各以玄、牝（天、地）為稱，貴、心、而賤口、胃，並分別予以形神、清濁、魂魄、性情等對立的配屬：

玄（天）—鼻、心、五氣、清微、精神、聰明、音聲、五性、魂
牝（地）—口、胃、五穀、濁辱、形骸、骨肉、血脈、六情、魄

其貴神、賤形的基本旨趣雖與傳統道家一致；但，道教重呼吸吐納、輕攝食，主避穀的修煉原則，在此已可尋得依據。到了注第七章「聖人後其身而身先」時，根本已是直接呼籲避死求仙壽了。它說：

求長生者，不勞經思求財以善其身……即為後其身也；
而目此得仙壽，獲福在俗人先，即為身先。

到了《想爾》，就更是長生、求仙壽滿紙了。它注同章「以其無私，故能成其私」時，則不但把兩「私」字擅改為「尸」，成為「以其無尸，故能成其尸」，並且說：

不知長生之道，身皆尸行耳。……道人所以得仙壽者，
不行尸行，與俗別異，故能成其尸，令為仙士。

至此已不只是黃老養生術，而轉入了道教求仙術，是道道地地重形、鍊形之宗教養生了。

2.治身、治國理論的宗教化—《老子想爾注》與《太平經》的神學理論

《老子河上公章句》雖然在呼籲長生之同時，也偶及仙壽，但通觀全書，基本上仍只是治身、養生之術摻夾治國之術，並沒太明顯的宗教意味。《老子想爾注》則不同，它透過改字、轉解等各種方法，將「道」轉解為至上神、為誡律、為長生，去取代政治權威—

王，作爲崇奉的對象。在推衍仙壽不死之道時，甚至設想一個「太陰」的鍊形之宮，以爲人死而復生的託避所；它說：

> 太陰道積，練形之宮也。世有不可處，賢者避去，託死過太陰中，而復一邊生像，沒而不殆也。俗人不能積善行，死便真死，屬地官去也。（注十六章「沒身不殆」）
> 道人行備，道神歸之，避死託過太陰中，復生去為不亡，故壽也。俗人無善功，死者屬地官，便為亡矣。（注三十三章「死而不亡者壽」）

從此，人形骸的「死」，便不再是絕對的大限，生死、仙俗真可以相通、返轉了。

⑴神、精、氣三位一體，可相轉化出入

類似觀點在作爲早期道教經典的《太平經》中，益發明顯。《太平經》先說人是天地混沌之氣所生，這個「氣」就是由「道」而生的元氣，又把人分爲神、精、氣三部分，說它們分別來自元氣中的太陽、太陰、中和等三氣，所謂「中和」氣，其實是「太陽」、「太陰」二者的調和。二氣調和成「中和」，才能生化人與萬物。這三者彼此之間因此是「相與共爲一道」、「三者共一位……三者相助爲治」（〈令人壽治平法〉）的，它說：

> 夫人有氣則有神，有神則有氣，神去則氣絕，氣亡則神去。（〈四行本末訣〉）
> 神、精有氣，如魚有水，氣絕，神、精散，水絕，魚亡。（〈還邪自消法〉）
> 人欲壽者，乃當愛氣、尊神、重精也。（〈令人壽治平法〉）

至此猶在治身養生領域中。但它又說：「道」透過「元氣」體現在人生命上，便是精、氣、神，精、氣、神三者合一，便復返天、地、中和未分生之前的「元氣」初態，便是「道」，入「道」便可以不死。這給了修煉精、氣、神三者可以成仙或長生不死的神學理論提供了很好的依據。換言之，這精、氣、神三者固然同生於一元氣，也可以比附地說是分別來自天、地、中和三氣。但它們彼此之間，是有轉化的先後關係的。〈聖君密旨〉說：

> 氣生精，精生神，神生明。本于陰陽之氣，氣轉為精，精轉為神，神轉為明。神者乘氣而行，精者居其中也。
> 人氣亦轉身上下，神、精乘之出入。（〈還邪自消法〉）

這便進入了宗教領域。

(2)清靜守一以合神

神、精、氣既然是構成生命的三要素，則不論終天年，還是長生不死、成神仙都須由調理這三者著手。如何調理？《太平經》提出了「清靜」與「守一」的原則要領，它說：

> 求道之法，靜為基先。（〈佚文〉）
> 愛清愛靜是知理道。（同上）
> 久久自靜，萬道俱出，長存不死，與天相畢。（卷七十三～八十五）

這是「清靜」的原則。「清靜」之外，它又提出「守一」的要領。

所謂「一」，本指一切的核心與中樞，在《太平經》養生論中，主要指人身上之根本與核心，亦即「心」、「意」或「志」，「守一」即守住心神意念。《太平經》說：「心」是「腹中天子」，意即

「神」，「守一」因此便是「守神」。這裡的「神」不但已非老莊超越的心靈主體，甚至轉成了生病時可以圖畫其象，懸掛思之，以解病的「五藏神」。〈齋戒思神救恐訣〉說：人身內五藏各省神守之，一旦生病，可以各依五行顏色及方位，圖畫其神象，懸掛室內，「思之不止」，則五藏神自能「報二十四時氣，五行神具來救助之」。這便是地地道道的神學了。

㈢陰陽學的融入與結合

陰陽之學雖非源自戰國，然其學之蔚成流派確實產生於戰國，鄒衍是代表人物。經過戰國的滋長、演變與滲透，入漢之後，陰陽學已成為漢代學術思想的底流。漢代不論儒家或道家，都充滿、瀰漫著陰陽色彩，何況黃老道家與陰陽家的關係原本相當密切。

1.治身的養生論

西漢有名的醫學經典《黃帝內經》就是一部以陰陽五行與氣為核心觀念架構起來的寶典。《後漢書》曾經說《太平經》：「其學以陰陽五行為本」，今實際檢視《太平經》的理論內容，真的是充滿了陰陽五行之論。基本上，它認為一切的存在，包括宇宙、元氣和一切人、事、物都可以歸分為兩類，都是這陰陽兩類的相生相成。陰陽兩者因此不但相對立，也相轉相生。它說：「陰陽相與合，乃能生。」又說：「天下凡事，皆一陰一陽乃能相生，乃能相養。一陽不施生，一陰並虛空，無可養也。」（卷五十六～六十四闕題）

只不過，它崇實黜虛，尊陽卑陰，和黃老帛書〈稱〉的「陰陽大義」相同。它甚至主張事陰不得過陽，並推之以為理想之家庭與政治倫理之依據；說：

> 陽，君道也；陰，臣道也，事臣不得過於君。事陰過
> 陽，則致陰陽氣逆而生災……陰氣勝陽，下欺上，鬼神
> 邪物大興，而畫行人道，疾疫不絕。……古之有道帝

　　王，興陽為至，降陰為事。（〈事死不得過生法〉）

這是政治倫理。家庭倫理也一樣，它說：

　　天，父也；地，母也，事母不得過父。（同前）

這樣的說法和《老子》等早期道家觀點不盡相合，《老子》雖說萬物
「負陰抱陽，沖氣以為和」，卻守柔戒剛，崇虛卑實。《太平經》的
觀點象徵黃老道家和儒家結合後的一致結論，因為儒家重宗法，崇父
系。黃老道家結合法家尊君卑臣的觀點，當然貴陽賤陰，董仲舒和黃
老帛書的理論是其代表。漢代以後，各家的陰陽尊卑論大致統合定
一。

2.治國的政道—天文、曆數與政道的結合

　　將天時與人事政令相搭配，就現存典籍文獻看來，較明顯者，
始於〈夏小正〉，那是古農業社會天人合一相諧的紀錄。以後到了
《管子·四時》，內容益豐，搭配愈多，形式卻相當參差不齊，
〈四時〉說：

　　東方曰星，其時曰春，其氣曰風，風生木與骨，其德喜
　　贏，而發於節時。其事：號令修除神位，謹禱幣。梗，
　　宗正陽，治隄防，耕芸樹藝，正津梁，修溝瀆，甃屋行
　　水，解怨赦罪，通四方。然則柔風甘雨乃至，百姓乃
　　壽，百蟲乃蕃，此謂星德。星掌發為風，是故春行冬政
　　則雕，行夏政則欲。是故春三月，以甲乙之日發五政。
　　一政曰論幼孤，舍有罪；二政曰賦爵列，授祿位；三政
　　曰凍解修溝瀆，復亡人；四政曰端險阻，修封疆，正千
　　伯（阡陌）；五政曰無殺麑夭，毋蹇華絕芋。五政苟

時，春雨乃來。

「南方曰日……西方曰辰……北方曰月」也大致是此類的表述，內容與形式卻參差不甚整齊。以後到了《呂氏春秋》十二紀更以此為全書的綱架，來編排分章。到了《淮南子・時則》，這種曆數布政的規劃才算完成了整齊完整的定式，代表著成熟定型期的產物；〈時則〉說：

> 孟春之月，招搖指寅，昏參中，旦尾中，其位東方，其日甲乙，盛德在木，其蟲鱗，其音角，律中太蔟，其數八，其味酸，其臭羶，其祀戶，祭先脾，東風解凍，蟄蟲始振蘇，魚上負冰，獺祭魚，候鴈北。天子衣青衣，乘蒼龍，服蒼玉，建青旗，食麥與羊，服八風水，爨萁燧火。東宮御女青色，衣青采，鼓琴瑟，其兵矛，其畜羊，朝于青陽左個，以出春令。布德施惠，行慶賞，省徭賦。立春之日，天子親率三公九卿大夫以迎歲于東郊，修除祠位，幣禱鬼神，犧牲用牡。禁伐木，毋覆巢，殺胎夭，毋麛，毋卵，毋聚眾，置城郭，掩骼薶骴。孟春行夏令，則風雨不時，草木旱落，國乃有恐。行秋令，則其民大疫，飄風暴雨總至，黎莠蓬蒿並興。行冬令，則水潦為敗，雨霜大雹，首稼不入。正月官司空，其樹楊。

其餘仲春、季春、孟夏、仲夏、季夏、孟秋、仲秋、季秋、孟冬、仲冬、季冬，規格形式完全一樣，都是月令、辰位、昏旦之星、方位、日、德、蟲、音、律、數、味、臭、祀、祭、色、食、畜、爨、兵、官、樹，順令行政，以及干令災眚，依次配列，形成了一個

整齊而固定的一年十二月天人曆政規劃藍圖，這是陰陽說在中國政治上的最大貢獻。

　　此外，《淮南子》標榜老莊，開宗明義以〈原道〉推闡老學，第二篇〈俶眞〉藉《莊子‧齊物論》七大階段開啓宇宙論，自第三篇〈天文〉以下，連續四篇〈天文〉、〈地形〉、〈時則〉、〈覽冥〉皆以陰陽說爲主體理論，不但又一次明顯顯現出道家與陰陽家關係密切，也標示《淮南子》對陰陽學之深入。主撰者劉安本人不但上通天文，下知地理，更是典型的方士。〈天文〉所記，多保留古羲和之官之眞實知識記載，〈地形〉所述亦多古自然與人文地理。此中固有當代科學知識之發展記載，實亦與古陰陽家學有密切。

肆

漢代的氣化宇宙論及其影響

　　兩漢思想從表面上看，是以獨尊後的儒學爲主體。事實上，獨尊以前是道、法揉合，以後是儒、法揉合，而這兩者都和陰陽家有重大關係。撇開其中作爲統御依據的法家成分不談，漢代儒家吸收了大量陰陽家思想，演變成充滿讖緯、陰陽五行、天人感應等詭異色彩的神學。漢代道家則充分利用陰陽家「氣」與「精氣」一類概念，去詮釋或推衍先秦道家的養生說與本體論，終於完成了唯物的養生論與氣化的宇宙論，前者可以董仲舒《春秋繁露》與《白虎通》爲代表，後者則可以從《淮南子》乃至王充《論衡》中得到印證。而比較起來，漢代儒家讖緯、符命、五行、感應的神學多徵驗機祥，怪誕不經，神奇譎異的方術色彩濃厚。漢代道家帶著唯物色彩的養生論與宇宙論清純許多。以下我們由《淮南子》、王充《論衡》乃至漢代其他各家的著作理論中，去觀測兩漢的氣化宇宙論，及其在後代的影響。

一、道與術、氣

　　漢代道家承繼先秦道家的傳統，也崇道、論道，卻有相當的轉化。在應用論上，他們極力推闡「道」的功能與效用，循著《老子》柔弱、無爲一義，把先秦道家的「道」，轉化爲一種深具彈性、高效不敗的治事之「術」，用「術」去詮釋老莊的「道」，普遍地運用於修身、治事，乃至政治、軍事之上。《淮南子・原道》說「柔弱者，道之要」、「得道者志弱而事強」，「得一之道」可以「以少正多」。〈兵略〉說：「所謂道者，體圓而法方，背陰而抱陽，左柔而右剛，履幽而戴明，變化無常，得一之原，以應無方。」陸賈說：「近道者不必出於久遠，取其至要而有成。」（《新語・術事》）都把「道」解釋爲一種靈活有效的治事要領，這在《淮南子・原道》裏有很詳盡的發揮。司馬談因此說：「道家」是一種「術」，一種「旨約而易操，事少而功多」的精簡高效之「術」（詳〈論六家要旨〉）。賈子《新書》有一篇叫〈道術〉，〈道術〉開宗明義便談「道」之「實」說：

> 道者所從接物也，其本者謂之虛，其末者謂之術。虛者
> 言其精微也，平素而無誤儲也；術也者所從制物也，
> 動靜之術也，凡此皆道也……其為原無屈，其應變無
> 極，……道之詳不可勝述也。

明白地把「道」解釋為一種無我、無執，虛以應物的治事之
「術」。這種「術」具體操作起來，賈誼說要「周聽」、「稽
驗」，要「密事端」、「清虛而靜」、「令命自宣，令物自定」，
纔會「神」，有時還要配合仁、義、禮、法諸德，這正是先秦《管
子・心術》乃至韓非子一系的靜因君術。

　　在本體論方面，他們固然也沿承老子，強調道的虛靜性徵。《淮
南子》說「道」「以無有為體」（〈說山〉），「若無而有，若亡
而存」、「忽兮恍兮不可為象兮；恍兮忽兮，用不屈兮」、「視之
不見其形，無形而有形生焉」（〈原道〉）。然而，他們更大的興趣
卻是用「氣」去詮釋「道」，鄭玄說：「極中之道，淳和未分之氣
也。」就是把「道」詮釋為一種渾沌真樸的「氣」。同時，他們圍繞
著《老子》「道生一，一生二，二生三，三生萬物」的命題，推衍出
一系列氣化的宇宙論。這樣的理論可以《淮南子》為總代表，卻遍
及於《春秋繁露》、《易》緯《乾鑿度》、《白虎通德論》、王充
《論衡》、張衡《靈憲》等，下開楊泉《物理論》、乃至宋張載等人
氣論哲學的先河。

二、兩漢的氣化宇宙論

㈠《淮南子》的氣化宇宙論

　　在《淮南子》的〈俶真〉、〈天文〉、〈精神〉等篇裏，對於道
體的創生、宇宙的起源，都有很詳細的描繪，推究其創生基元，卻都
是「氣」。〈俶真〉首先藉《莊子・齊物論》「有始也者……有未始

有始也者」的擬設，把宇宙的創生大致分爲「始也者」、「未始有有始者」、「未始有夫未始有始者」等三大階設，與「有者」、「無者」、「未始有有無者」、「未始有夫未始有有無者」四大階段，這三大階設與四大階段彼此之間似乎是並列，卻不全然對等，它說：

> 所謂有始也者：繁憤未發，萌兆牙蘗，未有形埒垠堮，無無蠕蠕，將欲生興，而未成物類。有未始有有始者：天氣始下，地氣始上，陰陽錯合，相與優游競暢于宇宙之間，被德含和，繽紛籠苁，欲與物接，而未成兆朕。有未始有夫未始有有始者：天含和而未降，地懷氣而未揚，虛無寂寞，蕭條霄霓，無有仿佛，氣遂而大通冥冥者也。有有者：言萬物摻落，根莖枝葉青蔥苓蘢，萑蔰炫煌，蠉飛蝡動，蚑行噲息，可切尋把握而有數量。有無者：視之不見其形，聽之不聞其聲，捫之不可得也，望之不可極也，儲與扈冶，浩浩瀚瀚，不可隱儀揆度而通光耀者。有未始有有無者：包裹天地，陶冶萬物，大通混冥，深閎廣大，不可為外，析豪剖芒，不可為內，無環堵之宇，而生有無之根。有未始有夫未始有有無者：天地未剖，陰陽未判，四時未分，萬物未生，汪然平靜，寂然清澄，莫見其形，若光耀之問（集解引陳觀樓依莊子知北遊校改）於無有，退而自失也。

這樣的描述，表面上看起來，似乎很細膩，其實相當模糊而模稜，其功能只在凸顯作者要把「恍忽不可爲象」的道體創生過程顯像的努力。抽離了《淮南子》一貫的楚人騷賦式的繁複鋪敘，與那些廣大、虛無的時空語詞，所剩下的，主要就是一個「氣」的概念。〈俶眞〉儘管窮盡一切想像的虛無與時空概念，來鋪敘這一漫長而

偉大的宇宙創生過程，其中真正值得注意的，只是一個「氣」的觀念，有了「氣」，纔有了宇宙萬有的產生。在「氣」產生之前，不論如何地繁複鋪敘，分成幾個階段，終歸只是個寂靜虛無。抽離繁複的文字鋪敘，這三大階段、四大階段的主要意思，其實不只〈天文〉、〈精神〉兩篇的敘述，而後者卻較〈俶真〉明爽許多。〈天文〉說：

> 天地未形，馮馮翼翼，洞洞灟灟，故曰太始。太始生虛霩，虛霩生宇宙，宇宙生元氣，元氣有涯限，清陽者薄靡而為天，重濁者凝滯而為地。清妙之合專易，重獨之凝竭難，故天先成而地後定。天地之襲精為陰陽，陰陽之專精為四時，四時之散精為萬物。

太始─虛霩─宇宙─元氣─〈天地〉陰陽─四時─萬物。「太始」、「虛霩」是宇宙未創生前的渾沌與虛無階段，為了表示它的久遠，所以分成兩個階段。經過這兩大虛無階段，而逐漸有了時空（宇宙），元氣便肇生在其中。時間有久暫，空間有形界，肇生其中的元氣自然有了「涯限」，是不折不扣地「有」了。元氣有清濁兩質，由此而開分天地。天地一開分，自然現象與萬物的生化便開始。根
　據這樣的說法，天地萬物的生化，是以「元氣」為關鍵的，「元氣」是天地萬有生化的基元。〈精神〉說：

> 古未有天地之時，惘像無形，窈窈冥冥，芒芠漠閔，澒濛鴻洞，莫知其門，有二神混生，經天營地，孔乎莫知其所終極，滔乎莫知其所止息。於是乃別為陰陽，離為八極，剛柔相成，萬物乃形。煩氣為蟲，精氣為人。是故，精神者，天之有也；而骨骸者，地之有也。精神入

其門，骨骸反其根，我尚何存？

惘像無形……二神（陰陽）一天地一 ⎡陰（柔）⎤ 萬物 ⎡精氣——人
　　　　　　　　　　　　　　　　⎣陽（剛）⎦ 　　　⎣繁氣——蟲

這裏的「惘像無形」相當於〈天文〉篇「太始」、「虛霩」階段，「二神」應指元氣清濁含和未分狀態，由此而下開天地，化生萬物。也是以陰陽含和未分的元氣階段——「二神」，爲創生之始。這〈天文〉、〈精神〉兩篇言宇宙的創生雖不完全等同，卻是相應的。祇是，《精神》篇更堅持這元氣的清濁二質在此後人與萬物的化生過程中，先天上分明的決定性：清者成天，化生人，賦生精神；濁者凝地，化生獸，賦生形骸。它說：「精神者所受於天也，而骨骸者所受於地也。」將來，生命一旦消亡，一切仍要復返各自質性不同的元氣初態。從源到委的化生過程中，這清濁（陰陽）二質的決定性與作用，冥冥中始終涇渭分明，它甚至堅持到這一生命歷程的結束，由委再返源（《老子》所謂「歸根」、「復命」）爲止。照這樣的說法，人也罷，獸也罷，精神也罷，形骸也罷，每一個生命都只是一段週期性的氣化過程，人、獸、精神、形骸都只是氣化過程中的過度現象，生命一旦消亡，都要復返氣的本然狀態。

　　不僅人與萬物的生成如此，對於大自然日、月、星辰、風、霜、雨、露等自然現象的形成，《淮南子》也是以陰陽氣化來說明，〈天文〉說：

積陽之熱氣久者生火，火氣之精者為日。積陰之寒氣久者為水，水氣之精者為月。日月之淫氣精者為星辰，……天地之偏氣怒者為風，天地之含氣和者為雨，陰陽相薄，感而為雷，激而為霆，亂而為霧。陽氣盛則散為雨露，陰氣盛則凝為霜雪。

萬有的生成，在《淮南子》看來，全是一「氣」之激薄轉化。因此，〈本經〉說：「天地之合和，陰陽之陶化萬物，皆乘一氣者也。」這樣的理論，固然是循著《老子》「道生一……」而作的詮釋，其一氣轉化的基本觀點，卻應該是來自《莊子‧知北遊》「臭腐化爲神奇，神奇化爲臭腐，通天下一氣」、「人之生，氣之聚也，聚則爲生，散則爲死。」一系觀念，卻爲中古中國架構了一個相當系統化的宇宙論模式。此後，它便成爲我國哲學家宇宙論傳統而典型的間架，在《易》緯《乾鑿度》、《括地象》、張衡《靈憲》，乃至《春秋繁露》、《白虎通德論》、《太平經》、王充《論衡》裏，我們都可以看到這類理論的推衍，可以說，在東西兩漢的哲學論著中，不論儒、道、陰陽、方術家，一談到宇宙論，投有人能脫離這個基本模式。

㈡漢人的氣化天地萬物説

以《淮南子》爲代表的這一系氣化宇宙論，在兩漢引起普遍的迴響。

《潛夫論‧本訓》說：

> 上古之世，太素之時，元氣窈冥，未有形兆，萬精合并，混而為一，……若斯久之，翻然自化，清濁分別，變成陰陽，陰陽有體，實生兩儀，天地壹鬱，萬物化醇。

內容雖然簡略許多，和《淮南子‧天文》〈精神〉顯然是一系的說法。這一系宇宙論，其明顯的表徵之一就是：氣化天地萬物的觀點。漢代人在詮釋天地萬物的創生時，往往不再談「道」，而是以「氣」來詮釋，王符《潛夫論》說：「道者，氣之根也；氣者，道之使也。」（〈本訓〉）以「道」爲本體，「氣」爲此一本體之發

用，有了「氣」，道的創生作用纔能開展。漢人講宇宙的創生，因此多就發用的「氣」上來講，著重在「一生二，二生三，三生萬物」的階段，這個化生萬物基元的「一」在漢人的觀念裏就是「氣」。在《老子》的觀點，「道」以「一」開始它在現象界的生化；在漢人的解釋，宇宙正是以「氣」開始肇生有形世界。《春秋繁露》說：

> 天地之氣合而為一，分為陰陽，判為四時，列為五行。
> （《五行相生》）唯聖人能屬萬物於一而系之元也……
> 元者為萬物之本……乃在乎天地之前。（《玉英》）

不過，《春秋繁露》的終極目的卻在把這個「分為陰陽，列為五行」的「氣」轉向感應神學的方向去發展。它所說的「元」是什麼？《太平經》說：「元乃氣，包裹天地八方，莫不受其氣而生。」又說：「夫物，始于元氣。」「元」就是「氣」，是肇生天地萬物的總源。張衡說：「天地各乘氣而立」（《渾天儀注》），王充說：「天地，含氣之自然也。」（《論衡·談天》），天地是「氣」所肇生。《論衡》又說：

> （萬物）因氣而生，種類相產。（〈物勢〉）
> 萬物自生，皆稟元氣。（〈言毒〉）
> 俱稟元氣，或獨為人，或為禽獸。（〈幸偶〉）

《太平經》說：「夫人本生混沌之氣……本于陰陽之氣。」人與萬物也都是「氣」所化生。《論衡·論死》還說：「人之所以生者精氣也」，則不但承繼《淮南子·精神》「繁氣為蟲精氣為人」的說法，也說明了何以「俱稟元氣，或獨為人，或為禽獸」。

　　至於這「氣」或「元氣」是如何地肇生天地萬物？就天地的形成而言，《淮南子·天文》說是由「有涯垠」的混沌「元氣」開分

而來，清陽者薄靡為天，重濁者凝滯成地，並且是「天先成而地後定」。根據這類說法，《河圖括地象》說：

> 元氣無形，洶洶隆隆，偃者為地，伏者為天。
> 易有太極，是生兩儀，兩儀未分，其氣混沌，清濁既分，伏者為天，偃者為地。

《太平經》說：

> 元氣恍忽自然，共凝成一，名為天也，分而生陰而成地，名為二也。因為上天下地，陰陽相合施生人，名為三也，三統其生，長養萬物，名為財也。

明顯對《老子》「道生一，一生二，二生三，三生萬物。」提出詮釋。它以「元氣」釋「道」，以元氣形成「天」為「道生一」，以天地的開分為「一生二」，以天地陰陽之氣的相合生人為「二生三」，天、地、人的共同長養萬物為「三生萬物」。也同樣認為天地的形成是由元氣開分而來，而且天先地後。

就萬物的形成而言，《淮南子・精神》說是在天地形成之後，由這構成天地的陰陽二氣「剛柔相成，萬物乃形」。《太平經》說是「上天下地，陰陽相合」以施生，是由「天氣悅喜下生，地氣順喜上養……陰陽相得，交而為和」來生養萬物的。說得更清楚一點，《太平經》說：

> 天者常下施，其氣下流也；地者常上求，其氣上合也，兩氣交於中央。……兩氣者常交用事，合於中央，乃共生萬物，萬物番受此二氣以成形，……無此二氣，不能生成也。（〈太平經鈔辛部〉）

王充的看法也差不多，《論衡》說：

> 天主施氣，地主產物。（〈感虛〉）
> 天覆于上，地偃于下，下氣烝上，上氣降下，萬物自生
> 其中間矣。（〈自然〉）
> 天地合氣，物偶自生。（〈物勢〉）

天氣下降，地氣上升，兩氣交和到一定程度，達到一定條件，萬物自然產生，這是《太平經》和王充對天地生化萬物一致的看法。不過，在王充看來，這其中除了「氣」之外，仍有一定的機率問題，因此說「物偶自生」。

㈢以太極、太始、太易、太初、太素為名的宇宙創生系列

其次，自從《淮南子‧天文》以「太始」、「虛霸」名宇宙肇生前的虛寂階段，《俶真》又以「有始」、「有無」等七大階設強調那虛無階段演化的漫長與久遠後，在漢人的著作中，便常出現這種以「太」為名，似同還異，疊床架屋的演化系列。除了前述《潛夫論‧本訓》的說法，以「元氣窈冥，未有形兆」的「太素」為宇宙化生之始外，《易》緯《乾鑿度》也說：

> 有形生於無形……有太易，有太初，有太始，有太素
> 也。太易者未見氣也，太初者氣之始也，太始者形之始
> 也，太素者質之始也。無形質具而未離，故曰渾淪，渾
> 淪者言萬物相渾成而未相離，視之不見，聽之不聞，循
> 之不得，故曰易也。易無形畔，易交而為一，……一者
> 形變之始，清輕者上為天，濁重者下為地。

它以太易、太初、太始、太素四個名稱來標示宇宙演化的四大階

段，表示宇宙至少是通過無形無氣、有氣、有形、有質四個階段的演化，纔化生出天地來。只是，它以「太始」為「形之始」，又說「一」是形變之始，顯然等同「太始」與「一」。以後《白虎通》因承其說云：

> 天始起，先有太初，後有太始，形兆既成，名曰太素。混沌相連，視之不見，聽之不聞，然後剖判，清濁既分，精出曜布，度物施生。……故《易·乾鑿度》曰：「太初者氣之始也，太始者形兆之始也，太素者質之始也。陽唱陰和，男行女隨也。」（〈天地〉）

《白虎通》省去「太易」一段，直接由「氣之始」的「太初」開始講天地的肇生，應該不是疏忽，卻明白顯示了漢人處理這一論題較大的興趣和著重點仍然是在「氣」上。〈乾鑿度〉之外，張衡的《靈憲》也談到宇宙的創生，他說：

> 太素之前幽清玄靜，寂寞冥默，不可為象，厥中惟虛，厥外惟無，如是者永久焉，斯謂「溟涬」，蓋乃道之根也。道根既建，自無生有，太素始萌，明而未兆，并氣同色，渾沌不分，故道志之言云：「有物渾成，先天地生」，其氣體固未可得而形，其遲速固未可得而紀也，如是者又永久焉，斯謂「龐鴻」，蓋乃道之幹也。道幹既育，萬物成體，於是元氣剖判，剛柔始分，清濁異位，天成於外，地定於內。天體於陽，故圓以動；地體於陰，故平以靜。動以行施，靜以合化，埋鬱構精，時育厥類，斯謂「天元」，蓋乃道之實也。

身爲科學家的張衡，也是根據「氣」的有無、合分，把宇宙天地的創生簡單歸分爲「太素之前」、「太素使萌」與「而氣剖判」三大階段，也就是未有元氣前的「溟涬」，元氣始生未分的「龐洪」與元氣開分的「天元」。「太素」代表著「元氣」的萌生，這才是宇宙化生的眞正關鍵，所以稱做「道之幹」。前此，一片虛無，在宇宙創生的意義上，象徵著生化的初源，所以叫「道之根」。後此，「元氣」一分化，一切有形可見的生生化化眞正開始，所以稱「道之實」。

　　不過，張衡與王充雖然都承認「氣」是化生天地萬物的基元，然而，除了「氣」之外，張衡說，還有一個「水」的因素，《渾天儀注》說：「天地各乘氣而立，載水而浮。」王充則說天地間雖充滿了「氣」，靠著這些氣在和合化生。但，天的本身卻是個「體」，是個充滿了「氣」的「體」。《論衡‧祀義》說：「夫天者體也，與地同。」〈談天〉說：「如實論之：天、體，非氣也。」只不過，這個「體」是個「含氣之自然體」，內部充滿了「氣」，一動二行，就能「施氣」，萬物就是由它所施的「氣」化生而來的。〈自然〉說：

　　　　天之動行也，施氣也；體動，氣乃出，物乃生矣。

天體施氣，與地交和生物，但，物卻是生在「地」上的，王充因此說：「天主施氣，地主產物。」（〈感虛〉）這樣的觀點似乎是從自然動物雄性施精，雌性孕產的普遍經驗，想當然爾地推得。

三、兩漢氣化宇宙論的影響

㈠楊泉唯氣的物理論

　　晉楊泉作《物理論》，明顯地受到漢人氣化宇宙論的影響，把天、地、人、物、土、石、風、星，乃至抽象的「姦」都說成是「氣」或「元氣」的積生。《物理論》說：

元氣皓大，則稱皓天。皓天，元氣也，皓然而已，無他物也。

「天」就是廣大的元氣瀰漫。《物理論》又說：

風者陰陽亂氣激發而起者也，猶人之內氣，因喜、怒、哀、樂激越而發也。

八風（四正、四維之風）者，方土異氣，疾徐不同……非有使之者也，氣積自然。

風是各地質性不同的氣相激相盪，自然形成。

星者元氣之英（精）也，……氣發而升，精華上浮，宛轉隨流，名之曰天河，一曰雲漢，眾星出焉。

星宿也是元氣的精華上升而成。不只天與各種天象是元氣激盪、浮積而成，地與地上的土、石、山陵、河川也一樣，《物理論》說：

地者底也，陰體下著也。

土地皆有形名……氣勢之始終，陰陽之所極也。

地形有高下，氣有剛柔，鎮之以五嶽，積之以丘陵，播之以四瀆，流之以四川。蓋氣，自然之體也；石，氣之核也。氣之生石，猶人筋絡之生爪牙也。

地與土、石都是氣所凝著積生，氣有剛柔不同的質性，形成了山陵、河川高低不同的地形。《物理論》又說：

> 人含氣而生。
>
> 姦，與天地俱生，自然之氣也。

人是氣所生，連抽象的邪妄事物都是天地自然之氣所成，宇宙間事物
眞是無一而非「氣」所生成了。

　　不過，在「氣」之外，楊泉和張衡同樣，都提出了一個「水」來
做爲天地生成之源。這個「水」有時還比「氣」更爲根源。《物理
論》說：

> 所以立天地者水也，失水，地之本也。吐元氣，發日
> 月，經星辰，皆由水而興。
>
> 所以立天地者水也，成天地者氣也，水土之氣升而為
> 天，……夫地有形而天無體，譬如灰焉，煙在上，灰在
> 下也。

照張衡渾天儀的說法，天地「乘氣而立，載水而浮」，「氣」和
「水」同樣是構成天地的要素。照《物理論》的說法，「水」可以
「吐元氣」，則「水」似乎更爲「元氣」根源。不過，對於水的來
源和生成，張衡和楊泉都沒有進一步交代。前面既說山嶽、丘陵、
溝瀆、河川是「氣」自然之體，這裏又說元氣、星辰「皆由水而
興」，水與氣有如煙與灰一樣，一在上，一在下，究竟是水由氣
生？還是氣由水生？楊泉顯然也無法解釋。不過在傳統氣化宇宙的解
釋上，張衡和楊泉都已然注意到，除了「氣」之外，「水」在天地宇
宙間所佔的比重和關鍵性了。

㈡張載的「太虛即氣」

1.太虛、太和、太極皆氣

　　北宋理學家張載也以氣來做爲他哲學體系的基本概念。在張載的

哲學理論中，「氣」是發端，也是最後歸趨。他以「太虛」來指稱廣遠無窮的宇宙，又以「太和」稱述生化的本源。然而，對於「太虛」，張載詮釋說：「太虛即氣。」（《正蒙‧神化》）

> 太虛無形，氣之本體；其聚其散，變化之客形爾。（《正蒙‧太和》）

「太虛」就是「氣」的本體。氣聚有形，便生萬物；氣散無形，謂之「太虛」，太虛只是氣原始而本然的狀況，宇宙只是一「氣」。《正蒙》說：

> 太虛不能無氣，氣不能不聚而為萬物，萬物不能不散而為太虛。（〈太和〉）

太虛隱而無形，物顯而有象，張載說，其實都是氣的作用，只是一氣之聚散。「氣聚，則離明得施而有形；氣不聚，則離明不得施而無形。」這種現象，張載說：「猶冰凝釋于水。」因此，有形、無形，是顯、是隱，只是形態的不同，就本質言，同是一氣。

對於「太和」，張載說：

> 太和所謂道，中涵浮沉升降動靜相感之性，是生絪縕相蕩勝負屈伸之始。（《正蒙‧太和》）

「太和」就是「道」，而張載說：「由氣化，有道之名。」（〈太和〉）道由「氣化」來，「道」也是「氣」，是規律性的氣化過程，「太和」因此也是「氣」是絪縕未分之氣，是氣分陰陽剛柔，開始升降、動靜的端源。「太虛」、「太和」之外，又有所謂「太極」，《正蒙‧參兩》說：「一物兩體，氣也。」。〈大易〉說：

「一物兩體，其太極之謂與？」所謂「兩體」，指陰陽。因此，太虛是氣的本體狀態，太和是指稱氣將分未分、將動未動的開端，太極則是指陰陽二氣的合體。這「太和」、「太極」就相當《淮南子・天文》所說的「二神混生」，終結地說，統統是「氣」。

2.萬物、萬象、生死、鬼神皆氣化

從這樣的基本觀點出發，張載以「氣」來詮釋天地萬物的生成，詮釋生死鬼神，詮釋一切時空現象。他說：

> 凡可狀皆有也，凡有皆象也，凡象皆氣也。（《正蒙・乾稱》）
>
> 萬物皆祖于虛，生于氣，氣以成體，體以受性。（〈潛虛〉）

一切有形象的東西皆由氣來，萬物皆生于氣。張載又說：

> 天惟運動一氣。（《正蒙・神化》）
>
> 天之化也，運清氣。（同上）

天的運動變化就是氣的運動變化，「天」也是「氣」。

不只道、天與萬物是一氣之聚散、變化，掌凡自然界風、雨、雷、霆、雲、霧、霜、雪等自然現象，也都是氣的激盪變化，是陰陽異質之氣交互作用的結果。《正蒙》說：

> 氣，塊然太虛，升降飛揚，未嘗止息……浮而上者陽之清，降而下者陰之濁。其感遇聚散，為風雷，萬品之流形，山川之融結。

詳細地說：

> 陰性凝聚，陽性發散。陰聚之，陽必散之，其勢均散。
> 陽為陰累，則相持為雨而降；陰為陽得，則飄揚為雲而
> 升。故雲物班布太虛者，陰為風驅，斂聚而未散者也。
> （〈參兩〉）
> 凡陰氣凝聚，陽在內者不得出，則奮擊而為雷霆；陽在
> 外者不得入，則周旋不捨而為風。其聚有遠近虛實，故
> 雷風有小大暴緩，和而散，則為霜、雷、雨、露；不和
> 而散，則為戾氣、曀霾；陰常散緩，受交於陽，則風雨
> 調，寒暑正。（〈參兩〉）

「氣」包括一升一降、一清一濁、質性相反的陰陽兩類，這兩氣互
為消長，互相推助。當散發上升的陽氣遇到凝聚的陰氣，被壓降下
來，便成雨。如果上升的陽氣沒被陰氣壓降，反倒推助陰氣向上飛
騰，便成了雷。如果陽氣在內，陰氣在外，散發的陽氣被凝聚的陰氣
含包在內不得出，便爆散成為雷霆。如果陰氣凝聚在內，陽氣在外揚
散不得入，便盤旋成風。等到凝聚的陰氣被散發盡了，風便停止。而
因著陰氣凝聚疏密情況的不同，與兩氣相距遠近之差異，所產生的
風、雷也因此有了大小、暴緩的區別。陰陽二氣交和順利，便形成霜
雪雨露，交和不順利，便造成曀霾，各種大自然現象的形成也都是一
－氣。這樣的說法，基本上是遠承《淮南子・精神》，近續楊泉
《物理論》的。

　　除了以「氣」詮釋萬物、萬象之外，張載也以「氣」的聚散來詮
釋生死現象和鬼神問題，他說：

> 氣于人，生而不離，死而游散者謂魂。（《正蒙・動
> 物》）

氣之方來皆屬陽，是神；氣之反皆屬陰，是鬼。（《正
蒙・太和》）

精氣者自無而有，游魂者自有而無。自無而有，神之情
也；自有而無，鬼之情也……顯而為物者，神之狀也；
隱而為變者，鬼之狀也。大意不越有無而已，物雖是
實，本自虛來，故謂之神；變是用虛，本緣實得，故謂
之鬼。（《橫渠易說・繫辭上》）

生死、鬼神也是氣的聚散、顯隱變化，是氣在運動過程中的不同狀
態。氣散，看不見，便是死，便是鬼；氣聚，有形，便是生，便
是神。總之，宇宙間一切有形、無形的時空現象和存在物都只是一
「氣」的作用。張載因此說：「聚亦吾體，散亦吾體。」「知虛空即
氣，則有無、顯隱、神化、性命通一無二。」

3.氣先於道（理），道器混一，物我同體

既然說「由氣化，有道名」，「氣」自然是在「道」之先了。而
透過這一「氣」「通一無二」的統合，一切的有無、陰陽、動靜、剛
柔、形上與形下，道與器，物與我，統統結為一體，彼此能相感、相
通、相交，張載由是而推衍出《西銘》裏「乾稱父，坤稱母……天地
之塞吾其體……，民吾同胞，物吾與也」之類天地人我一家一體的偉
大理論來。

(三)程朱的「氣」論

張載之後，程朱雖然置「理」於「氣」之上，以理為本根，氣為
枝葉，理本而氣末。但在談到萬物與自然現象的生成時，仍然不能不
以氣來解釋，承認理氣不離不雜。程子說：

地氣不上騰，天氣不下降。天氣下降至於地中，生育萬
物者，乃天之氣也。（《二程粹言》卷之下〈天地〉）

天有五氣，故凡生物，莫不具有五性。（《河南程氏遺
書》卷十五）
人乃五行之秀氣，此是天地清明純粹之氣所生也。（同
上）

萬物是天地之氣交和所生，人是天地交和氣之尤精粹者所化成，物
「性」也是稟「氣」而來的。程子又說：

萬物之始皆氣化，既形，然後以形相禪，有形化。形化
長，則氣化漸消。（《河南程氏遺書》第五）

萬物的化生，開始是氣化，以後有了男女，纏轉為形化。人物之
外，日月、星辰、風雨、霜雷、電露，乃至一切怪異現象的形成，也
就因氣而來。程子說：

日月星辰皆氣也。（《二程粹言》卷之下〈天地〉）
日月，陰陽之精氣耳……四時，陰陽之氣耳。陰陽之氣
常存而不散者自月是也；有消長而無窮者寒暑是也。
（《二程粹言》卷之下〈天地〉）
日月之為物，陰陽發見之尤盛者也。（《二程粹言》卷
之下〈天地〉）
雷者陽氣奮發，陰陽相薄而成聲也。……陽始潛閉地
中，及其動，則出地奮震也。（《周易程氏傳》卷二
〈豫卦〉）
雲，陰陽之氣，二氣交而和，則相畜固而成雨……不和
則不能成雨。（《周易程氏傳》卷一〈小畜卦〉）
陽降陰升，合則和而成雨。（《周易程氏傳》卷六〈小

過卦〉）

露與霜不同。霜、金氣，星月之氣；露亦星月之氣，看
感得甚氣，即為露，甚氣即為霜。如言露結為霜，非
也。雹是陰陽相薄之氣，乃是沴氣。（《河南程氏遺
書》第十八）

日月、星辰、四時、寒暑、雲雨、霜露、雹都是氣的作用，日月是較
精的陰陽氣，四時是一般陰陽氣所成，寒暑則是陰陽二氣的消長變
化，雲、雨、雷是陰陽之氣交和順、逆之不同所產生的，霜露則是
由不同的氣交互作用而成，雷與雹都是沴戾之氣所成。總之，一切大
自然現象都是物質性「氣」的相交、相激，運動變化。講到最後，
程子甚至說：「和氣出祥、乖氣致異」，麒麟是「太平和氣所致」
（《河南程氏遺書》第十八）這就跟漢儒董仲舒的論調沒什麼不同
了。

　　至於朱子，雖然也以理為本根，以道為「形而上」者，氣為「形
而下」者，卻也承認「離了陰陽更無道」、「理未嘗離乎氣」，理氣
二者「不離不雜」。對於天地萬物與自然現象的形成也說：

天地間人物、草木、禽獸，其生也莫不有種，定不會無
種子，白地生出一個物事，這個都是氣。（《朱子語
類》卷一）

這就是程子所說的萬物之始，先有氣化，後有形化，種生就是形
化。朱子又說：

天地初間，祇是陰陽之氣，這一個氣運行，磨來磨去，
磨得急了，便拶出許多渣滓，裏面無處出，便結個地在
中央。氣之清者便為天，為日月，為星辰，祇在外常周

環運轉，地便祇是在中央不動，不是在下。（《朱子語
類》卷一）

藉著陰陽二氣的轉動磨擦，便形成了天地、日月、星辰等自然界現
象。

㈣宋、明他儒的氣論

　　繼張載之後，以「氣」爲宇宙天地之唯一本源者，至少有楊時、
王廷相、羅欽順、劉宗周、黃宗羲，到王夫之而臻於至極。楊時本是
二程弟子，是唯心的理學家，在解釋《孟子》時卻說：

通天地一氣耳。天地，其體也。氣，體之充也。人受天
地之中以生，均一氣耳。（《楊龜山先生全集》卷八
《經解・孟子解》「其爲氣也至大至剛」下）

天地、萬物、人都是一氣之凝聚與流行。王廷相說：

天內外皆氣，地中亦氣，物虛實皆氣，通極上下，造化
之實體也。是故，虛受乎氣，非能生氣也；理載于氣，
非能始氣也。（《慎言》卷一〈道體〉）
氣游于虛者也，理生于氣者也。氣雖有散，仍在兩間
（天地），不能減也……理根于氣……故曰神與性皆氣
所固有。（《明儒學案・王竣川學案・橫渠理氣辨》）

除了詮釋張載的唯氣論，對於程朱的理本氣末也表示了一定的意
見，認爲是「理生于氣」、「根于氣」。龜山、廷相之外，羅整庵
說：

蓋通天地，互古今，無非一氣而已。氣本一也，而一動一靜，一往一來，一闔一闢，一升一降，循環不已。積微而著，由著復微，為四時之溫涼寒暑，為萬物之生長收藏，為斯民之日用彝倫，為人事之成敗得失，千條萬緒……而卒不克亂……是即所謂理也。初非則有一物，依于氣而立，附于氣以行也。（《明儒學案·羅整庵學案》〈困知記〉）

「理」就是「氣」動靜、往來的條理化狀態，沒有「氣」的作用，就沒有「理」，這其實也就是王廷相所說的「理根于氣」、「生于氣」，氣是第一元，理是第二元。劉宗周因此說：

理即是氣之理，斷然不在氣先，不在氣之外。……義理之性即氣質之本性。（《明儒學案·蕺山學案》〈獨證篇〉）
盈天地間，一氣而已矣。（同上）

到了明清之際，黃梨洲與王夫之說得更乾脆了，梨洲說：

天地之間祇有氣，更無理。所謂理者，以氣自有條理，故立此名耳。（《明儒學案·王浚川學案》）

直是王廷相說法的翻版。又說：

理氣之名自人而造，自其浮沉升降者而言，則謂之氣，自其……不失其則者而言，則謂之理。蓋一物而兩名，非兩物而一體也。（《明儒學案·曹月川學案》）

換言之，理就是氣的異名。又說：

> 天地間祇有一氣充周，生人生物。人稟是氣以生，心即
> 氣之靈處。……心即氣也。（《孟子師說》卷上〈浩然
> 章〉）
> 氣未有不靈者，氣之行處皆是心……即腔子內亦未始不
> 是耳。（《明儒學案・薛思庵學案》）

不只理是氣，即便心也是氣了，這就比張載唯氣得更澈底。張載儘管
唯氣，卻從不曾以物理去解釋心靈或精神功能，也從沒否定過心的獨
立性與道德自主性。

　　承繼著這樣的觀點，王夫之說：

> 言心、言性、言天、言理，俱必在氣上說，若無氣處，
> 則俱無也。（《讀四書大全說》卷十〈孟子〉）

他肯定張載凡「虛空皆氣」的觀點，承認虛與氣的實有性，他說：

> 氣方是二儀之實。天人之蘊，一氣而已，從乎氣之善而
> 謂之理，氣外更無虛託孤立之理也。（同右）
> 天下難器而已矣，道者器之道，器者不可謂之道之
> 器……故無其氣則無其道……君子之道盡乎器而已矣。
> （《周易外傳卷五・繫辭上傳第十二章》）

他最欣賞羅整庵，也最稱許整庵「通天地、互古今，無非一氣」的說
法。而在《思問錄・內篇》，他說「道」和「器」都無非「一陰一陽
之和而成。盡器，則道在其中矣。」而不管形上的「道」還是形下的
「器」，最後都「統之乎一形」（《周易外傳》卷五《繫辭上傳》第

十二章）。兩漢以來的氣化宇宙論，乃至張載以來的唯氣論，至此變成了唯「器」論了。黃、王二人也就以這樣的觀點，希望矯正宋明以來，心學派道學家唯心太甚，致士子普遍性命空疏之弊，終使他的哲學轉向重實踐與客觀事物的方向上去。

四、結語

　　漢代道家結合著陰陽家所形成的氣化宇宙論，不僅在當代造成廣大的迴響，也在漢以後的思想界造成一定的影響。既形成了張衡、楊泉一系偏向物理性的宇宙論，也深深影響了張載、黃宗羲、王船山一系重實踐、重客觀的唯氣，乃甚至是「唯器」的宇宙觀。儘管張載、黃宗羲等人並不否定或貶抑「理」的價值地位，卻有效調整了宋明以來，程朱，尤其是陸王末流唯理、唯心太甚，墮入玄虛，而忽視具體事物世界的流病，在一定程度上開啓了清初講求「下學」工夫，重視實事求是的樸實學風。

伍

道家養生觀在漢代的演變與轉化——以《淮南子》、《老子指歸》、《老子河上公章句》、《老子想爾注》爲核心

　　一提到中國傳統的養生觀，不免令人想到道家與道教。而不論道家或道教，都和《老子》有密切關係。就道家而言，老子被公認爲思想理論的祖源；就道教而言，老子被奉爲教祖，一爲哲學，一爲宗教，卻都以《老子》及其理論爲核心依據。

　　漢代有一部推闡道家玄學思想的鉅著─《淮南子》，和三部注解《老子》的專書─《老子指歸》、《老子河上公章句》、《老子想爾注》[1]。我們如果以《春秋》及後世各家推闡《春秋》的思想爲例，可以很明顯看出它們之間的差距。公羊高解《春秋》固然和孔子原意有距離；董仲舒以災異解《春秋》，也和孔子及公羊高不同；清代康有爲推闡公羊春秋，以變法維新，更和孔子、公羊高、董仲舒有差異。當代日本大企業家松下幸之助說，他對國際牌的經營理念是來自中國儒學的啓助。不同的時代，不同的人，對同一部經典可能有不同的體會，作了不同的應用。

　　這四部漢代道家著作，和《老子》之間的思想關係，以及它們彼此之間的思想差距，也是這樣的情況。它們一本先秦道家，尤其是老

---

[1] 有關《老子河上公章句》與《老子想爾注》的寫定時代，學者說法不一，本論文採取如下法一、《老子河上公章句》－時間上限依韓人吳相武的說法定爲西漢末，時間下限則依王明、王卡之說而稍修正移前，定爲東漢中期以前。也就是說，視其爲西漢末至東漢中期之前黃老養生說盛行時代的作品。二、《老子想爾注》－依饒宗頤的說法視其爲東漢末天師道張陵所作；或爲張陵之說，而由張魯寫定，要爲天師道張氏一家之學。吳相武說見〈關於《河上公注》成書年代〉，收入陳鼓應主編《道家文化研究》第15輯（北京：三聯書店，1999年），頁237。王卡之說見〈前言〉，《點校老子道德經河上公章句》（北京：中華書局，1993年），頁3。饒說參見《老子想爾注校證・解題》（香港：香港大學中文系，1956年11月初版，1991年11月上海古籍出版社重印，改名《老子想爾注校箋》），頁5。本文此下有關《老子河上公章句》原典之引證，悉依上述王卡本；有關《老子想爾注》之原典引證則依饒宗頤的校證。至若《淮南子》之引證，則依筆者在《新編淮南子》中參酌歷代各家之考校成果所校定者（台北：國立編譯館，2002年4月）；《老子指歸》之引證則依王德有點校本（北京：中華書局，1994年）。特在此先行說明。以下爲考慮全文之義理推論順暢起見，相關於文字考校之部分，將直書其正確者，不復一一作注。

子清虛、清靜、自然純樸的精神原則，敷論修養要旨，將先秦道家重神輕形的修養理論轉化為以氣充養，形神兼治，甚至步入道教鍊形長生，求仙壽之途，其間的因承轉化，遞嬗變遷，可得而察。

一、先秦道家的養生觀

　　在近代學者道家思想的研究中，楊朱、老子、莊子被推為先秦道家思想的代表，楊朱甚至被推為道家思想的先驅。有關楊朱的思想，由於著作不存，只能從當代或後世典籍相關的記載中去拼組蠡測。自傳世典籍看來，《列子‧楊朱》似乎保留較多相關於楊朱的記載。唯今傳《列子》被認為多雜魏晉縱欲觀，不盡合《列子》思想原貌。相較之下，《孟子》、《呂氏春秋》、《淮南子》的記載雖較簡略、支零，卻較可靠。《孟子‧滕文公下》說：「楊氏為我」，〈盡心〉說：「楊子取為我，拔一毛而利天下，不為也。」《呂氏春秋‧不二》說：「陽生貴己」，《淮南子‧氾論》也說：「全生保眞，不以物累形，楊子之所立也。」根據這些記載，楊朱貴生、愛身、重己而輕物。楊子所重、所貴的「己」和「生」，由於資料不足，相關的詮釋內容欠缺，無法得知其在形軀生命與精神生命之間究竟有多少偏指。但是，從其也強調「保眞」、「不以物累形」，看來，這個「生」顯然不僅指自然的形軀生命，也應包含超形軀的生命情趣，它應該是泛稱一切的生命本狀。楊朱大概堅持生命清純的本狀，反對以物役己、逐物不返。這樣的觀點，在《老子》也有回應。

　　就現行《老子》中相關於修養的理論看來，《老子》和楊朱一樣，明顯地反對對形身作過度的安養。它說：人之所以有大患，只因有「身」要安養（第十三章）；又以「求生之厚」為「不善攝生」，為「動之死地」之根由（第五十章），戒五音、五色、五味、馳騁畋獵等高度刺激或愉悅官能欲求的事物與活動（第十三章），要人「不見可欲」、「不貴難得之貨」、「去甚、去奢、去泰」（第二十九章）、「為腹，不為目」。「為腹」是以物養己，固

守清純質樸的本眞，「爲目」是以物役己，精神外誘。又以「嗇」爲治人事天之要領（第五十九章），說：「罪莫大於可欲，禍莫大於不知足，咎莫大於欲得。」（第四十六章）要人「見素抱樸，少私寡欲」（第十九章），將生命的需求與活動降到最低的程度，以保持其清純自然的本狀。要之，不論楊朱或老子，基本上強調的都是對自然生命的尊重，反對以物傷身，養欲傷生，初無明顯涉及形、神之貴賤輕重問題。因此，於反對形身過度安養的同時，《老子》也同樣針對精神思慮之過度操累，要人「致虛」、「守靜」（第十六章），「日損」以「爲道」（第四十八章），也都涉及精神心靈的清虛不雜。然而，《老子》推崇「道」，而體道、悟道絕對是精神、心靈的問題，因此，《老子》雖未正面區判形神貴賤問題，其重神輕形觀點卻很清楚。

　相較於《老子》對外王問題的偏重討論，《莊子》整個思想重心都放在生命問題的安頓與思考上，尤其是內在精神心靈的超越。它運用各種技巧，透過各類表述，明顯地將形、神的貴賤輕重區判開來。《老子》原本固然視此「身」爲大患，理論所重，端在全其自然，養之勿甚，看不出有對形、神二者貴賤、輕重之區判。《莊子》則不同，從最重要的內七篇看來：〈逍遙遊〉敷論的精神心靈如何擺脫現象世界的各種條件限制，達到眞正的自在與自由。〈養生主〉極力強調只有靠精神的虛靈遊走，才能超越形軀的碰觸與侷限，久視長生。形軀有侷限障礙，過不去的，精神可以過得去。篇名「養生主」，清楚揭示：「養生」有「主」、有「賓」，形體是賓，精神才是主。形體有盡，精神無窮。養生當以養神爲主。〈人間世〉的支離疏正是一個形殘神全，因以「養其身，終其天年」的典型。〈德充符〉極力推衍內在之「德」不可思議的靈妙魅力。從魯王駘不肯「以物爲事」，到申徒嘉不肯「遊於形骸之內」，下至叔山無趾之務「解桎梏」而全「尊足者」，哀駘它普遍而廣大，「未言而信，無功而親」的無窮魅力，到闉跂支無脤之見悅於衛靈公，無一不是以其「德」見愛，以其「德」遊。「德有所長」，因而「形有

所忘」，「才全而德不形」，「內葆之而外不蕩」，才能產生不可思議的感動效果。王駘、申徒嘉、叔山無趾皆「兀者」，哀駘它是個「惡（醜）人」，闉跂支離無脤更是個支離其形者。莊子在〈德充符〉裡所安排的這些人物，無一不是形骸上天殘地缺，莊子卻極力鋪論其精神上之「全」而不形，因能散發無窮魅力。其對立形、神，賤形貴神之旨極其強烈明顯。第六篇〈大宗師〉拈出「墮肢體、黜聰明、離形去知」的「坐忘」為大通於「宗師（道）」的法門。第七篇〈應帝王〉中無名人所說的「遊心於淡，合氣於漠」固然是精神心靈中事，壺子所說的「杜德機」、「善有機」、「衡氣機」與「虛而委蛇」、「未始出吾宗」也全因精神心靈的調整轉換，所煥發出的不同氣質與樣貌。精神心靈的無限妙用在《莊子》裡，發揮到了極致。整部《莊子》，尤其內七篇，明顯的思想主軸有兩個：一、統一現象世界一切的對立價值，二、敷衍精神心靈世界之重要與永恆。為了敷衍第二個主軸，《莊子》很難將形、神的價值統一，而且很自然作出了神貴形賤的區判，和養神遺形的抉擇。因此，它一再刻意地塑造出一些形骸上光怪陸離、天殘地缺的人，將他們的「德」說成是如何的完美，因能成就其超級魅力，以映襯出神尊形卑的觀點。不論《莊子》在〈齊物論〉與〈秋水〉中是如何地「齊」盡天下一切事物之價值，這形賤神貴的價值區判卻是無論如何也「齊」不了。

　　總之，先秦道家基本上一體主張賤物貴身，這個「身」，在楊朱並沒有清楚指明是形身還是精神心靈，想來是兩者兼涉的。在《老子》亦沒明指形或神，然從其視「身」為大患，又崇「道」、尊「道」，而只有「神」能上臻道境看來，「神」為貴、為主的修養觀點是肯定的。到了《莊子》，為了推衍其生命超越的宗旨，很自然的作出了形賤神貴、養神遺形的抉擇，形、神被強烈對立了起來。

二、漢代道家的養生觀

　　《淮南子》是漢代第一部推闡道家思想的大作，不論就整體的思想或修養理論而言，《淮南子》都明舉道家的標幟。從篇名的命

取，到實際理論內容的推衍，都很明顯地呈現出解老詮莊的態勢[2]。唯其在解老詮莊的同時，事實上已經多所轉化了。

㈠《淮南子》的養生觀

《淮南子》受道家（老莊）思想的影響，是漢代思想家中玄學理論貢獻較大的一家，但也喜歡顯實地解老詮莊。其修養理論以〈精神〉爲核心，其次散見於〈原道〉、〈俶眞〉、〈本經〉、〈齊俗〉、〈氾論〉、〈詮言〉、〈人間〉、〈繆稱〉各篇。它以先秦道家清虛清靜的主旨爲基礎，循著《莊子》形神對立、養內遺外的修養主軸，和《老子》知足節欲的修養要目，完成其形、氣、神兼養、適情辭餘、以內樂外的修養論，大大豐富也繁複了道家修養論的內容。

《淮南子》在〈要略〉中標榜要以道家的「道德」來經緯人事，貫通天、地、人之理，以全備帝王之道。其對先秦道家—老莊思想理論的推闡，有一定的模式：1.繁複地用許多概念較爲落實的語辭，以類似寫賦的手法，反覆地詮解、大規模地敷衍老莊理論中較爲玄虛的概念，務使較爲顯實。如〈原道〉之敷論、推衍老、莊的「道」論。2.多舉事例以明其理，如〈道應〉全篇以五十四則史事或例證，解證《老子》之言五十二則，《莊子》之言一則，《愼子》之言一則。3.努力地將老莊之「道」提煉爲可以操作的人事之「術」。4.由

2　老子崇「道」，莊子常以「眞」稱「道」，《淮南子》開宗明義第一篇稱〈原道〉，以推演《老子》的本體「道」論爲主體內容，是詮老之篇。第二篇稱〈俶眞〉，借《莊子·齊物論》「有始也者，有未始有始也者……」七句話爲七大階段，開啓其氣化宇宙論，篇中並多推闡莊子理論，是解莊之作。第十二篇〈道應〉全書以五十四則事例印證老子《道德經》之言五十二則，《莊子·大宗師》之言一則，《愼子》之言一則。其末篇相當於書序的〈要略〉中明說全書之撰作宗旨，是要「紀綱道德，以經緯人事」，明示了提挈道家（老莊）之論，以爲人事指導之意。而由全書二十篇，篇篇內容皆不離老莊道德本者之狀況看來，知其詮老解莊之性質。

於務要顯實老莊的理論，務要將「道」提煉爲「術」，《淮南子》在推衍老莊思想的同時，往往結合他家思想，轉化老莊的觀點。如：〈脩務〉以愼子的「因循」結合儒家的「勸學」，改易了老莊「無爲」的思想內容[3]。

1.嗜欲害性，適情辭餘

循著老莊清虛、清靜的本旨，《淮南子》根源性地從人性的本質上去探討生命的安養問題。它說天清、地寧，人是天地所生，其「性」本應肖似天地之清靜：

> 人生而靜，天之性也。（〈原道〉）
> 天靜以清，地定以寧，萬物失之者死，法之者生。
> （〈精神〉）

安養生命，基本上應該循著清靜恬淡的原則去處理，〈俶眞〉說：「靜默恬淡所以養性也。」問題就在人的官能太容易受到外物的牽引而興生嗜欲。《老子》因此要人「少私寡欲（第十九章）」。《莊子》也說：「其嗜欲深者，其天機淺。」（〈大宗師〉）《淮南子》對於嗜欲之害則有較爲詳細的剖析和說明；它說：

> 人之性無邪，久湛於俗則易，易而忘本則若性。故日月欲明，浮雲蓋之；河水欲清，沙石濊之；人性欲平，嗜欲害之。（〈齊俗〉）
> 嗜欲者，性之累也。（〈原道〉）

3　此筆者已於〈淮南子的無爲論〉一文中詳論過，可參看，茲不贅述。該文刊於《國文學報》，第17期（1998年6月），頁93-121。

〈原道〉分析嗜欲害性的過程說：

> 物至而神應，知之動也，知與物接而好憎生焉，好憎成
> 形而知誘於外，不能反己，而天理滅矣。

外物牽引感知，興發嗜欲，嗜欲不斷萌生，〈俶真〉說：「今萬物
之來擢拔吾性，攫取吾情，有若泉源。」物誘如泉源，不斷地牽
擾，清靜的本性便難以自持。《老子》因此教人「寡」、「儉」、
「知足」、「知止」、「去奢」、「去泰」，「不貴難得之貨」，
戒五色、五音、五味……之淆亂心性。《淮南子》也教人「去其誘
慕，除去嗜欲」，「無所好憎，不與物淆」，不「以身役物，以欲滑
和。」（〈原道〉），並重複《老子》的叮嚀：

> 五色亂目，使目不明；五聲譁耳，使耳不聰；五味亂
> 口，使口爽傷；趣舍滑心，使行飛揚。（〈精神〉）

在〈本經〉裡，並將這五色、五聲、五味鋪衍為「五遁」，以明窮奢
極欲、沉湎物欲之害性，難以自拔，警告為政者。它說：

> 凡亂之所由生者皆在流遁，流遁之所生者五：大構架，
> 興宮室，延樓棧道，雞棲井榦，標林欂櫨，以相支持。
> 木巧之飾，盤紆刻儼，嬴鏤雕琢，詭文回波，淌游瀷
> 淢，菱杅紾抱，芒繁亂澤，巧偽紛挐，以相摧錯，此遁
> 於木也。鑿汙池之深，肆畛崖之遠，來谿谷之流，飾曲
> 岸之際。積牒旋石，以純脩碕，抑淢怒瀨，以揚激波，
> 曲拂邅迴，以像涓潯，益樹蓮菱，以食鱉魚；鴻鵠、鸝
> 鵝、稻粱饒餘，龍舟鷁首，浮吹以娛，此遁於水也。高
> 築城郭，設樹險阻，崇臺榭之隆，侈苑囿之大，以窮要

妙之望。魏闕之高，上際青雲，大廈曾加，擬於崑崙，
脩為牆垣，甬道相連，殘高增下，積土為山，接逕歷
遠，直道夷險，終日馳騖而無蹎陷之患，此遁於土也。
大鐘鼎、美重器，華蟲疏鏤，以相繆紛。寢兕伏虎，蟠
龍連組，焜昱錯炫，照耀煇煌，偃蹇蓼糾，曲成文章，
雕琢之飾，鍛錫文鐃，乍晦乍明，抑微滅瑕，霜文沈
居，若簟簬簃，纏錦經冗，似數而疏，此遁於金也。煎
熬焚炙，調齊和之適，以窮荊吳甘酸之變。焚林而獵，
燒燎大木。鼓橐吹埵，以銷銅鐵，靡流堅鍛，無厭足
日。山無峻幹，林無柘梓，燎木以為炭，燔草而為灰，
野莽白素，不得其時。上掩天光，下殄地財，此遁火
也。此五者一，足以亡天下矣。

　　這樣大規模的鋪衍，是《淮南子》很典型的表述形態，也是它詮解老
莊很典型的文字形態。這「五遁」和「五音」、「五色」一樣，自然
不是針對一般人說的，而是針對統治者，亦即《老子》所謂的「侯
王」而說的，因為只有「侯王」才可能具備這樣的物質條件。針對
這些物質享受，《老子》說要儉、嗇、知止、知足。《淮南子》也
說要「閉四官」以「止」之，要「遺耳目」以「反諸性」。這裏的
「閉」、「止」、「遺」，並不是要人全面禁棄耳目官能的慾求，而
是要人防堵耳目官能之流湎於物，或沉溺不拔。遺者，忘也，不念茲
在茲，刻意經營之意。換言之，《淮南子》雖然深知嗜欲害性，卻也
承認嗜欲之可「節」而不可「禁」。

　　對於嗜慾，老子原本也只是要人寡、儉、節制而已，並沒有要人
全面禁絕之意。因此，雖然以「身」為「大患」，卻也認可「為腹
不為目」之安養（第十二章）。「為腹」是指取需要的，「為目」
是指追求想要的。《老子》要人只取需要的，不追求想要的。《淮南
子》推闡《老子》這樣的觀點，說：「性命成而好憎生」，嗜慾是

官能上與生俱來的自然需求，不可禁，亦不必禁，而應該「節」，以求其「適」，要「養以和，持以適」（〈精神〉），「循性保眞」，「適情辭餘」（〈氾論〉）。這個「情」指的是本能所需，與「性」的意思是一樣的。《淮南子》說，對於形身的安養，只要「食足以接氣，衣足以蓋形」就可以了，要「以己爲度，不隨物而動」，「不以身役物，不以欲滑和。」（〈原道〉）舉凡一切「無益情者」、「不便性者」，徒然增加生命沈重負擔之物，概所捐棄，讓各官能得到充分的調適和休息，則一切不待養而自清明，此之謂「遺」。換言之，亦即要人一任本性之需求，自然取足，不鉗不迫，不刻意經營，謂之「循性保眞」、「反諸性」。能「反諸性」，則能使「欲」處於絕對穩定狀態中，此時「性有不欲，無欲而不得；心有不樂，無樂而不爲」，即使「縱體肆意」也出不了差錯。《淮南子》就用這「節」與「適」去取代《老子》的「寡」與「儉」，完成對嗜欲之處理與對形身之安頓。

2.貴神賤形，形神兼養

　　人的生命價值和眞趣原本就是靠精神活動而非形骸官能去呈顯的，因此不論是呈顯道德價值的儒家，還是講求生命眞趣的道家，都必然重精神而輕形軀。《淮南子》沿承道家老莊重「神」的形、神觀，卻站在漢代氣化宇宙論的基點上，根源性地由生命來源與形、神的生成中，去討論它們的價值高下與安養問題。〈精神〉說：人生命的形成是由「惘象無形」中先生出陰陽的混成物，再由這混成物肇生天地，判分陰陽、剛柔，而後下生萬物。換言之，萬物是天地陰陽之氣所生，而且「煩氣爲蟲，精氣爲人」，人是天地陰陽之氣中品質較精（純）者所化生。不僅如此，〈精神〉說：

　　　　精神者，天之有也；而骨骸者，地之有也。精神入其
　　　　神，骨骸反其根，我尚何存？夫精神者，所受於天也；
　　　　而骨骸者，所受於地也。

按照《莊子・知北遊》的說法：人的生死是「氣」之聚散，氣聚則生，散則死，生生死死，臭腐化為神奇，神奇化為臭腐，「通天下一氣」；天地間的一切只是「氣」的聚散問題。《淮南子・精神》正是依據這樣的道理說人與萬物都是天地之氣的化生。而按照《老子》「夫物芸芸，各復歸其根」（第十六章）的說法逆推，人的精神虛無，死後飄散入天，形骸具體可察，死後入歸於土，因斷其來源，精神稟自天，還歸天；形骸來自地，還歸地。天虛無而地實有，依道家虛無者靈妙居上，實有者居下之理，自然是神貴而形賤了。它說：

> 萬乘之主卒，葬其形骸於廣野之中，祀其鬼神於明堂之上，神貴於形也。

因為精神主掌生命活動，絕對左右著人的行為舉措。〈原道〉說：「神」是「生之制」，「形」是「生之舍」。「以神為制者，形從而利；以形為制者，神從而害。」掌握了「神」，「形將自正」（〈詮言〉）。〈齊俗〉說：

> 凡將舉事，必先平意精神，神清意平，物乃可正。若璽之抑埴，正與之正，傾與之傾。

養生因此應以養「神」為重。〈泰族〉說：

> 治身，太上養神，其次養形。……神清志平，百節皆寧，養性之本也；肥肌膚，充腸腹，供嗜慾，養生之末也。

又說：「神清者嗜欲弗能亂也」、「神者，智之淵也。淵清則智明矣。」這就是《莊子》為什麼貴神賤形的根由。

　　問題是，「神」是以「形」爲「舍」，架構在「形」上的，形骸受到外物的誘引，或透支於官能的滿足，必然牽動或汩亂清明的精神。〈俶眞〉說：「物至而神應」、「神與形化」、「形繫而神泄」，「神」還是會受到「形」的影響的。小至「手足之攢疾癢」、「辟寒暑」、「蜂蠆之螫指」，大至外禍的入侵，都會造成精神上的不安。〈俶眞〉說：「人神易濁而難清」，終日之清，抵不住須臾之「撓」，養「神」之法因此要「守而勿撓」。〈詮言〉說要「愼守而內，周閉而外。」如何「守」？〈精神〉說，即是「不可使外淫」，要妥善處理形骸和嗜慾的問題，避免外誘的過度入侵，以防止官能的透支。所謂的「守」與「閉」，也不是窒閉、防堵之意，而是順隨自然，不時刻掛懷、孜孜爲念。〈俶眞〉說：「事其神者，神去之；休其神者，神居之。」「守」的要領便是「休」，止而不妄動之意。〈精神〉說要「休精神」以「反至眞」，就是這個意思。

　　要之，「神」固然貴於「形」，但養「神」還是不能不妥善處理「形骸」與「嗜慾」問題。就這個觀點來說，形神之養其實是等重互濟的。〈原道〉說：

> 形者身之舍也，氣者生之充也，神者生之制也，一失位則三者傷矣。
> 形非其所安而處之則廢，氣不當其所充而用之則泄，神非其所宜而行之則昧，此三者不可不愼守也。聖人將養其神，和弱其氣，平夷其形。

這令人想起司馬談〈論六家要旨〉對黃老道家思想的提挈。〈論六家要旨〉在論述完黃老統御術後，同時叮嚀人君說：

> 凡人所生者神也，所託者形也；神大用則竭，形大勞則敝，形神離則死……神者生之本也，形者生之具

也，……不先定其神，而曰我有以治天下，何由哉？

都鄭重強調形、神一體互牽，須兼治並養。所不同的，《淮南子》與形、神同時且相關地提出了「氣」的問題，說形、氣、神三位一體，相互牽制，必得同修共養，養神、養形的同時，也得養氣。

3.形、神與氣

「氣」在中國學術與文化上是個應用極為廣泛的概念。在中國哲學上，它介於虛實有無之間，原指充滿天地的生機，《易傳》、《左傳》、《國語》的「氣」大抵如此。其在人者，則指人的生理生命力，《老子》的「專氣致柔」、「心使氣曰強」、《孟子》的知言養氣皆是，《孟子》並以論修養。在《孟子》，這種生理生命力甚至可轉化為精神生命力，而成其至大至剛的「浩然之氣」。《莊子》言「氣」尤多，既以指充滿天地的生機（〈齊物論〉所謂「大塊噫氣」），亦以指賦生萬物，造化生命的基元，這便是〈知北遊〉所謂臭腐、神奇相互循環、通貫的那「天地一氣」。由內篇至外雜篇，氣逐漸由流衍於天地之間的生機，演變成肇生生命之基元，然後涉入修養的領域。到了戰國秦漢時期的黃老道家，一方面用它來詮釋「道」，以解釋創生，開啟氣化宇宙論；另一方面也接續著生命的創生，用以詮釋形、神的修養問題。這樣的論證，《管子》四篇導之在前，《呂氏春秋》、《淮南子》承之在後，《淮南子》詮釋尤為清楚。

在先秦，《孟子》與《管子》都曾為「氣」下過定義。《孟子》說：「氣者，體之充。」《管子》也說：「氣者，身之充。」《淮南子‧原道》則說：「氣者，生之充。」都是就氣化創生觀點，指其為充旺生命之基素。這種基素，既維持著形軀生命之存活，也支撐著精神生命之運作，是形、神二者得以挺立的內在基本力量，〈原道〉說：

今人之所以眭然能視，然能聽，形體能抗，而百節可屈伸，察能分白黑、視醜美，而知能別同異、明是非者，何也？氣為之充，而神為之使也。……無所不充，則無所不在。

氣充旺，則形健朗而神清明；氣屈餒，則形委疲而神昏晦，形神「失其所守之位，而離其外內之舍」，則「舉措不能當，動靜不能中」。我們一切生理官能運作與精神行為活動的正常與否，事實上完全取決於體內之「氣」的流衍情況。「氣」關鍵著形、神。形、氣、神三者一體互牽，應同時兼養。〈精神〉篇有極詳細而深入的論述。〈精神〉說：

夫血氣能專於五藏而不外越，則胸腹充而嗜欲省矣，胸腹充而嗜欲省，則耳目清而聽視達矣。

血氣充旺於形官，則官能自足無欲求，耳目不外淫，精神思慮便清明。反之，外官接物過繁，嗜欲迭興，亦足以震盪內官而散氣。氣不斷震盪渙散，精神便要出狀況。〈精神〉說：

耳目淫於聲色之樂，則五藏搖動而不定矣；五藏搖動而不定，則血氣滔蕩而不休矣；血氣滔蕩而不休，則精神馳騁於外而不守矣；精神馳騁於外而不守，則禍福之至雖如丘山，無由識之矣。

養生之道因此要注意氣的充養及其與形、神之間的平衡關係。一則除去外在誘慕，以減省無謂的嗜欲；一則保持內在的虛靜平和，以充處血氣，使形官穩健，精神和寧。〈精神〉說要：

使耳目精明玄達而無誘慕，氣志虛靜恬愉而省嗜慾，五
藏定寧充盈而不泄，精神內守形骸而不外越。

總之是內外兼治，形、氣、神交養，而這一切又都以「虛靜」、
「自然」為旨歸。依據這樣的要領所修養出來的，《淮南子》說應
該是個官能上清儉自足，精神上清虛超越，寬廣自在，自安自樂的
人。〈精神〉說：

至人量腹而食，度形而衣，容身而游，適情而行，餘天
下而不貪，委萬物而不利，處大廓之宇，游無極之野，
登太皇，馮太一，玩天地於掌握之中。

這便是《淮南子》沿承並調整老莊修養理論所呈現出來的典範人
物。

㈡《老子指歸》的養生觀

較《淮南子》稍後，西漢末有嚴遵《老子指歸》的解老。《指
歸》和《淮南子》一樣，一本漢人的寫賦手法，去鋪衍老莊的虛無
哲學。在思想氣質上，大量採用《莊子》虛無遊心的觀點以解老；在
語詞的表述上，也大肆運用《老子》正言若反的表述法，和玄虛的語
彙。常以一連串的否定，去烘托出其所欲表達的肯定，而呈現出無比
玄虛幽隱的氣味。比如它喜歡說：聖人「味於無味，察於無形」、
「言不言之言，為不為之為」、「建無身之身，懷無心之心。有無有
之有，託無存之存」、「教以不言之言，化以不化之化，示以無象之
象，而歸乎玄妙。」它其實也相當程度地吸收秦漢以來，以《淮南
子》為代表的氣化宇宙論觀點，納入《老子》道生一、無生有的框
架中，構造了一個以虛無為源，氣化為流的宇宙演化體系。[4]論其表

---

[4]　見王德有點校：〈自序〉，《老子指歸》（北京：中華書局，1994年），頁5。

述，玄扠大過《淮南子》。然論其思想內容，其實不如《淮南子》之
豐富多姿，清晰明爽。其顯現於修養理論上的，也是一樣的情況。

1.氣化分離與體玄守一

《指歸》以道、德、神明、清濁、太和來詮釋《老子》「道生
一……生萬物」的命題，說宇宙萬物的創生都是一「氣」之連通：

> 夫天人之生也，形因於氣，氣因於和，和因於神明，神
> 明因於道德。道德因於自然，而萬物生。（卷二）
> 道德、神明、清濁、太和，天地人物，若末若根，數者
> 相隨，氣化連通。（卷十一）
> 天地人物皆同元始，共一宗祖。六合之內，宇宙之表，
> 連屬一體，氣化分離，縱橫上下，剖而為二，判而為
> 三。或為白黑，或為水火，或為酸鹹，或為徵羽。人物
> 同類，或為牝牡。（卷八）

宇宙萬物，人也罷，物也罷，都是同一來源——源之於「道」。而道
之下生萬物，卻是一個「氣化」的過程與作用。透過「氣」的分化
離合作用，或為陰陽（清濁），或為五行。靠著陰陽和合與五行的
作用，各種各類的「物」便本末相因，綿綿不斷地孳生。說穿了，都
是這一「氣」之分化離合作用。是「道」透過德、神明、清濁、太
和等幾大階段去肇生的，歸根究底，只是一氣之作用。由「神明」
到「清濁」是分、是離；由「清濁」到「太和」又再合。透過這一
氣，萬物可以向上同體於道，也可以往旁相互連通類應。這樣的觀點
基本上不出《淮南子》的氣化宇宙觀。但《指歸》的目的卻始終著重
在對「道」玄妙虛無的鋪寫，而不在「氣」。因此，它並不像《淮
南子》對於氣化宇宙，以氣養性有那麼多的著墨，而把重點擺在對
「道」虛無靈妙的鋪衍，呼籲人透過虛無淡泊、體玄守一的工夫，去
同體於「道」。

2.守靜存神

《指歸》說：

> 人能入道，道亦入人，我道相入，淪而為一。守靜致
> 虛，我為道室；與物俱然，渾沌周密；反初歸始，道為
> 我襲。（卷九）

「守靜致虛」是入道、體道的工夫，這是終極地說。分解地說，
《指歸》說：

> 我之所以為我者，以有神也。神之所以留我者，道使然
> 也。託道之術，留神之方，清靜為本，虛無為常。
> 存身之道，莫急乎養神；養神之要，莫甚乎素然。常體
> 憂畏，慄慄戰戰。失神之術，本於縱慾；喪神之數，在
> 於自專。（卷十二）

就創生言，「神明」是充滿無限奇妙生化先兆的階段，《指歸》解釋
這個階段說：

> 二物並興，妙妙纖微，生生存存，因物變化。滑淖無
> 形，生息不衰，光耀玄冥，無嚮無存。包裹天地，莫覩其
> 元。不可逐以聲，不可逃以形，謂之神明。（卷二）

通過「神明」的階段，下生清濁（陰陽）二物，二物交和，天地萬物
因而本末相因地孳生。

就修養言，「神」（或「神明」）也是《指歸》所要關照的單一
焦點，它說：

> 夫神明之在人也，得其所則不可去，失其所則不可存，
> 威力之所不能制，而智慧之所不能然。（卷十三）
> 夫生之於形也，神為之蒂，精為之根，營爽為宮室，九
> 竅為門戶，聰明為候使，情意為乘輿，魂魄為左右，血
> 氣為卒徒，進與道推移，退與德卷舒，翺翔桑羽，栖息
> 虛無，屈伸俯仰，與時和俱。（卷九）

它雖然也承認生命是內外、身心、形神、官能與思慮大統合的整體
呈現。但更關切的卻是「神」的虛無與玄遠。因此，它只在乎如何
「養神積和，以治其心」（卷七），體玄守一（道）去回復「氣」的
「太和」妙境，以便向上同體於「道」。而不大在意這個由「氣」分
化離合所肇生的生命體中，各項統合條件之間的處理與對治問題。整
部《指歸》因此充滿了對「道」的質性、內容和如何契「道」，玄虛
繁複的鋪敘，使其理論呈現出似莊子「心齋坐忘」之氣質，而不大關
切氣、形、神之間的關聯與調養問題。因使《指歸》在後期道家的養
生論中沒有太多可觀的理論與貢獻，反倒是開啓了魏晉之學的玄虛之
門。

㈢《老子河上公章句》的養生觀

　　應該是撰作於黃老養生論盛行時代的《老子河上公章句》，遵循
著《老子》清靜自然的原則去注老，卻把《老子》原本治國為重，
兼涉治身的理論完全翻轉過來，成了以治國為引題，治身為歸趨的
養生寶典。它和《管子》、《淮南子》，甚至《老子指歸》一樣，以
「氣」為萬物化生之基元，並以「氣」質、量的和與不和，作為決定
所生之物類品質優劣與否的重要關鍵。這和《淮南子・精神》「煩氣
為蟲、精氣為人」的觀點，有基本的類同。它先說：

> 道始所生者〔一〕也，一生陰與陽，陰陽生和、清、濁

三氣，分為天、地、人也；天、地〔人〕共生萬物也。
天地施化，人長養之。（注四十二章「道生一……一生
萬物」）

這樣的說法和《老子指歸》的「道德、神明、清濁、太和、天地人
物……氣化連通」，是一個意思，表述上卻清楚簡明得多。對於這個
創生始源的「一」，《河上公章句》特別標注其為：「道始所生，太
和之精氣。」（注十章「抱一」）又說：「道」中有「一」，「經營
化生，因氣立質。」（注十四章「恍兮忽兮，其中有物」），說：

元氣生萬物而不有。（注二章「生而不有」
萬物始生，從道受氣。（注二十一章「以閱眾甫」）
萬物皆得道之精氣而生。（注二十一章「以此」）

「道」之生化萬物是「氣」的作用變化，「一」是「道之子」，是
「氣」。它又說，在「氣」的化生過程中：

稟氣有厚薄，得中和滋液則生聖賢，得錯亂污辱則生貪
淫。（注一章「玄之又玄」）
有欲之人與無欲之人同受氣於天。（注一章「同謂之
玄」）

物類品質的好壞，決定於肇生之時「氣」品質的好壞。然後《河上公
章句》開始它以氣為核心的養生論。

1. 由治國轉向治身

它運用明顯的夾摻手法，將《老子》中幾乎全部的治國之論，依
據黃老道家治身、治國一埋相貫的思想基調，大部分翻轉成治身、

養生的大論。手法固然粗略，目標與意向卻堅定而直接。比如它注第四十六章「天下有道，卻走馬以糞；天下無道，戎馬生於郊。」的「卻走馬以糞」說：

> 糞者，糞田也。〔治國者〕兵甲不用，卻走馬以治農田；治身者卻陽精以糞其身。

原文言「天下有道……天下無道……」，明是論治國，河上公之注前半治國之解全合經義，後半治身之論明是出於己意的滋生與夾摻，而且作了略帶房中一義的詮解，全書如此情況至少二十餘起。其刻意將《老子》許多理論轉化爲養生之用，轉注爲養生之論的企圖是很明顯的。這使老、莊、淮南、指歸以下，對玄理與精神、心靈的強調有著相當堅持的道家修養觀起了極大的變化，多處轉向偏於唯物的、氣的、形身的處治問題上去。

2.以氣爲核心的養生論

(1)愛氣守精

河上公章句沿承《管子》、《淮南子》一系，以氣、精或精氣爲生命基元的觀點，既以「道」的化生萬物爲「氣」的作用，又以「氣」爲物類生命與生機的核心內容。不但稱創生始源的「一」爲「太和」之「精氣」，又以清、濁二氣的「和」爲化生萬物的恰當條件，在注解《老子》的雌柔思想時，便以「和氣」之去存、消旺爲物類剛柔、生死的根由，它說：

> 人生含和氣，抱精神，故柔弱也；人死和氣竭，精神亡，故堅強也。（注七十六章「人之生也柔弱，其死也堅強」）

注同章「萬物草木之生也柔脆」說：「和氣存也」，注「其死也枯

槁」說：「和氣去也」。

　　尚柔弱、戒剛強是《老子》重要的人生哲理，《老子河上公章句》一方面將這種人生哲學轉注成養生理論，讓《老子》原本虛、實兼攝的「剛」、「柔」意涵，定實為形身或物體的「硬」、「軟」。另一方面，再將它自己所重視的氣、和、和氣等觀念，注入其中，作為他們的內容，於是《老子》尚雌柔的人生哲學變成了精氣、和氣的治身、養生之論。比如它注五十五章「知和曰常」說：

　　　　人能知和氣之柔弱有益於人者，則為知道之常也。

先將「知和」之「和」解作「氣之和」，亦即「和氣」，再將原應是「能通達自然平和之理是謂久視長生之道」的人生哲學，注解為「人能了解體氣之平和、柔軟有益於生命之存活者，則是深知養生之大道者」一義的養生哲學。其後，注同章「心使氣曰強」也一樣，它說：

　　　　心當專一和柔，而「神」氣實內，而反使妄有所為，
　　　　〔則〕和氣去於中，故形體日以剛強也。

以「和氣」的去留為形體硬、軟，生命存亡的關鍵和根由，養生因此首當養此柔弱而生之「和氣」。

　　而創生之源既然被指稱為「太和」之「精氣」，《河上公章句》在許多地方仍然是以精氣或氣來論養生，因為精氣和和氣一樣，都是生命、生機充旺之源，它把《老子》「專氣致柔」的虛靜心靈功夫注解為：

　　　　專守精氣，使不亂，則形體能應之而柔順。（第十章）

把第五十五章赤子因含德純厚，無機心、無智巧，純任自然之本
能，故「未知牝牡之和而脧作」，乃因「精之至（心性純眞無瑕至
極）」的「精」，注解爲精「氣」；「心性純眞無瑕至極」注解爲
「精氣多之所致」。完全擺脫對生命眞趣的強調，而定著在形身之氣
的充處問題上打轉。治身養生因此當愛養此「精氣」。它在注「治人
事天莫如嗇」時說：

> 治國者當愛〔惜〕民財，不為奢泰；治身者當愛〔惜〕
> 精氣，不〔為〕放逸。（五十九章）

注第十章「愛民治國能無爲乎」時，不但把「乎」自刪省，並且夾摻
了精氣的治身之論，說：

> 治身者愛氣則身全，治國者……治身者呼吸精氣，無令
> 耳聞；治國者……。

其憑空夾雜而入者，正是精氣的吐納導引說。注第五十九章「有國之
母，可以長久」說：

> 人能保此身中之道，使精氣不勞，五神不苦，則可以長
> 久。

注「是謂根深蒂固」說：

> 人能以氣為根，以精為蒂，如樹根不深則拔，〔菓〕蒂不
> 堅則落，言當固守其精，無使漏泄。

《老子指歸》曾以「神」爲生命之「蒂」，「精」爲生命之

「根」，又說：「我之所以爲我者，以有神也」（卷三）《河上公章句》則以「氣」爲生命之「根」，「精」爲生命之「蒂」。一者主靜「氣」養「神」，一者重愛「氣」守「精」，其間的同異與各自的偏倚是很明顯的。注第七十二章聖人「自愛不自貴」說：

　　　　自愛其身，以保精氣，不自貴高榮名於世。

也是先以「愛身」去解釋「自愛」，再以「保精氣」去解釋「愛身」。

　　⑵治欲存神

　　儘管如此，卻並不表示《河上公章句》重形而輕神。它只是不像《莊子》、《淮南子》強調心靈的自在與超越而已，對於精神的平靜清明，它還是在乎。誠如《老子指歸》所說，人的主體生命，主要靠「神」營作。自先秦以來，所有涉及修養的理論中，幾無有不以「神」爲主、爲重，《河上公章句》亦不例外，它注第七十二章「無厭其所生」時，和《老子指歸》一樣說：「人之所以生者，以有精神也。」以「精神」爲生命的主體。在注第四十四章「知止不殆，可以長久」時，不但說，「知止」是指「財利不累於身〔心〕，聲色不亂於耳」，並且說，「治身者神不勞，治國者民不擾，故可長久」。不但治身、治國並論，而且以「神不勞」爲治身之要。在注第六章「谷神不死」時，更將用以稱代「道」的「谷神」，粗陋地直注爲形神的「神」，將「谷神」注成「養神」，說「人能養神則不死」。原本在《老子》，「谷神」指的是低下而無所不容（谷），且靈妙無比（神）的「道」，是永恆的絕對價值（不死），完全是本體論的哲學命題，《河上公章句》卻將它作了養生的詮解。凡此，不論其注解的適當性有多少，皆見其養氣愛精的同時，也重存神、養神。

　　如何存神、養神？《老子指歸》說：「失神之術，本於縱恣」（卷六），《河上公章句》也說：「治身者嗜欲傷神」。養神、存神

因此當由處治嗜欲著手。《河上公章句》說：

> 人能除情欲，節滋味，清五藏，則神明居之也。（注第
> 五章「天地之間其猶橐籥乎！」）
> 得道之人損情去欲，五內清靜，至於虛極。（注十六章
> 「至虛極」）

處理「情欲」的問題因此成為河上公注老時普遍的重要內容。它注第
五十章「出生入死」時，以「情欲」之不同出入，為生死之根由，
說：

> 出生，謂情欲出〔於〕五內，魂定魄定，故生；入死，
> 為情欲入於胸臆，精勞神惑，故死。

「情欲出於五藏」，是指源於本能的需求，故「生」；「情欲入
於胸臆」，是指深心沉溺，故「死」。注第十二章「五色令人目
盲……」一節，尤強調嗜欲洩精，導致精神散亡，它說：

> 貪淫好色，則傷精失明，不能視無色之色；好聽五音，
> 則和氣去心，不能聽無聲之聲；人精神好靜，馳騁呼
> 吸，精神散亡，故發狂也。

所謂「馳騁呼吸」是指競逐官能活動。《河上公章句》推崇「無聲之
聲」、「無色之色」，又說「人精神好靜」，顯見它也重視精神的虛
靜存養。因為只有節制嗜欲，讓精神處於一種絕對虛靜、清明的狀況
中，才能領會到「無聲之聲」與「無色之色」的美妙。

　　為了顯示對嗜欲的重視與戒慎，《河上公章句》甚至將《老子》
第五十章「生之徒十有三，死之徒十有三，人之生動之死地十有

三」的「十有三」不解為「十分有三分」，而直接注為「十三」，並實指其為「九竅四關」，說：

> 言生死之類各有十三，謂九竅四關也。其生也，目不妄視，耳不妄聽，鼻不妄嗅，口不妄言，〔舌不妄〕味，手不妄持，足不妄行，精不妄施，其死也反是。

「動之死地」也一樣，純以四肢與形官活動為解，將生死的關鍵定著在形身嗜欲的安頓之上。這樣的解法遠承《韓非子‧解老》，代表著黃老一系道家對《老子》養生理論的理解，和此後玄學派有相當大歧異。

　　⑶鼻天口地，神清形濁

　　《河上公章句》不但以氣或精氣、和氣為生命之基素，重「神」而極力呼籲治「欲」、養「精」、養「氣」以存「神」，還很特殊地將人的形、神與消化、呼吸系統對應配屬於天地，區判其清濁、貴賤。在注第六章「谷神不死，是謂玄牝」時，既把「谷神」解為「養神」，又說：

> 言不死之道，在於玄牝。玄，天也，於人為鼻；牝，地也，於人為口。天食人以五氣，從鼻入藏於心。五氣清微，為精神、聰明、音聲、五性。其鬼曰魂，魂者雄也，主出入人鼻，與天通，故鼻為玄也。地食人以五味，從口入藏於胃。五味濁辱，為形骸、骨肉、血脈、六情。其鬼曰魄，魄者雌也，主出入人口，與地通，故口為牝也。

「玄牝」，在《老子》原本指「道」為靈妙的造化之母，河上公卻移解為天地、口鼻。而類似上文這種鼻口、心胃、五氣、五味相連相屬

以論養生的說法，基本上來自《黃帝內經‧素問》，〈素問〉說：

> 天食人以五氣，地食人以五味，五氣入鼻，藏於心肺，
> 上使五色修明，音聲能彰。五味入口，藏於腸胃，胃有
> 所藏，以養五氣，氣和而生，津液相成，神乃自生。

〈素問〉原本從生理學角度論證人如何由天地中攝取所需，以安養生命。它分別由呼吸與消化系統兩路來論述：就呼吸系統言，心為人呼吸系統中樞，人透過鼻孔，去吸取大自然中各種寒、暑、燥、熱之氣，蘊藏於心，使人容光煥發，聲音清朗。就消化系統言，胃為人消化系統中樞，人經由口，攝取大地出產的各種食物，入藏於胃，透過胃的消化吸收，變成營養，以滋養前述五氣。如果這種滋養情況平穩順利，氣就能源源不斷地產生，從而滋生血液、精液等各種體液，在各類體液的相互調和滋補下，靈明的精神自然產生。〈素問〉這種說法有幾層意義：呼吸系統經由鼻攝入自然之氣，直接提供生機；消化系統則由口攝取食物，須經胃的消化、吸收，轉化為營養，以充旺生理生命力，才能蘊生精神生命。前者過程較為抽象，卻直接而快速，後者則顯然須經食補的過程，去維持各項生理機能的正常運作，才能透顯生機，煥發精神。難怪道教一系養生論者，重呼吸吐納，而輕攝食。

《河上公章句》依循著〈素問〉的說法，不但將《老子》的本體論作養生的詮釋，並且將〈素問〉這兩系的過程與功能說得更為相對而明確。它依據天陽清、地陰濁的創生論，以天為玄，為雄（陽），顯然較為高明而尊貴；以地為牝，為雌（陰），顯然較為低下而卑賤。它又分別以鼻、口為各自的管道，心、胃為各自的中樞。鼻、心攝五氣，口、胃取五味，五氣來自天，五味來自地，天清地濁，故氣清味濁，鼻清口濁。它並將一切屬心理層面之生機，諸如精神、聰明、音聲、五性等，都歸屬鼻心之功能；而將一切偏屬生理層面的生命現象，諸如形骸、骨肉、血脈、六情等，都歸屬口、胃

之職司與功能。依如此歸分，當然是天貴地賤，鼻貴口賤，心貴胃
賤，精神貴、形骸賤，魂貴魄賤，性貴情賤了。這種說法的基本依
據，其實就是天陽地陰，天清地濁的創生原則，與道家崇虛抑實，貴
神賤形的哲學基調，卻不離漢代人陰陽二分，既對立又互補，陽尊陰
卑的價值判斷。

　　這樣的說法，和《淮南子‧精神》的說法是相合的。〈精神〉
說，人的生命形成是「精神者，天之有也；骨骸者，地之有也」。更
特殊的，《河上公章句》和《黃帝內經》都因重視氣與精神，而把心
歸屬鼻、氣一系呼吸系統的中樞，明白顯現了道教一系養生論所以重
吐納，調息、節制飲食的根由。因此，在注第六、十兩章相關於本體
論的經文時，不但將義理轉向養生，論述焦點也都集中在鼻與口，比
如，它注第十章「天門開闔」說：

　　　　治身，天門謂鼻孔，開謂喘息，闔謂呼吸。

注第六章「玄牝之門，是謂天地根」說：

　　　　言鼻口之門乃是通天地之元氣所從往來也。

注第六章「綿綿若存」說：

　　　　鼻口呼翕喘息，當綿綿微妙，若可存，復若無有。

將《老子》中本體「道」的運作功能全都說成呼吸、調息、吐納的養
生功夫。

　　⑷腹中神與五藏神
　　其實，《河上公章句》最注重的，似乎不全在鼻，也在腹。它雖
然以「心」為精神作用之中樞，卻又說「腹中有神」（注第十一章

「有之以爲利」）。它在注第十二章「聖人爲腹」時，除依經爲注外，也標出治腹的終極目的是「養神明」，注同章「去彼取此」時也說要：

> 去彼目之妄視，取此腹之養性。

除了說「腹中有神」之外，《河上公章句》中還有所謂「五藏神」，它注第六章「谷神不死」說：

> 谷，養也；神，五藏之神。肝藏魂，肺藏魄，心臟神，腎藏精，脾藏志，五藏盡傷，則五神去矣。

注第十章「載營魄」也說：

> 魂在肝，魄在肺，……魂靜，去道不亂；魄安，得延年壽。

它以五藏爲各有所職司，亦各有其神，合稱五藏之神。這樣的說法和東漢另一部道教之作《太平經》有呼應之處，這便不只是養生，而是宗教了。在《太平經》裡，「神」除了指自主意識外，舉凡人身上各部位，各器官皆有「神」主之，五藏亦然，謂之「五藏神」，〈齊戒思神救恐訣〉說：

> 四時五行之氣來入人腹中，爲人五藏精神。
> 四時五行精神，入爲五藏神，出爲四時五行神精。

自然之氣入人五臟，滋養五臟，轉爲五臟的生理生命力，便是所謂「五藏神」。反之，五臟經由官能活動，亦可將體內生機還原爲自然

之氣。所謂「五藏神」，實即活絡五藏的核心力量，而《太平經》這「五藏神」的內容，依楊寄林的解釋，是指的肝神、脾神、肺神、心神、腎神[5]，心神亦居其中。不過，或許因爲它能自然地出入轉化，由四時五行氣入爲五藏神，五藏神又可出而還原爲自然之氣，《太平經》因此將這「五藏神」宗教化、神祇化，說人一旦生病，可依五行顏色及方位，圖畫五藏神像，懸掛室內，「思之不止」，則「五藏神」自能「報二十四時氣、五行神具來救之」，完完全全進入了神學領域。相較之下，《河上公章句》則清新許多，它只言養生治身之事，毫不涉及宗教神學。

除此之外，《老子河上公章句》也很強調「不死」的觀念。它在注第十六「歸根復命」一章時說：

> 靜，謂根也。根安靜柔弱，謙卑處下，故不復死。言安靜者，是為復返性命，使不死也。復命使不死，乃道所常存也。

不但將《老子》澄心靜慮以蘊生智慧，靜觀萬物乃自得的入道心靈全都作了養生的詮釋，而且再三強調「不死」的觀念，則其雖或未入仙道，實已略起其端了。再往下發展，《老子想爾注》一系的宗教養生論便很自然出現了。

㈣《老子想爾注》殘卷的養生觀

相傳爲東漢張魯所定著，屬天師道一家之說的《老子想爾注》是很特殊的《老子》注本，它爲了適應「淺末」的西蜀地區教徒方便諷誦的實用目的，逕自將《老子》經文中的虛字刪去許多。又透過改

5　楊寄林：〈齊戒思神救死訣一百九〉，《太平經釋讀》，收入吳楓、宋一夫主編：《中華道學通典・六》（海口：南海出版社，1994年），頁408。

字，將《老子》的哲學作了神學的轉化，其顯現在養生論上的，尤其如此。甚至，可以說，就今存大英博物館得自敦煌莫高窟的《老子想爾注》殘卷內容看來，幾乎全都是宗教的養生論。

1.道、氣與太上老君

《想爾》和前述各道家之作一樣，都從「道」的「氣」化創生中去開啟養生說。對於「道」的一切相關說明，《想爾》也和前述各家一樣，大致把握住「道」最基本的輪廓與特徵：至尊至大、虛無隱微、不可知見名狀，是一切生化根源。也和前述各家一樣，以清微之「氣」詮釋「道」，說「道中有大神氣」（注二十一章「惚慌中有像」），說：

> 微者，道炁（氣）清。（注十四章「搏之不得」名曰微）
> 道氣在〔天地〕間，清微不見。（注五章「天地之間，其猶橐籥」）
> 朴，道本氣也。（注二十八章「復歸於樸」）

「道」即使不直接就是氣，至少是以「氣」為核心內容，充滿「氣」。這「氣」且是純樸不雜，幽隱不可見的，故稱「清微」。就因「道」具至廣大、至高深的籠罩性與虛無不可見的神秘性，很適合作為宗教上至高無上的權威象徵，在《想爾》中，「道」因此常被擬人化。它說：

> 道尊且神，終不聽人。（注三十五章「執大象，天下往」）
> 道設生以賞善，設死以威惡。（注二十章「人之所畏不可不畏」
> 古未有車時，退然，道遣奚仲作之，愚者得車，貪利而

已，不念行道，不覺道神。（注十一章「三十輻共一
轂，當其無，有車之用。」）

「道」是清靜自然、至高無上的權威或神靈，故稱「道神」，
「道」甚至被具像化爲「太上老君」。它說：

一，道也。（注二十二章「聖人抱一」）
一，散形爲氣，聚形爲太上老君，常治崑崙。（注第十
章「載營魄抱一」）

道、一、氣、太上老君可以四位一體，其後道教一氣化三清之說與此
密切相關。由於「道」的擬人化與「氣」的神奇化兩相結合，《老
子》抽象玄妙的哲理，在《想爾》中轉化爲至高無上的神明，道家的
玄學變成了神仙道。

2.道與吾、我

《老子》原文中至少在第四、十三、十六、二十一、二十五、
二十九各章提到「吾」，如：

吾不知其名，字之曰道。（二十五章）
萬物並作，吾以觀復。（十六章）
吾何以知眾甫之狀哉？（二十一章）
吾不知誰之子。（四章）
吾之所以有大患者，爲吾有身；及吾無身，吾有何患？
（十三章）

又至少有十七、二十兩章提到「我」：

百姓皆謂我自然。（十七章）

我獨泊兮其未兆，如嬰兒之未孩……眾人皆有餘，而我獨若遺，我愚人之心也哉……俗人昭昭，我獨昏昏；俗人察察，我獨悶悶……眾人皆有以，而我獨頑似鄙，我獨異於人，而貴食母。（二十章）

這些章節中的「吾」和「我」，就《老子》原意看來，若要說有所區別，應該是「我」的層次高於「吾」。因爲，「吾」是「有身」、「有大患」的，是多所不「知」的，而「我」是「自然」的、「泊兮未兆」的，是「如嬰兒」、「獨若愚」，是「愚人之心」，是「昏」的，是「悶悶」的、「頑似鄙」的，是「異於人」的。較之於平凡通俗的「吾」，顯然入「道」許多。

然而，到了《想爾》中，第十三章的「吾」段文字，涉及「身」的兩處，都被改成了「我」：

吾之所以有大患者，爲我有身；及我無身，吾有何患？（十三章）

第二十章的前面兩句，虛字也被刪去，成爲「我魄未兆，若嬰兒未孩」。更重要的，對於前幾個用「吾」的章節，《想爾》一例注爲：「吾，道也。」而對於後兩章幾個「我」，《想爾》一律注爲「我，仙士也。」對於「吾」、「我」交用的第十三章，《想爾》先注「吾」爲「道」，再注：「我者，吾同」，三注：「吾、我，道也。」似乎除了基本上認同「吾」與「我」意近之外，若要在吾、我之間擇出高下，則顯然「吾」高於「我」，因爲「吾」是「道」，「我」是「仙士」，「道」可以是「太上老君」。這樣的觀念和《老子》的原意是相反的，卻完全合乎道教典籍中的用法。道教的《老子中經》許多地方就是把「道」和「身內的神明」稱作

「吾」。《中經》說：

> 萬道眾多，但存一念子丹耳。一，道也。……子丹者，
> 吾也；吾者，正己身也，道畢此矣。（第三十七神仙）
> 吾者，道之子也，人亦有之，非獨吾也，正在太倉胃管
> 中，正南面坐，珠玉床上，黃雲華蓋覆之，衣五綵珠
> 衣……父曰……母曰……己身為元陽子丹，……真吾之
> 師也。（第十二章神仙）
> 道者，吾也，上上終極君也，兆常以日出十日中時酉時
> 夜半行。（第三十神仙）

「子丹」指的是人體內「活著的永生的神明」。《想爾》很反對
如《老子中經》一系身中神之類的說法，它甚至指斥它們為「邪
偽」，《想爾》說：

> 今世間偽伎指形名道，令有服色，名字、狀貌、長短，
> 非也，悉邪偽耳。（注十四章「是無狀之狀，無物之
> 象」）
> 世間無偽伎，因出教授，指形名道，令有處所，服色長
> 短有分數，而思想之，苦極無福報，此虛詐耳。（注
> 十六章「至虛極，守靜篤」）

《想爾》這裡所非駁的，絕對不是《黃帝內經·素問》或《河上公
章句》一系精氣吐納養生的「腹中神」、「五臟神」，而是《太平
經》一系設四時五色神以存思祭拜、消災、解厄、求福之法，自然也
包含反對《老子中經》這一系存念「元陽子丹」的說法。但是，它釋
「吾」為「道」，卻吻合道教經籍的用法，而和《老子》不同。更特

殊的是，它將《老子‧道經》中所有哲學理論，不論本體、修養，不論治身、治國，全都作了宗教性的詮釋。其顯現於養生論上的，因此總是和它的積善守誡、仙壽天福相糾結。

3.求生避死與仙壽

在老莊的哲學理論中，一個體道之人要講求生命的品質，在乎心靈的層次，通透功名、利祿、生死、榮辱等世俗價值，而不在乎生命的長短問題。即使在《淮南子》裡，都還極力鋪寫一個心靈自得之人是如何地自在超越（詳〈原道〉、〈精神〉、〈本經〉）。在《想爾》中，則雖教人要看開榮辱，不追求功名、利祿等世俗價值，然而卻不但勘不破生死問題，更鼓勵追求生命的長永，而充滿了對追求永生與仙壽的宣揚，並以得仙壽為其宗教目的—積善行德的最高報償。它注解第五章「用之不勤」說：「能用此道，應得仙壽。」，解第七章「聖人後其身而身先」說：

> 求長生者，不勞思求財以善其身……即為後其身也；而目此得仙壽，獲福在俗人先，即為身先。

注同章「以其無私，故能成其私」時，則不但把兩「私」字擅改為「尸」，成為「以其無尸，故能成其尸」，並且說：

> 不知長生之道，身皆尸行耳。……道人所以得仙壽者，不行尸行，與俗別異，故能成其尸，令為仙士。

「尸行」即行尸走肉，指沒有靈魂的軀殼。成其尸，指人死後，因修煉太陰鍊形術，可以復活成仙。《老子》去私無我的人生哲學被注解成了須學長生之道，才能死而復活，得仙壽的宗教勸說。在注第十六章「知常容，容乃公，公乃王，王乃天，天乃道，道乃久」時，不但把「乃」改成「能」，又把兩個「王」字改為「生」，變成了「公能

生，生能天……」因注爲：

> 能行道公正，故常生也，能致長生，則副天也。

注二十章「人之所畏，不可不畏」說：

> 道設生以賞善，設死以威惡。死是人之所畏也，仙王士與俗人同知畏死樂生，但所行異耳。……仙士畏死，信道守誡，故與生合也。

則不但以求生畏死爲天經地義之公理，並且是宣揚信道守誡之鵠的，這就絕對是道教而不再是道家的信念了。類似這樣驢頭不對馬嘴、雞同鴨講、自說自話式的詮解，在《想爾》中遍處都是，《老子》因此而被解成了仙道之書。

　　就今存《想爾》殘卷所解的仙道之說看來，除去勸善、守誡的宗教叮嚀之外，眞正涉及養生之理者，實際上僅清靜結精與節制房中兩項而已。

　　⑴氣與精氣

　　前面說過，《想爾》和《管子》、《淮南子》、《老子指歸》、《河上公章句》一樣，不但以「道」爲萬物化生根源，又以「氣」或「精氣」爲「道」的內容，這種「氣」或「精氣」，隨著「道」之化生人，便充滿在人身中，成爲人的生命基素與能源，談養生因此便該從此著手處理：《想爾》說：

> 人之精氣滿藏中。（注九章「金玉滿堂，莫之能守」）
> 古仙士實精以生，今人失精以死。……精者，道之別氣也，入人身中爲根本。（注二十一章「其中有信」）

正常情況下，人全身是充滿精或精氣的，就像是一輛載滿精氣的車子，因此說：「身為精車」。精在我們腹中，也在我們骨髓裡，維持我們的生命，也支撐我們的骨骸與精神，《想爾》說：

> 腹者道囊，氣常欲實。（注三章「靈（虛）其心，實其腹」）
>
> 氣去骨枯……氣歸髓滿。（注三章「弱其志，強其骨」）

長生之道因此首當愛氣惜精。所謂愛氣惜精，即是要人保持精神的平和清靜：

> 道人當自重精神，清靜為本。（注二十六章「重為輕根，靜為躁君。」）
>
> 天子，王公也……務當重清靜，奉行道誡也。（注二十六章「雖有榮觀，燕處超然」）

⑵清靜平和、外功名以全生

所謂「清靜」，就精神心靈方面說，一方面指情緒的平和穩定，一方面要求心靈的恬淡、無慾求，尤其是功名利祿的追求。就情緒之平和穩定言，《想爾》將《老子》第四章「挫其銳，解其紛」的「紛」字改作「忿」，注說：

> 銳者心方欲圖惡，忿者怒也，皆非道所喜。心欲為惡，挫逐之；怒欲發，寬解之，勿使五藏忿怒也。……忿爭激，急弦聲，所以者過。積死遲怒，傷死以疾，五藏以傷，道不能治，故道誡之，重教之丁寧。五藏所以傷者，皆金、木、水、火、土氣不和也。和則相生，戰則

相尅，隨怒事情，輒有所發；發一藏則故尅，所勝成病殺人。

它釋「銳」爲初萌之惡念，以「忿」爲怒，暢論身心相牽、忿怒致疾傷生之旨，欲人「情性不動，喜怒不發」，使「五藏皆和同相生」（注第四章「和光同塵」），才是長生久壽之道。

就恬淡無欲、外功名一端而言，《想爾》沿承《老子》身親於功名的傳統，與自家重壽輕祿之觀點，告誡尤多，它說：

> 名與功，身之仇。功名就，身即滅，故道誡之。（注第九章「名成功遂身退，天之道」）
> 道人求身，不貪榮名。今王侯承先人之後有榮名，不強求也。（注三十二章「始制有名」）
> 道不喜彊求尊貴，有寵則有辱。……得之，當如驚，不喜也。……必違道求榮，患歸若身矣。（注十三章「寵辱若驚，貴大患若身。」）
> 求長生者，不勞精思求財以養身，不以無功名劫君取祿以勞身。（注七章「是以聖人後其身而身先」）

它甚至以追求世俗物質的榮華與否，作爲「有爲」「無爲」的區分，又將養生分爲「寶身」與「愛身」兩類，說：

> 彼有身貪寵之人……不可託天下之號也。所以者，此人但知貪寵有身，必欲好衣美食，廣宮室，高臺榭，積珍寶，則有爲。……設如道意，有身不愛，不求榮好，不奢侈飲食，常弊薄羸行。有天下必無爲，守樸素，合道意矣。人但當保身，不當愛身，何謂也？奉道誡，積

善成功，積精成神，神成仙壽，以此為身寶矣。貪榮
寵，勞精思以求財，美食以恣身，此為愛身者也，不合
於道也。（注十三章「貴以身為天下，【若可託於天
下】」）

《想爾》以追逐現實世界的富貴、享樂為「有為」，認為有礙修道養
生，而以「樸素」、「合道」為「無為」，這和《老子》以清靜無
為為修養要旨，而戒五色、五音、五味、馳騁田獵，基本上旨趣相
合，但它詮釋得更世俗化。它又以積善、惜精、守誡為「寶身」，以
追求富貴享樂、縱情物慾為「愛身」，區分了合道的養生與世俗的養
生，說「寶身」可得仙壽，「愛身」將亡其身。

　　⑶結精還神

　　所謂「清靜」，就生理方面說，尤其指男女性問題，亦即房中方
面的自然與節制。面對俗鄙「淺末」的廣大教徒，這其實更是《想
爾》所偏重關切的。它注第六章「玄牝門，天地根」說：

牝，地也，女像之。陰孔為門，死生之官也，最要，故
名根，男荼亦名根。

注第二十一章「其精甚眞」也說：「生死之官也，精其（甚）眞，當
寶之也。」注二十八章「知其白守其黑，為天下式」說：

精白與元氣同，同色。黑，太陰中也，於人在賢
（腎），精藏之，安如不用為守黑，天下常法式也。

這幾章除了將《老子》作為生化之母的「道」詮解為性器之外，更將
「精」與「白」當作「精液」來解，說它們都是「生死之官」，以
「守黑」為結精不妄泄，將這三章都作了性方面的詮釋，呼籲人要節

制；它說：

> 陰陽之道，以若結精為生。年以知命，當名自止，年少
> 之時，雖有，當閑省之，綿綿者微也，從其微少，若少
> 年則長存矣。今此乃為大害，道造之何？道重繼嗣，種
> 類不絕，欲令合精產生，故教之。年少，微省，不絕，
> 不教之勳力也。……上德之人，志操堅彊，能不戀結產
> 生，少時便絕。又善神早成，言此者道精也。故令天地
> 無祠，龍無子，仙人（無）妻[6]，玉女無夫，其大信也。
> （注第六章「綿綿若存」）
>
> 能用此道，應得仙壽。男女之事，不可不（不字疑衍）
> 勤也[7]。（注第六章「用之不勤」）

它認為男女房中之道負有繼嗣綿種的重大使命，是嚴肅的課題，不能
草率放縱，換言之，男女有大慾，道德有大倫，因此，應該審慎節
制，庶保綿綿不絕。它呼籲年輕人注意節制，要結精，勿縱慾，庶免
精力早枯，才能得仙壽，並保後嗣不絕。所謂「結精」，便是指的節
制性生活，使精不妄洩漏。

　　它同時並將《老子》裡許多守柔、戒盈的篇章，都作了「結精」
的房中詮釋，它將《老子》第十章「天門開闔能為雌乎」改作「天
地開闔而為雌」，並注說：「男女陰陽孔也，男當法地似女。」又
說：

---

[6]　桂按：此句本作「仙人妻」，與上下文義不相承，依上下文例推之，「妻」上疑脫「無」
字，宜補之。

[7]　此句本作「不可不勤也。」義與《想爾》節精、愛精之宗旨相反，饒宗頤以為「不」字應是
衍出，今從校改，其說同見注3，頁10。

> 結精成神，陽剛有餘，務當自愛，閉心絕念，不可驕
> 欺陰也。驕欺，咎即成。（注九章「富貴而驕，自遺
> 咎。」）

它注第六章「谷神不死，是為玄牝」的「谷」為「欲也」，又說：

> 精結為神，欲令神不死，當結精自守。牝者，地也，體
> 性安，女像之，故不擊（亂也）。男欲結精，心當像地
> 似女，勿為事先。

這幾章藉由《老子》的雌柔本旨教戒男性，在房中方面要溫柔、尊
重，寧緩勿急，精省節制。

（4）摒斥邪偽、力求自然

然而，不論「閉省」或「結精」，《想爾》都是基於清靜、自
然、知足、知止的大原則以要求，目的只在教人健康、節制、不過
度。對於諸多違反其清靜、自然大原則的房中異術，諸如容成御女術
等採陰補陽或還精補腦，別有用心的房中術，《想爾》極力反對，斥
之為「偽伎」，它說：

> 道教人結精成神，今世間偽伎詐稱道，託黃帝、玄女、
> 龔子、容成之文相教，從女不施，思還精補腦，心神不
> 一，失其所守，為揣銳不可長寶。（注九章「持而滿
> 之，不如其已；揣而銳之，不可長保」）

《想爾》將自己所推闡的自然清靜的養生之道稱為「真道」、「真
文」，稱與此精神相違的神道或房中伎倆為「邪偽」、「偽伎」，與
此相反的學說、主張為「邪文」，以為有害，而極力痛詆，它說：

世常偽伎，不知當意，妄有指書，故悉凶。（注十六章
「不知常，妄作凶。」）

人等當欲事師，當求善，能知真道者；不當事邪偽伎
巧，邪知驕奢也。（注第八章「事善能」）

真道藏，邪文出，世間常偽伎稱道教，皆為大偽不可
用。（注十八章「智慧出，有大偽」）

然而，其所謂「偽伎」，包含不一，除了前述容成御女、還精補
腦之類房中術外，還包括了天師道以外流行於當時的許多神道，比如
《太平經》一系，圖畫存思五藏神以解禍求福之法。

總之，《想爾》雖重長生，求仙壽、也重視房中的性生活問題，
但它既自詡為「真道」，從理論看來，也真正力求樸實自然，健
康、正直、不邪曲。

(5)行善積德，鍊形不死

然而，欲長生得仙壽，光靠清靜結精還是不夠的，站在宗教的立
場，《想爾》說，更重要的，還要行善積德，它注二十一章「其中有
信」說：

今但結精便可得可得（二字疑衍）生乎？不（否）也，
要諸行當備。……夫欲寶精，百行當脩，萬善當著，調
和五行，喜怒悉去，天曹左契，筭（算）有餘數，精乃
守之。惡人寶精，唐（空也）自苦，終不居，必自泄漏
也。

要長生仙壽，當然要結精、實精。但光結精、求精是不夠的，還得從
實際生活中的道德行為表現上去贏得。要「諸行皆備」，修百行，
行萬善，則上天自有司過之神－天曹，持左右契以記錄之，依人是
非功過加減其年壽。《想爾》說：「教人以誠慎者，宜左契；不誠慎

者，置右契。」左契記善，右契記惡，若結算有餘，必因行善多，精便保得住。反之，惡人行惡，無論如何寶精都無效，這便陷入了神秘。

　　它規定，人只有在行善積德時，其精神、精氣才能與天相通，（因爲天是善的，天道是善的），有任何危險災禍，天才能知而救之。爲惡，則精氣與天不相通，不相感，故有難，天不知，自無從救治。其結果，只有禍害與之類應。《想爾》注五章「聖人不仁，以百姓爲芻狗」說：

> 人當積善功，其精神與天通，設欲偏（侵）害者，天即救之。庸庸之人皆是芻狗之徒耳，精神不能通天。⋯⋯精氣自然與天不親，生死之際，天不知也。

它又認爲人的「心」是善念、惡念並存的，腹則是「氣」之所充，因爲「道」散形爲「氣」，所以腹也是「道」之所藏。道存，則氣充腹實，骨堅髓滿。心存惡念惡志時，則道無以存，氣亦不能實於腹，骨髓也因而不能滿實堅強，而轉爲枯弱，生命便垂危。挽救之法，端在去惡念，使道回返腹中，則氣自實而骨自堅，髓自滿，生機便充旺久長。《想爾》說：

> 心者，規也，中有吉凶善惡。腹者，道囊，氣常欲實。心爲凶惡，道去囊空；空者耶（邪）入，便煞（殺）人。虛去心中凶惡，道來歸之，腹則實矣。（注第三章「靈（虛）其心，實其腹」）志隨心有善惡，⋯⋯弱其惡志，氣歸髓滿。（注三章「弱其志，強其骨」）

心念的善惡影響著生理的健康，人想要有健康的身體，必須從心念上下工夫。這不但是宗教性的教誡，也是身心的保健。

　　他又規定，人一旦行善積德，有時甚至可以避入「太陰宮」中，死而復生；《想爾》說：

　　　　太陰道積，練形之宮也。世有不可處，賢者避去，託死過太陰中；而復一邊生像，沒而不殆也。俗人不能積善行，死便真死，屬地官去也。（注十六章「沒身不殆」）

　　　　道人行備，道神歸之，避死託過太陰中，復生去為不亡，故壽也。俗人無善功，死者屬地官，便為亡矣。（注三十三章「死而不亡者壽」）

《想爾》以地官掌管死亡，提出了另一種空間—「太陰宮」，說它是練形之宮，當賢者有難，或死亡時，因為平日積德行善，故可暫入太陰宮中避之或練形，經一段時日後，可死而復生。俗人則因不積善，故無此際遇，死後便真死，歸於陰曹地官所管了。

　　總之，《想爾》藉由詮解《老子》來宣揚教理。它以《老子》虛無的道論與清靜自然的修養論為基礎，將道家的理論轉化成為道教一系的守誡長生說。就虛無道論而言，它把握住《老子》「道」虛無隱微的特質，結合秦漢以下的氣化觀念，改造了《老子》的「道」，使成一種既抽象，又具體，卻無所不在。是可以依循的律則，可以持守的誡規，也是可以尊奉的至高神靈—太上老君，完成了其宗教權威的塑造。

　　它又依循《老子》去物慾、絕功名、貴神賤形的修養要旨，結合著秦漢以來的氣化論與東漢以來盛行的精氣養生說，將《老子》的修養論轉注成為結精成神、清靜節制、自然「無貸」的長生說。

　　它更站在宗教神學的立場，以仙壽為最大的報償，堅持虔誠行道、守誡、積德行善為求取仙壽、獲得永生的最大保障。它的內容充滿了黃老養生色彩，和《老子河上公章句》的愛精、惜精理論有一

定關聯，但較之《河上公章句》，它有重大的宗教使命。它的理論和《太平經》有更多的關聯，但比起《太平經》來，它的宗教性理論卻又清簡、質樸許多。它努力地保存《老子》清靜自然的主旨，以「眞道」、「眞文」自許，反對充滿詭異，或心術不正、旁門左道的神道與房中術，斥爲「僞伎」。又本於衛教的立場，駁斥一切否定其修道、仙壽教理的學說，斥爲「邪文」。其義理就玄學的觀點而言，當然是俚下的，體系也或許因〈德經〉亡佚，〈道經〉殘存之故而略嫌粗糙不完美。然而，就神學的觀點而言，其力主清靜、自然，無所外貸的守誠虔修與健康節制的性生活，將一切宗教學上很難避免的怪力亂神成分降至最低，則仍是可喜而可敬的。

三、結論

　　從養生的相關理論來看，漢代的道家，基本上奉守著先秦道家貴身賤物，清靜自然的重「神」傳統，結合著戰國以來的氣化宇宙觀，將「道」詮釋爲氣、精氣或和氣，去開啓創生，從而引出養生的相關思想理論，輕重不等地轉化了先秦道家，尤其是《老子》的養生觀，使成爲由貴神賤形、養神遺形，漸次轉化爲形、氣、神兼養的黃老養生論，終而成爲愛氣結精、房中節制以得仙壽的宗教養生論。使道家重視精神心靈的養生觀，終轉變爲道教求仙壽不死的長生說，甚至房中論。

　　在先秦，楊朱重生保眞，不累於物。《老子》清靜自然，少私寡欲。基本上都強調對自然生命的尊重，反對養欲傷生。雖重「神」，卻不正面涉及貴神賤形的問題。到了《莊子》，由於強調精神心靈的超越，明顯地將形、神對立起來，崇神而賤形，主張養神而遺形。

　　西漢早期的《淮南子》，循著老莊清虛、清靜的本旨，與《管子》四篇一系的精氣說，一方面敷演老莊清儉節制、養神遺形的養生說；另一方面，也循著《老子》「爲腹不爲目」的觀點，以「節」、「適」去取代《老子》的寡、儉，提出「以和爲度」、

「適情辭餘」的主張。既承《莊子》貴神賤形的觀點，敷寫以內樂外的自適心靈，卻又明白，「形」爲「神」寓，「氣」旺形、神之理，提出了形、氣、神三位一體，交修兼養的觀點。有關充氣、愛精與治慾的討論，在《淮南子》裡，明顯豐富、繁複了起來。

　　作於西漢中晚期的《老子指歸》，相當程度地吸收了秦漢以來，以《淮南子》爲代表的氣化宇宙觀，以道德、神明、清濁、太和……去詮釋《老子》「道生一……生萬物」的命題，以萬物的化生爲一「氣」化分離的過程，卻並不如《淮南子》循「氣」以論治慾、存神、養生，而是依循《莊子》虛無遊心的觀點去解老。大量採用無比玄虛的語彙去敷演其體玄守一以存神的修養論。由於疏略了對該氣化分離、氣化連通的生命體中，各相關條件、因素，諸如氣、慾、形、神之間的對治與處理問題，致使其發展側向玄學一路，下開魏晉王弼、郭象一路貴無、玄冥的玄學。

　　迨至《老子河上公章句》，循著《老子》清靜自然的原則與《管子》、《淮南子》一路而下的黃老養生觀與氣化宇宙論，將《老子》的許多治國之論與本體玄學，轉作養生的詮解。導出以氣爲核心，愛氣守精、治慾存神的養生論。在論述的過程中，《河上公章句》亦循《黃帝內經·素問》一系的生理養生論，結合著漢代陰陽二分、《淮南子》，甚至董仲舒《春秋繁露》一系清濁對立，陽尊陰卑的觀點，論證鼻天口地，神清形濁的道理，統合生理學與哲學爲一，去論養生，終導出以鼻爲尊，腹中有神等調息吐納的養形論，並強調不死的觀念，開啓了道教養生理論的先兆。較之《淮南子》與《指歸》的養生論，《河上公章句》對形身問題的對治與處理，內容陡然多了起來。道家的養生重點至此已由《淮南子》的形、氣、神兼養轉移至重養形身之上。

　　及至漢末的《老子想爾注》殘卷，也因承前此各家，由道的氣化中去開啓養生之論，卻透過任意地刪字、改字去將「道」擬人化，將「氣」神奇化，以塑造其至高無上的宗教神。又以避死長生爲養身之終極目的，以清靜結精、自然「無貸」爲養生之要領，結合著行善積

德的宗教使命,將《老子》的本體道論與清虛、清靜的雌柔哲學幾全
轉注成了宗教與房中的養生說。先秦道家超越心靈、通透死生的達觀
出世哲學,至此完全破解,而落入了俗世行善積德、學仙長生的神學
領域中,養生也全成了治形之事。

陸

《淮南子》解老

　　作為中國哲學重要始源文獻之一的《老子》，在漢代所受的推闡與發展，始終不斷。從成書且具代表性之典籍看來，在西漢有《淮南子》和《老子指歸》，東漢以後則有《老子河上公章句》與《老子想爾注》。它們代表不同階層，分別從不同角度，循著不同方向，對《老子》內容，作不同詮釋。一個人的思維很難離開生命經驗與生活領域太遠，從這四部書對《老子》的不同詮釋看來，可以得到完全的印證。今試以《淮南子》為例，觀測漢人解老之一斑。

　　漢代解老各家著作中，《淮南子》最精彩豐富而有深度。劉安及其賓客一方面能深入了解《老子》思想之核心要義，又能配合時代需求，依照自己南方楚地特有風格，轉化《老子》原意，作創造性詮釋。在其詮釋下，「道」是「氣」或「元氣」，可以分生出「理」，也可以轉化為「數」或「術」，「柔後」成為「因循」，「無為」含藏一定動機，成為特定意義之有為，反智與勸學統一並存。許多《老子》哲學中的禁忌與治世應用上的某些偏限，一起打破。然而，「術」化之後遺，《老子》虛無靈妙之玄思不能全存，其氣化思維之政治化，亦使含帶物理質性之氣化觀念沾染宗教神學色彩。

一、漢人解老──由道至術

　　漢代尚用崇功，漢人治學，經世企圖強烈，閎博而大氣，儒道皆然。漢代思想家重視對實際政治與人生事務之討論而不尚玄虛。司馬談〈論六家要旨〉說：

　　　　夫陰陽、儒、墨、名、法、道德，此務為治者也。

各家（六家）學說司馬談以為，都是施政人事之用。此種觀點反映漢

人普遍看法。因此，司馬談說「道家」是一種「術」，[1]初漢七十年政治也眞奉《老子》之「清靜無爲」爲政治指導圭臬，以成就「黃老治術」。班固《漢志》因此說「道家」是一種「君人南面之術」。漢代史學家如此，漢代思想家亦如此。作爲漢代道家思想理論代表之《淮南子》於總結全書要旨之序—〈要略〉中，視老、莊之學爲一種「術」，明言撰作宗旨要「考驗乎老莊之術」。其實不止《淮南子》，稍早陸賈、賈誼相關論著中，早已顯示相同觀點。陸賈《新語》首篇〈道基〉開宗明義說：

> 天生萬物，以地養之，聖人成之，功德參合而道術生焉。

非特道、術連稱，且以，天、地、人三者功德之有機結合爲「道術」產生之根源。換言之，在陸賈思維中，「道」是一種「術」，稱「道術」。它以天、地、人三者的功與德爲核心內容，「道術」包括了自然與人文，自然與人文的有機結合便是「道術」的基本內容，「道術」不離人文作爲。陸賈之外，賈誼《新書》有〈道術〉篇，〈道術〉開宗明義說：

> 「道」者，所從接物也，其本者謂之「虛」，其末者謂之「術」。虛者，言其精微也，平素而無設儲也；術也者，所從制物也，動靜之數也，凡此皆「道」也。

不但清楚將「道」的體（本）、用（末）區分開來，「道」落實以「接物」、「制物」即是「術」，「術」是「道」的應物之用。

---

[1] 〈論六家要旨〉說「道家」：「其爲術也，因陰陽之大順，探儒墨之善，撮名法之要，……，此君人南面之術也。」

將道術化，以便應用，這是《新書》論道、闡道之本旨。上述各家觀點清楚顯示漢人對「道」的習慣性理解，其實是視之爲一種應世之「術」。漢人解老，正是循著這樣的方向，「術」化《老子》哲學。

二、承襲與創造兼具的《淮南子》解老

　　《淮南子》自我標榜爲道家，其對《老子》的詮解，代表西漢早期南方學術集團以鋪衍的表述方式，援用儒、墨、法各家理論精華，顯實《老子》玄虛的哲理，使成容易理解的應世之術。

㈠深入理解與創造性詮釋

　　《淮南子》的作者群對老、莊的理解相當精確而深入，姑且不論漢志所載劉安已亡佚的《莊子略要》與《莊子后解》兩部解莊專著，即以《淮南子・道應》全篇例證《老子》看來，亦可清楚看出《淮南子》作者群對於《老子》理論思維之掌握相當深入，運用也相當順遂自如，劉安及其賓客十分精通《老子》。從〈道應〉五十二則，散布於今本《老子》共四十一章的言、例對照中，可以發現，其所舉證事例，不論相關於本體理論之釋證，抑或應用理論之釋證，大致都能切中《老子》核心要旨，卻又往往將它們做了經世的解證。清楚說明，劉安及其作者群學術工夫之紮實與高深。《淮南子》全書基於經世尚用立場，對《老子》許多理論顯實、轉化、甚至歧出、改造，應是刻意之創造性詮釋。不論其詮釋成效與《老子》原旨有多少距離，其應用《老子》，而非轉述《老子》思想之用心，明白可見。從《老子》與《莊子》之理論中，走出自我途徑，堅持自我風格，以切合其大時代之用。就劉安所統領之南楚學術成員而言，其學術水準與學術力量遠遠高過漢代其他解老者甚多，其成果因此也遠在各家之上。兩漢各家的解老著作中，不論就玄學抑或應用理論之貢獻言，《淮南子》都最具代表性。姑引〈道應〉兩例，以明其況。〈道應〉說：

齊王后死，王欲置后而未定，使群臣議。薛公欲中王之意，因獻十珥而美其一。旦日，因問美珥之所在，因勸立以為王后。齊王大說，遂尊重薛公。故人主之意欲見於外，則為人臣之所制。故《老子》曰：「塞其兌，閉其門，終身不勤。」

其二曰：

尹需學御，三年而無得焉，私自苦痛，常寢想之。中夜，夢受秋駕於師。明日，往朝。師望之，謂之曰：「吾非愛道於子也，恐子不可予也。今日教子以秋駕。」尹需反走，北面再拜曰：「臣有天幸，今夕固夢受之。」故《老子》：「致虛極，守靜篤，萬物並作，吾以觀其復也。」

前則以薛公欲中王意，曲折地旁敲側擊，齊王不自覺綻露其好所鍾，因遂薛公之意，援此以解說《老子》五十二章之旨。王弼注解五十二章「塞其兌，閉其門」說：「兌，事欲之所由生；門，事欲之所由從也。」正是〈道應〉之意。第二則以尹需學駕，苦思不得其要，竟於虛寧之夜，寢夢自通，以明今本《老子》十六章所言，人的精神心靈若臻至極虛極靜之境界，自能靈明無比，洞澈事物之根源與真理。

　　能明白並認同劉安的道家學術群對《老子》理解之深入與嫻熟，始能了解《淮南子》全書對《老子》理論之創造性詮釋。

㈡經世而尚用

　　〈要略〉自述其撰作宗旨為「紀綱道德，以經緯人事」，推闡抽象道德理論，係為提煉治理人事之理，人事之用才是終極目

的。因此，它要「言道」並「言事」。「言道」，是爲了「與化游息」，保持心靈境界與思維品質高超不落俗；「言事」是爲了「與事浮沉」，方便人事運作之圓融無礙。全書編撰的目的，非特「上考之天，下揆之地」，使「天地之理究矣」，亦要「中通諸理」，使「人間之事接矣」。透過這一切，希望能使「帝王之道備矣」，外王目的相當明顯。從全書整體架構看來，開宗明義兩篇——〈原道〉、〈俶眞〉一以解老，一以證莊，此下幾乎篇篇孕含老、莊之旨，另有第十二卷〈道應〉，全篇五十四事例解證老子之言五十二則、莊子之言一則，愼子之言一則。吾人不知《淮南子・道應》所據《老子》版本究竟是近同馬王堆帛書本之不分章，只分篇（德、道兩篇，且德經在前，道經在後）？抑或同於傳世本之既分篇（道經在前，德經在後），且分章（八十一章）[2]？蓋原文舉例證之後，都只說「故老子曰……」，並未標明第幾章曰，也看不出有否德經、道經分篇情況。然對照傳世本看來，五十二則老子之言恰巧分見於傳世本四十一章中，其論述次序且是德經、道經內容交錯援引，看不出有德經在前或道經在前之狀況。[3]這是繼《韓非子》〈解老〉、〈喻老〉

---

[2] 丁原植從即今所見六種版本《老子》：郭店三種不分篇、不分章簡本《老子》，馬王堆兩種分篇（且德經在前，道經在後）不分章帛本《老子》，與傳世本既分篇（道經在前、德經在後）、又分章（八十一章）《老子》中，觀測其形成之先後順序，依次為簡本、帛本、傳世本，且以第一與三十八兩章為全書上、下（道、德）兩篇哲學之總綱領。兩篇之出現代表傳世本定型流傳之開始，如果丁說可信，依《淮南子・道應》的表現情況看來，已引到了第1章，卻不見引第38章，其所據本之形成期，至少是在帛本以後，甚至是傳世本以後了。丁說參見〈先秦子書的哲學性規劃編輯—《老子》文本之集略〉，收入國立故宮博物院、中研院文哲所、淡江大學漢語文化暨資源研究所：《再造與衍義：文獻學與國際學術研討會2007》下集（2007年），頁47-82。

[3] 這41章依〈道應〉徵引之次為：2、70、57、14、9、28、10、4、73、74、（39、28）、52、9、25、13、（52、55）、54、1、36、53、22、78、22、45、4、78、27、2、（21、62）、（44、7）、39、23、28、20、19、27、10、71、52、12、43、43、49、27、16、75、58、58、18、15、37等章，共52則，其中27、28兩章重見三次，2、4、9、10、22、

之後，唯一專篇解證《老子》之作，也是全書唯一明白標示爲通篇解老之作。由其形式看來，較近〈喻老〉以例證《老子》。作者之意似謂，《老子》之言本當落實到人世事物，須經由人世事物之徵驗，始能證成其價值，故皆以例證老，而無論辯文字。如此的觀點，完全合乎漢人思維。透過《淮南子・原道》、〈俶眞〉、〈本經〉各篇推闡《老子》學說之狀況，以及〈道應〉對《老子》之言之例證，可梳理出《淮南子》之解老模式。

(三)鋪衍以顯實

　　繁複鋪衍是《淮南子》全書普遍而一貫之表述形態，透過鋪衍手法，《淮南子》努力顯實《老子》玄虛之本體論述，俾利於學者之理解與掌握，〈要略〉明白地陳述其旨曰：

> 夫道論至深，故多為之辭，以抒其情；萬物至眾，故博為之說，以通其意。辭雖壇卷連漫，絞紛遠緩，所以洮汰滌蕩至意，使之無凝竭底滯，捲握而不散也。

〈要略〉作者群堅確肯定語詞之表意功能，認爲越深奧難懂之道理，越需一再不憚其繁地用較大篇幅、較多文字去詮釋，才能澈底淨盡疏解奧澀之糾結，使道理底蘊清楚浮顯。這和《老子》「至言無言」、「大音希聲」、「美言不信、信言不美」觀點相抵觸，卻和漢代所盛行，乃至戰國以來楚地鄉土文學—辭賦之表述形態相合。《淮南子》運用此種違異《老子》思維，卻充滿時代與鄉土色彩之漢代南楚語文去顯實《老子》哲理。其原因乃在《淮南子》是西漢楚地之作，其作者群大致爲楚人。

　　《淮南子》作者認爲，《老子》論「道」玄虛幽渺、惚恍，常

39、43、52、58等九章重見兩次，實際散布於41章中。

人難以捉摸理解，更無由準確掌握，因此需借助語言文字之解說功能，佐之由難轉易，由虛顯實。從全書表達形態看來，其經常之顯實模式為：

1. 連用長串同義對偶句式，排比成列，令讀者由上下偶句之交叉比對中，掌握作者所欲傳達之旨意。

2. 藉助許多表達時空或事物概念之語詞，透過其堆疊與變化運用，造成時空無限綿延之效果，以擴展讀者思維，引入《老子》所擬設，無限寬廣之哲學領域中。

3. 藉助對長串相對概念之逐一否定，以凸顯、肯定「道」之絕對價值。

　　比如：《老子》說「道」，「獨立而不改」（二十五章），惚恍不可捉摸（二十一章），「淵兮似萬物之宗」（四章），「生而不有，為而不恃，長而不宰」（五十一章）。把握其核心意涵，《淮南子・原道》鋪解為：

> 夫太上之道，生萬物而不有，成化象而弗宰。跂行喙息，蠉飛蠕動，待而後生，莫之知德，待之後死，莫之能怨。得以利者不能譽，用而敗者不能非。收聚畜積而不加富，布施稟授而不益貧。旋縣[4]而不可究，纖微而不可勤。累之而不高，墮之而不下，益之而不眾，損之而不寡，斲之而不薄，殺之而不殘，鑿之而不深，填之而不淺。惚兮恍兮，不可為象兮；恍兮惚兮，用不屈兮；幽兮冥兮，應無形兮；遂兮洞兮，不虛動兮。與柔剛卷舒兮，與陰陽俯仰兮。

4　「旋縣」本作「旋縣」，高注：「縣，小也。」王念孫以為：諸書無訓縣為小者，縣當為縣，字之誤也。此言「旋縣」下言「纖微」，其義一也。說見劉文典：《淮南鴻烈集解》（台北：文史哲出版社，1982年），卷1〈原道〉，頁4當句下引，今從校改。

或四句、六句、八句排比，至少兩句偶列，連串堆累，以論證道體無所不包之含容性。累貫而下，共用19個「不」字，以強調其非經驗世界狀況所能表述與概括。

《老子》說「道」，「大」、「逝」、「遠」、「返」、「先天地生」、「周行而不殆」（二十五章），《淮南子·原道》鋪衍爲：

> 夫道者，覆天載地，廓四方，柝八極，高不可際，深不可測，包裹天地，稟受無形。原流泉浡，沖而徐盈，混混滑滑，濁而徐清。故植之而塞于天地，橫之而彌于四海，施之無窮而無所朝夕，舒之幎於六合，卷之不盈於一握。約而能張，幽而能明，弱而能強，柔而能剛，橫四維而含陰陽，紘宇宙而章三光。甚淖而哥，甚纖而微。……能天運而地滯，轉輪而無廢，……鈞旋轉轂，周而複匝，已雕已琢，還反于樸。

作者用這些四方、八極、天地、四海、六合、四維等窮極、盡極之空間概念，極力顯示道之無遠弗屆。

《老子》以「一」代「道」，說明「道」爲萬物賦生稟性之根源，宇宙一切生機皆來自「道」，含懷「道」，萬物安列有序：

> 天得一以清，地得一以寧，神得一以靈，谷得一以盈，萬物得一以生，侯王得一以爲天下貞。（三十九章）

〈原道〉鋪解其旨：

> 山以之高，淵以之深，獸以之走，鳥以之飛，日月以之明，星曆以之行，麟以之游，鳳以之翔，……天運地

　　滯，轉輪而無廢，水流而不止，……風與雲蒸，……雷
　　聲雨降……鬼出電入，龍興鸞集……其德優天地而和陰
　　陽，節四時而調五行，煦諭覆育萬物群生，潤於草木，
　　浸于金石，禽獸碩大，豪毛潤澤，羽翼奮也，角觡生
　　也，獸胎不贕，鳥卵不毈，父無喪子之憂，兄無哭弟之
　　哀，童子不孤，婦人不孀，虹蜺不出，賊星不行。

從自然現象到各種生類，從日月、星辰、陰陽節令，到草木、蟲
魚、鳥獸、山川、河嶽、雷霆、風雨，舉凡天地宇宙間一切存在事物
與時空概念，作者知解想像之所及，悉皆納入，透過高深之學養，與
嫻熟之文字技巧，安排布列成一幅又一幅豪華炫燦，聲色俱全，生動
異常之瑰偉景象，用以詮解《老子》哲學中，道境之寬廣無際，道用
功能之無所不在，無所不能。漢帝國與《淮南子》之閎闊大氣一覽無
遺。

　　如此詮釋不論就表詮方式或思維形態而言，與《淮南子》主撰者
劉安上通天文、下通地理、中通人事之淵博學養，其本人與賓客群
寫賦高手之文學素養與習慣有密切關係。劉安學術群認為，不透過
顯實手法與實象概念，很難令漢代讀者進入老子之玄虛世界。問題就
在，既然悉皆運用現象事物與概念詮解《老子》之哲學世界，其所呈
現之《老子》哲學很難超越現象世界太遠，讀者之掌握理解，亦難以
跳脫現象世界之外。

㈣博採以轉化

　　除以鋪衍手法顯實《老子》哲理之外，《淮南子》總承先秦諸子
思想，下開漢代道家新風貌。司馬談〈論六家要旨〉說「道家」，
「因陰陽之大順，採儒、墨之善，撮名、法之要，……與時變化，
應物施事，無所不宜。」所言即是以《淮南子》為代表之漢代道家新
風貌。奉老莊清靜虛無，自然無為為基本原則，融合儒、墨、名、法

各家之說，使由消極被動轉為積極主動，尚玄崇虛轉為務治重功，《老子》學說的「術」化主要透過如此的手法以完成。

《老子》說，萬物的生成是「自化」的，道對萬物「生而不有，為而不恃，長而不宰」（五十一章）。所謂「無為」，是指「道」對一切存在無偏私、不控御、不主宰，任其依自己本然形態、方式與軌則發展，謂之「自然」。如此可以省卻無謂的紛繁與干擾，故曰「清靜」。《淮南子》遵循《老子》這些基本觀點，說：「天道無私就也，無私去也。」（〈覽冥〉）、「太上之道，生萬物而不有，成化象而弗宰。」（〈原道〉）遵循之外，《淮南子》亦擷採各家之說，作相當程度之轉化。

1.道與理、數、術

《老子》中，不論宇宙生化之母源、一切存在之律則，或玄學中之最高境界，統以「道」為稱。《淮南子》則不同，它雖以「道」為一切存在之母源、總則與至境，然論證道用，卻常轉化《老子》之「道」義，用以偏指事物各別存在之客觀規律與理據，或足以成就事物之一定手法與要領，稱為「理」或「數」。換言之，《老子》只論「道」，《淮南子》卻由「道」中分出「理」與「數」，用以論證「道」對人世事物之運作。〈主術〉說，做事要「動靜循理」、「得其數」，不可以「拂道理之數」。〈原道〉說，要「循道理之數，因自然之性」，做事始能四兩撥千金，順遂而易成。〈詮言〉說，「勝在於數」，〈主術〉要人君懂得「執柄持術」以完成統御。明白這種「循理」、「得術」之理謂之知「術」。《淮南子》推闡「無為」之篇章中，充滿對「循理」、「執術」與「周數」之推闡。

這種由「道」分生出理之狀況，較早《韓非子·解老》已存在。〈解老〉說：「道者，萬物之所然也，萬里之所稽也；理者，成物之文也。」「萬物各異理，而道盡稽萬物之理」，以「道」為總理，「理」為分「道」，為道呈顯於物上之分律或質性。短長、大小、

方圓、堅脆、輕重、白黑等質性都是物之「理」。然《淮南子》的「理」與「數」與〈解老〉有所不同，不只指事物固定之自然質性，更強調其爲該事物存在之核心根源與關鍵。它與「道」之關係不只是大小問題，而是更密切之本尊與分身關係，「理」與「數」是「道」在現象事物之落實與顯現，也是最精簡省力原則。掌握此「數」，無異掌握道要，行事可以精簡、省力，而高效不敗。相較之下，心機智巧成爲多餘。〈詮言〉說：「棄數而用才者必困。」

2.柔後因循、用弱而強

《老子》之應用哲學，以柔後之道最具代表性。《老子》以柔後爲應世久世長生之道，說「弱者道之用」（四十章）、「天下之至柔馳騁天下之至堅」（四十三章）、「守柔曰強」（五十二章）、「勇於不敢則活」（七十三章）。《淮南子》承繼此一觀點，並大加解證與推闡：

> 聖人不為物先而常後之，期類若積薪樵，後者在上。（〈繆稱〉）
>
> 聖人守清道而抱雌節，……常後而不先，柔弱以靜，舒安以定，攻大摩堅，莫能與之爭。（〈原道〉）

〈原道〉並分析其因：

> 兵強則滅，木強則折，革固則裂，齒堅於舌而先之敝。……先者難為知，而後者易為攻也。先者上高，則後者攀之；先者踰下，則後者蹶之；先者隤陷，則後者以謀；先者敗績，則後者違之。由此觀之，先者則後者之弓矢質的也。猶錞之與刃，刃犯難而錞無患者，何也？以其託於後位也。（〈原道〉）

《淮南子》認為：⑴觀察自然事物與現象，柔弱者本較剛強者更具堅韌生命力。⑵先者恆為後者之試驗品與擋箭牌，後者可以拾取先者失敗之教訓，不再重蹈覆轍。或踩過先者步履，安然躍進。其旨基本上不出《老子》原意。

　　然《淮南子》意圖並不止此，《淮南子》要積弱而強，積柔以剛，轉柔弱為剛強，透過柔弱手法與過程，去蔚為強大，目的與手段之區隔非常清楚，它說：

> 得道者志弱而事強，心虛而應當。所謂志弱而事強者，柔毳安靜，藏於不敢，行於不能，恬然無慮，動不失時，與萬物回周旋轉，不為先唱，感而應之。……行柔而剛，用弱而強，……而以少正多。所謂其事強者，遭變應卒，排患扞難，力無不勝，敵無不凌，應化揆時，莫能害之。是故欲剛者必以柔守之，欲強者必以弱保之。積於柔則剛，積於弱則強。（〈原道〉）

體道之人就心態言，須放得開，耐得住，無可無不可，不過度堅持，全然被動，靜觀其變，對所要處理之對象有充分理解，以待時機成熟。時機一旦成熟，因為蓄積充足，觀察充分，故能瞬間出擊，準確不失，威力無窮。所謂「後」，不是遲緩，是暫時之忍耐與等待，等待最恰當之時間，以便準確出擊、恰當反應。先後不是問題，時間才是關鍵，該先該後，全以時間之準點為考量。〈原道〉說：

> 所謂後者，非謂其底滯而不發，凝結而不流，貴其周於數而合於時也。夫執道理以耦變，先亦制後，後亦制先，……時難得而易失也。……非爭其先也，而爭其得時也。是故聖人守清道而抱雌節，因循應變，常後而不先。

《淮南子》作者，對「變」之重視大大強過其對先後問題之考量。時、變觀念之講求是《淮南子》與黃老之學對《老子》之學明顯之轉化。黃老之學道法結合，法家重時變，黃老亦重時變。《老子》曾說「與善時」，說「將欲歙之，必固張之；將欲弱之，必固強之；將欲廢之，必固興之；將欲奪之，必固與之。」（三十六章）告誡人，事物發展有一定過程，消亡前夕最耀眼，後續之黃老從中體悟出掌握事物之通則：明白須要耐心靜觀其變，始能準確掌握事物全貌，有效應對。《淮南子》詮解《老子》之柔後哲學，專門強化這一方面道理，教人因順外物，以理治外物。行柔之背後，含藏強烈致強動機。表面之柔後，其實是處心積慮欲致強大。《老子》柔後哲學戒忌逞強爭勝之初衷，至此消失殆盡。《淮南子》並不絕對堅持「柔後」，同時強調「因循」，因循事物本然之理，或自然之性。本然之理或自然之性原為該事物所以存在之核心依據。能依順此性、此理去應對事物，可以不扞格而順入，精簡省事而易成。《淮南子》以「因循」詮釋《老子》之「無為」。

　　〈主術〉說：「主道圓者，虛無因循，常後而不先。」「因循」是被動順物以為，「應而不倡」，俾能透視事物全貌，準確拿捏其核心。〈原道〉說：「九疑之南，陸事寡而水事眾，於是民人被被髮文身，以像鱗蟲；短綣不袴，以便涉游；短袂攘卷，以便刺舟，因之也。」能妥善適應外務、外境，與之取得協調，即是「因循」。不論應而不倡，抑或順應外物、外境，基本上都需去除己見，不主觀，不專斷，一依事物客觀之理運作。去己去智，乘眾智，用眾力亦是「因循」。「因循」之理是《淮南子》無為論之主要精神，〈脩務〉不僅以「因」界定「無為」，且藉說無為為「循理而舉事，因資而立功」，舉凡天下事功無不假「因」術以成功。〈詮言〉說，「三代所道」是「因」，〈齊俗〉說先王之法籍有所「因」，湯武取天下是「因民之欲」，大禹治水成功是「因水之流」（〈泰族〉）。總結這一切，〈原道〉說：

天下之事不可為也，因其自然而推之。

「因」之哲學根源其實可上溯至《老子》「和光同塵」之「玄同」（五十六章）。唯《老子》之「玄同」要在避免突露出眾，《淮南子》則推闡其為一種高效之治事術，其轉折始於黃老。從《管子》四篇之「靜因」君術、《慎子》「因則大，化則細」之因循說，《韓非子》「守成理，因自然」（〈大體〉）之虛靜刑名術，《淮南子》之因循術，承襲了諸多黃老理論對老子之轉化，代表前此黃老因術之成熟展現，亦漢代因循術之理論呈現。

3.有為無為與去智勸學

《老子》主「無為」，《淮南子》也崇「無為」。《老子》之「無為」欲脫盡一切造作，回還事物清純素樸之本貌，不要事功，也去除名累。《淮南子》崇「無為」則欲提煉四兩撥千金之精簡省力原則，以便建立事功。〈脩務〉開宗明義清楚界定其建構於事功上之「無為」。謂「無為」非「寂然無聲，漠然不動，引之不來，推之不往」，無動作，無思維。而是「循理而舉事，因資而立功，推自然之勢，而曲故不得容。」「無為」是因循自然條件以處理事物，建立事功。而不依個人有限智巧妄自造作。有為、無為之差別，不在「為」與「不為」，而是如何「為」。是逞任己智去「為」？抑或因循事物自然之理以「為」？但能因順自然以「為」，充分尊重客觀事物之理以處理事物，便是「無為」。因順自然是《淮南子》多方轉化《老子》學說始終之堅持。但能尊重自然，切合自然，充分利用自然條件，便非「有為」，而是「無為」。

如此定義「無為」，《老子》原本反智之「無為」觀點，因不能不轉化。《老子》原本反智而非學，說「智慧出，有大偽」（十八章），「為學日益，為道日損，損之又損，以至於無為」（四十八章），唯有透過「損」之工夫，始能「無為」而契道。學習與「無為」背道而馳。《淮南子》吸收了儒家勸學觀點，以學習為因順個

人先天自然資質以求發展，因循自然條件、充分利用自然條件，是「因資而立功」，仍是「無為」，非「有為」。學習因此被納入「無為」領域之中。《老子》之「無為」反智而非學，《淮南子》之「無為」雖反智卻勸學。關鍵在其道事並重，講求事功。《淮南子》認為大時代，欲建立事功，光憑有限先天資質是不足以成大事，須賴後天順次開發。〈脩務〉因此全篇勸人努力學習，及時黽勉事功。對人事經營之堅持，導致《淮南子》與《老子》途轍殊分。

4.氣化宇宙與精氣養生

　　《老子》多論本體，少言創生，《淮南子》則因承戰國以來，稷下黃老氣化論，以「氣」釋「道」、代「道」，大論創生，奠定漢代氣化宇宙論之典型，也開啟漢代精氣養生說之濫觴。

　　今本《老子》相關於創生者僅一命題：「道生一，一生二，二生三，三生萬物，萬物負陰而抱陽，沖氣以為和。」《老子》並未明言「氣」為生之元，後代道家言創生，則大致圍繞此一命題推闡，卻以「氣」取代「道」以詮釋、推闡。〈俶眞〉、〈天文〉、〈精神〉各篇以「元氣」論述宇宙創生，〈天文〉說：

> 天地未形，馮馮翼翼，洞洞灟灟，故曰太始。太始生虛霩，[5]虛霩生宇宙，宇宙生元氣，元氣有涯垠，清陽者薄靡而為天，重濁者凝滯而為地。清妙之合專易，重濁之凝竭難，故天先成而地後定。天地之襲精為陰陽，陰陽之專精為四時，四時之散精為萬物。

古未有天地之時，惟像無形，窈窈冥冥，芒芠漠閔，澒濛鴻洞，莫知

5　上兩句本作「故曰太昭，道始於虛霩」，茲依王念孫改此，其說同見注4，卷79〈天文〉，頁79當向下引。

其門。有二神混生，經天營地，孔乎莫知其所終極，滔乎莫知其所止息，於是乃別爲陰陽，離爲八極，剛柔相成，萬物乃形，煩氣爲蟲，精氣爲人。（〈精神〉）

綜合兩段鋪敘，得其一創生定式：

此非特爲《淮南子》之宇宙創生模式，亦此後中國思想史上詮釋宇宙創生之基本模式，此後《易緯・乾鑿度》中太易、太初、太始、太素之氣化創生系列，乃至張衡〈靈憲〉、《廣雅・釋天》、今本《列子・天瑞》之創生系列，基本上不出此一模式。〈俶眞〉假借《莊子・齊物論》「有始也者，有未始有始也者……」三句與「有有也者，有無也者，有未始有有無也者……」四句，作爲宇宙創生之七大階段，以「氣」爲基元，逐一填實其內容，構成其氤氳迷濛之始源世界[6]。

---

[6] 〈俶眞〉說：「所謂有始者，繁憒未發，萌兆牙蘗，未有形埒垠堮，無無蠕蠕，將欲生興而未成物類。有未始有有始者：天氣始下，地氣始上，陰陽錯合，相與優游競暢于宇宙之間，被德含和，繽紛蘢蓯，欲與物接而未成兆朕。有未始有夫未始有有始者：天含和而未降，地懷氣而未揚，虛無寂寞，蕭條霄霏，無有仿佛，氣遂而大通冥冥者也。有有者，言萬物摻落，根莖枝葉，青蔥苓蘢，萑薵炫煌，蠉飛蝡動，蚑行噲息，可切尋把握而有數量。有無者：視之不見其形，聽之不聞其聲，捫之不可得也，望之不可極也，儲與扈冶，浩浩瀚瀚，不可隱儀揆度而通光耀者也。有未始有有無者：包裹天地，陶冶萬物，大通混冥，深閎廣大，不可爲外，析豪剖芒，不可爲內，無環堵之宇，而生有無之根。有未始有夫未始有有無者，天地未剖，陰陽未判，四時未分，萬物未生，汪然平靜，寂然清澄，莫見其形，若光耀之間於無有，退而自失也。」

　　類此以氣說「道」，以「氣」爲生化基元之觀點與說法，較早見於載述黃老理論之《管子・內業》等四篇與《呂氏春秋・圜道》。〈內業〉說：「道者所以充形」，〈心術下〉說：「氣者，身之充。」道即是氣。又說：

> 氣，物之精，[7]此則爲生，下生五穀，上爲列星。流於天地之間，謂之鬼神；藏於胸中，謂之聖人。……皋乎如登於天，杳乎入於淵，淖乎如在於海，……。

「氣」一如「道」，無形迹而遍在，爲一切生命之基元。《淮南子》因承其觀點，借用〈齊物論〉「有始也者……」等七句論述爲創生間架，構築其如上述完整之氣化宇宙系列。

　　人與萬物既由「氣」（或「元氣」）所創生，其修治與調養，自當由「氣」入手。繼氣化宇宙論之後，《淮南子》因推衍精、氣、神三位一體之養生說。

> 形者生之舍也，氣者生之充也，神者生之制也，一失位則三者傷矣。……聖人將養其神，何弱其氣，平夷其形。（〈原道〉）
>
> 精泄於目，則其視明；在於耳，則其聽聰；留於口，則其言當；集於心，則其慮通。（〈本經〉）

《老子》論養生，貴神賤形、養神遺形。然而，因隨「氣」化觀念之流行，「形」之安置與形、神關係逐漸受重視，形、神既皆因

7　此句本作「凡物之精」，義不可解。茲依張舜徽校改，說見氏著：《周秦道論發微》（臺北：木鐸出版社，1983年），頁278-279。

「氣」化而來，形神兼養之觀念逐漸取代養神遺形之觀點。司馬談〈論六家要旨〉說：「不先治其形而曰我有以治天下，何由哉？」代表此類觀念之凸顯。《淮南子》形、氣、神三位一體，並治交養一系理論，則代表此類觀念之理論實踐。

5.氣類感通、精誠相動

或秦漢以下所流行天人相應說之影響，《老子》原本認為，透過致虛守靜工夫，可以澄明心神，使虛靈不昧，便能上臻道境，觀照外物，無不洞澈。《淮南子》則因「氣」在某類論題中等同於「道」，因用「氣」去詮釋《老子》此一觀念，認為但須通過虛靜工夫，使心神凝聚，生命便能復返本初狀態。人之生命既是「氣」之化生，其本初狀態便是「氣」，宇宙間一切存在之本初狀態皆是「氣」，則透過此「氣」，人與一切存在，或一切存在彼此之間，皆可交流溝通、感應無礙，此之謂氣類感通、天人感應說。〈泰族〉說：

> 天之與人有以相通也……萬物有以相連，精祲有以相蕩也。
> 精誠感於內，形氣動於天，則景星見，黃龍下，祥鳳至，醴泉出，嘉穀生，河不滿溢，海不溶波。

此之謂「氣類相動」。其在於人者，則曰「精誠感通」。《淮南子》推闡「精誠感通」原以勸誡人君，施政應妥善運用此種以生命本態感通相應之道理，「懷天氣，抱天心，執中含和」，與全民相應、相動，便能達到圓滿之施政效果—「不下廟堂而衍四海，變習易俗，民化而遷善，若性諸己」。《淮南子》以此詮釋《老子》之「無為而治」。然其結合《呂氏春秋》〈應同〉、〈精通〉、〈召類〉一系，類似共鳴之感應原理以詮釋，〈精神〉、〈覽冥〉各篇，因此充滿類似之推闡。從物類之磁石相引，至天人之相應

感通，靈妙萬分。〈覽冥〉說，任何人一旦「專精屬意，委務積神」，便可以「上通九天，激厲至精。」任何人若能「全性保真，不虧其身」，遭急迫難時，便能「精通於天」。聖人在位，若能「懷道不言」，便能「澤及萬民」，此係「神氣相應徵」。終於引出祥瑞、災異等神學宗教說，離《老子》益遠，而合同於董仲舒天人災異一系之說。

從「道」之「氣」化至精氣養生、精誠相動，《老子》唯心之道論先被轉化為唯物氣化論與精氣說，終而合同於董仲舒一系唯心神學。

三、結論

漢代各家解老著作中，《淮南子》最為精彩豐富而有深度。劉安及其賓客一方面深入了解《老子》思想之核心要義，又能配合時代需求，依其南方楚地特有風格，轉化《老子》的原意，作創造性詮釋。將《老子》學說轉向應用與事功一途去推衍，運用類似騷賦之鋪衍手法，以顯實《老子》哲學之玄虛理境，使便於理解與掌握。又運用其高深的學養，總承前此先秦諸子乃至秦代《呂氏春秋》之思想精華，做有機之整合與提煉，用以創造性地詮釋《老子》學說。經其詮釋，《老子》「道」一方面是創生基元之「氣」或「元氣」，可以清楚解釋宇宙之創生與形神生命根源，以方便其詮釋一切存在之來歷，教人如何安養形神生命；另一方面「道」又分生出「理」，亦可以轉化為「數」或「術」，以方便人世事物之解說與操作。《老子》之「自然無為」為其不變之堅持，然而，由於強化建立事功之需求下，「無為」成為不逞能用智，一依自然條件或事物客觀之理去理事應世。「柔後」亦被轉化成「因循」，「無為」含藏一定之有為動機，成為靜觀其變之期待與忍耐。反智與勸學在《老子》原本相牴觸的，在《淮南子》，「無為」被界定為「因資以立功」，「學習」成為因順自然條件求發展，並不違反「無為」原則，反智與勸學到此統一並存，「無為」成為特定意義之有為，《老子》哲學中許多禁

忌，與治世應用上較難跨越之不適應性，《淮南子》一體打破。班固說雜家，「兼儒墨、合名法，知國體之有此，見王治之無不貫」，正是《淮南子》哲學之寫照。唯創意太甚，或不能無後遺。《老子》虛無靈妙之玄思在劉安及其賓客道事並重、崇功尚用之撰作宗旨下，不能毫髮無傷。其氣化思維的政治推衍，也讓這一原本帶著相當物理性思維的氣化觀念沾染了宗教神學的神秘氣味。

柒

《老子指歸》的聖
人論

　　在漢代三部專門解老的論著中，相傳爲西漢末高士嚴遵所作的《老子指歸》，一般推定爲時代最早，所解也較貼近《老》、《莊》玄學本旨，卻和同樣解證、發揮老、莊玄學的《淮南子》呈現出相當不同的風貌。

一、嚴遵與《老子指歸》殘卷

　　嚴遵本姓莊，名遵，字君平，史書爲避漢明帝（劉莊）諱，改稱「嚴遵」[1]因此，《老子指歸》殘卷中多處「莊子曰」，其實是嚴遵自述其論，非指先秦「莊周」。其生卒年，史無明載，但知其以九十高齡卒[2]。《漢書·揚雄傳》說：[3]「（揚雄）少時從游學」，據以推斷，則嚴遵當是西漢中末葉人。他是西漢中末業蜀郡的高士，有大才顯名，卻視爲官出仕爲損神傷身之事，終身不仕，而以卜爲業，大隱於市，以爲：卜筮雖屬賤業，卻可以嘉惠衆人。每月但卜數人，得百錢，自以爲足，便「閉肆下簾而授老子」。曾依老子、莊周之旨，作書十餘萬言，當即後世流傳之《老子指歸》。

　　《老子指歸》隋志原著錄十一卷，《經典釋文·敘錄》所載則有十四卷，晁公武《郡齊讀書志》與宋志所載爲十三卷。唐宋以前，此書流傳卷帙或有不同，大致還是相當完整。元明以後，道經殘失，僅存解德經部分。今存有六卷及七卷本兩種，皆殘道經。七卷本名《道德眞經指歸》，爲十三卷之殘本，卷次編爲七～十三卷，爲《正統道藏》、《怡蘭堂叢書》所收。前有總序，列敘這七卷始

---

[1]　見〔唐〕顏師古：《漢書補注》（台北：藝文印書館影光緒年長沙王氏校刊本，1958年），卷72，列傳第四十二。

[2]　同見注1。

[3]　有關《老子指歸》的考據問題，可參看陳儷文：《《老子指歸》一書道義涵之探索》（台北：輔仁大學中文研究所碩士論文，1996年6月，曾春海指導），頁9。與劉爲博《嚴遵《老子指歸》研究》（台北：國立台灣師範大學國文研究所碩士論文，2000年5月，陳麗桂指導），頁7-15。

於「上德不德」，終於「信言不美」之原由，並有〈君平說二經目〉。各卷皆無篇題，有經文，其體例皆先經文而後低一格爲解老之文，經文與傳文夾雙行谷神子注。六卷本則祖於趙元度鈔本，名《道德指歸論》，嘉興刻本、《津逮祕書》、《學津討源》、《四庫全書》本皆屬一系。較之七卷本，六卷本既無總序，也缺卷十三「人之饑也」至「信言不美」，部分字句亦有奪落，無經文，也無夾行谷神子注，卷次依序爲一～六卷，一一相應於七卷本之卷七～卷十二；有〈說目〉（即〈君平說二經目〉），有〈谷神子序〉，有篇名。

嚴靈峰以爲：六卷本當係萬曆以後，由七卷殘本刪去谷神子注、總序，並加以改編而成。其所謂「改編」，至少包括去除經文、更改卷目爲一～六，與杜撰篇名；嚴氏並疑〈谷神子序〉、〈說目〉與〈總序〉三序爲僞誤，幾乎完全否定了六卷本的價值與三篇序文的眞實性，認爲三序皆非嚴遵所作。此外，並依陳景元《道德眞經藏室纂微開題》之說，以「道經居先，德經居次……上經明道以法天，下經明法以法地。」[4]隱然以殘本爲下經。如此說法雖合七卷本七～十三卷之排序，與〈說二經目〉「上德配天，下德配地」之說；然幾近澈底地否定六卷本之價值與三篇序文之眞實性，恐有問題。[5]

其實，六卷本與七卷本不論就體式或含包之「附件」（如序、注等），都屬不同系統。谷神子特取七卷本爲注，不取六卷本，故六卷本無雙行夾注。非六卷本盡刪谷注、總序，又杜撰篇名。至於六卷本之谷序，則既無谷注，徒有谷序，序文篇幅又短，且自稱「定爲六卷」；與眞存之七卷谷神子注並不相合，確實有問題。六卷本原有篇名，無經文；七卷本則有經文，並無篇名。

4　參見〈辨嚴遵《道德經指歸論》非僞書（附上卷輯佚）〉，收入《無求備齋老子集成》之一《嚴遵道德指歸論六卷》書前，頁8。

5　同見注4，頁7。

　　相較之下，〈說二經目〉並存於兩種殘本中，應該較為可靠。今察〈說二經目〉，雖言「上經配天，下經配地」，卻並未明言「道經」為上經，或「德經」為上經，但稱：

　　　　上經四十而更始，……下經三十有二而終……上經先而下經後……上經眾而下經寡[6]。

今解「道經」部分雖亡，不詳其篇段數，然以七卷殘本「德經」觀之，恰為四十章。對照傳世本《老子》四十四章德經，恰好合併三十九、四十兩章為一，五十七、五十八章之半為一，五十八章之半與五十九章為一，六十七、六十八兩章為一，七十八、七十九兩章為一，共省4章，恰為44章，正合〈說二經目〉「上經四十」之數，宜為「上經」，而殘佚之「道經」應是「下經」。若果如此，則指歸「德經」在前，「道經」在後之次序，與帛書《老子》正相合，而與《老子河上公章句》、《老子想爾注》乃至索紞本、王弼本《老子》之「道經」在前者並不相同。而六卷本卷一～六的卷次安排正與之相合，七卷本的卷七～十三列次狀況則與之相違，此或道藏七卷本之收編者依流行本《老子》改易「德經」之卷次為後，亦未可知。至於總序，其略述各章先後相授之次，以明其條貫之表述形態，西漢《淮南子·要略》已開其端，唯其只敘殘存之「法經」四十章各章貫聯之故，而不及「道經」，應是道藏收編者依七卷殘經為說，非指歸原書本有。然則，三篇序文中唯一可靠者，僅〈君平說二經目〉而已。王德有因綜合兩種殘本，先依六卷本之卷次與〈說二經目〉「上經四十」之說，改七卷本七～十三之卷次為一～七卷，認定：

　　　　《老子指歸》共十三卷，七十二篇，另附一篇序文〈說

---

[6]　同見注4，頁7。

二經目）。前七卷注《老子》德經，共四十篇；後六卷
注《老子》道經，共三十二篇。[7]

王氏並保留六卷本之篇名，與七卷本之經文，附以嚴靈峰「道經」輯
佚八十則，爲之點校，應是較爲允當合理的作法，本論文以下所引因
從之。

二、聖人——理想的典範

　　就現存德經殘卷看來，指歸所稱述的正面人物，至少有聖人（玄
聖）、明王聖主（賢君聖主）、君子、大丈夫，得道之士（人）、有
道者、有德者（之主）、至人、知足之人、知止之人……。其中，據
筆者初步估計，稱述「聖人」者多達六十二次，如包括「玄聖」，
則共有六十四次，稱述明王聖主（賢君聖主）則至少十三處，稱述
「君子」三、四次，「得道之人（士）」四次，其餘大致一～二
次。可見，「聖人」與「明王聖主」（賢君聖主）正是指歸所標榜的
典範人物，尤其是「聖人」，遠出其餘，而居全書稱述人物之冠。像
嚴遵這樣一位心志高潔，懷才不仕的賢者，「聖人」正是他不苟風
標與外王理想所投射的對象，透過對「聖人」這一角色的舖敘與描
繪，嚴遵塑造了他心目中理想人物的典型。[8]
　　根據高亨的統計，《老子》全書言「聖人」之處有「三十許處」
⑦指歸殘卷經文（包括道經輯佚部分）稱說「聖人」則有二十五處
（稱述「聖人」的部分大致保留了下來）。傳文詮釋經文，反覆稱說

7　參見王德有點校：《老子指歸‧點校說明》（北京：中華書局，1994年），頁19。
8　參見高亨：《老子正詁》（台北：藝文印書館，1977年），第19章。這30處依次是：「道
　　經」部分，今木2、3、5、7、12、27、28、29、34各章，每章各一見，共9處；「德經」部
　　分，今本47、57、58、60、63、64、71、72、73、77、78、79各章，每章各一見，66、81各
　　章，每章各二見，49章有三見，共21處。

「聖人」，卻高達六十多次，其用心與著力不言可喻。他一本漢人寫賦的手法，以「自然無爲」爲核心要旨，結合《老子》的清靜無爲，先秦道家崇道、反智的傳統，與《莊子》非詆仁義，虛無遊心的哲學，將聖人塑造成一個虛無玄妙，內聖外王一體成型，既保身，又存國，能「虛無以合道，恬泊以處生」，也能「時和以固國，玄教以畜民」，「內用其光，外不違衣食」，出世、入世統合無間的典範。[9]

　　從根本上說，《老子》的「聖人」原本含帶濃厚的入世色彩與外王質性；高亨說，《老子》中所提到的「三十許處」「聖人」，「皆有位之聖人」[9]。指歸依經爲解，基本上也承襲這些觀點。因此，去除鋪排繁複的文字迷霧，綜合歸納六十幾起「聖人」與十三處「明王（賢君）聖主」甚至三、四處「君子」的性格內容，可以發現，它們其實相當地吻合與一致。它不但一再地說：「聖人之牧民也⋯⋯」、「聖人之王也⋯⋯」、「聖人威震八表」，又說：「君子之立身也⋯⋯其經世也⋯⋯」（卷之五〈萬物之奧〉），甚至明言「君子者，有土之君也。」（輯佚〈佳兵篇〉唐強思齊《道德眞經玄德纂疏》引）在在表明了「聖人」、「君子」都指統治者，也就是「明王（賢君）聖主」。嚴遵心目中的理想人物，和五千言所要叮囑關照的對象，基本上是一致的，都帶著濃厚的外王質性，都是指的統治者，這是《老子指歸》對《老子》經文的基本因承。

　　然而，除此之外，嚴遵依循著《老子》清靜無爲的本旨與對反哲學，結合著《莊子》超然物外的情懷，塑造了道家「聖人」超俗的性格。透過對「聖人」性格的鋪寫與塑造，嚴遵大大推闡了先秦道家

9　同注8，高亨注25章說：「其書言聖人者凡三十許處，皆有位之聖人，而非無位之聖人也。言『我』言『吾』者凡十許處，皆侯王之自稱，而非平民之自稱也。所謂上善、上法、下法、上仁、上義、上禮、善爲道者等等，皆侯王之別稱⋯⋯所謂『爲天下谿』、『爲天下谷』、『爲天下貞』等等，皆侯王之口吻⋯⋯故《老子》書實侯王之寶典，《老子》哲學實侯王之哲學也。」

虛無清靜、自然無為的本旨，《老子》柔弱、對反的哲學，與《莊子》的超越精神。換言之，全部指歸殘卷所呈現的理想人物，其實就是老莊哲學的結合體。只不過，它是以漢人特有的、《淮南子》式的舖寫手法去表現。以下我們便經由指歸對聖人、明王聖主的描繪，去了解一代高士嚴遵的理想，及其對《老子》哲學的依違情況。

三、聖人的性情與風格

　　《老子》中所稱的「聖人」，不僅如高亨所說，皆指「有位之聖人」，同時也是能體道，且以道為治的「侯王」。五千言中對「聖人」行性的描述，幾乎涵蓋了《老子》理論的重要特質，是它重要理論的具象化。《老子》主無名，守柔弱，尚虛無而反智辯，謙退而辭讓，清靜以寡慾，慎始而謹微，和光同塵，不私不宰。《老子》中的「聖人」，大致上也具備了清靜寡欲、自然無為、去己去知、雌下不爭，常因逆向操作，以成其功的特質與風格，《老子》說：

> 聖人為腹不為目。（今本第十二章）
> 聖人欲不欲，不貴難得之貨。（今本第六十四章）
> 聖人之言云：「我好靜而民自正，我無欲而民自樸。」（今本第五十七章）

聖人是清靜寡欲的。《老子》又說：

> 聖人處無為之事，行不言之教，萬物作焉而不辭。（今本第二章）
> 聖人之治，為無為，則無不治。（今本第三章）
> 聖人不知而行，不見而名，無為而成。（今本第四十七章）
> 聖人之言云：「我無為而民自化，我無事而民自富。」

（今本第五十七章）

聖人無為故無敗，無執故無失，……輔萬物之自然而不敢為。（今本第六十四章）

聖人之治，自然而無爲。《老子》又說：

聖人之治，虛其心，實其腹，弱其志，強其骨，常使民無知無欲，使夫知者不敢為也。（今本第三章）
聖人在天下，惵惵乎為天下渾其心，百姓皆注其耳目，聖人皆駭（孩）之。（今本四十九章）
聖人無常心，以百姓心為心。（今本四十九章）

聖人去已去知，孩樸其心。而論述最多的，尤其是聖人雌下謙退，斂藏不爭，逆向操作，反成其功的風格特質。〈老子〉說：

聖人，其欲上民，以言下之；其欲先民，以身後之……非以其無爭，故天下莫能與之爭（今本第六十六章）
聖人方而不割，廉而不劌，直而不肆，光而不耀。（今本第五十八章）
聖人終不為大，故能成其大。（今本第六十三章）
聖人不病，以其病病，是以不病。（今本第七十一章）
聖人之言云：「受國之垢，是謂社稷之主；受國不祥，是謂天下之王。」（今本第七十八章）
聖人執左契。（今本第七十九章）
聖人之道，為而不爭。（今本第八十一章）
聖人後其身而身先，外其身而身存，非以其無私邪？故能成其私。（今本第七章）

聖人……不自見，故明；不自是，故彰；不自伐，故有
功；不自矜，故長。夫唯不爭，故天下莫能與之爭。
（今本第二十六章）

雌柔爲上的逆反哲學原本是《老子》應用理論的核心，五千言中以
「聖人」爲說者，也以這部分爲最大宗。

前文說過《老子》透過「聖人」去體現它絕大部分的重要理論，
讓「聖人」來實踐它的外王理想，《老子指歸》也一樣。舉凡《老
子》所叮囑呼籲的道理，《老子指歸》都以「聖人」去承受。不論
五千言中明點爲「聖人」行性的，或雖未點爲「聖人」行性，卻是重
要論點所在，《老子指歸》差不多都藉「聖人」來發論。可以說，
《老子指歸》的「聖人」，幾乎全備了《老子》所標榜的一切理想
特質，它幾乎就是《老子》哲學具體而微的顯現。所不同的，《老
子》中的「聖人」，不論全本三十處，或殘本二十五處，論述的內容
絕大部分都指涉其治民（人、百姓）、爲官，或接物、待人，大致都
是外王論題，此高亨所以謂其皆指「在位者」之故，《老子指歸》則
不然。

較之經文，《老子指歸》用了甚大篇幅去鋪衍「聖人」內在的精
神氣質與心靈境界，《老子指歸》相當著重對「聖人」內聖方面的
鋪衍。《老子指歸》中的聖人因此常常是帶著沖漠玄虛氣質的統治
者。《老子指歸》對「聖人」這種沖漠玄虛氣質的描繪，著力的程
度絕對遠超過對其外王事項的論述。換言之，嚴遵在相當大的程度
上參採了《莊子》超然物外的思想，用以詮解《老子》的「聖人」
性格，將《老子》中的「聖人」心靈超越化，讓他表現出類似《莊
子》（尤其是外、雜篇）中的理想人物一樣地出世與脫俗。這種現象
其實不只表現在「聖人」這一論題上，它同時也是《老子指歸》解
老的普遍現象。簡單地說，《老子指歸》其實是參採了《莊子》以
解老。《老子指歸》的思想理論因此呈現出濃厚的玄虛氣質與《莊

子》風味。

㈠體道懷德，順天參物

前文說過，《老子》的「聖人」是個以道爲治者，《老子指歸》中「的聖人」，基本上也是個懷道、體道以爲治者，它說：

> 聖人在上，與天相參。（卷之四〈治大國篇〉）
> 聖人……秉道操德，與物浮沈，養民如子，遇眾若君，……奉道順天，與物相參。（卷之六〈民不畏威〉）
> 聖人……履道合和，……魁然獨立，與天同道。（卷之七〈天之道篇〉）
> 聖人執道之符，操德之信，合之於我，不以責人。（卷之七〈柔弱於水篇〉）
> 聖人之治小國，……建之以道，抱之以德。（卷之七〈小國寡民篇〉）
> 聖人……建道抱德，攝精畜神，體和襲弱，履地戴天（卷之三〈善建篇〉）
> 聖人動與天和，靜與道合，既能保身，又能全國。（卷之六〈知不知篇〉）

上述引文顯示幾個重點：

1.聖人體道懷德。

2.聖人內懷道德以順物治人，內聖外王一體和合。

3.體道懷德便是依順天地自然之「和」，不堅持自我。「與天相參」就是「奉道順天」，《老子指歸》說：

　　聖人去意以順道（宋陳景元《道德真經藏室纂微》引）
　　聖人為而不恃，與道俱行。（卷之七〈信言不美篇〉）

依道、順道就須「去意」，去除自我主見，尊重外物與他人，《老子指歸》稱之爲「襲弱」。
　　《老子指歸》又說：

　　聖人化之以道，教之以身。（卷之五〈其安易持篇〉）

所謂「化之以道，教之以身」，就是〈天長地久篇〉所謂的「卑身以順天，後己以安人」（唐強思齊《道德眞經玄德纂疏》引）。換言之，體道、奉道就是順天、循天，就是依順天地自然之「和」，因物、順物而應，不堅持自我。「履道」、「順天」、「體和」、「襲弱」、「後己」、「因物」這幾項，在《老子指歸》中是一體的，因此總是一併論述。因順自然就是去除自我的主見與智巧，順物以應，這原本是《老子》的「和光同塵」，也同時是《老子指歸》的觀點。
　　值得注意的是：在上述的引文中，「道」與「德」是並列對稱出現。
　　《老子指歸》又說：

　　聖人上原道德之意，下揆天地之心。（卷之二〈名身孰親篇〉）
　　聖人……乘道德之要，因存亡之機。（卷之三〈為學日益篇〉）
　　聖人……上含道德之化，下包萬民之心，無惡無好，無愛無憎。……去我情欲，取民所安，去我智慮，歸之自然。動之以和，導之以沖，含道德之意，下得神明之

心。（卷之三〈聖人無常心篇〉）

這幾則和前面幾則所寓含的意思，基本上是一樣的。所不同的，前面「道」與「德」並列對稱，這裏卻是「道德」連稱。而這些明顯都和《老子》甚或《莊子》不同，它們明白顯示了秦漢以下，道家「道」、「德」與「道德」三個語辭的界限逐漸泯除、模糊，甚至等同合一的現象。總之，聖人是體道懷德的，其體道懷德的詳細內容，按照嚴遵的說法，就是去除自我（好惡、情欲、智慮），因任外物，保持天地自然之和。《老子指歸》對於因任、和弱、絕智去慮因此有了較多的發揮。

㈡和柔順適，無所牴牾

《老子指歸》說：

（聖人）和柔忠信，奉道順天，與物相參。（卷之六〈民不畏威篇〉）

聖人……順神養和，任天事地。（卷之二〈至柔篇〉）

聖人……動之以和，道之以沖。（卷之三〈聖人無常心篇〉）

聖人之動，無名為務，和弱為主。（卷之七〈天之道篇〉）

聖人秉和履正，治之無形。（卷之二〈大成若缺篇〉）

聖人……為之以反，守之以和。（卷之一〈得一篇〉）

聖人……時和以固國，玄教以畜民。（卷之六〈言甚易知篇〉）

聖人……與時相隨，與和俯仰。（卷之六〈知不知篇〉）

聖人之治小國……期於和適，不厚其服；務以便生，不

　　為口腹……平心適和，……敬順遜辭。（卷之六〈民不畏威篇〉）

《老子》以「柔弱」爲宗，《老子指歸》解老，卻將柔弱與「和」相結合，而有所謂「和柔」、「和弱」。其所謂「和」，指的是一種順隨無迕，安怡穩定的態度或狀況。《老子指歸》認爲，聖人的精神心靈常處於這樣的狀態，因此，他是恬然自在、順隨取足、無所堅持，亦不有牴牾，這叫「和適」，叫「適和」。他以此自處，也以此教人、治人。

　　這樣的心靈或態度，是很《老子》式，也很《莊子》式的。《老子》主柔弱，一方面提示人反向的思考與操作空間，戒人避免堂堂朗朗，硬碰硬的正面動作，以減少無謂的耗損與傷害。另一方面也提醒人，個人心智不足恃，籲人勿堅持自我，剛愎自恃，而應該去除我執，尊重自然，與外物外境取得一定的協調。因此，除了指引人反面的價值之外，《老子》也要人「和其光而同其塵」（今本第四章），勿突露出衆。在《老子》，原本柔弱雌後、和光同塵與其反智哲學就是一體的。《老子指歸》解老，基本上也掌握住這種觀點。《老子指歸》說，聖人「爲之以反，守之以和」（卷之一〈得一篇〉），聖人總是透過逆向操作的手法去治事。但同時，他其實是以一種恬寧無迕的態度去應對所接觸的事物，因此能獲致成功。「和」與「反」在《老子指歸》中是一體而重要的課題。有關《老子指歸》中「反」的哲學，我們留待後文再論，茲先論其「和」。

　　根據前文的引述可以知道，在《老子指歸》中，聖人的「和柔」、「和弱」、「和適」總是表現在他有所「動」而「與物相參」，乃至「治小國」之時。但，它的目的卻不像《老子》，重在戒人剛強之患，而應在強調一種平順自在，無迕無牴的態度。這樣的態度，當然和《老子》的柔弱不爭與「和光同塵」有一定淵源，卻帶著相當的《莊子》氣味。《莊子・人間世》曾借蘧伯玉之口，提出了

「形莫若就，心莫若和」、「就不欲入，和不欲出」的應世態度，
教人順隨外物，或為「嬰兒」，或為「無町畦」，或為「無崖」，
一如養虎者之「順」其心性，「時其飢飽，達其怒心」，勿效螳臂
擋車。〈德充符〉也舉哀駘它的「和而不唱」說明一個人寧順自在
（所謂「遊心於德之和」），所能產生的魅力有多大。它不但可以
使自己超脫死生存亡、窮達富貴、賢不肖、毀譽、飢渴、寒暑等等
自然的定限、外來的干擾，與世俗的價值，還可以產生不可思議的
魅力，令一切接觸者皆樂而不思其他。〈天道〉更說，人能本著虛
靜、恬淡、寂寞、無為以自持，叫做「與天和」，叫做「天樂」。以
之應世治人，就叫做「與人和」，叫做「人樂」。〈天道〉並且描述
這種能「與天和」，知「天樂」者的心靈說：

> 其生也天行，其死也物化，靜而與陰同德，動而與陽同
> 波，……無天怨，無人非，無物累，無鬼責，其動也
> 天，其靜也地，一心定而王天下，其鬼不祟，其魂不
> 疲，一心定而萬物服。

〈天道〉說，那是聖人所以「畜天下」之心，一種「以虛靜推於天
地，通於萬物」，一依自然，與物無迕的修為。《老子指歸》所說的
「和物」、「順神養和，任天事地」、「動之以和，道之以沖」、
「秉和履正，治之無形」、「與時相隨，與和俯仰」，基本上都可視
為《老子》和光同塵和《莊子》〈天道〉、〈德充符〉一系理論觀點
的結合。

　　而既然要求寧適無迕，就內在自我的修持而言，就必須保持心靈
的清虛清靜、無滯無著。就對外應物而言，尤其必須一依自然，去己
棄智，因任外物以反應。《老子指歸》對於聖人清靜虛無的心靈，與
去己棄智，因任外物的哲學，因此有相當著力的推闡。

㈢虛無沖泊，清靜玄默

《老子》以虛無玄默稱說「道」的質性與至高無上的道境，《老子》並推崇一種「致虛」、「守靜」的體道工夫，今本《老子》十六章說：

> 致虛極，守靜篤，萬物並作，吾以觀復。夫物芸芸，各復歸其根，歸根曰靜，是謂復命。

透過「致虛」、「守靜」的工夫，使心無限澄明，可以洞見萬物運作變化的全部狀況，從而有效應對。

在《莊子》裏，最高的體道心靈也是「虛」的，《莊子》管這種超越的心靈與工夫叫做「心齋坐忘」。《莊子》教人透過這種工夫，去使自己的心靈升登於一種物我同體合一，大同大通，冥合無間的境界。在那個境界裏，人的心志是專一的，「無聽之以耳，而聽之以心；無聽之以心，而聽之以氣。」（〈人間世〉），虛以待物。人只以自然的氣機去與外物交流相通，不必假借言語，也沒有動作，一切是如此自然地相呼相應，無別無際，一自以爲牛，一自以爲馬，甚至可以不以口鼻呼吸，而以腳跟呼吸，因爲他裏裏外外已與大自然的氣機合一流通，無別無際。

《老子指歸》裏所顯現的「聖人」之道與「聖人」之境，基本上也是這樣的氣質。不過，這樣的心靈與境界，在《莊子》內篇裏，是以「眞人」、「至人」來承當，在《老子指歸》中卻和《莊子》外、雜篇一樣，歸之「聖人」，《老子指歸》說：

> 聖人……空虛寂泊，使物自然。（卷之二〈不出户篇〉）
>
> 聖人釋仁去義，歸於大道，絕智廢教，求之於己，至於無為，……滅文喪事，天下自已。損之損之，使智不

> 起。遁名亡身，保我精神。……寂若無人，……意中空虛，如木之浮，如壤之休，……心不知欲，志不知為，行步蹎蹎，瞻視顛顛，語言默默，意氣玄玄，外似禽獸，中獨異焉。寂而不為，若無君臣，不為而治，敦厚忠愨，至於大安，神休精息，性命自全，萬物相襲，與道為鄰。（卷之三〈為學日益篇〉）

聖人的心靈虛無沖漠，不思不慮，無智無巧，眞純樸始，平和寧息，一如無知之獸。然而，聖人終究不同於無知之獸，《老子指歸》因此說「中獨異焉」。說聖人之心虛無沖漠，並非一片空茫，而是無限寬廣，如江如海，無際無涯，無所不包，無所不容。《老子指歸》說，聖人「心若江海，志若蒼天」（卷之六〈言甚易知〉）。說聖人無思無慮，非是一團令人窒息的死寂，而是無限通向永恆的平和與寧靜。《老子指歸》說聖人，

> 動之以和，道之以沖。（卷之三〈聖人無常篇〉）
>
> 遊於虛廓，以鏡太清；遺魂忘魄，休精息神……窅然蕩蕩，昭曠獨存，髣髴輓逮，其事素真，……微妙周密，清靜以真。（卷之二〈大成若缺篇〉）
>
> 聖人操通達之性，遊於玄默之野，處無能之鄉，託不知之體，寂若虛空，奄忽如死，心無所圖，志無所治，聰明運動，光耀四海，塗民耳目，示以無有。庖廚不形，聲色不起，知故不生，禍亂息矣。不言而宇內治，無為而天下已。民俯而無放，仰而無效，敦愨忠正，各守醇性，惘惘洋洋，皆終天命。（卷之六〈知不知篇〉）

上文前半述聖人虛無沖漠的內聖心靈，後半述聖人無爲而治的外王

狀況。《老子指歸》的聖人，一如《莊子》內篇的眞人、至人，乃至外、雜篇的聖人一樣，以一種與大自然一體的，無比純淨不染的心，展現最眞純拙樸的生命情況，自然而無底限地與外物交流溝通，那是一種超越言語動作的感知與交流，無形無迹，無聲無息，通向深遠的永恆，《老子指歸》稱這種狀況爲「玄冥」。那是一種與自然爲一，與造化同體，與天地永在，無所不容，無所不可，超乎塵俗的絕對平和寧靜的境界。當一個人的心靈能上升於如此的境界時，外王的事功便自然而然地一體呈顯，不須著力，不另操作，這叫無爲而治。因此，所謂的外王，所謂的無爲而治，關鍵其實只是一顆虛無沖泊，寧靜平和的心靈，《老子指歸》中因此充滿了對這種心靈的鋪寫與強調。《老子指歸》說：

> （聖人）反於虛無，歸於玄冥。（卷之六〈民不畏威篇〉）
>
> 聖人之道，深微浩遠，魁魁忽忽，冥冥昭昭，虛無寂泊，萬物以往，纖微高大，無有形象。窮而極之，則和不能存也；要而約之，則口不能言也；推移離散，則書不能傳也。（卷之一〈上士聞道篇〉）
>
> （聖人）……道德為父，神明為母，清靜為師，太和為友，天下為家，萬物為體。（卷之二〈不出戶篇〉）
>
> （聖人）去知去慮，虛心專氣，清靜因應，則天之心，順地之意。（卷之二〈大成若缺篇〉）

它其實是經由一種類似《老子》的「損」與《莊子》的「齋」、「忘」工夫，所臻至的，由靜入虛，再由虛轉實，終而上升爲無限靈妙（神），以與造化、自然冥合爲一的狀態；《老子指歸》說：

> （聖人）為愚為慤，無知無欲。無欲則靜，靜則虛，虛

則實，實則神。動歸太素，靜歸自然。（卷之六〈言甚易知篇〉）

所謂由虛轉實，是指一個人的心靈，一旦全然去除了自我以後，所臻至的廓然大公，無滯無著，平和穩定的狀態。這種狀態下的心，最爲澄澈靈明，物來則應，無所不能感知，因此說「實則神」。一個人的心靈一旦升登至這種境界，則不論物來物去，感知不感知，其實都是處於一種最根源、最純淨、最眞樸的本始狀態，因此說：「動歸太素，靜歸自然。」以這樣的精神、心靈去治事理物，《老子指歸》說，其實是不治而人自治，不理而物自理的。它說：

聖人之為君也，……不知以因道，不欲以應天，無為以道世，無事以養民，玄玄默默，使化自得，……空虛寂泊，使物自然。（卷之二〈不出戶篇〉）
（聖人）不言而宇內治，無為而天下已。（卷之六〈知不知篇〉）

因爲，在那樣的精神狀態中，一切的知識、思慮、官能活動與價值判斷都自然地停頓、止絕，生死、有無一體通達。《老子指歸》說：

聖人不為有，不為亡，不為死，不為生，游於無有之際，處於死生之間，變化因應，自然為常，故不視而明，不聽而聰，……翺翔玄冥，優游太素，昧昧茫茫，莫知其故，敦若昏晦。（卷之五〈為無為篇〉）

在這種情況下，一切有形無形的動作、工具和依勢，其實都是不必要的。聖人只須以此通向無限深遠與永恆的虛無沖泊之心去應對外物，一切自然有成。《老子指歸》說：

> 聖人去智去慮，虛心專氣，清靜因應，則天之心，順地
> 之意。政舉化流，如日之光；禍亂消滅，若雲之除。天
> 下象之，無所不為；萬物師之，無所不事。（卷之二
> 〈大成若缺篇〉）
>
> （聖人）教以無教，導以無名，知以無知，狀以無
> 形。……天下無為，性命自然。（卷之五〈其安易持
> 篇〉）

這就叫做自然無為。這樣的心靈與境界是《老子指歸》推衍《老
子》的理論體悟出來的。但就文字的表達而言，卻相當接近《淮南
子》的鋪衍形態。就思想氣質而言，則與《莊子》有相當的類近
性。《莊子·應帝王》要人「體盡無窮，而遊無朕。」〈刻意〉
說：

> 聖人……其生若浮，其死若休。不思慮，不豫謀，其寢
> 不夢，其覺無憂；其神純粹，其魂不罷。虛無恬淡，乃
> 合天德。

《老子指歸》所塑造的聖人，其修為正是如此。為此，他必須脫盡世
俗的感知方式、思維模式與價值判斷，超越地存在與應世，這是聖
人的內聖之道，也是他的外王之理。內聖與外王在《老子指歸》聖
人虛無沖泊、清靜自然的心靈與風格中，一體呈顯。因此，外王的根
源，其實在此身、此心！

㈣反身治心，響應影隨

《老子指歸》說：

> 成敗存亡，求之於身。（卷之六〈民不畏威篇〉）

> 欲治天下，還反其身，……棄捐天下，先有其身，養身
> 積和，以治其心。心為身主，身為國心，天下應之，若
> 性自然。……聖智之術，不自天下，不由地出，內在於
> 身，外在於物，督以自然，無所不通。（卷之一〈上士
> 聞道篇〉）

這裏所謂的「反其身」、「求之於身」，是指的復返上述虛無沖
泊，清靜自然的本心，而不是儒家的內省其德。外王的根源在此心之
沖泊，《老子指歸》因此要人「養身積和」、「督以自然」。簡言
之，治天下之道，端在治身，治身之道在養和以治心，治心之理則在
虛無清靜，自然無為。《老子指歸》說：

> 聖人之為君也，猶心之於我，我之於身也。不知以因
> 道，不欲以應天，無為以道世，無事以養民，玄玄默
> 默，使化自得……空虛寂泊，使物自然（卷之二〈不出
> 戶篇〉）
> （聖人）……明於有無，反於太初。無以身為，故神明
> 不釋；無以天下為，故天下與之俱。（卷之一〈得一
> 篇〉）

他甚至明言，人主誠能「被道含德，無思無慮，無法無令」，「不
孝不仁，不施不予，閔閔緡緡……墨墨倦倦，好惡不別，是非不
分」，停止一切的造作與施為，人民反能保住天真，「得所欲」而
「性命以全」。其對人君的回應，將如「氣感而體應，心動而身
隨，聲響相應，形影相隨」，緊密貼合，無或差爽，（以上見卷之四
〈以正治國篇〉）。這是《老子指歸》對《老子》「我無為而民自
化」、「清靜為天下正」哲學的詮解，也是對《莊子》虛無超越哲學
之禮贊，更是其本身內聖外王一體目標之呈顯。

㈤遁名棄智，釋仁去義

聖人既然體道懷德，和柔無迕，一本虛無沖泊之心去面對外物，因此，對於世俗的價值判斷，他是無所介懷的，對外物的感知方式也有別於俗。世俗務名而尚智，好文辯而任聰明，推仁義以崇善德，《老子指歸》秉持清靜自然的立場，淡然於這一切。《老子指歸》說：聖人「智名不稱」、「歸於無名」、「遁名亡身，保我精神」（卷之三〈為學日益篇〉）。世俗以感官思慮知解外物，聖人「釋心意，隱聰明」（卷之六〈知不知篇〉）。又說：

> 損聰以聽無音，棄明以視無形……絕聖棄智，除仁去義。（卷之二〈至柔篇〉）
> 去心釋意，務於無名，無知無識，歸於玄冥。（卷之二〈道生一篇〉）
> 去辯去智，去文去言……隱知藏善，導以自然。（卷之七〈信言不美篇〉）

他一依自然之道，不以感官知解外物，褪盡華巧，無為以應世。《老子指歸》說：

> （聖人）損聰棄智，廢為而任道（卷之六〈知不知篇〉）。

他深通放下自我，以成就萬物的道理，以一種不逞智慮，不用心機，去除包裝，也無所標榜，無所管理的方式，應對外物，讓一切在最樸素的狀態下，回歸自我。《老子指歸》說：「聖人捐棄智故，滅絕三五」（卷之二〈不出戶篇〉）又說：

> 聖人釋仁去義，歸於大道，絕智廢教，求之於己……滅
> 文喪事，天下自已，損之損之，使智不起，……不為事
> 主，不為知師，寂若無人，至於無為。（卷之三〈為學
> 日益篇〉）
> 去我情欲，取民所安；去我知慮，歸之自然。（卷之三
> 〈聖人無常心篇〉）

　　和先秦道家一樣，嚴遵一再透過對現實價值與世俗行為的否定，去詮釋《老子》的自然無為，建立自己的理論風格。聰明、智巧、知識、名教、文辯、仁義只是他用來概括自己所生處的，以儒學、名教為主導的漢代社會之主流價值而已。他藉推闡《老子》的哲學，否定了這一切。

　　不論今本《老子》或《莊子》，都主無名，反對知識，反對文巧，反對仁義，絕聖而棄智。今本《老子》開宗明義便說：「名可名，非常名」，三十三章說：「道常無名」，四十二章說：「道隱無名」，三十七章以「無名之樸」指稱「道」。基本上都以「名」為人為後天的附加，與「道」不相合。四十八章認為，學習知識與體悟大道，背道而馳[10]。十八章說：「大道廢，有仁義；智慧出，有大偽。」十九章說：「絕聖棄智，民利百倍；絕仁棄義，民復孝慈。」三十八章視仁義之出現，為道德之失跌。《莊子》也一樣，〈應帝王〉教人「無為名尸」，並以混沌之開竅，為天機之流洩與滅絕。〈養生主〉以知識的追求為精神上沒完沒了的苦差事[11]，教人要「黜聰明」、「離形去智」，才能「同於大通」（〈大宗師〉）。〈駢拇〉視仁義為駢拇枝指，附贅縣疣，「擢德塞性」。《老子指歸》在理論上正是承繼老莊這一系觀點而來，因此，在上引各例

---

[10] 48章說：「為學日益，為道日損，損之又損，以至於無為。」
[11] 〈養生主〉說：「吾生也有涯，而知也無涯；以有涯逐無涯，殆矣。」

中，沒有一例是詮解《老子》十八、十九或三十八章的，卻表現出與今本十八、十九、三十八各章一致，絕聖棄智，否定仁義的觀點。[12]

　　陳鼓應以爲：今本《老子》第八章說「與尙仁」，以郭店《老子》觀之，亦並無否定仁義之內容。其相應於今本第十九章之「絕聖棄智」，郭店本作「絕智去辯」；「絕仁棄義」，郭店本作「絕僞棄詐」。今本《老子》之所以強烈批評仁義，主要是針對仁義道德已經變成統治階層的工具，這種情形，莊子學派的反應尤爲敏銳[13]。寫成於西漢末葉的《老子指歸》，不論是有見於時代的亂象，和今本《老子》的寫定者一樣，不滿仁義道德成爲統治工具，或是一本其擷莊以解老的宿習，都否定仁義，否定知識，否定思慮智巧，因爲它們有違道家自然無爲的大原則。

　　值得注意的是，今本《老子》儘管鄙斥「仁義」，卻推崇「忠信」，三十八章說：

　　　　失道而後德，失德而後仁，失仁而後義，失義而後禮。
　　　　禮者，忠信之薄而亂之首，……大丈夫處其厚，不處其
　　　　薄。

雖以仁、義、禮爲「道」的依次下跌，卻以「禮」爲「忠信」之澆薄，「忠信」被推爲「大丈夫」所處之「厚」德。《莊子》則不然，《莊子》內篇不言「忠信」，外、雜篇論及「忠信」，多持否定態度。〈漁父〉的作者對於孔子的「性服忠信，身行仁義」，斥之爲「苦心勞形，以危其眞……遠哉其分（介）[14]於道」。（〈天

---

[12] 見陳鼓應：〈初讀簡本《老子》〉，收入美國達慕斯大學主辦「郭店《老子》國際研討會」論文集，1998年5月22-26日。

[13] 同注12。

[14] 「分」字，《經典釋文》以爲當作「介」，音「界」，離也。郭慶藩集解云：釋文作

運〉說：「孝悌、仁義、忠信、貞廉皆『自勉以役其德者也，不足多也』。」大抵因其有賴砥礪，違背自然，不值推崇。〈刻意〉則以語「仁義忠信，恭儉推讓」者爲「平世之士，教誨之人，遊居學者」。和他所推崇的「不刻意而高，無仁義而修，無功名而治，……無不忘也，無不有也，澹然無極，而眾美從之」的「天地之道，聖人之法」相去甚遠。顯然將「忠信」視同以「仁義」爲工具一系德目，一併鄙斥。唯〈讓王〉稍有不同，〈讓王〉假伯夷、叔齊之口稱述神農之治說：

> 其於人也，忠信盡治而無求焉。樂與政為政，樂與治為治，不以人之壞自成也，不以人之卑自高也，不以遭時自利也。

成玄英疏此節云：

> 為政順事，百姓緝理，從於物情，終不幸人之災以為己福，願人之險以為己利。

這裏的「忠信」，明顯和前述〈漁父〉、〈刻意〉、〈天運〉中與仁義、恭讓等並列之工具性道德不同，而指的一種眞樸誠篤的內懷，和今本《老子》三十八章的義涵較爲接近。

　　《老子指歸》裏的「忠信」，義涵和《老子》三十八章基本上是一致的。它依經爲解，詮釋三十八章「禮者忠信之薄而亂之首」說：

「介」，音「界」是也。隸書介作「分」，俗書「分」作「兮」，形似而溷亂，說見〔清〕郭慶藩撰，王孝魚點校：《莊子集釋》（北京：中華書局，1995年），雜篇，卷10上，〈漁父〉，頁1025，今從校改。

忠信之至，非禮之所能飾，而時和先後，非數之所能存。（卷之一〈上德不德篇〉）

詮解「大丈夫處其厚，不處其薄」說：

大丈夫之為化也，體道抱德，太虛通洞，成而若缺，有而若亡，……忠信敦愨，不知為首；玄默暗昧，樸素為先（卷之一〈上德不德篇〉）

以「時和」、「敦愨」和「忠信」對稱、連稱，指自然淳厚未開之德。此外，在詮釋今本《老子》六十章〈治大國篇〉時也說：「忠信順善，聖人與之。」詮釋今本七十二章〈民不畏威篇〉時說：

聖人戒始慎微，和弱忠信，奉道順天，與物相參。

將「忠信」與「和弱」、「和順」並提連稱，作為「聖人」重要的人格特質，都指的一種真樸自然的情操，和被劃歸為工具道德的「忠信」質性不同。胡遠濬解《老子》三十八章說：

《老子》言「道」，忠信而已，……禮必本於忠信明矣。……虛心載理，己無不盡，忠也；因時與地，循物無違，信也。以是知仁、義、禮、智不違於信之謂道。其曰失德而後仁，失仁而後義，失義而後禮，正見人失忠信，愈趨愈甚。（《老子述義·凡例》）

亦以「忠」為真心、盡心，「信」為依道不違，和《老子指歸》的

「和弱」、「敦愨」、「順善」意思是一樣的。[15]

㈥因任應變，與時相隨

　　西漢司馬談論「道家」說，道家「以虛無爲本，以因循爲用。」（〈論六家要旨〉）顯現在《老子指歸》裏相關於「聖人」的思想理論，也是這樣的狀況。《老子指歸》一方面大力的推闡聖人虛無沖泊的心靈與性格，另一方面，和其絕智去慮相應的，談及聖人應對外物時，《老子指歸》說，總是「因而不作」（卷之二〈不出戶篇〉），一依自然。《老子指歸》說，聖人「任天事地」（卷之二〈至柔篇〉），「不知以因道，不欲以應天」（卷之二〈不出戶篇〉）。天、地、道都是自然，因道、任天、應天、事地都是依循自然。聖人之心雖然虛無清靜；但，總無可避免地要應物處世。聖人因爲其心虛無清靜，無智無慮，所以在應物理事時，一依事物客觀之理，尊重一切自然的存在，而相應地調整自己的步伐。《老子指歸》說：

> 聖人因物變化（卷之一〈得一篇〉）
> 聖人變化因應，自然爲常（卷之五〈爲無爲篇〉）。

聖人就是因爲能夠虛心去智，因順外物而隨時調整自我；因此，雖無思無慮，卻能應物無窮。《老子指歸》說：

> 聖智之術……因循效象，無所不竭（卷之三八〈道生篇〉）

15　參見胡遠濬：《老子述義・凡例》，《無求備齋老子集成》（臺北：藝文印書館，1977年），頁4。

雖不用己智，卻有「萬方之智」可「因」（卷之六〈知不知篇〉）。只因他放下自己，讓出空間，故能廣納各方資源而應物無窮。

　　然而，《老子指歸》並非一味因任外物而已。外物會發展，會變化，聖人必須因順著這一切而相應調整、變化。因此，在棄智因物的大原則下，聖人對自己的存在，其實不拘形式，無所定限，相當機動。《老子指歸》說：

> 聖人與時俯仰，因物變化，不為石，不為玉，常在玉石之間。不多不少，不貴不賤，一為綱紀，道為枝幹。故能專制天下而威不可勝，全活萬物而德不可量。（卷之五〈萬物之奧篇〉）
>
> 聖人不為有，不為亡，不為死，不為生，游於無有之際，處於生死之間，變化因應，自然為常。（卷之五〈為無為篇〉）

說是無所堅持，隨時調整，其實還是以道，以自然為準則，為依歸。這令人想起《莊子‧天下》的說法，《莊子‧天下》說：

> 以天為宗，以德為本，以道為門，兆於變化，謂之聖人。

聖人就是能依循自然，觀於機兆，隨物變化的人。換言之，什麼情況下要變，該變，如何變，仍是有一定的情勢和道理可尋的；而時機，就是一種自然的情勢條件。《老子指歸》因此在因物變化的同時，也重時機。它說，聖人「因存亡之機」（卷之三〈為學日益篇〉）。又再三地說，聖人「與時俯仰」（卷之一〈道一篇〉、卷之五〈萬物之奧篇〉）、「與時相隨」（卷之六〈知不知篇〉）、

「屈伸取與，與時俱行」（卷之四〈以正治國篇〉）。

這樣的說法，基本上是切合《老子》的，《老子》不但主張柔弱不爭，要人「和光同塵」，因隨外物外境而發展，第八章並且告訴人「動善時」，要人行事切合恰當時機。《老子指歸》所說的「與時俯仰，應物變化」也是這個意思。相較之下，《莊子》雖然也主張形就心和，強調「時」，要人「安時處順」，但絕大多數時候，那是帶著濃厚的消極、無奈與宿命意味的。《莊子》論「時」，因此也常和「命」結合在一起。〈養生主〉載秦失弔老子曰：

> 適來，夫子時也；適去，夫子順也。安時而處順，哀樂不能入也。

〈大宗師〉以「得」爲「時」，「失」爲「順」，重囑「安時而處順」之理。〈天運〉、〈秋水〉都以「時」、「命」並列對稱。〈天運〉說：「命不可變，時不可止。」「命」是自然的定限，固然不可改；「時」也一樣，該來就會來，擋也擋不了。〈秋水〉不但以「時」之順遂與否爲決定「義徒」或「篡夫」的關鍵，更以「知窮之有命，知通之有時，臨大難而不懼」，安時而處順爲「聖人之大勇」。「時」與「命」意思相類似，都指自然的定限。既是定限，當然不可改易。〈繕性〉因此時、命連稱，並以之爲決定際遇窮通的關鍵，說當時命而大行乎天下，不當時命而大窮乎天下。〈繕性〉並且說，古所謂「隱士者」，「非藏其智而不發」，而是「時命大繆」不可發。總之，《莊子》對於「時」，總是抱著與「命」一樣，充滿無奈以順隨的。〈天下〉雖然說聖人能「兆於變化」，卻終究不強調「時」。

《老子指歸》基本上也視「時」爲自然規律的一環，而主張因任順隨。但它的因時卻不似《莊子》一般，充滿無奈的宿命意味，而含帶著積極機動意味。它的重點在相應調整，在掌握關鍵。這其中有主動的期待，而不只被動地等待。因此說「與時俱行」、「因存亡

之機」、「應物變化」，和《老子》的「動善時」表現出相同的意味。

(七)為之以反，事於不事

在《老子》的哲學理論中，最為搶眼、奇特的，要數它那正言若反的對反哲學。透過一組組對反語詞的對立排列，與不斷肯定反面，否定正面的表述方式，《老子》大大強化了道家哲學的弔詭玄妙意味。《老子》說「道」是一種「無狀之狀，無物之象」（今本第十四章），說事物與人生的道理是「曲則全，枉則直，窪則盈，敝則新，少則得，多則惑」（今本第二十二章），說「為者敗之，執者失之」（今本第二十九章），說「將欲歙之，必固張之；將欲弱之，必固強之；將欲廢之，必固興之……」（今本第三十六章），說「信言不美，美言不信」（今本第六十三章），恆由逆向操作中去掌握事物的根源。透過一再地否定正面，肯定反面，與對逆向操作的呼籲與提示，《老子》將道家哲學的玄妙理趣帶到了最高峰，從而建立起道家哲學顛覆傳統，逆反世俗的基本性格。

這樣的表述形態與思想理論，到了《老子指歸》，得到了大量的發揮。在《老子指歸》裏，不論論「道」或述「聖人」，都大量使用這種正言若反的方式來表述，大大提昇了《老子》對反哲學的理趣。《老子指歸》說：

> 聖人為之以反……審於反覆，歸於玄默。（卷之一〈得一篇〉）

聖人習慣由反面切入，了解事情，因此總能在常人所見所知之外，別有領悟，雙面通達，終能掌握到事物深層的根源。所謂「為之以反」，《老子指歸》有反覆的論證，它說：

　　進道若退，亡道若存。（卷之一〈上士聞道篇〉）

事物的真相與表相往往是有距離的，聖人因此並不從表相去判斷事物，領略價值。《老子指歸》說：

　　聖人味於無味，察於無形。（卷之五〈為無為篇〉）
　　聖人言不言之言，為不為之為，言以絕言，為以止為。
　　（卷之六〈知不知篇〉）
　　聖人建無身之身，懷無心之心，有無有之有，託無存之
　　存⋯⋯無惡無好，無愛無憎。不與兇人為讎，不與吉人
　　為親，不與誠人為媚，不與詐人為怨。（卷之三〈聖人
　　無常心篇〉）

常人體察於有，感知於實；聖人超越實有，由虛無處切入，作另類的感知與體察。它說玄聖處士「勉於巧不巧之巧，務於明不明之明」（卷之三〈行於大道篇〉），善於從自然拙樸中領略造化的靈妙，從平凡無奇中體悟永恆的真諦。它要人主「安無靜而靜，樂無清之清⋯⋯為無為之為，事無事之事⋯⋯欲不欲之欲。」（卷之四〈以正治國篇〉）從喧鬧紛擾中體會清靜的美妙滋味，從忙亂混濁中去沈澱生命的雜質，斟挹清芬。它教「世主」要

　　教以不言之言，化以不化之化，示以無象之象，而歸乎
　　玄妙。（卷之二〈至柔篇〉）

聖人和常人一樣，要交物，有作為。只是其交物與作為並不依循常人舊軌，在實有中操作，由正面切入。而是由虛無處切入，以轉出生機；由反面著手，而開出新路。《老子指歸》說：

> 聖人化之以道……不置而物自安，不養而物自全……教
> 以無教，導以無名，知以無知，狀以無狀。（卷之五
> 〈其安易持篇〉）

類似這樣的文字表達，在《老子指歸》中隨處可見。《老子指歸》
大量運用《老子》正言若反的文字藝術，論證聖人如何以其超越常
俗，逆反常俗的法則，去凸顯自然無為的靈妙功效。他其實是把握逆
向操作的原則，透過沒有動作的動作，去領悟、掌握更為根源性的東
西。《老子指歸》詮解今本《老子》四十九章「聖人無常心」說：

> 無心之心，心之主也；不用之用，用之母也。

基本上就是認定「虛無」更為根源。因為，只有「虛無」，才能無窒
無礙，不膠不著，無限寬廣，處處生機。聖人以一顆無束縛、無底線
的心靈，自在地出入於無名相、無定限的空間，所知所見反倒透澈而
全面。《老子指歸》解今本《老子》第十二章〈五色篇〉說：

> 夫聖人者，服無色之色，聽無聲之聲，味無味之味，馳
> 騁無境之域，經歷無界之方，發無形之網，獲道德之心
> 矣。（唐強思齊《道法真經玄法纂疏》引）

出虛無處切入，反能無所窒礙地掌握事物根源，此《莊子》所以
「遊心於無」，亦魏晉玄學家所以「體無」之故，這就是《老子》
「為無為，事無事，味無味」的真諦。

不過，《老子》的對反哲學較偏重提醒人，事物的反面價值與逆
向功效。要人換一個角度，轉一個方向去思考與應對，那是它推衍雌
後哲學的必然結果。《老了指歸》當然也承繼這樣的觀點，它說：

> 眾人之教，變愚為智，化弱為強，去微歸顯，背隱為
> 彰，暴寵爭逐，死於榮名。聖人之教則反之，愚以之
> 智，微之以顯，辱以之榮，隱以之彰，寡以之眾，弱以
> 之強。（卷之一〈道生一篇〉）
>
> （聖人）知而弗為，能而不任。仁義而不以為號，通達
> 而不以為名，堅強而不以為顯，高大而不以為榮。（卷
> 之六〈言甚易知篇〉）

他繞過熙攘眾途，而獨行清靜野徑，把握實質，而不堅持名相，這和
《老子》哲學相合。但，它在論證對反的事物價值與逆向功效時，卻
相當強調對反心靈虛無玄妙的體悟與感知。換言之，《老子指歸》
其實是以一顆虛無靈妙的超越心靈為主導，去領悟、感知對反的妙
用。《老子指歸》在推衍《老子》對反理論中，不斷鋪衍這一點，這
應該是來自《莊子》的。《老子》雖沒否定這一點，其致虛守靜的
工夫也類似這種情境，卻始終沒有對虛無心靈之所以「馳騁無境之
域，經歷無界之方」有太多的鋪敘。這是因為《老子》理論本偏外
王，《莊子》理論多言內聖。對於體道心靈的描繪，《莊子》顯然細
膩於《老子》。《老子指歸》要鋪寫聖人的內心世界，只有從《莊
子》去吸收與採擷。這和前述虛無沖泊，清靜玄默的聖人心靈是一致
相牽的，這又一次造成了《老子指歸》援莊以解老，解老卻歸莊的現
象。因為，不論從論證的篇幅，或鋪衍的著力看來，對虛無玄默與為
之以反的哲學論證，都是《老子指歸》殘卷的主體目標，而這兩者中
都有著明晰的莊子影像。

㈧慎始謹小，防微杜漸

其實，不論是崇尚虛無，或反向切入，《老子指歸》的目的都在
掌握根源，它明白虛無更為根源。因為道是一切的根源，而道是虛無
的。人世間的道理也一樣，《老子指歸》說：

物類之無者生有，虛者生實。（卷之三〈道生篇〉）

而反向可以有較寬綽的空間察覺根源。吾人若能扼守根源，把握發端，則可以有效掌握事物的成敗禍福。《老子指歸》說：

聖人戒慎其始，絕其未萌。（卷之七〈信言不美篇〉）
聖人為之未有，治之未然，絕禍之首，起福之元。（卷之三〈聖人無常心篇〉）

這原本也是《老子》的叮嚀，今本《老子》第六十四章說：

其安易持，其未兆易謀，其脆易破，其微易散，為之未有，治之於未然。合抱之木，生於毫末；九層之臺，起於累土；千里之行，始於足下。

本節前半提醒人，防微慎始，可以消彌禍端；後半重戒人，星星之火可以燎原。《老子指歸》詮解本節說：

未疾之人，易為醫也；未危之國，易為謀也；萌牙之患，易事也；小弱之禍，易憂也。何以效之？莊子曰：任車未崩，僮子行之，及其傾覆也，顛高墮谷，千人不能安。卵之未剖也，一指摩之，及其為飛鴻也，奮翼凌雲，矰繳不能連也。胎之新乳也，一繩制之，及其為牡也，羅網不能禁也。……故漣滴之流，久久而成江海；小蛇不死，化為神龍；積微之善，以至吉祥；小惡不止，乃至滅亡……是故聖人……為之未有，治之未然，不置而物自安，不養而物自全，……治之未亂，正之未

傾，禁姦之本，制偽之端，閉邪之戶，塞枉之門，萌牙
未動，形兆未生，絕之未見，滅之未存，……治不得
起，亂不得生。天下無為，性命自然。（卷之五〈其安
易持篇〉）

除了透過文字的舖敘，以明小禍易彌，坐大難治，當掌握根源，防微
杜漸的大原則外，對於如何防微杜漸，《老子指歸》仍只是回歸道家
本旨，提供一個虛靜自然的大原則。其意似謂：禍福無端而難測，只
有虛靜無為，秉持自然的大原則，才能防微杜漸，使禍不生。

四、結論

　　一個人的理念很難完全背離自己的生命經驗，究竟是生命經驗影
響了理念？還是理念主導了生命的大方向？是個性決定命運？還是命
運塑造出個性？永遠是個複雜難論的課題。

　　一代高士嚴遵，生於文學上以賦為主流，思想上以禮教為治，卻
逐漸動亂的西漢末葉，個性清超不苟合，有理想，有堅持，卻只讀
書，做學問，講道而不出仕。他把他的理想與堅持，透過注解《老
子》與為人卜卦算命表現出來，傳揚出去。從他注解《老子》的
《老子指歸》看來，在漢代的解老諸作中是較為切合《老子》玄學旨
趣的。從他對理想人物─聖人角色的舖敘中，可以發現，他以「自然
無為」為基礎與歸趨，以「虛無」為核心思想，將聖人舖寫成內聖外
王兼備，精神心靈卻充滿了玄虛氣質的典型。其風格內涵大致切合
《老子》的思想要項，但其舖寫的方向角度並不像《老子》，著重
在位治民，而反轉向內，多舖寫聖人內在精神心靈的虛無沖漠。換
言之，《老子指歸》中對聖人虛無玄默心靈氣質的舖敘，比起《老
子》來，著力許多。那一方面來自《莊子》的影響，一方面其實是嚴
遵自己清超心靈與個性的自然展現，而這二者其實是合一的。從他只
願讀書，不願出仕，視為官為損神傷身之事看來，和莊周寧為「曳尾

塗中」的生龜，亦不願爲「巾笥藏之廟堂」的神龜，志趣相合。嚴遵是偏好《莊子》，也妙體《莊子》思想神髓的。他以這樣的條件去注解《老子》，大大豐富了《老子》「聖人」的性格內涵，使其表現出與《莊子》的理想人物酷似的氣質。儘管書中的「莊子曰」只是嚴遵自稱，非指莊周，其理論卻透出濃厚的《莊子》氣味。就文字的表達而言，《老子指歸》大量運用類似賦體的繁複鋪衍，顯現出與《淮南子》相似的文字氣質。

　　依照《老子指歸》的詮解，聖人是體道懷德的，他內在虛無沖漠，遊心於天地之和，去智去欲，無思無慮，與物無迕。慣由反向切入，由虛無處入手，掌握事物根源，防微杜漸，因任應變，也深切明瞭「時」的重要。其論述所重，尤其在虛無至境的描寫與對反哲學的辯證，而後者的辯證，卻又往往以前者爲歸趨，而不似《老子》之以相對論爲主據。藉由這兩大主軸思想之論證，《老子指歸》詮解了《老子》的「自然無爲」、「無爲而無不爲」。將自然與人世，出世與入世通爲一體，這應是嚴遵自己情志高超，不肯出仕，卻又不曾遁隱，而以卜爲業，大隱於市生命經驗的具體反映，也同時就是他的思想依據吧！從史傳中觀其「行」，從《老子指歸》中察其「言」，我們可以發現其間高度的密合性與真實性。

　　不僅如此，從它對「虛無」哲學大篇幅的論證中，可以清楚察覺，它不斷使用「玄」字來構組語詞。就「德經」殘卷有限內容初步估計，至少使用「玄默」九次，「玄冥」五次，「玄聖」三次，「玄妙」、「玄教」兩次，甚至還有「玄起」、「玄作」。這種情況固然可以視爲對《老子》「玄牝」、「玄之又玄」思想之承繼與推衍，《莊子・大宗師》（玄冥）與外、雜篇亦言「玄」，但亦不免令人聯想起此後魏晉的玄學。魏晉玄學以《周易》、老、莊「三玄」爲主要研討對象與依據。嚴遵以卜爲業，自然是深通《周易》的，他以指歸解老，情志卻類莊周，又多擷莊以解老，是會道三玄的大學

者。我們相信，不只是王弼的貴「無」說[16]，即便是其他玄學家，如
郭象的「獨化」說，也都受到《老子指歸》的啓示，這些都留待以後
去討論了。

---

[16] 王德有在點校《老子指歸・自序》中載宋代晁說之的王弼《老子注記》說：「王弼《老子道
德經》二卷，真得《老子》之學歟！蓋嚴君平指歸之流也。」道出了嚴君平《老子指歸》與
王弼貴無說的源流關係。其說同見注7，頁15。

拐

《老子河上公章句》
所顯現的黃老養生之
理

　　《老子河上公章句》和《老子指歸》、《老子想爾注》都是漢
代專門注解《老子》的重要論著，不論在黃老養生學、道家道教發
展史、或《老子》的注解史上，都有極重要的地位。它沿承戰國以
來，以治身、治國為一理之術的黃老學傳統，卻循著氣化宇宙與精氣
養生一路去詮釋《老子》，將《道德經》中許多原屬本體論範疇，和
虛靜養神一系的道家養生理論，全都作了精氣養生的詮釋。使《道
德經》充滿黃老養生色彩。其理論內容既和先秦的黃老學說，諸如
《管子》四篇中的精氣說有一定淵源，也和漢代黃老相關論著，諸如
《淮南子》、《黃帝內經》、《老子指歸》、《太平經》中的宇宙
論、精氣說、養生論明顯有著呼應性，應屬漢代黃老學的論著。透過
對其理論之研究，我們可以很清楚地看到《老子》的理論如何轉向黃
老養生論，甚至逐漸邁向道教養生論的先兆。然而，有關它的作者和
確切成書年代，卻迄今仍是聚訟紛紜，難能遽定。

一、《老子河上公章句》的作者與成書年代

　　《老子河上公章句》（以下簡稱「河上公章句」）既以「河上
公」為名，顯然欲顯示其與「河上公」有相當關係。「河上公」一
稱「河上丈人」，其相關記載，最早見諸《史記・樂毅傳》。〈樂毅
傳〉說：

> 樂臣公學黃帝、老子，其本師號曰河上丈人，不知其所
> 出。河上丈人教安期生，安期生教毛翕公，毛翕公教樂
> 瑕公，樂瑕公教樂臣公，樂臣公教蓋公，蓋公教於齊高
> 密、膠西，為曹相國師。

這裡明確排列了自戰國至漢初黃老學的傳承表系，在這個表系中，
「河上丈人」是黃老學的遠古宗師，他五傳而至蓋公，六傳至曹參，
成功地推動了黃老治術。只是，照這樣的序列，河上公至遲也得是

戰國時人。然而，此書漢志既不著錄，其所採用體例，亦是章句之體與「就經爲注」的形式，這是漢代所流行的注經形式[1]，則其爲依托高遠的漢代黃老學著作應該可以斷言。唯東、西兩漢縱貫約四百年（去除新莽奪政之十五年），確切之寫作或成書年代究在何時，仍難推斷。對此，古今中外學者有不同意見。較早者，在葛洪《神仙傳》卷三中曾編造過一個西漢初神人河上公傳授漢文帝《老子章句》的神話故事，情節離奇怪誕。宋黃震早提出漢文帝在位二十三年未嘗幸河上之史實以駁斥之[2]，學者因多斷其出自魏晉道教徒之編造，此恰如《太平經》等諸多道教經典之流傳與記載，多編造神人授經一般，不足採信。然而，循此以下，學者之推斷，意見卻相當紛歧。王應麟、黃震斷爲晉人之作，四庫提要推爲「道流之所依」，盧文弨、易順鼎以爲王弼以後人所作，馬敍倫定爲南齊仇岳之作，日人島邦男附和其說，武內義雄與谷方推爲葛洪一派晉代道教養生家所撰，楠山春樹與小林正美認爲《老子河上公章句》的思想內容明顯並存著「無爲而治」、「道家養生」、「道教養生」幾大系，因斷其爲不同階段所形成。小林正美更指出非特內容，即其名稱亦經三次變化。金春峰則以其：㈠無神仙思想，㈡較《老子指歸》思想明確，㈢文字內容有重出馬王堆帛書《經法・道原》者，㈣《枹朴子》言，漢成帝時老子章句有「安丘之學」，嵇康《高士傳》說，安丘先生從河上公修黃老業，因斷其出西漢成帝以前。王明以爲，老學在西漢初期重經世治國，至東漢中後期重治身養生，因斷其爲後漢桓、靈時黃老學者僞託戰國河上丈人所作。王卡贊同其說，謂

1　章句之體與「就經為注」的解經形式，是漢代流行的注經形式。章句之體，西漢已有，如盧植有《尚書章句》、王逸有《楚辭章句》；但東漢尤爲盛行。至若「就經為注」之形式，孔穎達《禮記正義》雖稱始於東漢馬融注《周禮》，實則西漢已有。因不能據此判定其爲東漢所特有，故泛言其爲漢代之注經形式。

2　參見〔宋〕黃震：〈讀諸子・老子〉，《黃氏日鈔》（京都：中文出版社，1979年），卷55，頁637。

「成書於西漢之後，魏晉之前，大約在東漢中後期」，並斟酌各家之說，謂其廣泛傳布則與東晉南朝以來，神仙道教之發展有關。二王之後，韓人吳相武綜合批判各家之說，以爲：由版本變化看來，《老子指歸》較近帛書《老子》，皆以德經在前，道經在後；《老子河上公章句》與《老子想爾注》則道經在前，德經在後，同於今傳索統本《老子》。而且比起《老子指歸》來，《老子河上公章句》非特某些概念論釋更爲明確，養生思想也更爲豐富，甚至主張長生不死，故宜較指歸爲後出。又因《論衡・道虛》篇中有幾節文字說《老子》之道與養氣愛氣的思想相關，「可以度世」，「長命不死」，認爲所說與《河上公章句》主要內容基本上一致，應即指《河上公章句》，故斷《河上公章句》成書時代較王充《論衡》爲早，較嚴君平《老子指歸》爲晚，大抵在西漢末至東漢初之間。所定比金春峰稍晚，比二王稍早。以上各家推斷《河上公章句》之成書年代與作者，參見王明《老子河上公章句考・序說》[3]、王卡《點校老子道德經河上公章句・前言》[4]與吳相武〈關於《河上公注》成書年代〉[5]。

　　其實，就實際內容看來，誠如楠山春樹與小林正美所言，《河上公章句》的思想內容明顯存在著無爲而治、道家養生與道教養生三項，內中固有道教一系求不死的養生理論，但佔更大篇幅的是，對黃老基本觀點：治身、治國一理之術的強調，虛靜去欲、愛氣惜精的黃老養生說，與圍繞著「道」與「一」解證的氣化宇宙觀，凡此在在標示其爲漢代黃老著作，絕非魏晉以下道教養生論所可籠括。金春峰且已指出其雖有道教一系養生理論，卻無神仙思想，斷其出於魏晉，確實大有問題。其次，無爲道家養生論與道教養生說之發展與流行雖有

---

[3]　見王明：《道家道教思想研究》（重慶：中國社會科學出版社，1984年），頁293-304。

[4]　王卡：《點校老子道德經河上公章句・前言》（北京：中華書局，1993年），頁3。

[5]　收入陳鼓應主編《道家文化研究》（北京：生活・新知・三聯書店，1999年），第15輯，頁209-246。

先後，卻並不絕對牴牾矛盾，二者並存於一書中，亦可視為後代之作保留稍前之說，在沒有更直接之證據前，未可遽斷為不同階段之產物。相較之下，王明的西漢主經世治國、東漢主治身養生之說，與吳相武就版本變化看，《老子指歸》與帛書《老子》德經在前，《河上公章句》與《老子想爾注》道經在前，推斷《河上公章句》與《老子想爾注》晚於《老子指歸》，兩家之說具有較大的合理性。唯王明推斷為桓、靈之際的東漢中、晚期，若由其與《太平經》之養生論雖有呼應，卻仍有相當距離，與西漢《淮南子》的氣化宇宙論、《黃帝內經》的養生論，乃至《管子》四篇的精氣說，也都有相當的呼應看來，這樣的推斷似乎嫌晚。比較起來，吳相武據版本狀況，推定其晚於指歸，指歸作於西漢末的嚴遵（西元前八八年～西元後一～五年間）[6]，則《河上公章句》至早當在此後出現，亦即成書上限為西漢末。然而，他根據《論衡·道虛》中幾句談及老子有養生、愛氣、求長生之言，便斷定其所指為《河上公章句》，因推斷《河上公章句》之成書在《論衡》成書前後，證據也稍嫌薄弱。不過，若能稍事修正吳相武的論據，只將《論衡·道虛》之言視為在《論衡》之前，已有類似《河上公章句》一系愛氣、養生、求長生之《老子》詮解流行，而不直指其所言即為《河上公章句》，因而結合著王明、王卡之說，將《河上公章句》之成書下限稍加放寬，定為東漢中期以前，則仍是可信的。總之，吳相武的論據或不無小疵，但西漢末之成書上限是可信的，至其下限，則可將王明之說稍移前，定為東漢中期以前，應是較為保守而可靠的推斷。

6　明曹學佺《蜀中廣記》據嚴真觀碑文載嚴遵生於西漢武帝後元元年，90歲卒，依此推算其卒於平帝元始年間，亦即西元1-5五年間。（參見陳儷文：《《老子指歸》一書「道」涵義之探索》（台北：私立輔仁大學中文研究所碩士論文，曾春海指導，1996年），頁14。

二、《老子河上公章句》的思想背景

就黃老學說的內容與發展而言，從《漢書‧藝文志》所載的十二類、二十一種、四百四十九（一作七）篇（卷）託名黃帝的著作，與一百二十九種託名黃帝臣子著作[7]看來，戰國以下的黃老學說，除了結合法家，發展成為統御術的道家一系外，至少仍有包含雜占、天文、曆譜、五行的數術一系，與包含醫經、經方、房中、神仙的方技一系。就《老子》學說的內容而言，虛靜無為的哲學與清靜自然的修養論原本就是《老子》思想的兩大主幹，西漢中、晚期以後，隨著儒學的抬頭，道家一系統御術不再被推崇，逐漸衰微下去。東漢以後，因著虛靜統御一支學說的衰退，重以政治社會的大不如前，道家學說中的養生論抬頭。換言之，方技一系的黃老學說，以《老子》的修養論為基礎，結合戰國以來的氣化宇宙論與養生說，廣布於西漢末與東漢的政治、社會與思想界。

根據史書的記載，東漢人所謂「黃老」，多偏指推衍自《老子》養生術與道教。東漢一代崇奉黃老的學者或聞人，如蔡勛、閔貢、任光、樊瑞、樊融、折象、楊厚、馮灝、矯慎、鄭均、黃王英、向栩、劉先、管寧、桓帝、魏愔、劉寵、張育、張魯諸人，或「頤愛精神」、「優游自寧」（漢光武帝，《後漢書‧光武紀》），或「恬靜養神，不役于物」（閔貢，《太平御覽》四七八卷引《東觀漢紀》），或「恬淡無欲，清靜自守」（鄭均，《後漢書‧鄭均傳》），或「學黃老」、「好黃老書」、「喜黃老書」（《後漢書‧景十三王傳》），有的甚至「祠黃老」（恒帝，《後漢書‧桓帝紀》）、「祭黃老君」（劉寵、魏愔，《後漢書‧孝明八王傳》）、「奉事黃老道」（張角《後漢書‧皇甫篙傳》），張角甚至創了「太平道」。以上是道家思想與黃老學說在東漢間流行的狀

7　這四百四十九卷託名黃帝的著作與一百二十九種託名黃帝臣子的著作目錄與類別已見本書〈貳、黃老道家與齊學〉之注18，故不贅列。

況，他們已不再討論治國、統御，而轉治清靜養生，甚至逐漸向追求長生不死的宗教之路前進。《老子河上公章句》的思想內容所表現的，正是這種道家思想與黃老學說由治國、統御側向治身、養生，甚至追求不死宗教之路的狀況。

三、《老子河上公章句》的思想內容

　　《老子河上公章句》將《老子》八十一章，每章各以作者認為足以統括全章要旨的兩個字作為篇名，算是「章」解，八十一章共八十一篇，就經文內容看來，所命之篇名也大致恰當，略能提挈經文之意。然而緊接著，它卻幾乎逐句作解地，將《老子》書中的許多理論，往治身治國一理、氣化宇宙、去欲惜精、愛氣養生等治身養生一路去解證，致使多處章節轉化了《老子》經文原意，而呈現出漢代黃老養生一系思想觀點。

㈠治國治身一理相通

　　天道人道相通，治身治國一理是黃老經世術與養生論的思想基礎，也是我們判斷黃老思想的重要標記之一。在公認為典型黃老論著的馬王堆黃老帛書與《管子》四篇中，都明白顯示了這樣的觀點。帛書《經法》等四篇，包括〈道原〉，始終說的，都是因天道為治道的刑名、法政，〈經法・道法〉說：

> 天地有恒常，萬民有恒事，貴賤有恒立（位），畜臣有恒道，使民有恒度。

〈君正〉說：

> 天有死生之時，國有死生之正（政）。因天之生也以養生，胃（謂）之文；因天之殺也以伐死，胃（謂）之

武，〔文〕武並行，則天下從矣。

都是很清楚的，法天地之道以施治，天道治道相通的宣言。它們甚至把天道、治道的關係說得相當緊密而絕對，〈論〉說：

人主者，天地之口也……不天天則失其神，不重地則失其根，不順〔四時之度〕而民疾。

〈論約〉說：「不循天常，周遷而無功。」

《管子》四篇的表現也一樣，它們從心術去論證君術，〈心術上〉以心與九竅擬對君與百官，敷論虛欲去智以留「神」之道，兼喻不言無為之「靜因」治術。〈心術下〉從心精形正之道，論專意一心、正靜不失之理。〈白心〉由治身的清心靜慮，論治政的卑弱無主，也是藉養生之名，大談處世應物，為君致治之道，兼及刑名、兵、法。〈內業〉則從守道理氣、凝神來精、正靜執一開始，冀由內在反性自得、平和節適，以達到應物不失的地步，談的也是由內聖而外王之理。四篇都抬出「道」來貫串治心、治事、治國之術。《呂氏春秋》說得更直接，它說：

凡治身與治國，一理之術也。（〈知度〉）
治道之要，存乎性命。（同前）
古之治身與天下者，必法天地也。（〈情欲〉）

作為衡定黃老理論標準尺之一的司馬談〈談六家要旨〉，不但說道家學說是一種靜因無為，與時遷移，應物變化的刑名統御術，也重視形神修養問題，因為神是「生之本」，形是「生之具」，不先定其神，無以治天下，指出了治身與治國一體相關，都是黃老道家的重大思想課題。這樣的思想觀點也呈現在以注《老子》表現思想的漢代黃

老養生論著《老子河上公章句》中[8]。

　　《河上公章句》開宗明義詮釋《老子》首章「道可道」說：「謂經術政教之道也」。「經術」是儒家所推崇的，「經術政教」之道應是指儒家所推崇的治國之道。隨後他又解釋「非常道」說：

　　　　非自然長生之道。常道當以無為養神，無事安民，含光藏暉，滅跡匿端，不可稱道。

這裡至少包括三層含義：1.它將「道」分為「經術政教之道」與「自然長生之道」，前者以治國，是「可道」之「道」，後者以治身，似乎才是作者心目中的「常道」。2.但它又說，「常道」是「以無為養神，以無事安民」。可見作者心目中的「常道」，基本上是養生、安民並包，治身、治國兼有的，並不盡指治身、養生；所謂「常」，要在強調其「自然無為」，治身治國能自然無為都是「常道」。儒家所推崇的「經術政教之道」，有違其「自然」原則，是「可道」之「道」，卻非「常道」。換言之，依五經之理施教化以為治的儒家治道非「常道」。「常道」重自然，主無為，尤其在乎長生問題。

　　與此相應，在注四十八章「為學日益」時，《河上公章句》因此說：

　　　　學，謂政教禮樂之學也。日益者，情欲文飾日以益多。

隨後又注「為道日損」說：

　　　　道，謂自然之道也。日損者，情欲文飾日以消損。

8　以下有關《老子河上公章句》的版本與考校問題，悉依王卡：《老子道德經河上公章句》之考校。同見注4。

明白表示了：1.政教禮樂多文飾，容易牽引情欲，不合其「自然」原則。2.它不重禮樂教化之道，只重自然之理。這裏的「政教禮樂之學」和前述的「經術政教之道」基本上是一致的，都是指的儒家所推崇的治道。其後注六十四章「學不學」說得更清楚了，它說：

> 聖人學人所不能學。人學智詐，聖人學自然；人學治世，聖人學治身。

清楚說明了，全書固然治身治國一理並重，然無爲治身尤爲全書宗旨，也同時道出了其所以貶低儒家一系「經術政教」之道的根由，因爲它們多文飾情欲，不合其「自然無爲」原則。

　　道家與《老子》原本重自然、主清靜、講無爲，反對儒家的禮樂道德，視爲「大僞」，尤其反對法家的領導統御。《河上公章句》注老，基本上承繼這些老學的思想特質。但除此之外，它有自己的重點，它重養生，重治身，主長生。因此，接下去在全書中，至少有許多處，明明是講外王的「治國」之理的，《河上公章句》都明顯地刻意添注了「治身」之理，將它們作成治身治國一理相通的詮釋。也就是說，治國之道是《老子》的本意，治身之理卻是《河上公章句》的新加。這樣的解老，和黃老帛書、《呂氏春秋》、《淮南子》以推闡治國政術爲目的固不相同，和《管子》四篇由治心之道去轉出靜因政術，進向也剛好相反。在《管子》四篇中，養生是引題，治術才是目的；在《河上公章句》中，則顯然治國是引題，治身才是目的，這樣的思想傾向和東漢道家人物的關切課題是很一致的。

㈡由治國側向治身

　　《河上公章句》在注第三十九章「有國之母可以長久」時說：

> 國、身，同也；母，道也。

這章原本是講治國的，了無涉及治身，作者卻增入了治身，使成治國治身一理的通式。不僅如此，緊接下去的解釋，更是只見治身之道，不見治國之道。它說「人能保身中之道，使精氣不勞，五神不苦，則可以長久。」更是《河上公章句》轉化《老子》治國之道為治身養生之理的顯例。據初步估計，在全書八十一章中，至少仍有二十二例，《河上公章句》是治身、治國並舉以為解的，而這二十二例中，又有許多例與上例如出一轍，《老子》原意明明是講治國的，一無涉及「治身」問題，《河上公章句》擅自增入「治身」以為解，硬由《老子》治國之道中衍生「治身」之理。茲將這二十二例依序羅列於下，以見其詳：

《老子》原章次	《河上公章句》篇名	《老子》原文	《河上公章句》解老
3	〈安民〉	聖人之治	說聖人治國與治身也。
10	〈能為〉	愛民治國	治身者愛氣則身全，治國者愛民則國安。
		能無為乎？	治身者呼吸精氣，無令耳聞，治國者布施惠德，無令下知。
		能為雌乎？	治身當如雌牝，安靜柔弱；治國應變，知而不唱也。
29	〈無為〉	或載或隳	載、安也；隳、危也；有所安必有所危，明人君不可以有為治國與治身也。
35	〈仁德〉	執大象、天下往	聖人守大道，則天下萬民移心歸往之也；治身則天降神明，往來於己也。
		往而不害、安平太	萬民歸往而不傷害，則國家安寧而致太平矣。治身不害神明，則身安而大壽也。

《老子》原章次	《河上公章句》篇名	《老子》原文	《河上公章句》解老
		用之不可既	既，盡也；〔謂〕用道治國，則國富民昌；治身則壽命延長，無有既盡〔之〕時也。
36	〈微明〉	國之利器不可以示人	器，權道也；治國，權者不可以示執事之臣；治身，道者不可以示非其人也。
43	〈偏用〉	無為之益	法道無為，治身則有益〔於〕精神；治國，則有益〔於〕萬民，不勞煩也。
		天下希及之	天下，人主也；希能有及道無為之治身、治國也。
44	〈立戒〉	可以長久	人能知止〔知〕足，則福祿在己；治身者神不勞；治國者民不擾，故可以長久。
46	〈儉欲〉	卻走馬以糞	糞，糞田也；治國者，兵甲不用，卻走馬〔以〕治農田；治者，卻陽精以糞其身。
47	〈鑒遠〉	不出戶〔以〕智天下	聖人不出戶以知天下者，以己身知人身，以己家知人家，所以見天下也。
59	〈守道〉	（治人事天）莫如嗇	嗇，愛惜也。治國者當愛〔惜〕民財，不為奢泰；治身者當愛〔惜〕精氣，不〔為〕放逸。

《老子》原章次	《河上公章句》篇名	《老子》原文	《河上公章句》解老
		夫唯嗇，是謂早服	早，先也；服，得也。夫獨愛〔惜〕民財，愛〔惜〕精氣，則能先得天道也。
64	〈守微〉	其安易持	治身治國，安靜者易守持也。
		治之於未亂	治身治國，〔當〕於未亂之時，豫閉其門也。
65	〈淳德〉	古之善為道者，非以明民，將以愚之。	說古之善以道治身及治國者，不以道教民、明智巧詐也，將以道德教民，使質朴不詐偽。
		知此兩者亦楷式	兩者謂智與不智也，常能〔知〕智者為賊，不智者為福；是治身、治國之法式也。
		常知楷式，是謂玄德	玄，天也。〔常〕能知治身、治國之法式，是謂與天同德。
74	〈制惑〉	民不畏死	治國者刑罰酷深，民不聊生，故不畏死也；治身者嗜欲傷神，貪財殺身，民不知畏之也。

　　上述各例，比如第三章「聖人〔之〕治」，原典下文接以「常使民無知無欲」，明顯可見其論治國，《河上公章句》卻解為：「說聖人治國與治身」。第十章「愛國治民，能無為乎？」原典已明言「愛國治民」，《河上公章句》卻解作「治身者……治國者……。」三十五章「執大象，天下往」，《河上公章句》先注

「聖人守大道，則天下萬民皆歸往之。」已切中原旨，卻又衍生「治身則天降神明⋯⋯」。緊接著注「往而不害，安平太」也一樣，先說「萬民歸往而不傷害，則國家安寧而致太平矣」，明己說清經意，卻又別生出「治身不害神明，則身安而大壽也。」第三十六章「國之利器不可以示人」，一望而知其言領導統御，《河上公章句》則先解「利器」為「權道」，再將「權」歸屬「治國」者，「道」歸指「治身」之道，作出「治國⋯⋯治身⋯⋯」的詮釋。第七十四章「民不畏死，奈何以死懼之」，原本亦是談治國之事，《河上公章句》解上句說「治國者刑罰酷深，民不聊生，故不畏死也」，已剴切中意，卻又轉加「治身者嗜欲傷神，貪財殺身，民不知畏之也。」第六十五章「古之善為道者，非以明民，將以愚之。」明顯論治國理民之理，《河上公章句》卻註成「說古之善以道治身及治國者」。如此的夾帶詮釋，應該不只上列二十二、三例。最為特殊的，尤其是第四十六章「卻走馬以糞」，《河上公章句》已釋「糞」為「糞田」，釋該句為「治國者，甲兵不用，卻走馬〔以〕治農田。」辭當而意切，卻又衍出「治身者卻陽精以糞其身」，以「陽精」釋「走馬」，以固精不洩釋「卻走馬」，將《老子》的反戰理論詮解為固精不洩的養生之術，更令人深見《河上公章句》作者注老的本衷原在養生治身。我們不知道《河上公章句》這樣的說法是否前有所承，但自此之後，以「走馬」為「泄精」，以「卻走馬」為「固精不泄」的說法卻成了道教房中術的特殊用語，《抱朴子・微旨》說：「善其術者，則能卻走馬以補腦」所指即此還精補腦之說，而這種解「卻走馬」為「固精不泄」的說法，正是《河上公章句》轉化《老子》學說為養生術的明證。

　　除上類例證外，其餘原本在《老子》中就是治國、治身兩端可以兼賅的經文，就更不在話下了。這樣的情況使我們可以肯定地說，《河上公章句》的撰作時代是黃老養生理論盛行的時代。

(三)因循自然，反對文飾

　　除了側重「治身」之外，如前所論，《河上公章句》也強調「自然」，這原是《老子》思想的基本要旨，《河上公章句》完全繼承，並以之論治國、治身，尤其治身。其例證，除了前述貶儒家經術（禮樂）政教之多情欲、文飾，非「常道」，以自然無為為「常道」，說聖人「學自然」、「學治身」外，注第六十四章「聖人欲不欲」時更說：

　　　　聖人欲人所不欲……人欲文飾，聖人欲質樸。

注同章「復眾人之所過」說：「過本為末，過實為華。」
注同章「以輔萬物之自然」說：「教人反本實者，欲以輔萬物自然之性也。」
注三十八章「上德不德」說：「因循自然，養人性命，其德不見。」
注七十二章「民不畏威，〔則〕大威至矣」時，先解「大威」為「大害」，然後接著說：

　　　　〔大害者〕謂死亡也，畏之者，當愛精〔養神〕，承天
　　　　順地。

「承天順地」即是因循自然。凡此皆見其重自然，反文飾以養生治身之本旨。

(四)道論

1.道、一與氣

　　《老子》的「道」原本指萬物生生化化中自然而含動力的生機流行，它既是宇宙創生的最高根源，也代表一種完美的形上境界，

與至高無上的準則，它是《老子》學說的基礎與核心。《河上公章句》中的「道」，雖然一開始就明白標示其所著重的是「以無爲養神」的「自然長生之道」，但在注老的過程中，對於《老子》的本體「道」義，仍作了相當的交代。從那些注釋中，我們可以明顯發現，《河上公章句》的「道」，和《老子》是有差距的。《老子》論述本體「道」，主要集中在第十四、二十一、二十五數章根據這幾章的論述，《老子》的「道」，基本上是虛靜無形，非感官對象，不可捉、摸、聞、見，深入、廣大、無所不包，先於天地，生化宇宙萬物。《河上公章句》依經作注，其「道」基本上也具備這幾個特徵，它說：

> 道深淵不可知，似為萬物之宗祖。（注第四章「淵乎似萬物之宗」）
>
> 道無形，混沌而生萬物，乃在天地之前。（注第二十五章「有物混成，先天地生。」）
>
> 道清靜不言。（注第二十五章「天法道」）
>
> 道者，空也。（注第十一章「無之以為用」）
>
> 道性自然，無所法。（注第二十五章「道法自然」）
>
> 道包羅天地，無所不容。（注第二十五章「道大」）
>
> 道明白，如日月四達，滿於天下八極之外，故曰視之不見，聽之不聞，彰布之於四方，煥煥煌煌也。（注第十章「明白四達」）

然而，與此同時，在其他許多論及本體範疇的「道」義時，它往往以「一」稱代「道」，而在涉及生化萬物、宇宙論範疇之「道」義時，卻又注入了「氣」與「精氣」的概念，以氣或精氣來詮釋宇宙的創生。

就以「一」稱代「道」而言，在詮釋《老子》第十四章「道」的

體貌和性徵時，《河上公章句》都是以「一」替代「道」以表詮，它說：

> 無色曰夷，言一無采色，不可得視而見之；無聲曰希，言一無音聲，不可得聽而聞之；無言曰微，言一無形體，不可搏持而得之。（注「視之不見名曰夷，聽之不聞名曰希，搏之不得名曰微」）
>
> 一在天上，不皦皦光明；一在天下，不昧昧有所闇冥。（注「其上不皦，其下不昧」）
>
> 一無形狀，而能為物作形狀也。（注「無狀之狀」）
>
> 一無物質，而〔能〕為萬物設形象也。（注「無物之象」）
>
> 一忽忽恍恍，若存若亡，不可見之也。（注「是為忽恍」）
>
> 一無端末，不可預待也，除情去欲，一自歸之也。（注「迎之不見其首」）
>
> 一無影跡，不可得而看。（注「隨之不見其後」）

這些「一」都是指稱「道」。「一」無形、聲、色，非感官知覺對象，無端末，無形跡，無物質內容，若有若無，在天上，亦在天下，上上下下無窮極。本身雖無形象，卻是萬物形象生化的根源。這樣的特質，和前述各章直接稱「道」的性徵，基本上一致。「一」與「道」二位一體，《河上公章句》注三十九章「萬物得『一』以生」時因此說：「言萬物皆須『道』以生成也。」直接將「一」解釋成「道」，「一」是「道」的代身。

然細加察對，「一」與「道」還是有不同的，《河上公章句》說：

聖人執守古道，生一以御物，知今當有一也。（注第
十四章「執古之道，以御今之有」）
道唯恍忽，其中有一。（注二十一章「恍兮忽兮，其中
有物。」）

「道」中有「一」，道生一，道與一的關係是母與子；《河上公章
句》說：

一，無為，道之子。（注第三十九章「昔之得一者」）
子，一也，既知道已，當復知一也。」（注五十二章
「既知其母，復知其子。」）

又注「既知其子」為「已知一」，皆是釋「一」為道之「子」，為道
初始之生，《河上公章句》說：

道始所生者一也。（注四十二章「道生一」）

「道」最初生出「一」，再下生陰、陽，清、濁、和⋯⋯，這基本上
是沿承《老子》「道生一，一生二⋯⋯生萬物」的觀點而來的。道
是生化萬物之母，《河上公章句》解《老子》第五十二章「天下有
始，以為天下母」說：

始，道也，道為天下萬物母。

就生化萬物而言，「道」是萬物之母，由「道」先生出「一」，因此
說，「一」是道之子。能把握「一」，就大致把握了「道」，《河上
公章句》因此說：

人能知上古本始有一，是謂知道之綱紀。（注十四章「以〔能〕知古始，是謂道紀」）

其實，以「一」爲「道之子」，《河上公章句》不是首創。稍前，《老子指歸》已經說過了，指歸說：「一者，道之子、神明之母、太和之宗、天地之祖。」（卷一〈得一篇〉）[9]同樣以「一」爲「道之子」，爲道化生萬物之本始。

原本，《老子》以「一」爲道體創生天地萬物之始，道無形，故以「一」爲道之門，「道」通過「一」以化生萬物，道爲萬物之源，實際上是通過「一」去執行的。因此，就本體言，一與道固有別；就創生言，則一即道，道即一。因此，《老子》第十章說「載營魄抱一」，二十二章說「聖人抱一」，「抱一」就是「懷道」。第三十九章「昔之得一者」以下，更直接以一代道，來論證萬物由「道」稟授生機；而生意盎然。

《淮南子》也以「一」代表「道」，但對一與道之關係，卻有比較直接而具體的詮釋，〈天文〉說：「道始於一」，〈原道〉說：

道者，一立而萬物生矣，……萬物之總，皆閱一孔；百事之根，皆出一門。

9　《老子指歸》原共13卷72篇，另有序文〈說二經目〉，前7卷注《老子·德經》共40篇，後六卷注《老子·道經》共32篇。今本只存前7卷，後6卷宋後亡佚，道藏本及怡蘭堂叢書本將1-7卷卷次列為7-13。王德有點校本據明《正統道藏》為底本，校以怡蘭本、津逮本、學津本，並保留道藏本、怡蘭本文前引《老子》原文，與其他校本以《老子》原文之起首幾字為篇名之原貌，並從50多種《老子》注本中覓出《老子指歸》後六卷佚文百餘條，刪去重複，合為80則，彙為輯佚文，附後，是今存較為完備之校本，本論文此下所引《老子指歸》之內容與卷次，因悉依王本。

「道」通過「一」，開始它在有形世界裡的一切運作，〈詮言〉
說：「萬物同出於一」，「一也者，萬物之本也。」

　　靜態的「道」，由「一」開始活絡起來，天地萬物因得一而生
意盎然，《老子》因此有「天得一以清，地得一以寧……」的體
悟，《莊子》也發出「馮夷得之，以游大川……」之類讚歎，《淮
南子》因而有了「山以之高，淵以之深，獸以之走，鳥以之飛」之
類謳歌，「一」儼然取道而代之。〈齊俗〉說：「一者至貴，無適
（敵）於天下」，所說的「一」正是指的「道」。《老子指歸》與
《河上公章句》中「道」與「一」的關係，基本上也是這樣。

　　除了以「一」稱代「道」之外，在涉及創生之「道」義時，《河
上公章句》更將「氣」注入了「一」與「道」中，以「氣」或「精
氣」來詮釋「道」的創生。換言之，在《河上公章句》中，「一」不
但是「道之子」，其內容更是「精氣」，一切由「道」通過「一」
去執行的生化過程，因此也都是「氣」的變化與作用。《河上公章
句》說：

　　　　一者，道始所生，太和之精氣。（注第十章「抱一」）
　　　　道唯恍忽，其中有一，經營生化，因氣立質。（注十四
　　　　章「恍兮忽兮，其中有物。」）

「一」不但是「道始所生」，也是「太和之精氣」，「道」與
「一」的生化萬物是「因氣立質」，是「氣」的作用，舉凡一切
「道」的生成化育作用，基本上都是「氣」、「元氣」、「精氣」的
作用，《河上公章句》一再地反覆這個觀點，它說：

　　　　元氣生萬物而不有。（注第二章「生而不有」）
　　　　萬物中皆有元氣。（注四十二章「沖氣以為和」）
　　　　道陰行精氣，萬物自成也。（注二十五章「天法道」）

　　萬物始生，從道受氣。（注第二十一章「以閱眾甫」）

　　萬物從道受氣。（注第二十一章「吾何以知眾甫之然
　　哉」）

　　萬物皆得道〔之〕精氣而生。（注第二十一章「以
　　此」）

　　道養育萬物精氣，如母之養子。（注二十五章「可以為
　　天下母」）

　　道善稟人貸精氣，且成就之也。（注四十一章「夫唯
　　道，善貸且成」）

總之，《河上公章句》的「道」充滿了「氣」，以「氣」（或
「元氣」、「精氣」）化生萬物，其化生似乎是行「氣」，提供
「氣」，讓萬物自生。要之，「道」是氣，「一」是「太和之精
氣」，一切道與一的生化作用都是「氣」的變化作用。

　　在《河上公章句》之前，《老子指歸》也曾說「一」不但是
「道之子」，也是「太和之宗」（卷一〈得一篇〉），主要在強調
其為創生始源。它說：「道德、神明，清濁、太和，天、地、人、
物，……氣化連通」（卷五〈善為道者篇〉）以道德、神明、太和
為萬物化生的幾大階程，也承認天地萬物之間是以「氣」相連相
通，但卻始終沒有明說「道」或「一」就是「氣」或「精氣」，只
說「一」是「虛而實，無而有」（卷一〈得一篇〉）。相較之下，
《河上公章句》顯然明確許多。

　　2.氣化天地萬物

　　對於這個作為「道」與「一」內容的「氣」，化生天地萬物的過
程，《河上公章句》有相當明確而簡要的表述，它說：

　　道始所生者〔一〕也，一生陰與陽，陰陽生和、清、濁

> 三氣，分為天、地、人也。天、地〔人〕共生萬物也，
> 天地施化，人長養之。（注第四十二章「道生一，一生
> 二，二生三，三生萬物」）

由「太和之精氣」的「一」，先分生陰陽二氣，再由陰陽二氣轉生成
清、濁、和三氣，這三氣再分別形成天、地、人，再由天、地、人共
同化育萬物，天施地化而人長育之，這是《河上公章句》的宇宙創生
軌則。這樣的說法，在之前的《老子指歸》和之後的《太平經》中都
有相因、相繼的論證。

　　在《河上公章句》之前，《老子指歸》不但以「一」為「道之
子……太和之宗」、生化天地萬物之本源，說清、濁、太和與天、
地、人、物「氣化連通」，並且說，道生化萬物的過程是個「氣化分
離」的過程，它說：

> 夫天人之生也，形因於氣，氣因於和，和因於神明，神
> 明因於道德，道德因於自然，萬物以存。（卷二〈道生
> 一篇〉）
> 一清一濁，與和俱行，天人所始，未有形埒圻堮，根繫
> 於一，受命於神，謂之三。（卷二〈道生一篇〉）

按照這樣的說法，則道化生萬物不但須經由道德→神明→太和等幾大
階段，它並且是一個氣的變化分離過程。氣的產生，似乎是由「太
和」的階段開始的，自「太和」以下，才分出「清、濁、和」三
氣，去分生天、地、人，故稱「太和」為「妙氣」，但卻講得含混
模糊，不明確。由《老子指歸》而下，經《河上公章句》，已明確
許多，到了成書較後的《太平經》中，說得更清楚了。《太平經》
說：

> 元氣有三名：太陰、太陽、中和。（〈合三氣興帝王法〉）
>
> 天、地、人本同一元氣，分為三體。（〈三五優劣訣〉）
>
> 一氣為天，一氣為地，一氣為人，餘氣散備萬物。（〈夷狄自伏法〉）

至於這三氣如何分生天、地、人三體？《太平經》比《河上公章句》的論述更清楚，它說：

> 元氣恍忽自然，共凝成天，名為一也；分而生陰而成地，名為二也。（〈卷七十三～八十五，闕題〉）
>
> 上天下地，陰陽相合施生人，名為三也。三統共生，長養萬物，名為財。（同前）

〈卷一百二十～一百三十六〉說得更具體明白，它說：

> 天，太陽也；地，太陰也；人居中央，萬物亦然。天者常下施，其氣下流；地者常上求，其氣上合也。兩氣交於中央，人者居其中為正也。兩氣者常交用事，合於中央，乃共生萬物，萬物悉受此二氣以成形……無此氣，不能生成也。

〈三合相通訣〉在解釋「太平」時也說：

> 天氣悅下，地氣悅上，二氣相通，而為中和之氣，相受共養萬物，無復有害。

根據這些說法，是陽氣成天，陰氣成地，天陽地陰二氣交和生成人與萬物。不過，人雖與萬物同為天地之氣所化生，卻有助天地以長養萬物之功能與責任，《太平經》的說法正好完密解說了《河上公章句》的宇宙論，對於《河上公章句》中陰陽二氣如何轉生清、濁、和以生人的問題，可以有較為清楚的交代。依《太平經》的說法，清、濁應是分指陽、陰二氣的質性，「和」則是這陽清、陰濁之氣各自化生成天、地後，再由陽清、陰濁的天、地之氣所交和，它可以生成萬物與人，而人在天施地化萬物的過程中，有助成長養之功。特別強調人參贊天地化育之功，這是《太平經》和《河上公章句》一致的觀點。只不過《河上公章句》就質性言，稱三氣為清、濁、和，《太平經》則稱之為太陽、太陰、中和而已。而或許因為沒有依經作注的侷限，亦或許時代較後，《太平經》的論證，內容詳細，完整許多。我們如果根據入後愈詳的通則來判斷，則《老子指歸》的成書早於《河上公章句》，《太平經》的成書則晚於《河上公章句》，在此可得到一個有力的證據。

　　而不管是《老子指歸》、《河上公章句》，還是《太平經》的論述，基本上都是圍繞著《老子》「道生一，一生二，二生三，三生萬物」的命題所作的論證，其論證基本上也沒有跳脫出以《淮南子》為代表的，漢代道家氣化宇宙論的模式，亦即由元氣分生陰、陽以成天、地，再由天地透過氣的交合作用，生成人與萬物。《淮南子・天文》說：

> 宇宙生元氣，元氣有涯垠，清陽者薄靡而為天，重濁者凝滯而為地。清妙之合專易，重濁之凝結難，故天先成而地後定。

《淮南子》早就以天為清陽之氣所生，地為濁陰之氣所成。不僅如此，〈精神〉在論到天（陽）地（陰）之氣化生「人」與萬物時，說：

繁氣為蟲，精氣為人。

因著所稟之氣品質之不同，所化生出的生類亦有高、低等之歧異。《河上公章句》沿承這種觀點，也說：

> 稟氣有厚薄，得中和滋液則生聖賢，得錯亂污辱則生貪淫。（注第一章「玄之又玄」）
> 有欲之人與無欲之人同受氣於天。（注第一章「同謂之玄」）

聖賢與貪淫之別，有欲與無欲之差，在《河上公章句》看來，是所稟之氣量之多寡與質之優劣問題。

3.道與天地

在《老子》裏，道是高於一切，生化一切的總根源，當然高於天、地。在《河上公章句》的創生體系中，天地既為道→一→陰（濁）陽（清）所分生，自然低於道，它注第二十五章「道大」說：「道大者，包羅天地。」但它又說：「道通行天地」（注二十五章「周行不殆」），這是因為道中有精氣，道將精氣散布於天地間，以化生萬物之故，《河上公章句》說：

> 道布氣天地，無所不通。（注第二十五章「遠曰反」）
> 道⋯⋯滿於天下八極之外⋯⋯彰布之於十方。（注第十章「明白四達」）

這是以「氣」為「道」之內容者一致的推論，在先秦《管子》的〈內業〉中，也是這樣的說法，〈內業〉一方面說：

> 道也者，口之所不能言也，目之所不能視也，耳之所不
> 能聽也。萬物以生，萬物以成，命之曰道。

以「道」為生化天地萬物，自然高於天地，但在另一方面，又以
「氣」為「道」，說「道者所以充形」（〈內業〉）、「氣者身之充
也」（〈心術下〉），道就是氣；並且說：

> 道在天地之間。
> 道滿天下，普在民所……上察於天，下極於地，蟠滿九
> 州。

道變成在天地之內，低於天地了。

　　《河上公章句》的「道」，既依經作注，自然沿承《老子》道
先天地，高於天地的大前提，卻又相當程度地接受《管子・內業》
以「氣」為「道」之內容，說「道」布滿一切空間，以此來論證
其廣大。大抵作者所在意的，是「道」如何廣大無形，流行於一切
空間，以化育萬物。至於道與天地間的大小含包問題，《河上公章
句》大致上仍是沿《老子》道大、天地小之原旨；然而，道既無所不
可通行，自然也通行於天地間，甚至八極之外了，比起〈內業〉的
「道在天地間」、「上察於天，下極於地」來，雖然都以「氣」為內
容，但顯然高大廣闊許多。

(五)以氣為核心的養生論

1.善養和氣、精氣以全生

　　如前所述，《河上公章句》以「氣」或「精氣」為萬物化生之基
元，而在氣（精氣）的化生過程中，質與量的和與不和是決定所化生
物類品質優、劣與否的重要關鍵。因此，作為創生始源的「一」，
《河上公章句》特別標稱其為「太和」之精氣，「太」謂其為始

源，「和」顯示其狀態理想平穩。而當講到以「人」爲代表的萬物之創生時，《河上公章句》再一次標出「和」爲清、濁二氣交合恰當之化生條件，在《河上公章句》的養生論中，因此常以「和氣」的存、去，爲生機有無的核心因素，以解證《老子》的柔生剛死之理。《老子》主柔弱而戒剛強，以柔弱爲生，剛強主死，《河上公章句》則說：

> 人生含和氣，抱精神，故柔弱也。（注第七十六章「人之生也柔弱」）
> 人死和氣竭，精神亡，故堅強也。（注第七十六章「其死也堅強」）

注同章「萬物草木之生也柔脆」說：「和氣存也」，注「其死也枯槁」說：「和氣去也」，注第五十五章「知和曰常」說：

> 人能知和氣之柔弱有益於人者，則爲知道之常也。

注同章「心使氣曰強」說：

> 心當專一和柔，而「神」氣實內，而反使妄有所爲，〔則〕和氣去於中，故形體日以剛強也。

它循著以「氣」化生、養生一路，先將「知和曰常」的「和」，解作「氣」之「和」，亦即「和氣」，然後再以之爲核心質素，去解釋《老子》生物柔軟，死物堅硬，柔生剛死之理，說那是因爲內中「和氣」存在與否的關鍵。和氣存，則生機（精神）暢而體柔軟；和氣竭，則生機（精神）亡而體堅硬，養生因此首當養此柔弱以生之和氣。

　　不過，在大部分時候，它還是以氣或精氣來泛論養生，它認為精氣和和氣，都是生機、生命充旺之源，《河上公章句》說：

　　　　專守精氣使不亂，則形體能應之而柔順。（注第十章「專氣致柔」
　　　　愛精重施，髓滿骨堅。（注第二章「強其骨」）
　　　　赤子未知男女之合會而陰作怒者，由精氣多之所致也。
　　　　（注五十五章「未知牝牡之和而朘作」）

治身養生因此也當愛養此「精氣」，《河上公章句》說：

　　　　治身者當愛「惜」精氣，不〔為〕放逸。（注第五十九章「莫若固」）。
　　　　治身者愛氣則身全。（注第十章「愛民治國」）
　　　　人能保此身中之道，使精氣不勞，五神不苦，則可以長久。（注第十章「有國之母，可以長久」）

注第七十二章「自愛不自貴」說：

　　　　自愛其身，以保精氣，不自貴高榮名於世。

除了愛養、保守之，使不散亡之外，《河上公章句》還強調要愛養保守得堅固深入，才能久長，它說：

　　　　人能以氣為根，以精為蒂，如樹根，不深則拔，〔果〕蒂不堅則落，言當深藏其氣，固守其精，無使漏泄。
　　　　（注第五十九章「是謂根深蒂固」）

2.去除情欲以存神

《河上公章句》認為，判定一個人是生、是死、是存、是亡，其所依據的，就是「精神」，是精神撐持著生命，使能維持一定的活動，我們稱之曰生，一切的保氣、愛精、固精，其目的都在存養精神，使能維持一定的生命活動，《河上公章句》說：

> 人之所以生者，以有精神也。（注第七十二章「無厭其所生」）
> 人能養神則不死。（注第六章「谷神不死」）
> 治身者神不勞。（注四十四章「可以長久」
> 治身不害神明，則身安而大壽也。（注第三十五章「往而不害，安平太。」）

「神明」指靈明的精神，保持內在精神靈明，是愛精養生的終極。這樣的說法早見於《老子指歸》，指歸說：

> 夫生之於形也，神為之蒂，精為之根（卷三〈出生入死篇〉）
> 我之所以為我者，以有神也。神之所以留我者，道使然也。……就道之術、留神之方，清靜為本，虛無為常。（卷三〈聖人無常心篇〉）
> 存身之道，莫急乎養神，養神之要，莫甚乎素然。（卷六〈民不畏威〉）
> 聖人虛心以原道德，靜氣以存神明。（卷二〈至柔篇〉）
> 欲治天下，還反其身。靜為虛戶，虛為道門，泊為神本，寂為和根，嗇為氣容，微為事功。（卷一〈上士聞

道篇〉）

都是以「神」為生命的主體，以清靜、虛無為養神之要領。指歸由於時代稍前，所言尤切《老子》虛靜之旨。

而干擾精神清靜、虛無的最大因素是情慾、嗜好，《老子》和歷來所有論修養者因此都主張節制嗜慾，《老子指歸》和《河上公章句》也不例外，《老子指歸》說：「失神之術本於縱恣。」（卷六〈民不畏威〉），《河上公章句》也說：「治身者嗜欲傷神。」（注七十四章「民不畏死」），養生治身因此首當節制情慾，《河上公章句》說：

> 人君……教民去〔其〕情慾（注七十四章「奈何以死懼之。」）
>
> 洗心濯垢，恬淡無欲，則精神居之〔而〕不厭也。（注七十二章「夫惟不厭，是以不厭」）
>
> 人能除情欲，節滋味，清五藏，則神明居之也。（注第五章「天地之間」）
>
> 除情去欲，日以空虛。（注第十五章「渙兮若冰之將釋」）
>
> 得道之人損情去欲，五內清靜，至於虛極。（注第十六章「至虛極」）

它注第三章「虛其心」為「除嗜欲，去煩亂」，注第四十八章「損之又損」說：「〔損之者〕，損情欲也；又損之〔者〕，所以漸去〔之也〕。」注第一章「眾妙之門」說：「除情去欲，守中和，是謂知道之門戶也。」，釋第十四章「迎之不見其首」說：「除情去欲，一自歸之也。」，這幾節有的在《老子》裏，原本講治國，有的則是講澄心靜慮的修養工夫，有的是模狀虛無的本體「道」，《河上

公章句》全都將它們作了去除情欲的養生詮釋。不僅如此，它在解釋第八十章小國寡民時，固以「情欲」爲論點，注「民至老〔死〕不相往來」爲「其無情欲」，在注解第六十四謹微愼始一章時，也以「情欲」爲謹愼考量之焦點，注「其未兆易謀」說：

> 情欲禍患未有形兆〔之〕時，易謀止也。

注「其脆易破」說：

> 禍亂未動於朝，情欲未見於色，如脆弱易破除也。

注五十章「出生入死」時，以「情欲」之在內、在外爲死、生之根由，說：

> 出生，謂情欲出〔於〕五內，魂定魄定，故生；入死，謂情欲入於胸臆，精勞神惑，故死。

呼籲人，去情欲以存神保生，要人「內守精神，外無文采。」注第十二「五色令人目盲……」一章尤以嗜欲洩精，精神散亡爲解，說：

> 貪淫好色，則傷精失明，〔不能視無色之色〕；好聽五音，則和氣去心，不能聽無聲之聲。人精神好靜，馳聘呼吸，精神散亡，故發狂也。

注「聖人不爲目」說：

> 目不妄視，妄視，精泄於外。

注「聖人爲腹」說：

> 守五性，去六情，節志氣，養神明。

注「去彼取此」說：

> 去彼目之妄視，取此腹之養性。

這一章原本是《老子》的「清心寡欲」章，《河上公章句》以去欲愛精爲解，並無不妥。然而，它又說：「守五性，去六情」，顯然是「性」、「情」對立，性善情惡的主張者。

3.鼻天口地，性清情濁

在《河上公章句》裏，性與情確實是對立的，性清而情濁，但它卻是相當根源性地，據於天清地濁的創生來源而講的，《河上公章句》注第六章「是謂玄牝」說：

> 言不死之道，在於玄牝。玄，天也，於人為鼻；牝，地也，於人為口。天食人以五氣，從鼻入藏於心。五氣清微，為精神、聰明、音聲、五性。其鬼曰魂，魂者雄也，主出入人鼻，與天通，故鼻為玄也。地食人以五味，從口入藏於胃。五味濁辱，為形骸、骨肉、血脈、六情。其鬼曰魄，魄者雌也，主出入人口，與地通，故口為牝也。

這種說法基本上來自《黃帝內經・素問》，〈素問〉說：

> 天食人以五氣，地食人以五味，五氣入鼻，藏於心肺，

上使五色修明，音聲能彰。五味入口，藏於腸胃；胃有
所藏，以養五氣，氣和而生，津液相成，神乃自生。

〈素問〉原本是從生理學的角度來論證人如何由天地中攝取所需，以
安養生命。它分別由呼吸與消化系統兩路來論述：就呼吸系統言，它
以心為人呼吸系統的中樞，說人透過鼻孔，去吸取大自然中的各種
寒、暑、濕、燥、熱之氣，由鼻吸入，蘊藏於心，使人容光煥發，
聲音清朗。就消化系統而言，它以胃為人消化系統的中樞，說人經由
口，攝取大地出產的各種食物，入藏於胃，透過胃的消化吸收後，變
成營養，以滋養前述的五氣。如果這種滋養情況平穩順利，氣就能源
源不斷地產生，從而滋生血液、精液等各種體液，在各類體液的相
互調和滋補下，靈明的精神自然產生。〈素問〉這種說法有幾層意
義；⑴呼吸系統由鼻攝入自然之氣，直接提供生機；消化系統則由
口攝取食物，須經胃的消化、吸收，轉化為營養，以充旺生理生命
力，才能蘊生精神生命。⑵前者過程較為抽象，卻直接而快速，後者
則顯然須經食補的過程，去維持其各項生理機能的正常運作，才能透
顯生機，煥發精神。難怪道教一系養生論者，重呼吸吐納，而輕攝
食。

　　《河上公章句》依循著〈素問〉的說法，不但將《老子》的本體
論作了養生的詮釋，並且將〈素問〉這兩系的過程與功能說得更為
相對而明確。它依據自己天陽清、地陰濁的創生論，以天為玄，為
雄（陽），顯然較為高明而尊貴；以地為牝、為雌（陰），顯然較為
低下而卑賤；而它又分別以鼻、口為各自的管道，心、胃為各自的中
樞，鼻、心攝五氣，口、胃取五味，五氣來自天，五味來自地，天清
地濁，故氣清味濁，鼻清口濁。它並將一切屬心理層面之生機，諸如
精神、聰明、音聲、五性等，都歸屬鼻心之功能；而將一切偏屬生理
層面的生命現象，諸如形骸、骨肉、血脈、六情等，都歸屬口、胃之
職司與功能。依這樣的歸分，當然是天貴地賤，鼻貴口賤，心貴胃
賤，精神貴、形骸賤，魂貴魄賤，性貴情賤了。這種說法的基本依

據，其實就是天陽地陰，天清地濁的創生原則，與道家崇虛抑實，貴神賤形的哲學基調，卻不離漢代人陰陽二分，既對立又互補，陽尊陰卑的價值批判。

這樣的說法，和《淮南子・精神》的說法是相合的；〈精神〉說，人的生命形成是「精神者，天之有也；骨骸者，地之有也」。更特殊的，《河上公章句》和《黃帝內經》都因重視氣與精神，而把心歸屬鼻、氣一系呼吸系統的中樞，明白顯現了道教一系養生論所以重吐納，調息、節制飲食的根由。因此，在注第六、十兩章相關於本體論的經文時，不但將義理轉向養生，論述焦點也都集中在鼻與口，比如，它注第十章「天門開闔」說：

治身，天門謂鼻孔；開謂喘息，闔謂呼吸。

注第六章「玄牝之門，是謂天地根」說：

言鼻口之門乃是通天地之元氣所從往來也。

注第六章「綿綿若存」說：

鼻口呼噏喘息，當綿綿微妙，若可存，復若無有。

將《老子》本體道的運作功能全都說成了呼吸、調息、吐納的養生工夫。

4.腹中有神與五藏神

不過，《河上公章句》最注重的，似乎還不全是在鼻，也在腹。它雖然以「心」為精神作用之中樞，卻又說「腹中有神」（注第十一章「有之以為利」）。它在注第十二章「聖人為腹」時，除了依經為注外，也標出了治腹的終極目的是「養神明」，注同章「去彼取

此」時也說要：

> 去彼目之妄視，取此腹之養性。

這種重「腹」的說法也存在於早期道教經典《太平經》裏。《太平經》說：

> 心神在人腹中。（〈大聖上章訣〉）

大抵因為腹部居人形體中心位置，基於其「守中」的觀點，修煉重心因此也在腹。〈聖君秘旨〉在講到最重要的修煉工夫——「守一」時，說：

> 夫欲守一者，……安臥無為，反求腹中。

「守一」由是變成「守腹」，而「臍」為腹的核心，道教吐納導引術因此多以腹、臍為根點。《河上公章句》的「神在腹中」與此觀點一致。

　　然而，除了說「腹中有神」之外，《河上公章句》中還有所謂「五藏神」，它注第六章「谷神不死」說：

> 谷，養也；神，五藏之神。肝藏魂，肺藏魄，心臟神，腎藏精，脾藏志，五藏盡傷，則五神去矣。

注第十章「載營魄」也說：

> 魂在肝，魄在肺，……魂靜，去道不亂；魄安，得延年壽。

它以五藏爲各有所職司，亦各有其神，合稱「五藏之神」。然而，在五臟所司之中，又說「心藏神」，就語辭的運用來說，它患了義界含混不周延的毛病，這是漢代學者表詮上的通病。《淮南子·脩務》、《春秋繁露·官制象天》，甚至更早賈子《新書·道德說》中都曾出現過同樣的毛病[10]。但它的意思其實是指的，五藏各有所主，稱爲「五藏神」，此處的「神」是主管、職司之意。但在五臟中，心最爲核心中樞；而在人的生命中，神最爲生命主體，因此，以「神」歸屬「心」所職司，曰「心藏神」。此時的「神」，是精神生命之意。這樣的說法，基本上和《太平經》的觀點也有呼應處。《太平經·修一卻邪法》認爲，人的全身形骸，各部分有各部分的核心，稱爲「一」，那是所要修煉的重點所在，因此有「守一」之說。五臟自然也有它的核心，它的「一」。五臟的核心在「心」，它說：「五藏之一者，心也。」而所謂的「神」，在《太平經》裏，除了指自主意識外，舉凡人身上的各部位，各器官皆有「神」主之，五臟亦然，謂之「五藏神」。〈齊戒思神救恐訣〉說：

> 四時五行之氣來入人腹中，為人五藏精神。
> 四時五行精神，入為五藏神，出為四時五行神精。

---

[10] 比如《淮南子·脩務》在論「無為」時，曾將「無所作為」簡稱為「無為」，致辭面涵意與其論證主旨「自然無為」之「無為」相淆，讀者多有據此以斥《淮南子》理論內容自相矛盾者，其實只是辭面淆用而已，義理並不矛盾。《春秋繁露·官制象天》在論「天有十端」時也說，「天」包括了天、地、陰陽、五行與人而十。其實「天有十端」的「天」指大自然、大宇宙，其下的「天」是指與地、與萬物相對的「天」，但辭面卻混用。賈誼《新書·道德說》說：「德有六理：道、德、性、神、明、命」，其實是說：道的整個創生過程可以分為道、德、性、神、明、命六大階段。因為「道」的創生是由「德」開始的，「道」只是作為一個始源本體，因此，說「道」的創生，其實是指「德」的創生，故說「德有六理」；但表面上至少犯了語辭的義界大小含混的毛病。漢人的哲學思維、語辭運用皆不夠周密，從這些地方可以清楚看出來。

自然之氣入人五臟，滋養五臟，轉成五臟的生理生命力；便是所謂「五藏神」。反之，五臟經由官能活動，亦可將體內生機還原為自然之氣。所謂「五藏神」，實即活絡五藏的核心力量，而這「五藏神」的內容，依楊寄林的解釋，是指的肝神、脾神、肺神、心神、腎神[11]，心神亦居其中。不過，或許因為它能自然地出入轉化，由四時五行氣入為五藏神，五藏神又可出而還原為自然之氣，《太平經》因此將這「五藏神」宗教化、神祇化，說人一旦生病，可依五行顏色及方位，圖畫五藏神象，懸掛室內，「思之不止」，則「五藏神」自能「報二十四時氣、五行神具來救之」，完完全全進入了神學領域。相較之下，《河上公章句》則清新許多，它只言養生治身之事，了不涉及宗教神學。據此而論，其成書至少應在《太平經》成書之前，又得一證。

　　除此之外，在注第十六章「歸根」、「復命」一節時，《河上公章句》再三重複「不死」的觀念，它注「歸根曰靜」說：

　　　　根安靜柔弱，謙卑處下，故不復死。

注「是謂復命」說：

　　　　言安靜者是為復還性命，使不死也。

注「復命曰常」說：

　　　　復命使不死，乃道所常行也。

注「是謂玄牝」說：

11　參見楊寄林：〈齊戒思神救死訣一百九〉，《太平經釋讀》，收入吳楓、宋一夫主編：《中華道學通典·六》（海口：南海出版社，1994年），頁408。

　　　言不死之道在於玄牝。

這章《老子》之意本謂澄心靜慮，則能蘊生智慧，此時，萬物靜觀
皆自得。《河上公章句》則不但作了養生的詮釋，且再三強調「不
死」之觀念，則其養生，雖尚未進入仙道，卻已開引其端了。

5.四關九竅十有三

　　除了正面地呼籲和強調之外，從注解第五十章中，我們也可以清
楚地看到《河上公章句》對情慾的戒慎，與對愛精、惜精的關切。
《老子》第五十章說「生之徒十有三，死之徒十有三，人之生動之死
地十有三」，這一則歷來學者多依玄學派王弼之說，解「十有三」
為「十分有三分」，釋經文之意為：人一生趨生、赴死、因活動而
死各佔十分之三。《河上公章句》則不同，它不但以「十有三」為
「十三」，並實指其為「九竅四關」，而注本章說：

　　　言生死之類各有十三，謂九竅四關也。其生也，目不妄
　　　視，耳不妄聽，鼻不妄嗅，口不妄言，〔舌不妄〕味，
　　　手不妄持，足不妄行，精不妄施，其死也反是。

「動之死地，十有三」其意亦然。純以四肢與形官之活動為解。
　　這樣的說法是前有所承的，遠在先秦，《韓非子・解老》就是這
樣作解的；〈解老〉說：

　　　四肢與九竅十有三者，十有三者之動靜，盡屬於生
　　　焉。……。

　　早以「四肢九竅」為「十有三」，與《河上公章句》的「四關九
竅」（目、耳、口、鼻、舌、手、足與施精之竅）相合，都代表以
「精氣」說解《老子》的黃老學派，對《老子》養生論的理解，和其
後玄理派的觀點有相當大的歧異。

對於這點，義理上介於精氣說與玄學說二者之間的《老子指歸》的說法就詳細而完密許多，《老子指歸》說：

> 虛、無、清、靜、微、寡、柔、弱、卑、損、時、和、嗇，凡此十三，生之徒；實、有、濁、擾、顯、眾、剛、強、滿、過、泰、費，此十三者，死之徒也。夫何故哉？聖人之道，動有所因，靜有所應。四支九竅，凡此十三，死生之外具也；虛實之事，剛柔之變，死生之內數也，故此十三言諸。

它也以「十有三」爲十三，和《韓非子・解老》、《河上公章句》同。但它卻將「十三」分指內外兩端，就外而言，十三指四肢九竅等應接外物，以引致生、死事件的形骸與官能，稱「外具」；就內而言，它列舉了十三種有益於生的修養之理，與十三種有害於生的修養之理，稱「內數」，這就兼顧了《老子》本旨與黃老養生說，對王弼之說也有一定的啓發性，儘管王弼以「十有三」爲「十分有三分」，其各佔十分之三的致生、致死、活動內因，想來亦不外乎指歸這二十六項「內數」一類內容。

四、結論

漢代是個科技與醫學發達的時代，也是個重養生的時代。從馬王堆出土大量房中醫書、《雜禁方》、《養生方》、《雜療方》、《十問》、《天下至道談》、《胎產書》，與張家山出土漢簡《引書》等等的內容與情況看來，重治身養生其實不只在東漢，西漢已然。司馬談〈論六家要旨〉的內容指涉，不是清楚明白地道出了對形、神問題的關注與對外王之術的講求一樣重要？其所反映的，或許不只是先秦道家原本也重修養的問題，而是實實在在的，那是漢代統治者所深心關注與投入的兩大課題。因爲，從馬王堆漢墓所出土的食

譜分析起來，據說其所用材料，大多是些有補腎功能的東西，可見它們基本上是針對貴族以上統治者的性生活所作的考量。西漢黃老學說原本講統御術，提供統治者外王的方案，但與此同時，他們也重養生的內聖之道，呼籲節慾、愛精的重要，這不只是學理的完備與否問題，而是大一統帝國帝王統御生涯中的切身需要。不過，西漢早期，或甚至在武、宣以前，朝廷忙著擴建基業，治國與外王是正面關注的焦點，這些治身養生之術不是不存在或不受重視，而是被遮摒至幕後，沒有搬上抬面來提倡。至黃老治國之術被摒斥，退下政治舞台之後，那與之同在，卻始終退居幕後的治身養生術，因著社會政治由穩定，而腐敗，而動亂，加上東漢統治者多短命的事實，逐漸被推了出來，受到重視。這應該就是東漢以後黃老養生一系思想大爲興盛的原因之一。我們從《河上公章句》一而再，再而三地刻意在《老子》論治國的經文中，大量添加治生養生之道，強調、呼籲治身、治國一理，又大量將《老子》澄心靜慮的治心工夫與虛無形上的本體道說，乃至治國之理，偏轉注解成愛精、去情慾的養生說，其所反映的，或許不只是迎合時代風潮而已，而是如司馬談所述的，針對當代統治者所作的建言與叮囑，因爲那是他們統御生涯中，眞正切身的課題。《河上公章句》的養生論，一再對保愛精氣的呼籲，對「情欲」的卻斥，對固愛「陽精」的關照，對保養精氣「根深蒂固」的叮囑，在在反映了其著作的功能價值不只在令人了解如何以漢代某一時期人的眼光，去理解《老子》、應用《老子》而已。而是，事實上也包含了一份對統治者的關照與建言。當然，在思想的表現上，它更明顯地呈現出道家黃老一系養生學說如何由先秦道家一系虛靜養神之修養要旨，側轉向道教一系求不死長生養生論的過渡。這其中，它和《淮南子》、《黃帝內經》、《老子指歸》、《太平經》各書，尤其是《太平經》理論，高度的雷同性與呼應性，及其彼此間詳略不同，含混、明確有別的內容表述，使我們較能區分出它們彼此之間成書時代的先後問題，那就是：它至少應成書於《老子指歸》之後，《太平經》與《老子想爾注》之前。

玖

從哲學、養生到宗教
——《河上公章句》
解老

　　《老子》不論其人或其書、其學說早存在於先秦，亦普遍流傳、推廣於戰國，但一如熊鐵基所說，眞正讓老學氣象更新、煥發新意，產生較大變化，有著較大靈活性的，卻是在漢代。[1]姑且不說前漢七十年的「黃老之治」，光是注解、詮釋《老子》其書，較有名的，至少就有《淮南子》、《老子想爾注》、《指歸》與《河上公章句》四家。這四家四部解老之作中，如果說《淮南子》與《老子指歸》是哲學的，《老子想爾注》是宗教的，則《老子河上公章句》便是黃老養生的，這是學者大致的看法。實際深入細看，《河上公章句》對《老子》哲學的應用理論，詮釋發揮的篇幅與程度，其實不少於其黃老養生理論。

　　《老子河上公章句》的寫成時代，金春峰斷其完成於西漢成帝以前；[2]王明謂爲後漢桓靈時期，黃老學者僞託戰國河上丈人所作；[3]王卡贊同其說，指爲「成書於西漢之後，魏晉之前，大約在東漢中後期」；其廣泛傳布則與東晉南朝以來神仙道教發展有關；[4]韓人吳相武則謂成書於西漢末至東漢初。[5]卿希泰基本上贊同金春峰之說，認爲「其成書時間當在昭帝時最遲也不會晚於宣帝時代」[6]今綜合各家說法，將其上限定爲西漢末，下限定爲東漢中期以前，亦即黃老養生思想盛行的時代，書中的內容清楚印證了這樣的看法。

　　或許是作者的出身背景與所要面對的對象不同，漢代四部解老之

1　熊鐵基、劉玲娣：〈論「漢老子」〉，《哲學研究》2004年第4期（2004年4月），頁52。

2　參見金春峰：《漢代思想史》（北京：中國社會科學院，2006年），頁338-348。

3　參見王明：〈老子河上公章句考·序說〉，《道家道教思想研究》（重慶：中國社會科學出版社，1984年），頁293-304。

4　參見王卡：《點校老子道德經河上公章句·前言》（北京：中華書局，1993年），頁3。

5　參見吳相武〈關於《河上公注》的成書年代〉，收入陳鼓應主編《道家文化研究》（北京：三聯書店，1999年），15輯，頁209-246。

6　參見卿希泰：〈《老子河上公章句》的成書時代與基本思想初探〉，《輔仁宗教研究》第22期（2011年春3月），頁1。

作，風格相當分歧。《淮南子》是以大學問家劉安爲首的南楚學術集團的集體學術著作，故不論內容或材料，都相當豐富而有深度。《指歸》則因嚴遵卜人兼高士的特殊背景與性格，而表現出一定程度的玄遠、迷濛風格。《想爾》則大致是一個創教者面對文化落後地區的西蜀淺末俗衆宣教，借用《老子》理論爲說，爲了顧及俗衆的領受能力與程度，不得不對玄妙的《老子》哲學有所轉化，甚至扭曲。

相較於三者，《河上公章句》被認定爲大致寫定於東漢中期以前，亦即黃老養生思想盛行之際，其作者極有可能如王明所說，是出於西漢末至東漢中期以前的黃老養生家，託名「河上公」所作。而根據《漢書》、《後漢書》及《東觀漢紀》（《太平御覽》478卷引）的記載，東漢時期黃老養生家，比如蔡勛、閔貢、任光、樊瑞、樊融、折象、楊厚、馮灝、矯慎、鄭均、楚王英、向栩、劉先、管寧諸人，或「學黃老」、「好黃老書」、「喜黃老書」，或「頤愛精神」、「優游自寧」，或「恬淡無欲，清靜自守」[7]，對於《老子》哲學都有一定程度的領悟與實踐，文化素養不低。《河上公章句》或許出於這一類人物之手，故除了對《老子》哲學有其一定的注解方向與風格外，對《老子》哲學的理解與詮釋，也有相當程度的正確性，其品質較之《想爾》更爲細緻明爽。以下我們便循著注文，觀測《老子河上公章句》之注老模式、策略與成果。

一、《河上公章句》的解老模式

相較於《淮南子》之不定式、就論題所及隨時發揮老、莊之旨，《老子指歸》、《老子河上公章句》、《老子想爾注》解老都有定式，係依章節爲解或作注。《想爾》但分章，無標題，《指歸》、《河上公章句》則擬有標題。《指歸》仿擬《莊子》風格，玄虛渾

---

[7] 詳見《後漢書集解》（台北：藝文印書館影長沙王氏校勘本，2001年），卷一〈光武紀〉、卷十七〈鄭均傳〉、卷八十〈孝明八王傳〉。《太平御覽》卷478引《東觀漢記》。

淪地大篇敷論《老子》的哲學義涵，表述鋪張而旨意玄迷。《河上公
章句》則是就經逐句爲注，或先注句，再補注關鍵字、詞；或先注
字、詞，再統說句。率皆精省扼要，清爽不繁，與《指歸》之鋪衍繁
複、玄虛迷濛恰成明顯對比。較之《想爾》，也簡潔明晰許多，嚴靈
峰因稱許其「行文簡要」。[8]

㈠行文簡潔，標題扼要嚴謹

　　《河上公章句》與《指歸》注老各章皆擬有標題，但《指歸》
其實是固定地以首句爲題，並無特殊旨意，且先列經文，再依章鋪
論。《河上公章句》則不然，它用心地爲每章各擬能提挈章旨之兩字
以爲題，比如，首章論「常道」與「非常道」，「常名」與「非常
名」，題曰「體道」；第三章論樸質無爲以治民，題曰「安民」。
第四章論「道」之虛無玄遠，題曰「無源」。第五章論天地聖人不
仁不宰，虛無以用，題曰「虛用」。十四章鋪寫「道」之夷、希、
微，恍惚無形，題曰「贊玄」。十七章論不同層次之政風，而以自然
爲上，題曰「淳風」……二十章鋪贊我濁昏尚道而眾昭察頑鄙，題曰
「異俗」……四十八章論損而無爲以致道，題曰「忘知」……六十六
章論謙下守後之旨，題曰「後己」。三十、三十一兩章皆反兵，題曰
「儉武」、「偃武」……八十一篇篇題無一不能提挈全章內容。篇題
雖僅兩字，取義卻相當凝鍊、縝密，非有相當學術素養者不能，此就
篇題而言。

　　就注文看來，情況亦大致相似。較之其他三種解老、注老之作，
《河上公章句》注文相當簡明扼要，通常一～三句，直入核心旨
趣，較少超過六、七句以上，更無大篇鋪論者，比如它注第五十六章
「塞其兌，閉其門」，曰：「塞、閉之者，欲絕其源。」注「和其

光」曰：「雖有獨見之明，當和之，使闇昧，不使曜亂人也。」注
「同其塵」曰：「不當自別殊也。」注第六十四章「為之於未有」
曰：「欲有所為，當於未萌芽之時，豫塞其端也。」皆能切中《老
子》思想原旨。其用字精簡之程度，注文甚至少於原經文。比如注
六十四章「合抱之木生於毫末，九層之臺起於累土，千里之行起於足
下」曰：「從小成大，從卑立高，從近至遠。」不僅準確合旨，而且
注簡於經。注十九章「金玉滿堂，莫之能守」曰：「嗜欲傷神，財多
累身。」注第三章「常使民無知無欲」曰：「反樸守淳。」注「為無
為則無不治」曰：「不造作，動因循，德化厚，百姓安。」

　　其用字精簡，詮解恰當者，尤屬第八章（〈易性〉），發揮
「水」的哲學：

（經文）	（注文）
正善治	無有不洗，清且平也。
事善能	能方能圓，曲直隨形。
動善時	夏散冬凝，應期而動，不失天時。
夫唯不爭	壅之則止，決之則流，聽從人也。
故無尤	水性如是，故天下無有怨尤水者。

從注文看來，注者非特文字能力不錯，對水貼合「道」的各種質
性，也有深入的體悟，且能哲學性地論注無虞，對《老子》雌下尚虛
的思維也能自如地融入與表述。注第七十八章時，又再一次展現了這
種素養：

（經文）	（注文）
天下柔弱莫過於水	圓中則圓，方中則方， 壅之則止，決之則行。
而攻堅強者莫之能勝	水能懷山襄陵，磨鐵消

	銅，莫能勝水而成功也。
其無以易之	夫攻堅強者無以易水。
弱之勝強	水能滅火，陰能消陽。
柔之勝剛	舌柔齒剛，齒先舌亡。
天下莫不知	知柔弱者久長，剛強者折傷。
莫能行	恥謙卑，好強梁。
故聖人云	謂下事也。
受國之垢，是謂社稷主	人君能受國之垢濁者，若江海不逆小流，則能長保其社稷，為一國之君主也。
受國之不祥，是謂天下王	人君能引過自與，代民受不祥之殃，則可以王天下。

這兩章注文簡潔有力、精當精采，類似狀況並不僅此兩章，它們是《河上公章句》注老很普遍的表現情況。在《河上公章句》裡，除了刻意增入或夾摻的黃老精氣治身養生說、政教論與偶有的宗教意之外，其忠於原旨，解證無虞的，大致都是這樣的狀況。如注二十章（〈異俗〉）曰：

（經文）	（注文）
沌沌兮	無所分別。
俗人昭昭	明且達也。
我獨若昏	如闇昧也。

俗人察察	察察，急且疾也。
我獨悶悶	悶悶，無所割截。（桂案：意指混同為一）
忽兮若海	我獨忽忽，如江海之流，莫知其所窮極也。
漂兮若無所止	我獨漂漂，若飛若揚，無所止也。
眾人皆有以	以，有為也。
而我獨頑似鄙	我獨無為，似鄙，若不逮也。
我獨異於人	我獨與人異也。
而貴食母	食，用也。母，道也。我獨貴用道也。

用字一樣簡潔恰當，將《老子》體道者守愚不隨俗之理，詮釋得相當穩當。從標題「異俗」的擬定，到逐句經文的詮解，都簡明恰當。《河上公章句》的作者是深通《老子》之旨的，秦漢的黃老學者本來就深通《老子》，只是習慣引用現象事物，將它們作了應用性的詮釋而已。

(二)舉例作注，明實詮解

　　《河上公章句》解老的另一模式是，直舉事例，以代說解。儘管如許多學者所說，《河上公章句》將《老子》的形上學作了氣化宇宙的縮萎，[9]將其應用論作了治身治國一體通貫的偏轉，然由於用字簡潔扼要，事例清楚明晰，一望可解，往往能達到不言而喻，當下了然的效果。因此，它不若《淮南子》、《指歸》之大篇幅敷論其

9　參見李增：〈論河上公注老之氣化宇宙論觀特色〉，《哲學與文化》第3卷第9期（2003年9月），頁93、99。

理，而往往直舉事例，以明其理，是事證、例證。而不大篇思辨，大篇說理。它抖落《老子》的許多玄味，落實地舉例說解，在注第八與七十八章時，逐一舉出水的各項特徵，以證《老子》柔弱謙下之理，在注第四十四章「知止不殆」時，也舉「財利不累於心，聲色不亂於耳」以說明「知止」的情況。注第三章「不見可欲」說：「放鄭聲，遠佞人。」注第十九章「絕聖」時，舉三皇、五帝、蒼頡的制作說：

> 五帝畫象，蒼頡作書，不如三皇結繩無文。

簡明道出了文明社會之制作，不如初民社會之樸質無文。注第二十六章「重爲輕根」以草木之花、葉、根爲喻，說：

> 草木之花葉輕，故零落；根重，故長存也。

道爲萬物本根的思維清楚顯示。注第三十一章「（不得已而用兵）恬淡爲上」說：「不貪土地，不利人財寶。」具體指出所謂「恬淡」用兵的具體行爲就是將戰爭與掠奪切割開來，爲戰而戰，戰而不掠奪，不併吞。注第三十九章「貴必以賤爲本」，舉禹、稷、舜、周公之事蹟爲例，說：

> 若禹稷躬稼，舜陶河濱，周公下白屋也。

清楚說明了崇高而偉大的聖賢功業來自卑微低下的基層事務。注第四十四章「多藏必厚亡」說：

> 生多藏於府庫，死多藏於丘墓。生有攻劫之憂，死有拔冢探柩之患。

更驚聳萬分地提醒人，厚藏之無窮後患。這樣的注解法，較之思辨、說理式的詮解，更能使人明白《老子》玄思背後的立論依據是何種現實背景。不論對於《老子》哲學的理解或實踐都更具體，更容易進入，更有幫助，這是漢人的習慣，也是黃老式的解老。

　　漢代是個大時代，漢人不習慣玄思，而習慣將高深的哲理轉到實際人生、政治、社會上來應用。他們不尚道而崇術，習慣將「道」轉化成「術」來操作和運用，漢代的思想家因此各個能論政，長於政論，《河上公章句》注老清楚反映了這種現象。這讓讀者更能便捷進入《老子》之旨，也使其注老顯得扼要明快。當然，在這樣的注解下，《老子》的形上理趣不免有所鬆解折損，《老子》以有、無爲核心的本體論述也轉化爲充滿元氣、精氣的宇宙與養生論述。玄妙的形上之學不免下轉爲應世的處事軌則。

二、從哲學轉化為養生

　　《河上公章句》之所以被推定爲黃老養生家之作，主要因爲它將《老子》的理論作了治國、治身，尤其是黃老治身、養生的轉化。原本在《老子》中，治國與修身就是並重的，治國論述尤多。但在《老子》，它們二者往往自然地混說，並不清楚對論、並說，治身部分尤其遠不及治國之多。黃老是《老子》學說的「術」化，其術化的情況是將《老子》的治國與修身論，自然天道與人事政道連接起來，使成一體。治身、治國很清楚地一體對論、並論、通論，天道、治道一貫相通，這是黃老道家學說的明顯標記，司馬談〈論六家要旨〉論「道家」部分早已清楚點出這種狀況。[10]《河上公章句》注

10　〈論六家要旨〉說黃老「道家」是一種「術」，一種「因陰陽之大順、采儒墨之善，撮名法之要」無爲無不爲的虛無因循之「術」，也是一種以虛靜、刑名完成統御的「君術」。又說「凡人所生者神也，所託者形也；神太用則竭，形太勞則敝，形神離則死，故聖人重之。……神者身之本也，形者身之具也……」要人治天下先治其形、神。說明了在黃老道家，治身與治國是被看成一體之事。

老，正是循這樣的路線，治身、養生尤爲核心目標，全書開宗明義
〈體道〉首注便標明了這樣的觀點。

㈠治身與治國，守眞與經世區隔並論

《河上公章句》注「道可道非常道」說：

> 謂經術政教之道也，非自然長生之道也。「常道」當
> 以無爲養神，無事安民，含光藏暉，滅迹匿端，不可稱
> 道。

它認爲，《老子》所謂可以稱說的「非常道」，指的是漢代儒學獨
尊下的「經術政教之道」，而它所推崇的，顯然是「自然長生之
道」。但它隨後又說，與「非常道」相對，所謂的「常道」，是指自
然無爲的清靜之道，那是不可言說、無形無迹的，包括了「養神」與
「安民」雙軌並重之道，換言之，是虛靜無爲的治身、治國之道。
可見《河上公章句》所側重的其實是「長生之道」，這個「長生之
道」究竟有多少宗教意味，容後討論。這裡要討論的是，它同時也
清楚知道，《老子》是很重視「治國」的，詮釋《老子》的「常
道」，無論如何不能捨去「治國」部分，只談「長生」。因此，在
表明了自家所著重的「長生之道」後，《河上公章句》還是很清楚
地注出《老子》「常道」的眞義，其實是養神與安民、治身與治國
雙軌並重的，而且要虛靜無形地處理。因此，這和司馬談〈論老子
六家要旨〉所述黃老道家「虛者道之常，因者君之綱」的無爲君術
與「神者生之本也，形者生之具也，不先定其神，而曰我有以治天
下，何由哉？」的身、國兼治之理是一致的。但它要強調的，畢竟是
「自然」與「長生」，因此它終究還是以「自然」與否爲依據，將
「道」與「學」嚴明劃分，而將經世的「政教禮樂」剔出了「道」的
範疇。

它注四十八章「爲學日益，爲道日損」說：

　　道，謂自然之道也。日益者，情欲文飾日以益多。

再一次強調了「自然」，治身、治國都一樣。又說：

　　學，謂政教禮樂之學也。日損者，情欲文飾日以消損。

它開宗明義便把「經術」與「政教」連結，說它們「非常道」，
四十八章又把「政教」與「禮樂」連結，說明那是「學」，不是
「道」。可見「經術」的內容就是「禮樂」，指的是漢代所獨尊
的，儒家以經術、禮樂爲核心內容的政道。《河上公章句》認爲
它們內質多「情欲」、「文飾」，不「自然」，是「學」，不是
「道」。「學」是俗世的經驗累積，「道」是自然的體得，當然不一
樣。而在政道與長生理論，治身與治國之間，一如司馬談所說，須先
「定其神」，才能「治天下」，故「自然長生」、「無爲養神」顯然
優先於「無事安民」。因此，在注解《老子》許多治國的章節時，
《河上公章句》一再刻意地添入了治身、養生之理，造成了全書隨處
可見的治身、養生之論，成爲《河上公章句》解老最明顯的標記。
　　它注第六十四章「學不學」說：

　　聖人學人所不能學。……人學治世，聖人學治身，守道
　　真也。

　　從注第三章、十章、二十九章、三十五章、三十六章、四十三
章、四十四章、四十六章、四十七章、五十九章、六十四章、六十五
章到七十四章都一再地出現身、國對治並論，或《老子》原只論治
國，《河上公章句》卻補入了「治身」之道的狀況。而「治身」顯然
比「治世」層次高得多、重要得多，因爲那是「聖人」之所學，而不
是「世人」之所學，那才是「守道眞」。

在注第十章「愛民治國，能無爲乎？」時，《河上公章句》說：

> 治身者，愛氣則身全；治國者，愛民則國安。治身者，
> 呼吸精氣，無令耳聞；治國者，布施惠德，無令下知。

它總是「治身……治國……」地對述並論，而且顯然視其一理相通。它以氣、精與精氣爲養生治身的核心要素，以惠愛之德爲經世治國的要項。而不論治身治國都要「愛」（寶惜），且要無形無迹，虛靜無爲地「寶惜」。治身要寶惜其精氣，治國要施德惠，寶惜其民。而且不聲不響、無形無迹。這就是它所了解的《老子》的「自然無爲」義。「氣」、「精」或「精氣」是戰國秦漢以下黃老氣化宇宙論的生化質素與基元，《河上公章句》大量襲用了它們，以構築其「宇宙論」與「養生說」。

「治身」一事在《老子》原本賤形而貴神，養神而遺形，故以「身」之養爲「大患」（詳十三章）。對於「神」，《老子》主張透過致虛、守靜去存養；對於「形」，則曰儉、曰嗇、曰「爲腹不爲目」（十二章），籲人清簡節制，要皆原則性的開示。《淮南子》解老，對於養生治身部分，已漸啓「精氣」說，將人的生命說成是品質精良之「精氣」所生，以別於「濁氣」所生的「蟲」（泛稱其他動物），並將形、神、氣、志綰合，去討論養生，說它們一體互牽，「形者生之舍也，氣者生之充也，神者生之制也，一失位則三者傷也。」除了一再強調「神」安養的重要外，對於「形」的調治問題，亦有一定程度的關切，〈原道〉說：「聖人將養其神，和弱其氣，平夷其形。」其理論體系也有相當的完整性。《河上公章句》的說法反映著這一系理論的承繼與發展。它在注「常道」時，雖然相當忠實於《老子》的原意，只提到「養神」與「安民」，一無及於「精氣」或養生之類的概念，但其後在注《老子》許多相關於「治國」之論時，卻增入了「氣」或「精氣」的養生論，而把對治的焦點集中在「情欲」的調治。它對於形與構成形、神的「精氣」之安

養，持續提出關注。比如注第十章「載營魄抱一，能無離乎」時
說：

> 營魄，魂魄也。人載魂魄之上得以生，當愛養之。喜怒
> 亡魂，卒驚傷魄。魂在肝，魄在肺。美酒甘肴腐人肝
> 肺，故魂靜志不亂，魄安得壽延年也。言人能抱一，
> 使不離於身，則身長存。一者，道所始生，太和之精氣
> 也。故曰一……。

就是站在形、神二分的觀點，從調治嗜欲與情緒上去談「治身」之
理，而延伸出了精氣的創生、養生說。這對《老子》原意雖有所詮
釋，卻更多創造與延伸。它注第十一章「三十幅共一轂」說：

> 治身者當除去其欲，使五藏空虛，神乃歸之。

便完全是治形養生論了。其後在注第十四、十五、四十八、五十二、
五十六、六十四、七十四、七十五、八十各章時，也都一再表現出這
樣的觀點。

(二)氣化萬物，愛精長生

　　首先，它因承黃老氣化論與精氣說，以「氣」為「道」之創生質
素，說：

> 道唯恍忽，其中有一，經營生化，因氣立質。（注
> 二十一章「恍兮忽兮，其中有物。」）
> 言道稟與，萬物始生，從道受氣。（注二十一章「以閱
> 眾甫」。）

它又以「一」爲「道」創生之初階，說「道」由「一」開始「經營生化」。注第一章「無名，天地之始」時說：

> 始者，道本也，吐氣布化，出於虛無，為天地本始也。

注「有名，萬物之母。」時也說：「天地含氣生萬物。」「道」由「一」開始生化，變成了「道」由「天地」開始生化。「道」的生化、「一」的生化都變成了「天地」的生化。而「一」的生化是「因氣立質」，「天地」生萬物是「含氣」而生，萬物之生又是「從道受氣」，則顯然道、一、天地的生化都是「氣」的生化。就生化過程與狀態而言，都是「氣」的作用，這是黃老的氣化宇宙論。在黃老的氣化宇宙論裡，「道」被「一」與「天地」所取代，《管子‧內業》說：

> 道滿天下，……上察於天，下極於地，蟠滿九州。

〈心術上〉更直接說：「道在天地之間」。

而「道」由「一」、由「天地」開始生化萬物，「氣」是其生化之內質。萬物由道、由一而化生，其內質當然也是稟道、一而來的「氣」。這個「氣」當「和」始能生，故稱「和氣」、「太和之精氣」，有時也稱「元氣」。它注第二章「生而不有」說：

> 元氣生萬物而不有。

「氣」稱「精」、稱「和」因爲它良好穩定，就其品質而言，稱爲「精」；就其生化時之狀態而言，稱爲「和」；就其爲生化基元而言，稱爲「元」，萬物的生機全因這「太和」的元氣、精氣而顯現。《河上公章句》注七十六章「人之生也柔弱，其死也堅強」說：

人生含和氣，抱精神，故柔弱也。人死和氣竭，精神亡，故堅強也。

注「草木之生也柔脆」曰：「和氣存也」；注「其死也枯槁」曰：「和氣去也」。保持生命的長永，需要愛養精氣、調治氣，使和暢。它注第五十九章「治人事天莫如嗇」，不但由「治人」（治國）中添增出「治身」，且說：

治身者愛惜精氣，不為放逸。（注「莫如嗇」）

愛惜精氣，則能先得天道也。（注「夫為嗇，是謂早服。」）

人能保身中之道，使精氣不勞，五神不苦，則可以長久。（注「有國之母可以長久」）

(三)鼻天口地

《河上公章句》治身養生論之轉化最為特殊者，莫過注第六章「是謂玄牝，玄牝之門，是謂天地根」，其注七十二章也一再誡人當「愛精養神」，它說：

言不死之有，在於玄牝。玄，天也，於人為鼻。牝，地也，於人為口。天食人以五氣，從鼻入藏於心。五氣輕微，為精神、聰明、音聲、五性。其鬼曰魂，魂者雄也，主出入於人鼻，與天通，故鼻為玄也。地食人以五味，從口入藏於胃。五味濁辱，為形骸骨肉血脈六情。其鬼曰魄，魄者雌也，主出入於人口，與地通，故口為牝也。

它將人形體中的消化與呼吸兩系統區分開來，分別爲它們安插鼻、口，作爲出入管道，而分別以心、胃爲其核心中樞，「氣」則是生命基元。就呼吸系統而言，人由鼻攝入自然之氣，不須轉化，直接提供生機。消化系統則須由口入食，經胃之消化、吸收，轉化爲營養，維持形身各生理機能之運作，才能透顯生機，煥發精神，過程曲折而間接，此所以魏晉以下宗教養生論者，重呼吸吐納而輕攝食。這種觀點的根源基本上來自《黃地內經・素問》，〈素問〉以「五氣」屬之天，「五味」來自地，「五氣」由鼻而心、肺，以朗暢氣色、聲音。「五味」入口，經由腸胃消化吸收，轉化成「五氣」，生成津液，以生神。《河上公章句》繼承此類觀點，以建構它的衛生攝生之經，所述仍不離以「氣」爲核心質素的觀點。

　　除此之外，它在注解《老子》第五十章「生之徒十有三，死之徒十有三，人之生，動之死地十有三」時，也將所有的「十有三」，不依王弼解爲「十分有三分」，而依循《韓非子・解老》一系黃老觀點，和介於黃老與玄學間的《老子指歸》，[11]將它們全實解爲「九竅四關」（目、耳、鼻、舌、手、足、施精之竅），合共十三。

　　雖然如此，《老子》的清靜養神之理與慈儉謙後的治國之道，《河上公章句》從未遺忘，它說：「人之所以生者，以有精神也。」（注七十二章「無厭其所生」），又說：「人能養神則不死」（注第六章「谷神不死」）。但它更欲凸顯治身、養生之理，強調「形」之於「神」，更爲根源，故舉引例證，以明養神須由強形著手，而強形須先治嗜慾，調養精氣。

11　〈解老〉說：「四肢與九竅十有三者，十有三者之動靜，盡屬於生焉。」《指歸・卷三・出生入死篇》說：「虛、無、清、靜、微、寡、柔、弱、卑、損、時、和、嗇，凡此十三，生之徒；實、有、濁、擾、顯、衆、剛、強、滿、過、泰、費，此十三者，死之徒也。夫何故哉？聖人之道，動有所因，靜有所應。四支九竅，凡此十三，死生之外具也；虛實之事，剛柔之變，死生之內數也，故此十三言諸。」

治嗜慾原爲《老子》所在意[12]，但調養精氣則是黃老的添加。而在《老子》，「神」恐怕不僅指與生理相對的心理活動而已，而應該有著主體思維、自覺思維的意涵在內。《河上公章句》的「神」卻多指向了心理活動。

㈣戒愼名利以治國

《河上公章句》儘管側重治身，以自然長生爲核心要旨，但另一方面，它也深深了解《老子》對治國理論的重視。相較於《莊子》，《老子》本多外王之論，全書八十一章，稱引「聖人」高達30餘處，多指有國或在位者。《河上公章句》注《老子》幾章治國之論，基本上都相當切要合旨，且多聚焦於對功名的戒愼。比如注三十八「上德不德」章說：

（經文）	（注文）
上德不德	上德，謂太古無名號之君，德大無上，故言上德也。不德者，言其不以德教民，因循自然，養人性命，其德不見，故言不德也。
是以有德	言其德合於天地，和氣流行，民德以全也。
下德不失德	下德，謂號謚之君，德不及上德，故言下德也。不失德者，其德可見，其功可稱也。
是以無德	以有名號及其身，故無德也。

---

[12] 《道德經》第十二章說：「五色令人目盲，五音令人耳聾，馳騁田獵令人心發狂。聖人爲腹不爲目，故去彼取此。」

上德無為	謂法道安靜，無所施為也。
而無以為	言無以名號為也。
下德為之	言為教令，施政事也。
而有以為	言以為己取名號也。

除了「和氣流行」有前述的氣化宇宙意味外，其餘詮釋上德、下德、無德、無為大致恰當切旨。唯其注「有為」、「無為」、「有德」、「無德」竟都以「名號」之有無為區判關鍵。名號及身，載以名號的，就是「有為」、「無德」；去除名號，斯為「有德」、「無為」。這些「名號」，指的當然是俗世價值下的功名、榮名，是「非常名」。

　　或許因作者所要叮囑的對象是生活優裕的士大夫之故，《河上公章句》注老多以俗世之功名、富貴為戒慎，其注第一章「名可名，非常名」說：

　　　謂富貴尊榮，高世之名也，非自然常在之名也。常名當如嬰兒之未言，雞子之未分，明珠在蚌中，美玉處石間，內雖昭昭，外如愚頑。

尊高、榮名指的都是俗世的價值，均非「常名」，什麼是「常名」？「常名」指的是什麼？《河上公章句》沒有說，只說它當如嬰兒、明珠、美玉，如「常道」一般，藏而不發，質樸愚頑（真趣盎然）、「自然常在」。以《河上公章句》好例證、例注的習慣，竟都沒說，只描述其質性，大抵是想透過與俗世價值若功名、榮名等的相對中，去自然浮顯其理吧！

　　換言之，《河上公章句》注老，除於治國處，添入治身養生之論外，並落實地以對俗世價值的戒忌為素材，去詮釋《老子》的清靜安民之理。比如其注第三章「不尚賢」曰：

賢謂世俗之賢，辯口明文，離道行權，去質為文也。不
尚者，不貴之以祿，不貴之以官也。

注「使民不爭」曰：「不爭功名，返自然也。」要皆以功名官祿的
授受詮釋「尚賢」的具體內容，就治道而論，那的確是最普遍尚賢
狀況，卻無法包含《老子》「尚賢」的全部義涵，《老子》的「尚
賢」包含了對某些俗世價值的推崇，與對世俗知識的追求。黃老理解
《老子》，多從經驗與應用層去理解。《河上公章句》注老，也是這
樣的狀況。其注第七十五章「夫唯無以生為者，是賢於貴生」又重複
了同樣的觀點，曰：

夫唯獨無以生為務者，爵祿不干於意，財利不入於身，
天子不得臣，諸侯不得使，則賢於貴生也。

其釋二十一章「其中有信」亦曰：

道匿功藏名，其信在中也。

爵祿、財利、功名對於體道心靈與養生之理是大有干礙的，這是
《老子》和《河上公章句》的共識。但《老子》無「名」、非
「名」，所否定的不單指功名、榮名等世俗價值，也泛指現象界一切
的事物稱謂。不論是現象界的稱謂或世俗的尊榮、功名，基本上都
是人為，非「自然的」。《老子》用了許多超現象概念與玄說來否
定它，許多論證都是「虛」著說，其理論涵蓋面因此顯得寬闊、遼
遠，無所不包。《河上公章句》解證《老子》這些思維，卻將《老
子》的處世哲學幾乎全朝治國方向去詮釋，這是漢代黃老學家的思
維。
　　因此，《老子》裏有多處明是意涵寬闊的指謂；《河上公章句》

卻將它們作了落實的確指。比如，它注第四十五章「大成若缺……大
盈若沖」時，都將「大成」、「大盈」確指為「道德大成之君」、
「道德大盈滿之君」；將「若缺」、「若沖」注解成「滅名藏譽，如
毀缺不備也。」、「貴不敢驕、富不敢奢也。」無不充滿政治與俗世
思維。

　　注第五十七章「以正治國，以奇用兵，以無事取天下」也一樣，
將「正」、「奇」、「無事」等抽象的道理與手法，全解成了「正
身之人」、「詐偽之人」、「無事無名之人」。注第五十八章「其
無正，正復為奇」也將「無正」解為「人君不正」，將其下「人
之迷」的「人」也確指為「人君」。姑不論義理之良窳，其將《老
子》許多可以泛指的玄說理論，全轉向治國的實理是很明顯的。

三、從養生到宗教

　　粗略地說，《想爾》是宗教的，《河上公章句》是養生的。但仔
細看來，《河上公章句》部分注文亦略夾宗教思維。它開宗明義在
注解首章「道可道」時，即已清楚點明全書著重的是「自然長生之
道」。所謂「長生」，就已帶有相當的宗教意味。換言之，《河上公
章句》開宗明義似乎就已不諱言其宗教功能。唯整體而言，它還是以
養生為主要目的，故全書注解《老子》，基本上還是相當明爽的養生
之理。但作為兩漢之際，道家、養生家多有宗教傾向，道教就要崛
起時期的養生要籍，《河上公章句》注老之出現宗教思維，是很必
然的。因此，除開宗明義標示「長生」宗旨之外，注第十三章「載
營魄」時也說：「人載魂魄得以生，當愛養之。喜怒亡魂，卒驚傷
魄。魂在肝，魄在肺。」猶尚不離衛生、養生之旨，注第六章「谷神
不死」則說：

　　　　人能養神則不死。神，謂五藏之神也。肝藏魂，肺藏
　　　　魄，心藏神，腎藏精，脾藏志，五藏盡傷，則五神去
　　　　矣。

它先釋「谷神」為「養神」，再以「五神」釋「神」，指的是五臟的主司，作為主司心理活動的精神亦在其中。說五臟各有主司，五臟若不調養好，其所主司的魂、神、精、志便要出問題。這樣的說法，目的在強調五臟安養的重要。問題是，這五種主司，有屬生理的，有屬心理的，不盡是精神活動。這樣的養「五神」，無論如何不只是單純的養生說，而夾雜了宗教的意涵。作為早期道教經典的《太平經・齋戒思神救恐訣》中也是這樣說，它說：

> 四時五行之氣來入人腹中，為人五藏精神。
> 四時五行精神，入為五藏神，出為四時五行神精。

自然之氣入五臟，滋養五臟，使轉成五臟之生理生命力，稱「五藏精神」。這五臟之生理生命力也可還原為自然之氣，這尚在宇宙論與養生論的界域中，但《太平經》又說：人一旦生病，可依五行顏色及方位，圖畫五藏神象，懸掛室內，「思之不止」，則「五藏神」自能「報二十四氣、五行神自來救之」，便完全進入了神學領域。相較之下，《河上公章句》或稍涉神學意味，卻清新許多，並不如此詭異。然而，其漸入宗教領域，偶亦求長生不死，卻是不爭的事實。但它開宗明義注《老子》首章「非常道」時，便說指的是「政教經術」之道，非自然長生之道。即已表明了它是以「自然養生」為最高宗旨。其後注第十六章「是謂復命」時又說：「言安靜者，是謂復還性命，使不死也。」注「復命曰常」曰：「復命使不死，乃道之所常行也。」都一再強調對「長生」、「不死」的企盼。注五十章「夫何故？以其無死地」曰：

> 言神問兕虎兵甲何故不害之？以其不犯上十三之死地也。言神明營護之，此物不敢害。

注五十五章「比於赤子」也說：

> 神明保佑含德之人，若父母之於赤子也。

宗教性權威「神明」，已清楚取代「道」而爲最高存在。注第五十七章「以正治國，以奇用兵」曰：

> 天使正身之人，使致有國也。……天使詐僞之人，使用兵也。

注第七十三章「繟然而善謀」曰：

> 天道雖寬博，善謀慮人事，修善行惡，各蒙其報也。

這些「天」，都很明顯的指一種宗教性的最高權威與存在，而善惡果報等宗教思維也很明顯地樂觀了。這幾節是《河上公章句》注老中，義理層次較低的，不死、神明、意志天、善惡報應等觀念都出現。這類內容比率雖甚微，卻仍可隱約看出其由養生過渡到宗教的痕跡。驗之東漢的養生家將老子與浮屠共祀，或立老子祠[13]的情況看來，這樣的理論是有跡可尋的。《河上公章句》的成書在《想爾》之前，上述例證說明了《河上公章句》作爲從黃老養生論跨入《想爾》宗教思維之過渡理論，是很明確的。而一如漢代黃老說與宗教要典《太平經》一般，《河上公章句》時亦援採儒家觀念以入注。

---

13 詳見《後漢書・桓帝紀》與〈楚王英〉諸人傳。

四、教忠教孝的儒說融入

　　不論是作爲以儒術一統的漢代著作，還是因黃老之學本有「採儒墨之善」的特質，《河上公章句》注老，偶亦添入了某些儒家的德目與思維；比如，注第二十七章「聖人常善救人」曰：「聖人之所以常善教人忠孝者……」，逕自以「忠孝」爲聖人救人之憑藉與教人之內容。注五十四章「修之於家，其德乃餘；修之於鄉，其德乃衰；修之於國，其德乃豐」說：

> 修道於家，父慈子孝，兄友弟順，夫信妻貞，其德如是，乃有餘慶及於來世子孫。修道於鄉，尊敬長老，愛養幼少，教誨愚鄙；……修道於國，則君信臣忠，仁義自生，禮樂自興，政平無私……。

注第六十七章「慈故能勇」說：「以慈仁，故能勇於忠孝。」這些父慈子孝、兄友弟恭、夫信妻貞，敬長慈幼等教忠教孝、推崇仁義禮樂的觀念，基本上全是儒家所推崇的家庭倫理與社會倫理，乃至國家大制，本非《老子》原旨。《老子》反智而守拙愚，此處卻要「教誨愚鄙」，顯然有悖《老子》原旨。然而，只要將它視作儒學一統時代，必然的思維，也就不難理解了。

五、望文生義與異本說解

　　當然，一如《想爾》，《河上公章句》注老亦有望文生義，或版本有異，卻據以注解，致義理歧出或失當之處。如注第四章「沖而用之」之「沖」爲「中」，釋爲「中和」；注第十與五十一章「長而不宰」的「宰」字爲「宰割」；釋「玄」爲「天」；釋「谷神不死」之「谷神」爲「養神」。或源於望文生義，或源於宗教性的特殊理解，要皆遠離《老子》原旨。

　　此外，亦有或肇因於所採版本歧異，或標斷有別於他本，因就

歧異版本以注解，致生歧異者，如注二十一章「天亦將知之」，「天」字王弼、索紞本《老子》都作「夫」，河上公本作「天」，因解爲「人能法道行德，天亦將自知之。」都含帶了宗教意味。

　　第五十二章「守柔曰強」，河上公本作「守柔日強」，且注爲「日以強大」。因爲上句《河上公章句》作「見小曰明」，且注作「禍亂未見爲小，昭然獨見爲明」，並未作「日明」，下句宜同。第五十二章情況相同，王弼本作「知和曰常，知常曰明，益生曰祥，心使氣曰強」四句皆作「曰」。河上公本則首句作「曰」，後三句作「日」，都解作「日以⋯⋯」，可視爲有誤，亦可視爲版本不同，蓋作「日」，解爲「日以⋯⋯」固亦可通。然四句中，一句作「曰」，三句作「日」，無論如何，是有問題的。

　　第六十二章《淮南子・道應》、〈人間〉兩引皆作「美言可以市尊，美行可以加人。」王弼本與河上公本皆斷作「美言可以市，尊行可以加於人。」《河上公章句》注上句曰：

　　　　美言者獨可以於市耳，夫市交易而退，不相宜，善言美
　　　　語，求者欲疾得，賣者欲疾售也。

意較粗鄙，無甚哲趣。王弼注曰：「言道無所不先，物無有貴於此也，雖有珍寶匹馬，無以易之。美言之，可以奪衆寶之價，故曰『美言可以市也』；尊行之，則千里之外應之，故曰『可以加於人也』。」標斷段雖與河上公本同，義理則略勝。

　　第七十六章河上公本作「木強則共」，注作「枝葉共生其上」。王弼本作「木強則兵」。觀諸本章標題爲「戒強」，上句作「是以兵強則不勝」，下句作「強大處下，柔弱處上」此句「木強則□」，應是負面義，□若作「共」，注爲「枝葉共生其上」應是正面義，與章旨不符。

六、結論

　　不尚玄虛而多崇實是漢代學術思想的特點，其反應於《老子河上公章句》的注解，也是這樣的狀況。它用字簡明，又好舉實例以證《老子》哲理，由於例證恰當，構成了《河上公章句》中的精彩內容。它因承治身治國一理相通、氣化萬物、精氣養生之理，與兼儒墨的黃老理論，將《老子》的玄理注成了以統治者與貴族爲主要說教對象的治國、養生之道。其論治國，多把對象圈定在「人君」（《老子》所謂的「聖人」），並從現實生活中援取最普遍、通俗、切身、易解的是非、功名、富貴、榮辱、財利的收受與追求等現象爲素材，去論注與勸說，既不違《老子》之旨，又平易可解。同時添入許多治身養生之說，呈現出治身、治國一理相通的黃老色彩。

　　它繼承《老子》清靜自然、儉嗇無爲之旨，與戰國以來的精氣養生說，將《老子》養神遺形、貴神賤形的意旨，轉化成調治嗜欲，善養精氣以求長生的黃老衛生之理，與宗教養生之論，有時也摻入儒家教忠教孝、崇禮樂、重人倫的思維，去詮釋《老子》的理論，充分反映了儒學一統與黃老養生說充斥的東漢時代的學術氣味。它用心地爲八十一章各章擬定了足以提綱章旨的篇名，又好舉證以爲注，不論篇名、例證或注文，用字遣詞都精簡而明爽，形成了大別於《淮南子》解老，雖豐富鋪衍、有深度，然，除〈原道〉、〈道應〉專篇推闡《老子》之意外，多數解老理論大致散布各篇，有勞匯整。《指歸》解老雖玄思深妙，文字卻玄虛迷濛，不易理解。《想爾》解老爲牽就教眾的理解，不免淺俗，宗教意味深濃，篡改轉化又太甚，義理殆失。《河上公章句》解老能免去上述的困擾，而有著自己簡明精當，知所提挈，卻又入世易懂，不過度宗教化的獨特風格。

拾

《老子想爾注》轉向
道教的理論呈現

　　《老子》五千文爲道家哲學的聖典，自戰國以來，其理論內容
即不斷地受到推衍與論證。在先秦有《韓非子》的〈解老〉與〈喻
老〉；入漢以後，先有《淮南子·道應》的例證五千文，西漢末以
迄東漢末，又先後出現了三本專門詮解《老子》的論著。《老子指
歸》、《老子河上公章句》與《老子想爾注》。三者對《老子》理
論的詮解重點卻不太相同。《老子指歸》重在以虛無爲宇宙本體與
創生根源，循著《老子》有生於無的觀點，開展出由無而有、由虛
而實、氣化分離的宇宙論、以無爲本的本體論，和自生自化的生化
說，上承《淮南子》的宇宙觀，下開魏晉何晏、王弼的「貴無」論
與郭象的「獨化」說[1]。《河上公章句》則沿承戰國以下治身治國一
理相通的黃老學傳統，與西漢晚期以迄東漢的黃老養生思潮，以氣
或精氣爲基元，自然長生爲宗旨，推衍其氣化宇宙與惜精愛氣的養
生說，將《老子》的本體論、治國論與重神的修養論，注解成爲黃
老的愛精長生說。此筆者已於前兩章論證過，故不贅述。《老子想
爾注》則完全站在宗教的立場，將《老子》的「道」具化爲至上之
神—老君與戒律（所謂「道誡」），宣揚其重德行善的神學本旨，並
將《老子》虛靜恬淡的修養理論改造爲結精避穀的仙家養生說。三書
對《老子》經義的詮解方向與依違情況，清楚說明了《老子》學說在
漢代如何由道家哲學演變成爲道教教理的過程。而《老子河上公章
句》、《老子想爾注》中的許多內容，和早期道教經典《太平經》
的文字內容，尤其有著相當的應合性，更說明了它們是道家理論轉
成道教教理的重要文字記錄，魏晉以降因被道教徒並列爲必讀的寶
典，尤其是以守道誡、修德行善和結精存神爲主要內容的《老子想爾
注》。

---

[1]　此可參考王德有點校：《老子指歸·序》（北京：中華書局，1994年），頁7-15。

一、《老子想爾注》的成書及其相關問題

　　《老子想爾注》隋志及兩唐志皆不著錄，唐玄宗《道德眞經疏‧外傳》與五代杜光庭《道德眞經廣聖義》曾羅列歷代注、釋、箋、疏《老子》各家，皆有《想爾》二卷，亦皆注明「三天法師張道陵所注」。其後，宋代謝灝《老君實錄》、彭耜《道德眞經集注雜說》、董思靖《道德經集解》都曾引杜光庭之說，以爲注《老子》者，除了尹喜《內解》、《河上公章句》外，還有張道陵《想爾》。然元末之後，書或失傳[2]。敦煌莫高窟所出古寫本，有編爲斯坦因六八二五號，現藏倫敦大英博物館之殘卷，卷末題「老子道經上」，下有分行橫排「想爾」二字，文起第三章「（上缺）則民不爭」，迄於第三十七章道經卷末「臣下悉皆自正矣」，共五百八十行，經注連寫，既不分章次，過章也不起行，連抄爲一，字體一致，學者推斷即爲《老子想爾注》殘卷。卷中不避「民」字之諱，參以字體，學者因斷其爲六朝時北朝人寫本[3]。

　　而較早著錄是書的唐玄宗《道德眞經疏外傳》與杜光庭《道德眞經廣義》以及宋代彭耜等人的徵引，既都稱之爲《想爾》，莫高窟殘卷末亦自注「想爾」，則此書或原名「想爾」[4]。唯正統道藏九八九冊正乙部《傳授經戒儀注訣》（據推斷作於六朝末）在談及正一道授經之次序時，先大字本道經上，次大字本德經下，再次《河上公章句》道經上、道經下，四之以《河上公章句》德經上、德經下，五之以《想爾訓》道經上，六之以《想爾訓》德經下……，並謂：

2　參見鍾肇鵬：〈《老子想爾注》及其思想〉，《世界宗教研究》1995年第2期（1995年4月），頁58。

3　參見饒宗頤：《老子想爾注校箋‧解題》（香港：作者自印，1956年），頁5。

4　龔鵬程因主張直接稱該書爲《想爾》，而不應名爲《想爾注》，說見龔氏所撰〈《老子道德經想爾》辨義〉，《道教文化》第5卷第9期（1994年9月），頁2。筆者則認爲，至少在與《正統道藏》時代相當的道經中已有《想爾訓》、《想爾注》之稱，因不主只以《想爾》爲名。唯《想爾》兩字稱呼確較便捷，本文以下因亦以此二字爲稱。

「河上、想爾注解已自有殊」。可見原書除名爲《想爾》之外，另有《想爾訓》之異稱。以「訓」爲注經之稱，應爲東漢人注經用語之一。《想爾》之外，高誘注《淮南鴻烈》亦以爲稱，故今本《淮南鴻烈》各篇題名皆作「某某訓」，實非《鴻烈》本有，而係高誘注解用語殘存未去者。至於《想爾注》之稱，則至少在與《傳經授戒儀注訣》性質相同，成書時代也相近的另一部道經《洞玄靈寶三洞奉道科戒營始》中（列道教傳經次序亦以《道德經》兩卷爲首，《河眞人注上下引》二卷居次，《想爾注》二卷居三），就已經稱「想爾注」了。而不論《想爾》、《想爾訓》或《想爾注》，向來著錄皆稱二卷，無異辭，大抵道經在前，爲上卷；德經在後，爲下卷，同於《河上公章句》，而異於《老子指歸》與帛書《老子》之德經在前，道經在後。因知其成書時代與《河上公章句》較爲接近，與《老子指歸》較爲懸遠。

除《想爾》、《想爾訓》、《想爾注》之外，另有《想爾戒》，則因《想爾》本重「道誡」，據《道教義疏》卷二稱，有《想爾九戒》，敦煌經卷亦有所謂《宗法師第二部義》，相傳爲南朝梁宋之作，亦稱《想爾九誡》，宜爲天師道戒律，故託名「想爾」。

至於「想爾」之稱，李豐楙以爲：或爲神仙之名，或爲存想神仙之法。並謂：漢晉之際流行存想、存思之修煉法，其法教人集中精神以存想，存想之際，彷覺仙人降臨啓示，因記其眞言誥語，用以訓示「初迴」，故稱「想爾」[5]。唯圖畫神像以存思解厄爲《想爾》所反對（詳後），故第二種說法姑存疑。

有關《想爾》之作者，唐玄宗與杜光庭皆明指張道陵，然根據《傳授經戒儀注訣》的說法，卻是：

---

[5] 參見李豐楙：〈老子「想爾注」的形成及其道教思想〉，《東方宗教研究》1期（1990年10月），頁155。

> 係師（張魯）得道，化道西蜀，蜀風淺末，未曉深言，
> 託遘想爾，以訓初迴。

以《想爾》爲張魯傳道西蜀時，爲開引初入教者所作，近代學者因多歸爲張魯著。饒宗頤於其《老子想爾注校證・解題》中因謂：當是張陵之說，而張魯述之；或張魯所作，而託始於張陵，要爲天師道一家之學。又說：「陵初作注，傳衡至魯，而魯更加釐定」，故有「係師定本」之稱。要以張魯爲寫定與傳揚之關鍵人物，既不違玄宗與杜光庭之說，又與儀注訣相合，迄今幾成定論。至少，就實際內容來看，它代表東漢的宗教意識與實際宗教現象[6]。此外，日人多有以爲成書於南北朝者[7]，然光就成書於六朝末左右的《儀注訣》與《三洞奉道科戒營始》皆曾著錄之情況看來，作於北魏末以後，幾乎不可能，學者亦早有非駁，因不贅述[8]。

　　此外，由於今存莫高窟《想爾》殘卷經、注連寫，不分章次，尋閱甚爲不便，饒宗頤《老子想爾注校證》因依《河上公章句》本次第，分注章數，以便觀覽，本文以下所引，因悉依饒氏校證。

二、《老子想爾注》殘卷的內容與思想

　　不論較之帛本、《河上公章句》本，還是索統本《老子》，莫高窟《想爾》殘卷的經文與之都有很大的不同，那就是1.它刪掉許多虛

---

[6]　同見注5，頁156。

[7]　如福井順康以爲成書於北魏末期至唐初，楠山春樹以爲出於六朝時期，麥谷邦夫以爲成於北魏，小林正美以爲成於劉宋時期，諸說詳見吳相武：〈《老子想爾注》之年代和作者考〉，收入陳鼓應主編《道家文化研究》（北京：生活・讀書・新知三聯書店，1999年），第15輯，頁248。

[8]　參見吳相武：〈《老子想爾注》之年代和作者考〉，收入陳鼓應主編《道家文化研究》（北京：生活・讀書・新知三聯書店，1999年），第15輯，頁250-251。

字，或在句中，或在句末，顯然是刻意地刪除，目的在便於教徒誦讀。如果根據《儀注訣》的說法，承認《想爾》爲張魯所定著，則顯然是爲適應西蜀地區「淺末」的「初迴」所作的設計，有其實用的功能。2.它透過改字，去將《老子》的義理作了宗教與神學的轉化。

(一)道、氣與太上老君

　　《老子》的學說是以「道」爲基礎與核心開展出來的，後世一切解證或推闡老學的著作，也都離不開這個課題。《老子》的「道」是一個超現象界的絕對存在，它是宇宙的本體，也是萬物化生的最高根源，是一種規律，也是一種境界。它虛無，非感官知覺對象，卻廣大無所不包，統合一切相對。它寧靜，卻非一團死寂，而生生不已，永不止息，它以自然無爲爲質性與內容（詳見《道德經》第十四、二十一、二十三、二十五各章）。作爲早期道教重要教理的《想爾》，思想理論也是以「道」爲基礎與核心建立起來的。身爲詮解《老子》的專著，《想爾》依經爲解，對《老子》的「道」義，有一些繼承，它說：

> 道不可見知，無形象也。（注十四章「是謂惚慌，迎不見其首，隨不見其後」）
> 道微，獨能慌惚不可見也。（注二十一章「道之為物，唯慌唯惚」）
> 道……不可見名，如無所有也。（注十四章「蠅蠅不可名，復歸於無物」）
> 道至尊，微而隱，無狀貌形象也。（注十四章「是無狀之狀，無物之象」）

道是虛無隱微、無具體形象、不可知見的。「道」儘管隱微虛無、不可知見，卻是廣大的，《想爾》注《老子》二十一章「孔德之

容」，注二十五章「吾強爲之名曰大」、「道大、天大、地大、生大」，注三十四章「大道氾」時都說：「道甚大」、「道最大」、「道甚廣大」。道雖廣大，卻託於微小，《想爾》說：

> （道）不名大，託微小也。（注三十二章「道常無名」）

道雖然託於微小，卻是一切生化的根源，《想爾》說：

> 道雖微小，為天下母。（注十四章「是無狀之狀，無物之象」）
> 道者天下萬事之本。（注十四章「混而為一」）
> 無名大道之巍巍，真天下之母也。（注二十五章「有物混成，先天地生……可以為天下母」）

　　總之，道是至尊至大，卻又虛無隱微，不可知見名狀，更是一切生化的根源。這些說法大致把握住《老子》道最基本的輪廓與特徵。

　　後期道家或黃老學者在解證《老子》「道」虛無而遍在的性徵，或創生作用時，都將「道」詮解成爲「氣」，以「氣」或「精氣」作爲道的內容，來論證其虛無與遍在，尤其是創生。馬王堆黃老帛書如此，《管子》四篇、《韓非子·解老》、《呂氏春秋》、《淮南子》、《老子指歸》、《老子河上公章句》莫不如此，《老子想爾注》也不例外。它不但說「道不見」，並且說「中有大神氣」（注二十一章「惚慌中有象」）它注十四章「視之不見名曰夷，聽之不聞名曰希，博之不得名曰微」說：

> 夷者平且廣，希者大度形，微者道（氣）清。

道中有「大神氣」，這「氣」且是清而微的。清，指其純樸不雜；微，指其幽隱不可見，《想爾》不只一次重複這樣的說法，它說：

> 道無常上下，經營天地內外，所以不見，清微故也。
> （注十四章「其上不皦，其下不昧」）
> 道氣微弱。（注三十章「柔弱勝剛強」）
> 道氣在間（天地），清微不見，含血之類，莫不欽仰。
> （注第五章「天地之間，其猶橐籥」）
> 樸，道本氣也。（注二十八章「常德乃足，復歸於樸」）
> 清氣不見，像如虛也，然呼吸不屈竭，動之愈益出（注第五章「虛而不屈，動而愈出，復歸於樸」）

它雖沒明說道就是氣，但至少認為，道中有氣，稱「道氣」。這道氣是清淨、清純的，故又稱「清氣」。它注第十六章「歸根曰靜」說「道氣歸根，愈當清淨矣。」

這樣的表詮，站在玄學的觀點，莫說比起《老子》，即使比起《管子》四篇、黃老帛書，還是《呂氏春秋》、《淮南子》來，都顯得粗疏[9]。但，如果誠如多數學者的推斷，這是張陵或張魯對淺末蜀風下的「初迴」，宣導教理之用，則其義理之粗鄙，也就不足怪了。很顯然的，它的著眼點不在「道」的精深玄妙內容，而在道至廣至大的籠罩性，與虛隱無形，不可名見的神秘性，很適合奉以為它宗教上所需的至高無上的權威象徵。因此，在《想爾》裡，「道」常常

---

[9] 有關黃老帛書、《管子四篇》、《呂氏春秋》與《淮南子》中的「道」、「氣」甚或與「一」的關係，筆者已在《戰國時期的黃老思想》與《秦漢時期的黃老思想》二書中詳細討論過，此處從略。前書為聯經出版社1991年4月出版，後書為文津出版社1997年2月出版。

被擬人化，它說：

> 道常無欲，樂清靜。（注三十七章「無欲以靜，天地自
> 止（正）」）
> 道不喜彊求尊貴（注十三章「寵辱若驚」）
> 情慾、思慮、喜怒、惡事，道所不欲。（注十五章「散
> 若冰將汋」）
> 道設生以賞善，設死以威惡。（注二十章「人之所畏不
> 可不畏」）
> 古未有車時，退然，道遣奚仲作之，愚者得車，貪利而
> 已，不念行道，不覺道神。（注十一章「卅輻共一轂，
> 當其無，有車之用。」）

注十一章「鑿戶牖以爲室，當其無，有室之用」也說：「道使黃
帝爲之，亦與車同說。」它又說：

> 道性不為惡事，故能神，無所不作。（注三十七章「道
> 常無為而無不為」）
> 道之所言，無一可棄者。（注十七章「猶其貴言，成功
> 事遂」）
> 道之所言，反俗絕巧。（注三十五章「道出言，淡無
> 味」）
> 道尊且神，終不聽人。（注三十五章「執大象，天下
> 往」）

「道」有欲不欲，能樂、能言、能設生、設死以司賞罰，道還能遣
奚仲、黃帝制作，「道」儼然超高的至上權威或神靈，故稱「道

神」，「道」甚至具像化爲「太上老君」。《想爾》在注22章「聖人抱一」時說：「一，道也」，注第10章「載營魄抱一」時則說：

　　一，散形爲氣，聚形爲太上老君，常治崑崙。

併合這兩個「抱一」之意，我們可以很清楚看出：一就是道，它是虛無無形的「氣」，具象化後，便是至高至上的神明——太上老君。道、一、氣與道教教主——太上老君四位一體，或以爲其後道教「一氣化三清」之說即由此而來[10]。換言之，由於「道」的擬人化與「氣」的神奇化兩相結合，《老子》抽象玄妙的至上哲理，在《想爾》裡，終轉化爲至高無上的神明。因此，在三十七章篇幅有限的殘卷裡，我們所看到，與「道」有關的推衍，大致上都是這「氣」與「精氣」或權威至上兩義的論證。

(二)道與吾、我

　　《想爾》不僅把「道」詮釋爲「氣」、爲「一」、爲「太上老君」，甚至把「道」和《老子》道經中的「吾」劃上等號，用「道」去詮釋「吾」，這是它將「道」擬人化的明證。綜觀《老子》中提到「吾」，至少六例，提到「我」的有三例，其中一例是我、吾兩次交錯並用，它們依次是：
1.吾不知誰之子（第四章）
2.萬物並作，吾以觀其復。（第十六章）
3.吾何以知終甫之然？（第二十一章）
4.吾不知其名，字之曰道。（第二十五章）

10　參見梁宗華：〈道家哲學向宗教神學理論的切換——《老子想爾注》道的剖析〉，《中國哲學》1999年第9期（1999年11月），頁28。然而，亦有以爲由「道生一，一生二，二生三，三生萬物。」而來，此處並存二說，以供參考。

5.吾見（第二十九章）

6.吾所以有大患，為我有身；及我無身，吾有何患？（第十三章）

7.百姓謂我自然。（第十七章）

8.我魄未兆，若嬰兒未孩。（第二十章）

　　對於1～5例的「吾」，《想爾》一例注為：「吾，道也」。對於7.8兩例的「我」，《想爾》一律注為「我，仙士也」，至於第6例，它先注上「吾」為「道」也，再注上「我」曰：「我者，吾同。」續注「我」與「吾」曰：「吾、我，道也。」

　　施舟人在他的〈道與吾〉一文[11]中，對於道家與道教典籍中的「吾」和「我」，有一些說明，他說：「在中國早期的道家思想裡，『吾』的概念有著相當重要的地位。」《莊子・齊物論》裡「吾喪我」的「吾」，「原是一種個人對自我的意識」，當南郭子綦隱機而現出「形如槁木，心如死灰」的樣子時，「他的『吾』就已經沒有『我』了」。就〈知北遊〉與〈齊物論〉中相關於「吾」、「我」的論述看來，「『我』不能知身體裡面的真或真宰，但二者相距並不遠」，「吾」是真知、真宰，「吾」的真知、真宰在睡寐中和真人有互相的關係，「這是另一種在很自我的意識中的修煉。」成玄英因此注〈大宗師〉裡的「吾師乎」為「至道」之意。對於《想爾》中多次以「吾」為「道」，施氏舉《老子中經》以為例，說：《老子中經》在其他幾個地方，也都把「道」和「身內的神明」當做「吾」，《中經》說：

> 萬道眾多，但有一念子丹耳。一，道也。……子丹者，吾也；吾者，正己身也，道畢此矣。（第三十七神仙）
> 吾者，道之子也，人亦有之，非獨吾也，正在太倉胃管中，正南面坐，珠玉床上，黃雲華蓋覆之，衣五綵珠

11　施文刊：〈道與吾〉收入陳鼓應主編《道家文化研究》，第15輯，頁399-403。

> 衣……父曰……母曰……己身為元陽字子丹，……真吾
> 之師也。（第十二神仙）
> 道者，吾也，上上中極君也。（第三十九神仙）

「子丹」指的是人體內「活著的永生的神明」，真人子丹、太上中極
君都是在人身上所能意識到的「吾」。在世界上許多宗教中都可以找
到與「吾，神也」相類似的思想，比如《舊約書》裡，神說：「I am
the Lord」，就與《想爾注》的「吾，道也」有類似意義。（以上論
述參見施文）

　　施氏輾轉引舉《莊子》與道教他典的例子，說得相當隱約，細
求其意，無非是要說明：1.「吾」、「我」有不同，道家說「吾」
時，是要強調其主體的自我意識，是有真君、真宰的。「我」則顯然
略偏指一個存在的生命實體，較無涉於心靈意識。因此，「吾」幾可
以等同於「道」，是一種內在心靈之「道」，「我」則不然，它較緊
貼著形與身。2.到了道教的典籍裡，道家這種有著強烈自我意識的內
在心靈主體之「吾」，便被神秘地轉化成為活在人身中，職司人體內
各種功能的「永生的神明」。施氏的說法大致掌握到了道家與道教
思想理論中吾、我與道的關係。但他顯然一時不暇細察《想爾》中
吾、道、我相關的文字理論，否則，他可以說得更具體而明確，不必
如此隱約含蓄。

　　首先，《想爾》很反對如《老子中經》一系身中神之類的說法，
它甚至指斥它們為「邪偽」，《想爾》說：

> 今世間偽伎指形名道，令有服色，名字、狀貌、長短，
> 非也，悉邪偽耳。（注十四章「是無狀之狀，無物之
> 象」）
> 世間常偽伎，因出教授，指形名道，令有處所，服色長
> 短有分數，而思想之，苦極無福報，此虛詐耳。（注

十六章「至虛極，守靜篤」）

《想爾》這裡所非駁的，顯然包含了《太平經》一系設四時五色神以存思祭拜、消災、解厄、求福之法，與類似《黃庭經》、《上清大洞眞經》中所述存想身中之神名諱之法，自然也包含反對《老子中經》這一系存念「元陽子丹」的說法（此容後詳述），然而就其對前述八例「吾」、「我」的注解與改字，文字雖然很少，卻仍可以很清楚地看出《想爾》作者思維中，「吾」、「我」與「道」的關係與分際。

《想爾》在前五例中，對所有的「吾」都作了「道也」的解釋，對後兩例的「我」，卻都注解爲「仙士也」，這在層次的高低上已有了相當的說明與區分，「道」高於「仙士」，「吾」高於「我」。「仙士」是學道者，信道者，守道者，卻非就是「道」，「我」與「吾」同體，卻非即是「吾」。《想爾》注「吾」、「我」交錯之第六例時說：「我者，吾同」，「吾、我，道也」，實際上只是就吾、我同在一道體而言的。就層次而言，一爲仙士，一即道，當然有別。值得注意的是，第六例原本不論在今本《老子》還是《河上公章句》本《老子》中，四字都作「吾」，而非兩「吾」、兩「我」交錯表述，兩個「我」字其實是《想爾》改的，而且顯然是刻意地安排與考量而改字，因爲兩個「我」字都改在涉及有「身」、無「身」的地方。換言之，當涉及形「身」的問題時，《想爾》用了「我」字，仙士有形「身」，故爲「我」。而當蘊含較高層次的主體意識之意味時，則仍保留「吾」，故注「吾」爲「道」，這和《莊子·齊物論》「吾喪我」的「吾」、「我」區分，意味很類似。若就這三十七章《想爾》道經殘卷的內容看來，《想爾注》中吾、我、道的關係顯然還保留有相當成分〈齊物論〉一系吾、我的意味，也略有跨入道教以「吾」爲「神」的準備，卻無論如何還沒到《太平經》、《老子中經》一系純神學說解的程度。

(三)道與誡

　　《想爾》不但把《老子》的「道」物質化爲「氣」，擬人化爲「吾」，爲「太上老君」，在執行時，基於宣教的立場，更把「道」落實爲「誡」。作爲天師道或「五斗米道」重要教典的《想爾》殘卷中，確是瀰漫著對「道誡」的叮囑與宣揚。在有限的三十七章殘卷中，據初步統計至少有二十卷，每一卷還不止一次，提到對「道誡」的尊崇與奉守；它說：

> 　　誡為淵，道猶水，人猶魚。魚失淵去水則死，人不行誡守道，道去則死。（注三十六章「魚不可勝於淵」）
> 　　尊道奉誡之人，猶豫行止之間，猶當畏敬如此。（注十五章「猶若畏四鄰」）
> 　　人行道奉誡，微氣歸之，為氣淵；淵，深也，故不可識也。（注十五章「深不可識」）
> 　　人業事不懼畏道誡，失道意，道即去之，自然如此。（注二十三章「同於失者道失之」）
> 　　為人為誡不合道，故令不久也。（注二十三章「孰為此？天地。」）

　　行道、守道和奉誡、守誡總是相提並言，爲誡要合道，不畏「道誡」就會失「道」意，守誡就是行道，「道」與「誡」二而一，將「道」落實地執行（持守）就是「守誡」，它注第四章「淵似萬物之宗」說：「道也，人行道，不違誡，淵深似道。」行道要守誡，守了誡，就能「淵深似道」。「誡」在五斗米道中的地位就像「道」在《老子》中的地位那樣地尊高，是一切行事的準則，《想爾》說：「人欲舉動，勿違道誡」（注八章「動善時」），「去彼惡行，取此道誡。」（注十二章「去彼取此」）。「誡」的權威性與尊高性，基

本上是由「道」的尊高性、籠罩性與權威性移轉過來，《想爾》以之為教徒一切行為的最高準則；它說：

> 人欲舉事，先孝（考）之道誡，安思其義不犯道，乃徐施之。（注十五章「安以動之徐生」）

道或道誡既然是最高的行為準則，《想爾》因此要人行道、法道，它說：

> 天能久生，法道故也。（注十六章「天能道」）
> 天地廣大，常法道以生（注二十五章「人法地，地法天，天法道，道法自然」）

天地法道因久長，人君為政，亦須法道、守誡，始能久長。《想爾》說：

> 天子乘人之權，尤當畏誡尊道。（注二十六章「如何萬乘之主，以身輕天下。」）
> 帝王當專心信道誡也。（注十八章「國家昏亂有忠臣」）
> 王者雖尊，猶常畏道，奉誡行之。（注三十七章「王侯若能守」）

《想爾》相信人君行道的政治成效，尤其相信由君而臣，由臣而民，風行草偃，上行下效的政治鐵則，它說

> 道用時，帝王躬奉行之，練明其意，以臣庶於此，吏民莫不有法效者。（注十八章「國家昏亂有忠臣」）

> 人君理國，常當法道為政，則致治。（注八章「政善
> 治」）
>
> 王昔法道為政，吏民庶障（孽）子悉化為道。（注
> 三十七章「萬物將自化」）
>
> 王者法道行誠，臣下悉皆自正矣。（注三十七章「無欲
> 以靜，天地自止（正）」）
>
> 王者尊道，吏民企効。（注三十二章「民莫之令而自
> 均」）
>
> 王者法道，民悉從正……王者亦當法道鎮制之，而不能
> 制者，世俗悉變為邪矣。（注三十七章「化如欲作，吾
> 將鎮之以無名之樸。」）

作為天師道宣化蜀民的教理，《想爾》堅信也極力強調道與道誡的力
量，它說：

> 信道行善無惡跡也。（注二十七章「善行無徹跡」）
>
> 今道不用，臣皆學邪文，習權詐，隨心情而言善，內懷
> 惡。道用時，臣忠子孝，國則易治。（注十八章「國家
> 昏亂有忠臣」）

它甚至以俗眾所最在乎的生死問題作為信道的賞罰，以為教戒，它
說：「信道者生，失道者死。」（注二十四章「曰餘食餟行無徹
跡」）

㈣貴道賤法，重壽輕祿

然而，稟承《老子》重清靜自然、真樸寡欲的傳統[12]，《想爾》宣道，也強調清靜、自然，真誠而不含懷功名動機，《想爾》說：

> 道用時，臣忠子孝……既為忠孝，不欲令君父知，自嘿
> 而行，欲蒙天報。設君父知之，必賞以高官，報以意
> 氣，如此功盡，天福不至。是故嘿而行之，不欲見功。
> 今之臣子雖忠孝，皆欲以買君父，求功名，過時不顯異
> 之，便屏恕（怒？）之，言無所知，此類外是內非。
> （注十八章「國家昏亂有忠臣」）

《想爾》循著老學自然無為、求真求樸的傳統，反對一切刻意的心機與智巧，也同時站在宗教家的立場，呼籲教民行善守道應該不欲人知，天自能知，亦自有報償。它批評當時一般人為忠、為孝，奉道行善，卻公然張揚，是虛假不實的，但為求取功名高官，終將難獲天福。人只應該默默行道，靜待天福、天報降臨，不該藉行道以企求功名。這樣的觀點，發自一個以教忠、教孝，舉孝廉、賢良方正的儒學與經術為治，卻導致失敗混亂的東漢末代宗教家口中，應該不只是粗鄙淺俗的宣教方式而已，而是有其實際的社會背景作為批判依據。換

---

[12] 《老子》第16章要人「致虛福，守靜篤」，19章要人「見素抱樸，少私寡欲」，20章呼籲人當「泊兮其未兆，如嬰兒之未孩」，昏昏悶悶，「獨頑且鄙」，25章說：「道法自然」，26章說：「靜為躁君」，28章教人知雄守雌，知白守黑，知榮守辱，29章要人「去甚、去奢、去泰。」38章說：「大丈夫處其厚，不居其薄；處其實，不居其華。」41章說「大白若辱……質真若渝。」45章說：「清靜為天下正」，55章要人「含德之厚」當比赤子，56章要人挫銳解紛，和光同塵，63章要人「為無為，事無事，味無味。」64章要人「輔萬物之自然而不敢為」，67章要人「慈」且「儉」，12章戒五色、五音、五味、馳騁田獵，凡此皆見《老子》重清靜自然，真樸寡欲。

言之，《想爾》此處所批判的，其實正是漢代察舉制度下，東漢末年宗教家所看到的弊端。王符在他的《潛夫論・考績》中對於漢代察舉、選賢良方正等制度下所選出的人才，有很尖刻的批評與譏刺，它說：

> 群僚舉事，或以頑魯應茂才，以桀逆應至孝，以貪饕應廉吏，以狡猾應方正，以諛諂應直言，以輕薄應敦厚，以空虛應有道，以暗闇應明經，以殘酷應寬博，以愚頑應治劇，名實不相副，求貢不相稱。

這些現象正是《想爾》所批判的。因此，《想爾》呼籲教民，不要在乎功名與君父（其實是君）的政治償賞，要默默行道。但它又告訴他們要靜待天福、天報，這是宗教的獎勵，卻有違道家自然無爲，清靜無欲之旨。因爲，對天福、天報的期望仍是一種心靈的企求與目的。總之，行道要靜默、不爲人知。行道也會有福報，只不過，這個福報不是功名，是長生，是仙壽。這個福報也不是由人君來執行，而是由天來執行。《想爾》說：

> 長生為大福。（注二十八章「是以大制無割」）
> 道用時，臣忠子孝……時臣子不畏君父也，乃畏天神，孝其行，不得仙壽，故自至誠。（注十八章「國家昏亂有忠臣」）

《想爾》這裡顯現了一個特殊的觀點，它要人畏天神重於畏君父。這一方面因爲《老子》原本賤名貴身，輕法、政而重道[13]；另一方面，

13　《老子》第9章說：「功遂、身退，天之道。」44章說：「名與身孰親？」是皆賤名貴身之

《想爾》認為天與天神就是道的具象化，基於宗教的觀點，崇奉宗教權威——天神，遠比敬畏政治權威——君主重要。天、道、天神、神明高於法律、君父，它說：

> 知神明不可欺負，不畏法令，乃畏天神，不敢為非、惡。臣忠子孝，出自然之心，王法無所復害，刑罰格藏，故易治，王者樂也。（注二十五章「佳（往）而不害」）
> 王者尊道，吏民企效，不畏法律，乃畏天神，不敢為非惡，皆欲全身，不須令效而自平均。（注三十二章「民莫之令而自均」）

　　《老子》說「法令滋彰，盜賊多有」（第五十七章），先秦道家本有反政治管理、反法令約束的傳統，《想爾》則思以宗教的管理來取代政治、法令的管理。《想爾》成書的東漢末原本就是個政治腐敗，綱紀瓦解的時代，張陵、張魯目睹政治的不公和時代的黑暗，思以宗教去濟渡人心，故教導教民崇奉宗教權威——天神與道，而不必崇奉政治權威——帝王（人君）與法令。因為天道、天威、天福被視為自然，人君、法令則因配合著祿賞、功名來執行，奉行者往往被視為難能自然真誠地奉守，而不免滋生邪偽，因此為《想爾》所排斥。《想爾》認為，忠孝也罷，仁義也罷，只有透過宗教，經由天神、或天道來執行賞罰，奉行者知道天不可欺，才能真誠由衷，不作假。若由人君透過政治來運作，真純的品質便保不住，因為在利

證。13章說：「貴以身為天下，若可寄天下；愛以身為天下，若可託天下。」23章說：「聖人抱一，為天下式。」32章說：「道常無名，……侯王若能守之，天下將自賓。」第3章說：「為無為，則無不治。」58章說：「其政悶悶，其民淳淳；其政察察，其民缺缺。」是皆重道、輕法政之證。

祿、名位的鼓勵下，行道的心靈很難保其清純不變質，它說：

> 治國法道，聽任天下仁義之人勿得強賞也。……人為仁
> 義，自當至誠，天自賞之，不自誠者，天自罰之。天察
> 必審於人……皆知尊道畏天，仁義便至誠矣。今王政強
> 賞之，民不復歸天，見人可欺，便詐為仁義，欲求祿
> 賞。旁人雖知其邪文，見得官祿，便復慕之，詐為仁
> 義，終不相及也。

換言之，宗教心靈較易虔誠，政治心靈因為摻雜現實的功名利祿等因
素，品質難保真純，這就是宗教管理高過政治管理的原因。從前，
《老子》等道家要以形上的至高哲理—道，來提振、綱紀人的精神
心靈。如今，天師道的《想爾》也要以「道」具象化、落實化了的誡
律、天神來管理、統御人心，以取代法令政治。

相對於政治管理的報償——名、祿，及其憑藉——百官法令，宗
教統御也自有其報償與管理，它以長生、仙壽為報償，以天曹執右左
契結算為管理，以減壽、夭死為最大的處罰；《想爾》說：

> 欲求仙壽天福，要在信道、守誡、守信，不為貳過；
> 罪成，結在天曹，右契無到而窮，不復在餘也。（注
> 二十四章「其在道」）
> 人非道言惡，天輒奪筭。（注二十七章「善言無瑕
> 適」）

它相信，善惡功過的考核，政治上由人君或官吏來職司，絕對遠不及
宗教上由專司記錄是非善惡之神的天曹，執左右契，平時一點一滴記
錄，再據此加減其年壽，來得公正、詳實而有效，而仙壽便是最大的
福報。對於中國傳統觀念中所追求的人生三大要項—福、祿、壽，

《想爾》明顯是有所偏頗的，它偏取福、壽，尤其是「壽」，被視為最大的「福」，而貶斥「祿」（功名），一再地將它們和惡、邪、偽詐相連，《想爾》中因此充滿了對行道長生的宣揚。它說：

> 行道致生。（注十二章「難得之貨令人行妨」）
>
> 行道者生。（注二十四章「餘食餟行，物有惡之」）
>
> 能致長生則副天。（注十六章「生能天」）
>
> 聖人法道——令身長生生之行。（注二十二章「不自矜故長」）
>
> 道人畏辱，故不貪榮，但歸志於道，唯願長生。（注二十八章「知其榮，守其辱」）

它注第二十五章「天大、地大……」一節，不惜把《老子》原來兩個「王」字改為「生」字，成為「天大、地大、道大、生亦大，域中有四大，而生處一」，並且注說：

> 天、地、道之外，生是人世第一要事。四大之中所以令生處一者，昔；生，道之別體也。

把「生」看作人世間第一要事，說它是「道」之別體，是「道」在人世間的具體呈現，能長生，就體現了「道」。《想爾》因此又將《老子》十六章「知常容，容乃公，公乃王，王乃天」兩「王」字改作「生」，作「公乃生，生乃天」，將《老子》之「道」與長生、永生作了統一的詮釋，思以「長生」和「道」來取代「王」，成為教民心目中尊奉的主體目標。不僅如此，它又把七章「以其無私，故能成其私」，兩「私」字改作「尸」，並注曰：「不知長生之道，皆尸行耳」。又注解第十五章「能弊復成」說：「尸死為弊，尸生為成。」因為，一如體道、悟道是道家哲學的最高理想，追求「永

生」正是道教神學的最終目的。

　　然而，要如何地行道、守誡，以臻仙壽、長生之目標？根據《想爾》的說法，至少有兩種途徑：第一、要清靜結精；其次，要行善積德。前者是道家的養生要項，後者是宗教的基本要求。

㈤清靜結精以長生

　　就清靜結精而言，《想爾》不但以「道」爲萬物化生根源，又以「氣」或「精氣」爲「道」的內容，這種「氣」或「精氣」，隨著「道」之化生人，便充滿在人身中，成爲人的生命基素與能源。《想爾》說：

> 人之精氣滿藏中。（注第九章「金玉滿堂，莫之能守」）
> 古仙士實精以生，今人失精以死。……精者，道之別氣也，入人身中為根本。（注二十一章「其中有信」）

正常情況下，人全身是充滿精或精氣的，就像是一輛載滿精氣的車子，因此說：「身爲精車」。它在我們腹中，也在我們骨髓裡，維持我們的生命，也支撐我們的骨骸與精神，《想爾》說：

> 腹者道囊，氣常欲實。（注第三章「靈（虛）其心，實其腹」）
> 氣去骨枯……氣歸髓滿。（注第三章「弱其志，強其骨」）

長生之道因此首當愛氣惜精。所謂愛氣惜精，基本上要人保持精神的平和清靜，它說：

道人當自重精神，清靜為本。（注二十六章「重為輕
根，靜為躁君。」）

重精神清靜，君子輜重也，終日行之不可離也。（注
二十六章「君子終日行，不離輜（輜）重」）

天子，王公也。……務當重清靜，奉行道誡也。（注
二十六章「雖有榮觀，燕處超然」）

1.平和喜怒以寶身

　　所謂「清靜」，就精神心靈方面說，一方面指情緒的平和穩定，
一方面要求心靈的恬淡、無慾求，尤其是功名利祿的追求。就情緒
之平和穩定言，《想爾》將《老子》第四章「挫其銳，解其紛」的
「紛」字改作「忿」，注說：

銳者，心方欲圖惡。忿者，怒也，皆非道所喜。心欲為
惡，挫逐之，怒欲發，寬解之，勿使五藏忿怒也。……
忿爭激，急弦聲，所以者過。積死遲怒，傷死以疾，五
藏以傷，道不能治，故道誡之，重教之丁寧。五藏所以
傷者，皆金木水火土氣不和也，和則相生，戰則相尅，
隨怒事情，輒有所發。發一藏則故尅，所勝成病殺人。

它釋「銳」為初萌之惡念，以「忿」為怒，暢論身心相牽、忿怒致疾
傷生之旨，欲人「情性不動，喜怒不發」，使「五藏皆和同相生」
（注第四章「和光同塵」），才是長生久壽之道。
　　就恬淡無欲求、外功名一端而言，《想爾》沿承《老子》身親於
功名之主張，與自家重壽輕祿之觀點，告誡尤多，它說：

名與功，身之仇；功名就，身即滅，故道誡之。（注第

九章「名成功遂身退，天之道」）

道人求身，不貪榮名。今王侯承先人之後有榮名，不強
求也。……但欲令尊道行誠，勿驕溢也。（注三十二章
「始制有名」）

道不喜彊求尊貴，有寵則有辱。……得之，當如驚，不
喜也。……必違道求榮，患歸若身矣。（注十三章「寵
辱若驚，貴大患若身。」）

道之所說無私，少欲於世俗耳。（注十九章「少私寡
欲」）

道性於俗間都無所欲。（注三十七章「無名之樸，亦將
不欲」）

求長生者，不勞精思求財以養身，不以無功名劫君取祿
以勞身，不食五味以恣，衣弊履穿，不與俗爭，即為後
其身也。（注第七章「是以聖人後其身而身先」）

求生之人，與不謝，奪不恨，不隨俗轉移，真思志道，
學知清靜，意當時如癡濁也。以能癡濁，樸且欲就矣。
然後清靜能觀眾微，內自清明，不欲於俗。……天地湛
然，則雲起露吐，萬物滋潤。……人法天地，……常清
靜為務。（注十五章「肫若濁，濁以靜之徐清。」）

它甚至以追求世俗物質的榮華與否，作為「有為」、「無為」的區
分，又將養生分為「寶身」與「愛身」兩類，說：

彼有身貪寵之人，……不可託天下之號也。所以者，此
人但知貪寵有身，必欲好衣美食，廣宮室，高臺榭，積
珍寶，則有為；……設如道意，有身不愛，不求榮好，
不奢侈飲食，常弊薄羸行；有天下必無為，守樸素，

合道意矣。人但當保身，不當愛身，何謂也？奉道誡，積善成功，積精成神，神成仙壽，以此為身寶矣。貪榮寵，勞精思以求財，美食以恣身，此為愛身者也，不合於道也。（注十三章「貴以身為天下，【若可託於天下】」）

《想爾》以追逐現實世界的富貴、享樂為「有為」，認為它有礙修道養生，而以「樸素」、「合道」為「無為」，這和《老子》以清靜無為為修養要旨，而戒五色、五音、五味、馳騁田獵，基本上旨趣相合，但它詮釋得更世俗化。它又以積善、惜精、守誡為「寶身」，以追求富貴享樂、縱情物慾為「愛身」，區分了合道的養生與世俗的養生，說「寶身」可得仙壽，「愛身」將亡其身。

2.結精還神以自守

就生理方面說，所謂的「清靜」，尤其是指男女性問題，亦即房中方面的自然與節制。面對俗鄙「淺末」的廣大教徒，這其實更是《想爾》所偏重關切的。它注第六章「玄牝門，天地根」說：

牝，地也，女像之。陰孔為門，死生之官也，最要，故名根，男莖亦名根。

注第二章「其精甚真」也說：

生死之官也，精其（甚）真，當寶之也。

注二十八章「知白守其黑，為天下式」說：

精白與元炁同，同色：黑，太陰中也，於人在賢（腎），精藏之，安如不用為守黑，天下常法式也。

這幾章除了將《老子》作爲生化之母的「道」詮解爲性器之外，更將
「精」與「白」當作「精液」來解，說它們都是「生死之官」，以
「守黑」爲結精不妄泄，將這三章都作了性方面的詮釋，呼籲人要節
制，它說：

> 陰陽之道，以若結精為生。年以知命，當名自止，年少
> 之時，雖有，當閑省之。綿綿者微也，從其微少，若少
> 年則長存矣。今此乃為大害，道造之何？道重繼嗣，種
> 類不絕，欲令合精產生，故教之。年少，微省，不絕，
> 不教之勸力也。……上德之人，志操堅彊，能不戀結產
> 生，少時便絕。又善神早成，言此者道精也，故令天地
> 無祠，龍無子，仙人（無）妻[14]，玉女無夫，其大信也。
> （注第六章「綿綿若存」）
> 能用此道，應得仙壽。男女之事，不可不（不字疑衍）
> 勤也。[15]（注第六章「用之不勤」）

它認爲，男女房中之道負有繼嗣綿種的重大使命，是嚴肅的課題，不
能草率放縱。換言之，男女有大慾，道德有大倫，因此，應該審愼節
制，庶保綿綿不絕。它呼籲年輕人注意節制，要結精，勿縱慾，庶免
精力早枯，才能得仙壽，並保後嗣不絕。所謂「結精」，便是指的節
制性生活，使精不妄洩漏。

　　此外，它並將《老子》裡許多守柔、戒盈的篇章，都作了「結
精」的房中詮釋，它將《老子》第十章「天門開闔能爲雌乎」改

14　桂按：此句本作「仙人妻」，與上下文義不相承，依上下文例推之，「妻」上疑脫「無」
　　字，宜補之。
15　此句本作「不可不勤也。」義與《想爾》節精、愛精之宗旨相反，饒宗頤以爲「不」字應是
　　衍出，今從校改，其說同見注3，頁10。

作「天地開闔而爲雌」，並注說：「男女陰陽孔也，男當法地似女。」又說：

> 結精成神，陽剛有餘，務當自愛，閉心絕念，不可驕欺陰也。驕欺，咎即成。（注第九章「富貴而驕，自遺咎。」）

它注第六章「谷神不死，是爲玄牝」的「谷」爲「欲也」，又說：

> 精結爲神，欲令神不死，當結精自守。牝者，地也；體性安，女像之，故不掔（亂也）。男欲結精，心當像地似女，勿爲事先。

它在這幾章中藉由《老子》的雌柔本旨教戒男性，在房中方面要溫柔、尊重，寧緩勿急，精省節制。

3.摒斥僞伎

然而，不論「閑省」或「結精」，《想爾》都是基於清靜、自然、知足、知止的大原則以要求，目的只在教人健康、節制、不過度。對於諸多違反其清靜、自然大原則的房中異術，諸如容成御女術等採陰補陽或還精補腦，別有心機的房中術，《想爾》極力反對，斥之爲「僞伎」，它說：

> 道教人結精成神，今世間僞伎詐稱道，託黃帝、玄女、龔子、容成之文相教，從女不施，思還精補腦，心神不一，失其所守，爲揣銳不可長寶。（注第九章「持而滿之，不如其已；揣而銳之，不可長保」）

「玄女」相傳爲黃帝時知方術之女，隋志醫方家有《玄女經》一卷，「容成」相傳爲黃帝師，擅長取精女子以補導之術。漢志房中家有容成《陰道》二十六卷，陰陽家有《容成子》十四篇，依《後漢書‧方術傳》的講法，這些都是採陰補陽、握固不瀉，還精補腦之術。《想爾》認爲：爲了還精，靠這些別有心機之術以求長生，既不自然，又導致「心神不一」，有如向人告貸，既違正道，終不久長。它改二十八章「常德不離」爲「常德不貸」，並注該節說：

> 知守黑者，道德常在，不從人貸，必當償之，不如自有也。行《玄女經》、龔子、容成之法，悉欲貸。何人主當貸若者乎？故令不得也。難有自守，絕心閉念者，大無極也。

注二十九章「或接或墮」說：「身常當自生，安精神爲本。」可見，這還精補腦的容成御女術主要還是對人君與帝王說的，因爲帝王或人君姬妾衆多，在性生活上最難節制，方士因此有獻此術者。而據《後漢書‧方術傳》的記載，東漢方士多有精此術者。《想爾》卻認爲它們一則心神不一，違反自然，再者不夠清靜，別有心機，因而反對。它認爲節制情慾、愛精惜精要靠自己自然地閑省，由衷地不縱、不恣，豈能採人補己，此好比向人告貸，終不由己，亦不自在，卻想以此長生，無異旁門左道，故斥爲「僞伎」。

　　《想爾》將自己所推闡的自然清靜的養生之道稱爲「眞道」、「眞文」，稱與此精神相違的神道或房中伎倆爲「邪僞」、「僞伎」，與此相反的學說、主張爲「邪文」，以爲有害，而極力痛詆，它說：

> 世常僞伎，不知當意，妄有指書，故悉凶。（注十六章「不知常，妄作凶。」）

人等當欲事師，當求善，能知真道者；不當事邪偽伎
巧，邪知驕奢也。（注第八章「事善能」）

真道藏，邪文出，世間常偽伎稱道教，皆為大偽不可
用。（注十八章「智慧出，有大偽」）

不過，其所謂「偽伎」，包含不一，除了前述容成御女、還精
補腦類房中術外，還包括了天師道以外流行於當時的許多神道，比
如《太平經》一系，圖畫存思五藏神以解禍求福之法。《太平經・
修一卻邪法》有所謂「守一」之說，以人全身形骸各部分有各部分
的核心，稱為「一」，是修煉的重點所在；把握這些重點去修煉叫
「守一」。心是五藏的「一」，五藏又各有其神主之，謂之「五藏
神」，《老子河上公章句》也有「五藏神」的說法；但《太平經・齊
戒思神救恐訣》又說：

四時五行之氣未入人腹中，為人五藏精神。

四時五行精神入為五藏神，出為四時五行神精。

可見，它原本指自然之氣入人五藏後所轉生成的生理生命力。《河
上公章句》的「五藏神」正是此意。但《太平經》卻因為此氣可
進可出，往來自由，轉換自在，故將它宗教化、神祇化，說人一旦
生病，可依五行方位及顏色，圖畫五藏神像，懸掛室內，「思之不
止」，則「五藏神」自能｜報二十四時氣、五行神具來救之」（見
〈齊戒思神救恐訣〉）。

《想爾》也講「守一」，它注第十章「載營魄抱一，能無離」
說：

一者道也，今在人身何許？守一云何？一不在人身也，
諸附身者悉世間常偽伎，非真道也。一在天地外，入在

> 天地間，但往來人身中耳，都皮裡悉是，非獨一處。一
> 散形為氣，聚形為太上老君，常治崑崙，或言虛無，或
> 言自然，或言無名，皆同一耳。今布道誡教人，守誡不
> 違，即為守一矣；不行其誡，即為失一也。

「一」就是「道」，它充滿一切，可以在天地外，在天地間，也可以
自由進出人身中，而不只在某一處，這和《太平經》說人全身中各部
分有各自的「一」，五藏各有神，意思可相呼應。但它又說「一」是
虛無的、無定名、定形的，因為它可以隨處充滿，不定在一處，因此
可以有不同的幻化，可以是氣，可以是太上老君，當然可以落實而為
「誡」。「守一」因此便是「守道」或「守誡」，與《太平經》以
「守一」為修煉全身各部分的核心要害，含義有別。

　　不僅如此，對於《太平經》圖畫存思五藏神以解禍的神道，《想
爾》也反對，它說：

> 世間常偽伎，指五藏以為名一，瞑目思想，欲從求福，
> 外也，去生遂遠矣。（同前引注第十章）

所指正是《太平經》一系圖畫存思五藏神之法，此偽伎之二。

　　《想爾》又說：

> 道至尊，微而隱，無狀貌形象也……今世間偽伎，指形
> 名道，今有服色人名字、狀貌、長拒（短），非也，悉
> 邪偽耳。（注十四章「是無狀之狀，無物之象」）
> 道真自有常度，人不能明之。……世間常偽伎，因出教
> 授，指形名道，令有處所、服色長短有分數，而思想
> 之，苦極無福報，此虛詐耳。彊欲令虛詐為真，甚極，
> 不如守靜自篤也。（注十六章「致虛極，守靜篤。」）

除了前述的元陽子丹一類神道外，《想爾》雖以「道」為可以化形為太上老君，但實際上，它沿承《老子》，極強調「道」虛無、幽隱、清靜、自然、無名的特質。因此對於其他神道中，將「道」言之鑿鑿，說「道」有長短、服色、名字、相貌，皆斥為偽伎。這裡所指的，尤其是《仙經》一系的說法，《抱朴子‧地真》曾引《仙經》說：

> 子欲長生，守一當明。思一至飢，一與之糧；思一至渴，一與之漿。一有姓字、服色，男長九分，女長六分，或在臍下二寸四分，下丹田中；或在心下。絳宮金闕，中丹田也；或在人兩眉間卻行，一寸為明堂，二寸為洞房，三寸為上丹田也。此乃是道家所重，世世歃血，口傳其姓名耳。

此類之神道即為《想爾》所斥「偽伎」之三。
《想爾》又說：

> 今世間偽伎因緣真文，設詐巧，言道有天轂，人身有轂，專剛為柔，輻指形為館；又培胎練形，當如土為瓦時。又言道有戶牖在人身中，皆邪偽不可用，用之者大迷矣。（注第十一章「有之以為利，無之以為用。」）

饒宗頤注「道有天轂，人身有轂」引董思靖說：「三十輻共一轂，為取五藏各有六氣之象」，這裡提出了三種「偽伎」，第一種是人身有轂，第二種是培胎練形，第三種是道有戶牖在人身中，其詳皆不得而知。然《想爾》反對培胎練形之術，大抵和它反對採陰補陽，還精補腦一樣，恐因其虧他以自利，或有所告貸於他人、他物，不合清靜自然原則。至於第一種道與人身有轂，與第三種道有戶牖在人身，恐是

同性質的神道之說，《想爾》以其怪異而斥之。此僞伎之四—六。

　　總之，《想爾》雖重長生，求仙壽、也重視房中的性生活問題。但它既自詡爲「眞道」，從理論看來，也眞正地力求樸實而自然，健康而正直、不邪曲。

4.非薄邪文、邪學

　　除了「僞伎」之外，《想爾》所駁斥的，還有所謂「邪學」與「邪文」，它說：

> 邪與道相去甚遠，絕邪學，獨守道，道必與之。邪道與邪學甚遠，道生邪死，死屬地，生屬天，故極遠。（注二十章「絕學無憂，唯之與何，相去幾何？」）
> 今道不用，臣皆學邪文，習權詐，隨心情，面言善，內懷惡。（注十八章「國家昏亂，有忠臣」）

什麼是「邪學」、「邪文」？《想爾》說：

> 何謂邪文？其五經半入邪，其五經以外，眾書、傳記，尸人所作，悉邪耳。（注十八章「智慧出，有大僞」）

所謂「邪學」、「邪文」大致分兩類，第一類是五經，它說五經有一半是邪僞不可信，這和道家以及《老子》反對儒學與傳統文化應該有一定關聯。令人好奇的是，那不「邪」的一半是什麼？至少與《老子》和占卜吉凶的上古神道相關的《易經》應該不在邪學、邪文之列吧？另一類邪學、邪文則是尸人所作「眾書傳記」，亦即不信道、行道之人所作的「眾書傳記」。

　　《想爾》之所以以五經爲「半入邪」，又判定尸人的眾書傳記爲邪文的原因，在注十八章「絕聖棄知」中有說明，它說：

今人無狀，裁通經藝，未貫道真，便自稱聖，不因本而
章篇自撰，不能得道言。先為身，不勸民真道可得仙
壽，脩善自勳，反言仙目自有骨錄，非行所臻，云無生
道，道書欺人。此乃罪盈三千，為大惡人，至今後學不
復言道，元元不旋，子不念供養，民不念田，但逐邪
學，傾側師門，盡氣誦病，到於窮年，會不能忠孝至誠
感天。民治身不能仙壽，佐君不能致太平。……是故絕
詐聖邪知，不絕真聖道知也。

可見，⑴其所以半反對五經，主要在於當代推崇五經者，宗經、
崇聖，卻不推闡老學，不信它的「道真」，這應該是指的兩漢儒學
獨尊下儒生與經師的治經、崇聖，不尊老信道，無助其推闡長生仙
壽之道。⑵其所以反眾書傳記，主要因為它們的作者是不信道奉誡的
「尸人」。他們的書中主張神仙自有骨錄，非修道所能至，明顯和
《想爾》一系行道、守誡以得仙壽之論唱反調，有礙其宣教，這極可
能是指王充《論衡》一類以「道」為虛，反對神仙，主張氣稟有命的
學說理論。

《論衡・道虛》說：

世或以老子之道可以度世，恬淡無欲，養精愛氣……老
子之術以恬淡無欲，延壽度世者，復虛也。

吳相武認為，《論衡》這些話指的是《河上公章句》的養生說。[16]我
們不論王充所指是否即《河上公章句》，至少《論衡》堅持氣稟自

16　吳相武：〈《老子想爾注》之年代和作者考〉，收入陳鼓應主編《道家文化研究》（北京：
　　三聯書店，1999年3月），第十五輯，頁259。

然，性成命定，不可改易，反對行道、修道可以長壽、成仙，是不爭的事實，《論衡・無形》說：

> 稱赤松、王喬好道為仙，度世不死，是又虛也。……形不可變更，年不可減增，何者？形、氣、性，天也。

像這樣堅定不可改變的觀點和學說，堅持壽命骨相天定，非斥修道成仙之說，對於《想爾》的傳道、宣教而言，是不可兩立的，當然非加駁斥不可。

㈥行善積德以仙壽

欲得長生仙壽，光靠清靜結精是不夠的，站在宗教的立場，《想爾》說，更重要的，還要行善積德，它注二十一章「其中有信」說：

> 今但結精便可得可得（二字疑衍）生乎？不（否）也，要諸行當備。……夫欲寶精，百行當脩，萬善當著，調和五行，喜怒悉去，天曹左契，筭有餘數，精乃守之。惡人寶精，唐（空也）自苦，終不居，必自泄漏也。

要長生仙壽，當然要結精、寶精；但光結精、求精是不夠的，還得從實際生活中的道德行為表現上去贏得。要「諸行皆備」，修百行，行萬善，則上天自有司過之神——天曹，持左右契以記錄之，依人是非功過加減其年壽。《想爾》說：「教人以誠慎者，宜左契；不誠慎者，置右契。」左契記善，右契記惡，若結算有餘，必因行善多，精便保得住。反之，惡人行惡，無論如何寶精都無效，這便陷入了神秘。但它同時也凸顯了幾個特殊的觀點：

1.站在宗教家的觀點，它認為，行為的善惡，是決定能否長生的關

鍵，它說：

> 能行公道，故常生也。（注十六章「公能生」）
> 聖人法道，但念積行，令身長生生之行。（注二十二章
> 「不自矜故長」）

2.它將美、善、天、道歸為一類，惡、邪、地歸為一類，舉凡美、善
屬天，主生；邪惡屬地，主死。人欲長生，自當學美善。它說：

> 欲知美惡相去近遠，何如道與邪學近遠也？今等耳。
> 美，善也，生屬天；惡、死，亦屬地也。（注二十章
> 「美之與惡，相去何若？」）

它並視之為一種自然相感之理，它注第二十九章「物或行或隨」
說：

> 自然相感也。行善，道隨之；行惡，害隨之也。

這很有董仲舒或甚至更早《荀子・天論》、《呂氏春秋・召類》、
〈應同〉一系氣類相動、美事召美類、惡事召惡類的意味。人因此應
該行善、信道。

3.它又規定，人只有在行善積德時，其精神、精氣才能與天相通，
（因為天是善的，天道是善的），有任何危險災禍，天才能知而救
之。為惡，則精氣與天不相通，不相感，故有難，天不知，自無
從救治。其結果，只有禍害與之類應。《想爾》注第五章「聖人不
仁，以百姓為芻狗」說：

> 人當積善功，其精神與天通，設欲偏（侵）害者，天即

救之。庸庸之人皆是芻狗之徒耳，精神不能通天。……
精氣自然與天不親，生死之際，天不知也。

4.它認為，人的「心」是善念、惡念並存的，腹則是「氣」之所
充，因為「道」散形為「氣」，所以腹也是「道」之所藏。道
存，則氣充腹實，而骨堅髓滿。心存惡念惡志時，則道無以存，氣
亦不能實於腹，骨髓也因而不能滿實堅強，而轉為枯弱，生命便
垂危。挽救之法，端在去惡念，使道回返腹中，則氣自實而骨自
堅，髓自滿，生機便充旺久長。《想爾》說：

> 心者，規也，中有吉凶善惡。腹者，道囊，氣常欲實。
> 心為凶惡，道去囊空，空者耶（邪）入，便煞（殺）
> 人。虛去心中凶惡，道來歸之，腹則實矣。（注第三章
> 「靈（虛）其心，實其腹」）
> 志隨心有善惡，……弱其惡志，氣歸髓滿。（注三章
> 「弱其志，強其骨」）

它說心念的善惡影響著生理的健康，人想要有健康的身體，必須從心
念上下工夫。這不但是宗教性的教誡，也是身心的保健。

5.人一旦行善積德，有時甚至可以避入「太陰宮」中，死而復生：
《想爾》說：

> 太陰道積，練形之宮也。世有不可處，賢者避去，託死
> 過太陰中，而復一邊生像，沒而不殆也。俗人不能積
> 善行，死便真死，屬地官去也。（注十六章「沒身不
> 殆」）
> 道人行備，道神歸之，避死託過太陰中，復生去為不

　　亡，故壽也。俗人無善功，死者屬地官，便為亡矣。（注三十三章「死而不亡者壽」）

《想爾》以地官掌管死亡，提出了另一種空間——「太陰宮」，說它是練形之宮，當賢者有難，或死亡時，因為平日積德行善，故可暫入太陰宮中避之或練形，經一段時日後，可死而復生。俗人則因不積善，故無此際遇，死後便真死，歸於陰曹地官所管了。

㈦至誠守道，不用祭餟

　　仙壽的獲得，最重要的當然是行善積德，但行善積德要由衷而真誠，才有效，《想爾》因此再三強調「至誠」、叮嚀「至誠」。它不彈其煩地將《老子》第三十章「善者果而已，……果而勿驕，果而勿矜，果而勿伐。」四個「果」字逐一也一律地注成「至誠守善」，又注三十三章「不失其所者久」為「至誠者道與之」；注二十七章「善結無繩約而不可解」時也說：

　　　　結志求生，從道誡，至誠者為之，雖無繩約，永不可解。不至誠者，雖有繩約，猶可解也。

站在宗教家的立場，《想爾》教誡它的徒眾，必須以最大的虔誠，由衷地守道行善，所謂心誠則靈，一念之誠，自能產生不可思議的效果，使邪惡不能進，那是一種很自然的情勢，不須更作他想，或旁求鬼神以為助，它說：

　　　　至誠能閉志者，雖無關捷，永不可開。不至誠者，雖有關捷，猶可開也。（注二十七章「善閉無關捷不可開」）
　　　　勉信道真，棄邪知守本樸，無他思慮，心中曠曠但信

道，如谷冰之志，東流欲歸海也。（注十五章「混若樸，曠若谷」）

因此，對於棄邪、守道而言，是但求盡其在我，而不必透過任何宗教儀式去禱求的，《想爾》因此反對祭餟禱祠一類神道，甚至視之爲邪僞，說：

行道者生，失道者死，天之正法不在祭餟禱祠也。道故禁祭餟禱祠，與之重罰。祭餟與邪通同，故有餘食器物，道人終不欲食用之也。（注二十四章「餘食餟行，物有惡之」）

有道者不處祭餟禱祠之間也。（注二十四章「有道不處」）

在《想爾》的看法，這種神道有所他求，告貸外力，而非清靜自然，盡其在我，不合清修守誡原則，因此斥之爲「邪」。

㈧道人、仙士、俗人與尸人

道家的《莊子》曾將得道之人至少分爲眞人、至人、神人、聖人數種。《想爾》也依信道、守誡狀況之不同，將人至少分爲道人、仙士與俗人三種，甚至還有「尸人」，共四種。何謂「道人」？《想爾》說：

道人恬淡。（注三十一章「恬淡為上」）

道人同知俗事，高官、重祿、好衣、美食、珍寶之味耳皆不能至長生。長生為大福，為道人欲制大，故自忍，不以俗事割心情也（注二十八章「大制無割」）

道人但當自省其身，令不陷於死地，勿平他人也。（注三十三章「知人者智」）

道人寧施人，勿為人所施；寧避人，勿為人所避；寧教人為善，勿為人所教；寧為人所怒，勿怒人；分均，寧與人多，勿為人所與多。其返此者，即為示人利器也。（注三十六章「國有利器，不可以視人」）

它注第九章「或彊或羸」說：

彊後必更羸，羸復反更強，先處強者後必有羸。道人發先，處羸後更強。

根據這些敘述，「道人」是「恬淡」的，是高於俗世，能超脫塵俗之享樂富貴，卻也能妥善應對俗世者，是施予者，是先弱後強者，是《想爾》作者所能了解的，《老子》「道」在現實生活中的體現者，當然他也是最能行道、守誡，得長生而享仙壽者，《想爾》說：

道人所以得仙壽者，不行尸行，與俗別異，故能成其尸，令為仙士也。

「道人」也可以是仙士。

仙士則有不同，《想爾》的「仙士」是與「俗人」對比、對稱的，它幾乎每提及「仙士」，必同時舉「俗人」以比對，而且幾乎都集中在注第二十章時，它說：

俗人於世間自有財寶功名，仙士於俗，如頑鄙也。（注二十章「眾人皆有己，我獨頑以鄙」）

仙士味道，不知俗事，純純若痴也。（注二十章「我愚
人之心純純」）

仙士意志道如晦，思臥安床，不復雜俗事也，精思止於
道，不止於俗事也；俗人不信道，但見邪惡利得，照照
甚明也。（注二十章「忽若晦，寂無所止」）

仙士閉心，不思慮邪惡利得，若昏昏冥也。（注二十章
「我獨若昏」）

仙與俗相對，仙士是脫俗、忘俗的，舉凡一切俗事、俗物，俗人汲
汲營營以求的東西，仙士一概興趣缺缺。其意所鍾，唯在信道、守
誡、求長生，他甚至也可以不食人間煙火；《想爾》說：

仙士與俗人異，不貴榮祿財寶，但貴食母者，身也，於
內為胃，主五藏氣。俗人食穀，穀絕便死；仙士有穀
食之，無則食氣。（注二十章「我欲異於人，而貴食
母」）

可見，仙士就是仙人，仙人不懷俗心，不染俗念，也不貪俗物，不戀
塵俗，食五穀，也可靠呼吸吐納以長生。總之，它超絕凡俗，所以
稱「仙」。但《想爾》又說，俗人有好惡，仙人也有所畏、所樂。
俗人樂生畏死，仙人也樂生畏死。但俗人畏死，卻不免一死，仙人畏
死，卻知道透過信道守誡，以長生不死，此仙、俗之別。《想爾》
說：

死是人之所畏也，仙王士與俗人同知畏死樂生，但所行
異耳。俗人莽莽，未央脫死也。俗人雖畏死，端不信
道，好為惡事，奈何未央脫死乎？仙士畏死，信道守

誠，故與生合也。（注二十章「人之所畏，不可不畏，
莽其未央」）

道誠甚難，仙士得之，但志耳，非有伎巧也。（注
三十三章「彊行有志」）

仙士與俗人有同好。然仙士能透過守誠、信道去超越這一切，故得永
生，俗人則志道守誠不堅，故沈浮於塵海，此其別異。

大抵稱「仙士」，要在強調其超凡、脫俗，絕世、離塵。稱「道
人」，則指其能妥善應世接物。道人恬淡，能行道、守誠，卻常是
入世的，仙士則是脫俗的，二者信道守誠、長生則一。至若「尸
人」，則與「俗人」同爲不能信道、守誠者之稱，此其異耳。

三、結論

《想爾》的思想是道家的，更是道教的。作爲天師道與五斗米
道早期教典的《想爾》，藉由詮解《老子》來宣揚教理。它以《老
子》虛無的道論與清靜自然的修養論爲基礎，將道家的理論轉化成爲
道教一系的守誠長生說。就虛無道論而言，它把握住《老子》道虛無
隱微的特質，將它與秦漢以下的氣化觀念結合，改造了《老子》的
「道」，使成一種既抽象，又具體，卻無所不在，是可以依循的律
則，可以持守的誠規，也是可以尊奉的至高神靈—太上老君，完成了
其宗教權威的塑造。

就清靜自然的修養論而言，它依循《老子》去物慾、絕功名、貴
神賤形的修養要旨，結合著秦漢以來的氣化論與東漢以來盛行的精氣
養生說，將《老子》的修養論轉注成爲結精成神、清靜節制、自然無
貸的長生說。

此外，它更站在宗教神學的立場，以仙壽爲最大的報償，堅持虔
誠行道、守誠、積德行善爲求取仙壽，獲得永生的最大保障。它並以
天曹執左右契，結算人間善惡，作爲天報公正不爽的保證。爲了堅持

行道、守誡之眞誠素樸，它甚至反對祭餟禱祠。

　　它一方面沿承老學鄙賤功名、反對政治法令的傳統，一方面基於求永生的宗教目標，也貴身而賤名，輕祿而重壽，呼籲教民信道守誡，以取代尊君奉法，思以天或天神、天道替代人君、法令，來執行公道的管理。它的內容充滿了黃老養生色彩，和《老子河上公章句》的愛精、惜精理論有一定關聯。但較之《河上公章句》，它有重大的宗教使命。它的理論和《太平經》有更多的關聯，但比起《太平經》來，它的宗教性理論卻又清簡、質樸許多。它努力地保存《老子》清靜自然的主旨，以「眞道」、「眞文」自許，反對充滿詭異，或心術不正、旁門左道的神道與房中術，斥爲「僞伎」。又本於衛教的立場，駁斥一切否定其修道、仙壽教理的學說，斥爲「邪文」。作爲宗教的教理，《想爾》面對廣大的「淺末」教民，其義理就玄學的觀點而言，當然是俚下的，體系也或許因〈德經〉亡佚，〈道經〉殘存之故而略嫌粗糙不完美。然而，就神學的觀點而言，其力主清靜、自然，無所外貸的守誡虔修與健康節制的性生活，將一切宗教學上很難避免的怪力亂神成分降至最低，則仍是可喜而可敬的。

拾壹

《想爾》解老

作爲早期道教教典的《老子想爾注》，其注解《老子》大別於其
餘三部解老、詮老之作，很清楚直捷地將《老子》哲學朝向宗教養生
方向去詮解。

一、《老子想爾注》殘卷與張陵、張魯

　　《老子想爾注》隋、唐與《正統道藏》均未著錄，今所傳者，爲
史坦因取自敦煌莫高窟之寫本，現藏大英博物館（編號6825號），
已殘，對照今本，德經全佚，道經缺一、二及三章首句，共存35
章，580行，名《老子道德經想爾注殘卷》，經注連寫，不分章次，
過章亦不起行，連抄爲一，字體大小不分，內容不避「民」字之
諱，學者以字體斷其爲六朝時北朝人寫本。[1]

　　有關《想爾注》的作者，說法不一，難能確定，陸德明《經典釋
文・序錄》說：「不詳何人，一云張魯，或云劉表。」唐玄宗《道
德眞經疏・外傳》和杜光庭《道德眞經廣聖義》皆以爲張陵所作，
唐代釋法琳《廣弘明集・辨正論》也說張陵「分別《黃書》，注五千
文。」近人饒宗頤教授據敦煌天寶十載寫本卷末記有「道德經卅七
章」、「五千文上下二卷」、「系師定」等語，而《道藏・傳授經
戒儀注訣》說：「系師得道，化道西蜀」，因認爲是張魯在其定本
《老子》五千文的基礎上作的；當是「張陵之說而魯述之，或魯所作
而托始于陵，要爲天師道一家之學。」但因釋法琳有張陵注五千文之
說，因仍歸之張陵[2]。

　　有關劉表所作一說，從史傳看來，劉表的相關記載並無任何崇
道事迹，學者因一致認爲不可能[3]；至於張魯，饒先生雖偏指向他，
然遍觀張魯之相關記載，不論虛實，皆不見任何與學術或撰著相關

者，尤其是載張魯相關事迹最詳明的正史——《後漢書・劉焉傳》與《三國志・張魯傳》均無任何張魯知書撰著之記載。歸之爲傳承者或有可能，歸之爲撰注者，誠有勉強。只有張陵，史雖無傳，然所涉及之相關記載，卻陸陸續續一直有相關於學術或撰著的記載。《三國志・張魯傳》說張陵「學道鵠鳴山中，造作道書。」《神仙傳》說他「本太學生，博通五經，晚乃嘆曰：『此無益於年命』，遂學長生之道。」《太平御覽》卷672引《上元寶經》說他「本大儒，漢延光四年始學道。」宋濂《漢天師世家敘》言之最爲鑿鑿，說他建武十年生於吳之天目山，暨長，博極群書，曾中直言極諫科，做過巴郡江州令，棄官隱北邙山，章帝徵爲博士，和帝召爲太傅，皆不就，杖策入山，修道傳教，加上《廣弘明集》法琳所說，張陵曾注《老子》五千文，可知不論正史或道佛傳世資料中，都有張陵知學著書的記載，學者一般因推定爲張陵之作[4]。

　　唯宋濂之作既晚出，卻言之最爲鑿鑿，若張陵果眞曾爲太學生，中過科，作過江州令，辭徵召，〈張魯傳〉、〈劉焉傳〉述及張魯家世時，不會隻字不提。《神仙傳》本多道士述異內容，虛實難以深究。唯正史〈張魯傳〉亦謂張陵有「道書」之作，不論內容如何，作爲開教宗祖，張陵有著作，較之張魯，應更可信，後世大多推爲張陵所作，或緣於此。唯《神仙傳》與《漢天師世家敘》所載既虛實難辨，《廣弘明集・辨正篇》所載也難遽信其究屬依托？或確指《想爾》？則《想爾》之眞正作者，在沒有更確切的資料與證據之前，恐怕只好姑且疑者存其疑了。

二、《想爾》的解老模式

　　作爲即今所能見道教早期有限典籍資料之一的《想爾》，不論內

4　孫以楷編、陳廣忠、梁宗華撰：《道家與中國哲學・漢代卷》（北京：新華書局，2004年），頁376-377。

容如何「淺末」，其於中國宗教史、學術史上的意義與價值是不容忽視的。

《想爾》的撰者站在宗教的立場，以《老子》爲教本，以注解爲手法，轉化《老子》的玄學爲宗教的基本教義，去對巴蜀「淺末」的徒衆宣教，這是人盡皆知的定論，也是不爭的事實。然而從玄學到宗教，從無神論到絕對的有神論，其間的巨大落差，《想爾》如何處理是本文所要討論的核心。

從根本上說，《老子》是絕對哲學的，《想爾》卻是絕對宗教的，從絕對哲學到絕對宗教，相去難以道理計。《老子》哲學的玄深精妙既不是每一位閱讀者都能輕易妙契玄通，體悟無礙，對於「淺末」的蜀中廣大信衆而言，尤其茫昧難入，特別是其玄虛的本體相關論述。而道家出世高超的心靈智慧，也與汲汲於俗務，卻未必得溫飽的下層民衆生命經驗相去甚遠。《想爾》注老因此多從實踐與應用方面去發揮，對於本體論部份，除了微而隱，無形象之外，看不到精深的詮釋。

㈠經驗層的說解與應用性的詮釋

就《想爾》殘存的三十五章看來，悉屬上經（道經）部份，《老子》本體論所在的幾個篇章皆在此。然而，從注解的內容看來，卻全是實踐與應用性的理論。儘管《想爾》的玄學理趣與《老子》相去甚遠，但《想爾》的作者對《老子》哲學還是有著一定程度的理解與掌握。比如第八章《老子》以水性喻道，《想爾》的注解便相當契合《老子》原義。《老子》說：

> 上善若水，水善萬物而不爭，處衆人之所惡，故幾於道。居善地，心善淵，與善仁，言善信，正善治，事善能，動善時。夫唯不爭，故無尤。

《想爾》注曰：

> 水善能柔弱，像道去高就下，避實歸虛。常潤利萬物，
> 終不爭，故欲令人法則之也。水能受垢辱不潔之物，幾
> 像道也。水善得窪空，便居止為淵。淵，深也。人當
> 法水，心常樂善仁。人當常相教為善，有誠信；人君理
> 國，常當法道為政，則致治。人等當欲事師，當求善能
> 知真道者，不當事耶偽伎巧、邪知驕奢也。人欲舉動，
> 勿違道誡，不可得傷王氣。人獨能放（仿）水不爭，終
> 不遇大害。

內中除了以「人等當欲事師，……不可得傷王氣」數句解釋「事善
能，動善時」兩句，作了宗教性的夾解外，其餘論說，大抵切合
《老子》原旨。對於《老子》的柔後謙下之旨，《想爾》作者是領略
無誤的。

第二十九章注「或噓或吹、或彊或羸」說：

> 善惡同規，禍福同根，雖得噓溫，慎復吹寒。得福，慎
> 禍來。彊後必更羸，道人發先，處羸後更強。

除了「道人」一詞是通貫全書一致的宗教性擬設外，對《老子》禍
福相倚，兩對立事物間相互轉化的哲學，《想爾》作者也有相當的
領略。其後注三十六章「將欲翕之，必固張之；將欲弱之，必固強
之；將欲廢之，必固興之；將奪之，必固與之」也說：

> 善惡同規，禍福同根，其先張者，後必翕；先強，後必
> 弱；先興，後必衰廢；先得，後必奪也。

注二十二章「曲則全」說：「謙也，先曲後全明。」注「窪則盈」說：「謙虛意也」，注「弊則新」說「物弊變更新」，注「聖人抱一」說：「一，道也，聖人行之爲抱一也。」注「不自見，故明」曰：「聖人法道，有功不多，不見德能也。」注「夫唯不爭，故莫能與爭」曰：「聖人不與俗人爭，有爭，避之高逝，俗人如何能與之共爭乎？」皆大致不失原意。正反倚伏與雌後不爭的思想是《老子》應用理論中最爲核心精采的部份，《想爾》的注解，也在這方面掌握得最好、最準確。

此外，注「六親不合，有孝慈」說：「道用時，家家慈孝，皆同相類，慈孝不別。今道不用，人不慈孝，六親不合，時有一人行慈孝，便共表別之，故言有也。」詮釋亦不違《老子》之意，這些都可以證明《想爾》的作者並非不懂《老子》義理，其乖違扭曲《老子》的注解，是另有用意的。

㈡刪改字詞，以便教眾

東漢以來注釋《老子》者大抵分爲兩大系統，一爲道教徒刪去助詞本，一爲不刪助詞本。所謂刪去助詞本，其實就是指《老子想爾注》。《想爾》解老，往往刪去助詞，或將助詞虛字實解以爲注，甚至不惜更改原典，以成其解。不知者初或以爲所據版本校讎不精生誤。若細察，可知其刻意爲之，曲成其解。歷來研究《想爾》的學者，對此往往不能諒解，謂其恣意刪削，甚或竄改《老子》原文，以曲成其解。其實，《想爾》對《老子》的刪削與竄改是有其特殊考量的。

助詞虛字的適切運用，是中國文章中較爲精細高層次的寫作素養，它可以使文章的聲情因語氣之充分抒洩，而產生舒爽盡致、朗暢搖曳之美感。《老子》用詞之特殊，除了正言若反的弔詭表述與押韻之外，大量語氣詞（句首、句中、句尾）的使用是一大關鍵，尤其是句中語氣詞。姑不論注文內容，《想爾》對《老子》形式上最大的改造是：幾近徹底地刪除了傳世本《老子》原文中所有的句中語氣

詞：兮、者、之、也、焉，句末語氣詞：也、哉、乎、焉、者，發語詞：夫、唯，甚至是稱代詞：其、之、者，連接詞：而、以、且、故，介詞：之，副詞以及形容性複合詞：儽儽、沌沌，因為它們不是要義所在，使成為篇幅較短小的樣態，以便於信眾背誦。如此一來，當然造成了語氣短促、硬緊的結果，《老子》原作中搖曳的美感沒有了，卻可能因句式不會長短參差太大而便於誦讀。在有限的三十五章殘卷中，據筆者初步統計，至少刪去了語氣詞近六十個，稱代詞二十個，連接詞近十個，副詞、介詞、形容詞各若干個，改易連接詞（如將「以」、「故」、「如」更換為「而」、「且」、「若」等）約十幾處，合共至少一百多處，形成無助詞的道教徒傳本。其所刪削處，除造成文氣短促外，因非要義所在，大致不違原旨。至其注文內容合乎《老子》原意與否，那是另外一回事。

如二十一章《老子》原作：

　　道之為物，惟恍惟惚。惚兮恍兮，其中有象；恍兮惚兮，其中有物；窈兮冥兮，其中有精。……。

《想爾》刪去所有句中助詞「兮」，與指稱詞「其」，卻未刪「惟」字，作：

　　道之為物，惟慌惟惚。惚慌中有物，惚慌中有象，窈冥中有精。

可見在刪與不刪、改與不改之間，《想爾》還是有所考量，並不莽撞。第十六章「容乃公……」五句，五個「乃」字，《想爾》都以通假字「能」來取代，目的在方便它變成「能夠」的注解。

有時，為了顧及刪削後文句的順接完整，《想爾》偶亦更易《老子》原文，如第二十章傳世本《老子》作：

荒（莽）兮其未央（哉）！眾人熙熙，（如享）（若
亨）太牢、（如）（若）春登臺。我（獨）泊（魄）
（兮其）未兆，如（若）嬰兒（之）未孩，（儽儽兮
若）（尯）無所歸，眾人皆有餘，（而）我獨若遺，我
愚人之心（也哉）！沌沌（兮），俗人昭昭〔照照〕，
我獨昏昏〔若昏〕，俗人察察，我獨悶悶。（澹兮其若
海）〔忽若晦〕（飂兮若無止）〔寂無所止〕，眾人皆
有以，（而）我獨頑（且）〔以〕鄙。

上文（）部分是《想爾》所刪去或改易者，〔〕則爲《想爾》所增
改者。除了一貫地刪去語助詞、副詞、連接詞，以同意的「若」代
「如」，「以」代「且」之外，爲了堅持它一貫的緊短形式，它將
「儽儽兮若無所歸」、「澹兮其若海」、「飂兮若無止」三句改寫爲
緊短的「尯無所歸」、「忽若海」、「寂無所止」，語法無誤，義亦
類近。凡此皆見《想爾》作者對於《老子》原文之更動處理，本有
其宣教之特殊考量，更動、刪除亦有其自我一套軌則，並非任意妄
爲。

　　第二十五章《老子》說：

　　　　故道大、天大、地大、王亦大。域中有四大，而王居其
　　　　一焉。人法地，地法天，天法道，道法自然。

《想爾》竄改三個「王」字爲「生」，其顧長生的目的尤其清楚。第
七章「以其無私，故能成其私」。《想爾》亦改「私」爲「尸」，
以曲成其「尸行」、「尸解」之詮釋，道理相同，都是爲了宣揚以
「長生」爲終極目標的教義，凡此的刪改皆在可以理解的範圍內。
　　其刪改文字之較不可理解者，厥爲第二十三章，《老子》原作：

故從事於（而）（道者同於道，德者同於德，失者同於
失。同於道者）道（亦樂）得之；同於德者，德（亦
樂）得之；同於失者，（失亦樂得之）〔道失之〕。

（）部分即《想爾》刪改者。此節《老子》原文本在教人因任自
然，無爲以治，無須作任何不必要的堅持。《想爾》作者應是所見
本原有數句漏失，故不見「道者同於道」四句，又刪去二處「亦
樂」，因其非要義所在，同時改「失亦樂得之」爲「道失之」，可能
因教育信眾，勸人修道必有所得，原文作「失得之」，難能曉眾，因
而加以更改。而三十五章中類此無法理喻之刪改，僅此一例。

　　此外，二十四章「企者不立」《想爾》作「喘者不改」，恐非改
字問題，而是所見版本有異。

(三)標斷異常，仍歸宗教

　　除了上述的刪字、改字之外，《想爾》殘卷對於《老子》原文，
有兩處大異於眾本之標斷。一處在第二十九章，一處在第三十五
章。二十九章今本《老子》皆作「將欲取天下而爲之，吾見其不
得已」。《想爾》下句，其經注相連，以體例看來，應是斷作「吾
見，其不得已。」然而，「吾見」之下所作注文，曰：「吾，道
也，聞見天下之尊，非當所爲，不敢爲之。愚人寧能勝道乎？故有害
也。」除「吾，道也」之外，其餘內容有些不知所云。觀其義，似
乎仍在詮釋首句「將欲取天下而爲之」，對於「其不得已」，《想
爾》則以天人相應之君權神授說解之。

　　第三十五章各本《老子》原作「往而不害，安平大。樂與餌，過
客止。」《想爾》則作「佳而不害，安平大樂。與珥，過客止。」不
但將「往」訛誤作「佳」，又將「樂」字上屬，作「安平大樂」，已
是淺陋不堪，又用天災變怪、日月運珥之類災異詮釋「與珥」，就更
令人莫名其所指了。總的看來，應該同樣是爲了遷就其災異感應宗教
內容之故吧！這異常標新的兩例與前述第二十三章的改異，是《想

爾》殘卷中少數怪異奇特、無厘頭的。

㈣以實解虛，望文生義

　　《想爾》解老的另一種常見模式是，常將義理較爲曲折、有所喻指的例證或表述，全都作了字面的實意詮釋。比如：它注今本第十二章「五色令人目盲，……難得之貨令人行妨」說：

> （五色）目光散，故盲。（五音）非雅音也，鄭衛之聲，抗諍傷人，聽過神去，故聾。（五味）道不食之。口爽者，糜爛生瘡。（馳騁田獵）心不念正，但念煞無罪之獸，當得故狂。（難得之貨）道所不欲也，行道致生不致貨，貨有爲，乃致貨妨道矣。

《老子》本章原在提醒人過度追求官能享受，易導致本性溺失，到此都被實指地論敘。目盲、耳聾、口爽、心發狂，本以喻心性喪失，在此也都作了實解。然而，整體說來，這些還是文義與《老子》庶幾近之的例子。

　　末節「難得之貨……」《想爾》解釋說：「道所不欲也，行道致生，不致貨。」「道」有「欲」、有「不欲」，《想爾》殘卷章中每一章幾乎都有類似的表述。這個「道」當然是依循《老子》而來，是最高的存在，但它卻不是一種境界或律則，而是有意志的權威，一種類似於「神」的存在，它有欲有不欲，有喜、有怒，是道教所尊奉的最高權威，也同時是教衆所須循守的最高誡律，亦稱「道誡」。章末解釋「去彼取此」，《想爾》說：「去彼惡行，取此道誡。」在《想爾》中，道、道誡、道人常常是其義互通，可相換轉的。三十五章殘卷中類似的道義不勝枚舉。而行道是爲了「長生」，不是爲了得「貨」，這是道教的基本教義，道教以長生、仙壽、修道、行道爲終極目的，誡人勿貪榮華，慕功名，好財貨，這是在可以理喻，與

《老子》原意庶幾近之的章節注釋中，宗教性內容夾插的情況。

　　亦有扭曲原意，將《老子》之文，全都作了宗教解說者，如第五章注「天地不仁，以萬物爲芻狗；聖人不仁，以百姓爲芻狗」，說：

> 天地像道，仁於諸善，不仁於諸惡，故煞萬物惡者不愛也，視之如芻草，如苟畜耳。聖人法天地，仁於善人，不仁惡人。當王政煞惡，亦視之如芻苟也。是以人當積善功，其精神與天通。設欲侵害者，天即救之。庸庸之人，皆是芻苟之徒耳，精神不能通天。所以者，譬如盜賊懷惡，不敢見部史也。精氣自然，與天不親，生死之際，天不知也。黃帝仁聖，知後世意，故結芻草為苟，以置門戶上。欲言後世門戶，皆芻苟之徒耳。人不解黃帝微意，空而效之，而惡心不改，可謂大惡也。

本節《老子》之意原謂天地自然無爲，無所私愛，聖人爲治，亦當法天地之自然無爲、無所私愛。所謂「不仁」、「芻狗」，都是有所喻指的。「不仁」謂一依自然，無情無私；「芻狗」謂時則用，過則棄，無所吝惜之物。《想爾》或許是對這樣喻意曲折的哲思顧慮到信眾無法了解，抑或無法對俗眾作出能使其理解之詮釋，因望文生義，從傳統民俗的角度直解「芻狗」，卻將「芻狗」寫成「芻苟」。又迻以「不仁」爲「不愛」，對於「不愛」，又無法作出深層的曲折解釋，因就宗教懲惡嘉善的基本教義說解成道與天地仁於善，不仁於惡。三十五章如此的情況所在多有，並不僅此一例。在這裡，「天地」與「道」都是有「仁」有「愛」，能知能覺，能與人相親相通了。舉凡三十五章中義理較爲玄曲，非字表所能直傳者，《想爾》往往以信眾所能直下了解的勸善誡惡、守誡長生的教義，去作類似的詮釋。

　　或許因爲望文生義是最易對教衆解說的方式，也同時因爲動亂時代中，羌夷雜處，風俗拙樸，文化水準不高的蜀地教衆，確實無法懂，也不須眞懂《老子》那些經由高度文化洗禮所陶鑄提煉出來的心靈智慧。他們所迫切需要的，是生存無慮與基本生活安穩無缺，無病無殃。而俗衆的基本生活又以飲食、男女爲主要課題，《想爾》的解說，因而往往以此爲內容。加上《老子》書中，本多清靜修養之理，安處身心之道，特層次有所不同，與《想爾》並非全無交集。《想爾》作者因悉以低解高，以應實際需求。這才是《想爾》中養生、長生、治欲、房中之說充斥的眞正原因。

　　《想爾》注今本第三章「不見可欲，使心不亂。聖人治，靈（虛）其心，實其腹、弱其志，強其骨，常使民無知無欲，始知者不敢不爲」說：

> 不欲視之，比如不見，勿令心動。若動，自誡；□□，道去復還，心遂亂之，道去之矣。心者，規也，中有吉凶善惡。腹者，道囊，氣常欲實。心爲兇惡，道去囊空。空者邪入，便煞人。虛去心中兇惡，道來歸之，腹則實矣。志隨心有善惡，骨隨腹仰氣。彊志爲惡，氣去骨枯，弱其惡志，氣歸髓滿。道絕不行，耶（邪）文滋起，貨略爲生，民竟貪學之。身隨危傾，當禁之，勿知耶（邪）文，勿貪寶貨，國則易治。上之化下，猶風之靡草。欲如此，上要當知通道。

其注「使知者不敢不爲。」：

> 上通道不倦，多知之士，雖有耶心，猶志是非，見上勤勤，亦不敢不爲也。

這一章注解最能清楚說明《想爾》解老的多種狀況。首先，它雖不切中，亦不甚遠地詮釋「不見可欲，使心不亂」是：不使心動生亂，心亂則道不存。然後，它附加了宗教義的夾摻，教人若動則「自誡」，「道」便復還。這個「道」，可以是宗教義的超越權威，也可以是《老子》哲學義之「道」，二義在此本可以模糊共存，但加了「自誡」爲說，便偏向宗教義。

其次，它將「虛無心」的「心」解爲收攝吉凶善惡的鏡子，「實其腹」的「腹」解爲充滿了「氣」的盛「道」之囊，腹中的「道」其實就是「氣」，會因人心性的善惡而虛實相應。當「心」存善念時，「道」在腹囊中，腹囊便充滿了「道氣」，腹便實。腹實，則骨隨腹，因亦堅實。筋骨的強弱，在《想爾》看來，是隨著腹中之氣的虛實而顯的。而「腹」中「氣」之虛實和「心」中「志」之善惡是相應的，換言之，

這裡把人的氣息、生命力與信念聯繫在一起，以「腹」爲連絡溝通的場域，這是《想爾》很粗樸的生命觀。腹不但是形身的中心，更是修煉的核心場域，道教的呼吸吐納、調息修煉，悉以此爲重心，在此場域中進行。《想爾》的說法，清楚反映了這種思維。

總之，起念、行爲與生理生命之間確實存在著相當密切的關係，如何讓它們之間有著良性的聯結與互動，是正式修煉的重點。《老子》原本不講修煉，而講修養，其修養的重點在去除知識的學習與欲望的追求，認爲它們會攪亂人純樸的自然心性。《想爾》將《老子》所排除的知識統稱爲「邪文」，而以「貨賂」、「寶貨」來概稱欲望。所謂「邪文」，其實是含混地泛指一切不合「道」的典籍文

書，儒家的經典五經亦在其中。《想爾》注第十八章「智慧出，有大偽」說：

> 真道藏，邪文出。世間常偽伎稱道教，皆為大偽，不可用。何謂邪文？其五經半入耶，其五經以外，眾書傳記，尸人所作，悉邪耳。

「五經」之所以半邪，因為它不合道家、道教思維。其所以半不邪，因為儒家的部份倫理道德為道教所吸收採從。《後漢書・張魯傳》說張魯據漢中，「以鬼道教民」，「皆教以誠信，不欺詐。」葛洪《神仙傳・張道陵》說張陵「欲以廉恥治人，不喜施刑罰，乃立條制。」宋濂〈天師世家敘〉也說張衡「避居陽平山，以忠孝導民。」張魯之說，載諸正史，應無疑慮。張陵之說，載籍雖不足徵，然觀《想爾》注今本《老子》第十八、十九、二十七、三十各章，皆再三反覆叮囑「至誠」與「至誠守善」之重要，三十五章推崇「臣忠子孝」，三十章肯定「忠臣輔佐」，則張陵「廉恥治人」與張衡「忠孝導民」之說仍屬可信，此是道教與儒教有交集處，故較諸眾書、傳記之「悉邪」，「五經」仍有「半」不「入邪」。

三、《想爾》的宗教解老

作為一部有著高深玄理的哲學要典──《老子》，是以自然無為、虛無清靜、雌後與「道」幾個核心概念、去開展出其精妙無比的哲學體系，後世之承繼與轉化、應用，推闡的角度、方向容或不同，大致不離這幾個焦點，《想爾》也不例外。從有限的殘卷整體看來，《想爾》大致上是以一個宗教領袖宣道訓眾的立場來發論的，這便使得三十五章殘卷章章不脫宗教訓誡，章章充斥著宗教性的語言與房中養生內容，所謂的道、道人、道誡、道氣、法道、仙人、仙士、仙壽、吉凶、生死、為善除惡、積福、長生、左右契、邪文偽

伎、結精自守……等等、無一章例外。

　　從形式上看，前文已說過，它大致是由經驗層面淺俗地解釋《老子》原文要義，認爲有需要發揮時，再舉證，以訓說守道奉誡之理與房中、養生之論，去完成其宗教理論。其要義之詮釋部分，或允當，或淺陋，或扭曲、竄改原文，作削足適履的詮釋，情況相當參差，其宗教目的則始終如一。其所舉證與訓誡，尤其是絕對宗教性的附會與解說。因此可以說，不論要義之詮解允當與否，《想爾》無一章無一處非宗教。

　　《想爾》被推爲早期天師道在蜀說衆宣教之作，從其內容看來，係以宗教義的道、守道誡、爲善積善去取代《老子》哲學義的「道」與無爲。以長生、仙壽的報償，作爲法道、守誡的最終歸趨，去詮釋《老子》的清靜儉約。在共同鄙棄俗世功名利祿、寶貨物資的交集下，將《老子》養神遺形的精神超越，轉化成爲道教死而不亡、尸解成仙的形身修煉之道。這是《想爾》對於《老子》一般的詮釋狀況。

　　這樣的詮釋狀況，對於堅持《老子》玄學的人是很難接受的。對於《想爾》的注老內容，若非將之放在宗教宣衆立場去做同情性的理解，也很難舒坦。因爲他徹頭徹尾無一處而非宗教，至少從三十五章殘卷看來如此。其實《想爾》的作者對於《老子》的哲學並非完全不懂，《想爾》中對《老子》的柔後不爭、正反相倚之理也有正確的體悟與發揮，因爲它們合乎其宗教所要宣揚的禍福無常之理。至於《老子》玄虛妙趣的哲學，卻不是《想爾》所關切的，它在乎的是信衆的俗世生活與秩序。在這樣的詮釋模式之下，對《老子》的重點哲學當然有了極不一樣的轉化。

㈠「道」的誡化、氣化與神化

　　《老子》崇「道」，《想爾》也崇「道」，《想爾》的「道」當然是從《老子》而來，卻與《老子》有極大的不同。《老子》的「道」是一種超現象界的絕對存在，是一切生化的根源、自然的律

則，也代表一種至高的境界。《想爾》的「道」也是多面義的，它也是一種至高的存在與真理，只不過這種真理與存在是宗教性的真理與存在。它雖然和《老子》所說的「道」一樣，虛無不可見，卻必須具體落實，才方便信眾循守。在《想爾》裏，「道」因此被具體化為「誡」，稱「道誡」，「誡」是「道」的具體化，是信眾行為的基本準則，《想爾》說：「人欲舉事，先孝（考）之道誡，安思其義不犯道，乃徐施之。」（注第十五章「安以動之徐生。」）第十四章解釋「无狀之狀，无物之像」曰：

> 道至尊，微而隱，无狀貌形像，但可從其誡，不可知見也。

注第八章「動善時」說：「人欲舉動，勿違道誡。」三十五章中幾無一章不及「道誡」。僅管如此，卻從頭到尾不見有關「道誡」詳細內容之具體說明或載列。歸納性地看來，大概是以行善、積善、不求功名利祿、不追逐欲望，但求長生與仙壽，房中節制，不行還精補腦之類容成御女邪伎等基本準則，全部三十五章不見任何條列的定則，這是誡律義的「道」。

「道」不但可行、可守，還可畏、當尊。這可畏、當尊之道，有欲、不欲（注第十二章「難得之貨令人行妨」），有喜、不喜（注第十三章「寵辱若驚」），又能遣奚仲作車，使黃帝為戶牖（注第十一章），這樣的「道」有如人之情緒、好惡，又為宗教性之超然存在，當然是具有神性的權威了。《想爾》說：

> 道至尊，常畏患不敢求榮，思欲損身。……為身而違誡，非也。（注第十三章「吾所以有大患，為我有身」）

上稱「道」，下稱「誡」，可見「道」與「誡」在《想爾》裏雖然偶

有虛、實狀態不等的區別，許多時候卻是二而一的。

　　而爲了強化並推尊「道」的權威性，《想爾》將《老子》中所有「吾」、「我」都注解成「道」，又將「道」具象化爲「太上老君」，《老子》中原本不確指的第一人稱——「吾」、「我」地位被抬高到與「道」、「太上老君」齊等。其因由想來是，《想爾》先將《老子》中這種原本不確指的第一人稱實解爲五千言的作者老子本人，然後將《老子》與其所推崇的「道」連結起來，老子代表了他所推重的「道」，透過吾（我）→老子→道的思維連結，「吾（我）」便等同於「道」，《想爾》因此將《老子》第四、十三、十六、二十五、二十九各章中所有「吾」都注解成「道也」。「我」只在第二十章注解成「仙士」，其餘大致都注解成「道」。而老子是崇道、體道之人，不是神，於是又把「道」的一切尊高、權威屬性都給了老子，將他神化爲宗教所需要的神——「太上老君」。《想爾》注第十章「抱一」說：「一者，道也。……聚形爲太上老君。」於是，至尊之人（吾、我、老子）、至高之理（道、誡）與至尊之神（太上老君）連結爲一，成了：

　　　　吾（我）→老子（太上老君）→道→誡

「道」不但可以顯實爲「誡」，亦可以具象化爲「太上老君」，「吾（我）」也因帶著特定宗教意味，具備了不同於尋常的意涵。

　　另一方面，《想爾》同時爲這神化了的權威「道」（太上老君）安置可以虛實、出入、遍在的神性依據，設定「氣」作爲祂的內容，稱「道炁」（氣）。《想爾》在注第十四章解釋「道」的質性時說：

　　　　道炁常上下，經營天地內外，所以不見，清澈故也。（注「其上不皦，其下不忽。」）

注第五章「天地之間，其猶橐籥，虛而不屈」說：

> 道氣在間，清澈不見，含血之類，莫不欽仰……蕭
> （籥）者氣動有聲，不可見，故以為喻，以解愚心，清
> 氣不見，像如虛也。

注第二十一章「慌惚中有物，惚慌中有像」說：

> 不可以道不見，故輕也，中有大神氣，故喻橐籥。

注第三十六章「柔弱勝剛強」說「道氣微弱」。

　　綜合這些論述可知，《想爾》的「道」，內質是「氣」，一種清
澈精細，不可察見的「氣」。這「氣」遍在天地間，也在天地外運
作，其運作有如風箱，愈動，作用愈強。以風箱為喻，《想爾》說
得很清楚，是為讓徒眾的俗愚之心能理解。「道」儘管是清澈不可見
的「氣」，卻是廣大而神奇無比，故稱「大神氣」。這樣的擬設與說
解，一方面因承《老子》道的部份質性，另一方面也方便信眾了解
「道」或「道神」遍在自如的作用。注第十章「載營魄抱一能無離
乎？」說：

> 一者道也，……一在天地外，入在天地間，但往來人身
> 中耳。都皮裏悉是，非獨一處。一散形為氣，聚形為太
> 上老君，當治崑崙，或言虛無，或言自然，或言無名，
> 皆同一耳。今布道誡教人，守誡不違，即為守一矣；不
> 行其誡，即為失一矣。

　　這一節對於「道」之各種狀態及其彼此間的關係說得最清楚。
「道」又稱「一」，它「散形」是「氣」，可以遍滿天地，擴大時可

以擴至天地外，深入時也可以遍在於人全身各部位，當它凝聚而具象化時，便是宗教的至上尊神——太上老君，這尊神住在中國傳說中的崑崙仙山，不論說「道」虛無還是無名，都是指這一至上尊神。而要崇奉這個尊神，「守（道）誠」就是最好的方法。照這樣的說法，「道」與「氣」與「老君尊神」與「誠」是四而一的。不論前述的吾（我）、道、誠、太上老君連結互通，還是此處的道、氣、誠、太上老君，數者一體。就哲學而言，這是不可思議的，就宗教而言，卻靈通無比。從此，守誠就是尊神，就是崇道、行道。既不必酒食祭祀，也不必如《太平經》之「拜身中神」，但守道誠即可。對於酒食祭祀與拜身中神，《想爾》是極其反對的，斥之爲僞伎、邪道、迷信，它要提倡的是正信、眞道，正信、眞道只是守道誠，遵守社會道德，注意日常飲食男女生活之規矩節制。從全部三十五章殘卷看來，《想爾》是反對拜拜的。

㈡從「損」的無爲體道到「益」的守誠煉形

作爲中國宗教，祭祀祈福想來應是必然的節目，《想爾》卻不然，它說：

> 行道者生，失道者死，天之正法，不在祭餟禱祠。道故禁祭餟禱祠，與之重罰，祭餟與邪通，故有餘食、器物，道人終不食用之也，有道者不處祭餟禱祠之間也。（注第二十四章「曰餘食餟行，物有惡之，故有道者不處。」）

長生與否，在於能否守道誠，非關祭祠。從《想爾》看來，天師道對於持守道誠與嚴禁禱祠，堅持得相當徹底。

不但如此，既然清澈的「道氣」可以「往來人身中，皮裏悉是」，《太平經》一系道教因有所謂「身中神」，與「五藏神」的消

災祈福祭祠。根據《太平經·齋戒思神救死訣》的說法，自然界的「四時五行之氣」可以入人腹中，爲人五藏精神，「其色與天地四時色相應」，它出入不時，入人腹中時，可以爲人「五藏神」，由人身中出離時，又可以回復爲「四時五行神精」。當人身體調養不好時，五藏神便會各自出遊不返。爲了怕它出遊不返，就有了特殊的祭拜儀式，《太平經·齋戒思神救死訣》說：

> 使空屋內傍無人，畫象隨其藏色，與四時氣相應，懸之窗光之中而思之。上有藏象，下有十鄉，臥即念之以近懸象，思之不止，五藏神能報二十四節氣，五行神且來救助之，萬疾皆愈。

這便是所謂存想身中神的解厄祈福法。《想爾》一系天師道卻徹底反對，視爲「世間僞伎」之一。《想爾》說：

> 世間常僞伎，指五藏以名一，瞑目思想，欲從求福，非也。去生遂遠矣。（注第十章「載營魄抱一，能無離」）
> 道至尊，無狀貌形象也，但可從其誡，不可知見也。今世間僞伎指形名道，令有服色、名字、狀貌、長短，非也，悉邪僞也。（注第十四章「是無狀之狀，無物之象。」）

注第十六章「致虛寂，守靜篤」說：

> 世間常僞伎，因出教授，指形名道，令有所處，服色長短有分數，而思想之，苦極無福報，此虛詐耳……不如守靜自篤耳也。

其所批指，皆是《太平經》一系冥想禱祠身中五臟神之法。他們要徒眾信守的是正信，正信是要靠規規矩矩、正正常常地持守道誡，積善去惡，不好功名利祿、不貪嗜欲，才能得福、長生而仙壽。從《想爾》一再強調去「偽伎」，可見早期天師道較之太平道的某些基本理念，確實清純許多。《神仙傳》說張陵以廉恥治人，《天師世家敘》說「張衡以忠孝導民」。至於張魯，《三國志》本傳說，曹操入蜀前，屬下曾勸張魯悉燒寶貨倉庫，張魯以「寶貨倉庫，國家之有。」遂不聽，封藏而去，又設義米、義肉、義社。如果說，《想爾》真是天師道張氏一門傳道之作，則誠不失為體用合一，理論與實踐一致的教範。

　　《想爾》的宗教思維儘管從頭到尾只要求道誡的持守，比起《太平經》一系來，清純許多。但是，較之《老子》體道要自然無為，返樸歸真，已是大大的不自然了。《老子》的體道是要「損」，要「儉」，要「嗇」，要放下一切的刻意與有為，無善無惡，去除一切心靈的雜質與精神負擔，做一個完全沒有牽掛、重量與色彩的原味人。《想爾》雖也擷取了《老子》清儉不好榮華的精神特質，叮囑信眾，勿迷信一些怪異的宗教儀式與行為，男女房中行為要儘可能清儉正常，卻又給信徒增加許多宗教性的心靈負擔，所謂的行善、積福、誠信、煉形、長生、仙壽。將《老子》所力求放下的「形身」問題，重新重重地扛了上來，不但在乎「生」、「壽」，還要求其「長」、「仙」，這便背離了《老子》「損」的體道要訣，走向了「益」的仙道之路。

(三)從清靜儉嗇到結精成神

　　前面說過，《老子》清靜儉嗇的精神一直是《想爾》所推崇的，只不過《想爾》對《老子》儉嗇之道的推衍，並不是向著心靈內部去要求深化，而是要信眾以此為原則，節制他們的日常生活，尤其是男女房中之事。要信眾信仰單純，性行為正常節制，在《想爾》中因此有了許多關於結精自守的叮囑。

《想爾》說：

> 陰陽之道以若結精為生，……年少之時，雖有，當閑省
> 之。綿綿者微也，從其微少，若少年則長存矣。今此乃
> 為大害，道重繼祠，種類不絕，欲令合精產生，故教
> 之。年少，微省，不絕，不教之勔力也。勔力之計出愚
> 人之心耳。……能用此道，應得仙壽，男女之事，不可
> 勤也。[5]（注第六章「綿綿若存，用之不勤」）

《想爾》認為男女房事肩負繼種延祠的嚴肅使命，不只是性慾問
題，故重教情慾方剛之年輕人當「閑省」，勿縱慾，才能延壽長
生。他注第九章「持而滿之，不若其已」說：

> 道教人結精成神，今世間偽伎詐稱道，託黃帝、玄女、
> 龔子，容成之文相交，從女不施，思還精補腦，心神不
> 一，失其所守。……若，如也。不如，直自然如此。

注同章「富貴而驕，自遺咎」說：

> 結精成神，陽炁有餘，務當自愛，閉心絕念，不可驕欺
> 陰。驕欺，咎即成。又外說秉權富貴而驕世，即有咎
> 也。

它認為，要成神仙必須結聚精氣，不妄洩。為了這個不妄洩，世間因

此有了容成御女術之類還精補腦的邪術，結果因為邪曲不自然，弄得身心不能協調，欲益反損，不如依順自然。而節制房中固然可使精氣凝聚，成神仙，但若陽氣充旺有餘，在男女之事上，更不可「欺陰（女）」。男女房中之事總以公道、尊重為是，否則會自留禍患，這是極其健康的房中衛生之理。《想爾》又說，「富貴而驕⋯⋯」一句亦可指位高權尊而不謙遜，會自留禍患。因為不論房中節制之養生，還是位高權尊傲慢自滿之禁戒，都屬宗教宣導，《想爾》因此而有兩可的注解。

注二十八章「知白守其黑，為天下式」、「常德不貸，復歸於無極」說：

> 精白與元炁同，同色。黑，太陰中也，於人在腎，精藏之。安如不用為守黑。⋯⋯知守黑者，道德常在，不從人貸，必當償之，不如自有也。行《玄女經》龔子、容成之法，悉欲貸，何人主當貸若者乎？故令不得也。唯有自守，絕心閉念者，大無極也。

它將《老子》守雌守後的哲學詮釋為房中養生之術，以「白」為先天精氣，「黑」為藏精之「腎」，將《老子》的守柔之理注成重精守腎之術，說能重精守腎不妄洩，便是能守住道德，不借助外物而長生仙壽。若如世間《玄女經》所傳的容成御女、還精補腦、採陰補陽之邪術，需假借外在的異性（陰）來滋補自己，說穿了都是假借外力，從宗教學眼光看來，好比對外有所虧欠，是很不好的行為。這些話主要是對「人主」說的。而從《想爾》一再明白批判「容成」、「玄女」、「龔子」之術，更可見當時這些「邪術」在貴族間流行之昌熾。

㈣從後身無身到長生仙壽

　　《老子》貴神賤形，以形軀之存在與安養爲精神生命之沈重負擔，說「若吾無身，吾有何患？」（第十三章）說善於養生的人勿使「生生」太厚（第五十章），耳目口腹之欲太過，反傷生。《老子》雖也希望人能久世長生，卻認爲，必須「不自生」，不以生爲念，才「能長生」，故呼籲人「後其身」、「外其身」（第七章），《想爾》則不同。作爲宗教性的載籍，《想爾》雖也一再戒口腹之慾太過，卻以「長生」、「仙壽」作爲信道、守誡的最高報償。其所謂「長生」，指的是享「仙壽」，亦即生理生命的長永。一切對教徒宗教行爲的各種要求，所謂的「道誡」，其最後的目的都通向這種生理生命的長永。理想的修道人，或修道成功者就稱爲道人、仙士、仙人。

　　它把第二十五章經文「道大、天大、地大、王亦大域中有四大，而王處一。」的「王」字都改爲「生」，然後注說：「生，道之別體」，生命的存在就是「道」的另類存在，生命的無窮延續當然就是「道」的無窮延續。長生、仙壽因此代表「道」的永恆存在。它因此視「長生」爲「大福」，舉凡行俗事、高官、重祿、好衣、美食、珍寶之味，皆不能致長生（詳第二十八章注）。換言之，俗世行爲的過度複雜是阻礙行道，難以延續生命的，這一基本理念，《想爾》大致去《老子》不遠。

　　放縱情慾，固然不能長生，但是，「結精」寶愛精氣是否就可以得仙壽？《想爾》說，那還不夠。長生、仙壽是各種修行的綜合成果，它和個人道德和社會行爲表現之總體成績是緊密相連的。它注第二十一章「其精甚眞，其中有信」說：

　　　　生死之官也，精甚真，當寶之也。古仙士寶精以生，今人失精以死，大信也。今但結精便可得生乎？不也，要諸行當備。所以精者，道之別氣也，入人身中為根

本，……夫欲保精，百行當脩，萬善當著，調和五行，喜怒悉去，天曹左契，筭有餘數，精乃守之。惡人寶精，唐（空也）自苦，終不居，必自泄漏。

前面說過，《想爾》以「道」的內質爲「氣」，稱「道氣」，作爲人生命原質的「精」則是另類的「道氣」。這「道氣」之「精」既是生之元，便當節制寶愛，不妄施洩，才有長生成神仙的希望。然若一心只想寶愛其精，卻心術不正，存惡念，信什麼採陰補陽，容成、御女術，是沒有用的。生理精氣的寶愛須和社會道德、行爲動念的純正，一體共修，想來這應是其「道誡」的內容之一。從對「諸行當備」、「百行當脩」、「萬善當著」的一再叮囑中，說明了《想爾》勸善崇德的宗教苦心。因此，它又以天曹的左右契來善加警戒。面對著封建貴族不但權、位、財、富攏聚一身，又想長久保有，《想爾》就其所欲，以其切身行事作再三的警戒與叮囑，用心甚明。它把《老子》第二十四、三十一、三十六各章中所有的「左」、「右」幾乎都解成「左右契」，並設定有天上值星官，叫「天曹」，專門職司人間善惡，其記錄人間善行之簿冊稱左契，記錄罪過惡行之名冊稱右契，說人間行爲的善惡，自有天曹時時記入左右契中，信眾能否修成長生仙壽，這是重要的行爲考評依據。操行成績好的，即使形軀生命終止，仍然有一種叫做「太陰宮」的神秘空間，可以讓他避去修煉，過一段時間後，屍體可以復生，便是所謂的「尸解」。天曹考評成績不理想的，便不可能有這種待遇，死就死了，讓管罪過的地官去處理，永遠修煉不成仙壽。《想爾》說：

太陰道積，煉形之宮也，世有不可處，賢者避去，托死過太陰中；而復一邊生像，沒而不殆也。俗人不能積善行，死便真死，屬地官去也。（注十六章「沒身不殆」）

> 道人行備，道神歸之，避世託死過太陰中，復生去為不
> 亡，故壽也。俗人無善功，死者屬地官，便為亡矣。
> （注三十三章「死而不亡者壽」）

注十五章「夫唯不盈，能弊復成」說：

> 尸死為弊，尸生為成。獨能守道不盈溢，故能改弊為成
> 耳。

這「沒身不殆」「死而不亡者壽」和「弊復成」，《老子》本以虛喻
能體道，使心靈能達到道的至境之人，不論心靈、精神或行事都能無
所罣礙，無限永恆。《想爾》則透過神秘的「太陰宮」之設定，將之
實解為形軀生命之永不毀滅，並以行為的善惡來作為關鍵性條件。
《老子》養神遺形的修養觀從此轉成了行善積德的煉形觀了。

四、結論

　　《老子》主張自然清靜，《想爾》基本上也力主俗世生活之自
然清靜。天師道的張魯在收編了「五斗米道」的張修部眾後，設立
了「義社」，供「義米」、「義肉」給路人，要求需要者，取足而
已，不可過量，否則，會遭天懲罰。從《想爾》一再申告縱慾、厚
生、追逐功名有違仙壽的道誡中，與再三反對祭餟禱詞，甚至列為信
眾的禁忌，以及對容成、御女術的極力批判看來，《想爾》對《老
子》「自然清靜」、「儉」、「嗇」的基本道理是承繼不違的。只不
過，《老子》是超俗地，哲學地講，《想爾》卻是絕對入俗地、宗教
地教。它以低解高，以實說虛，企圖將東漢以來被奉為修身、養生寶
典的《老子》哲學，積極地轉化為宗教俗世之教理，這其間思想、理
趣的落差難以計數。《想爾》的作者儘管非玄學家，卻絕對不可能沒
有感受到其間的困難，這一點我們從他對許多章節與《老子》原意相

去不遠的詮釋，以及對《老子》絕大部分經文刪改的安排狀況可以看出。但爲了宗教目的，盡其所能，就俗世素材，度信徒之所能知，論信眾所關切的議題，堅持要讓《老子》的玄深哲學，成爲普羅教眾的生活規範。這樣的改易，工程是艱辛的，心態當然仍是可敬的。撇開對玄學的堅持，從《想爾》對《老子》義理切合的注文中，我們看到了一位宗教理論家深層的苦心與基本能力。細讀《想爾》對《老子》爲人詬病的「淺末」轉化，我們同時也看到了宗教家宣教的艱辛與苦楚。《想爾》其實是在用老，而不是在解老。

附錄

壹、黃老與老子

　　黃老之學是源起於戰國，興盛發展於戰國中晚期以迄秦漢之際的學術思潮。所謂「黃老」，顧名思義指黃帝與老子，名為「黃老」，因為它以老子學說思想為核心與基礎，托抬黃帝以為標誌，兼採各家之學，將老子學說轉向外王治世之用，使老子學說與俗世、社會、文明相結合，煥發著強烈的現實精神。

　　原本在老子的學說理論中，不論任何一種傳世本或帛本、簡本，都看不到有關黃帝的載述。戰國時期的任何文獻，對於黃帝和老子，都是單獨提及，從未有將它們合一或並稱的，可見黃帝和老子原本沒有關係。黃、老合稱，一如「道家」之名，始見於西漢之初，尤其是《史記》，[1]是西漢初年的學者在總述先秦學術時，對這種托抬黃帝，轉化老子之學為應世之用的學術思潮的統稱。

一、黃老學說的起源

　　儘管任何一種版本的《老子》都不曾提到黃帝，在戰國中晚期的許多道家著作中，卻常出現有關黃帝的載述，或依託黃帝的書，[2]這說明了，老子儘管原本與黃帝無關，戰國中晚期的道家卻已開始依託

---

[1]　《史記》在〈老莊申韓列傳〉與〈孟荀列傳〉中一再說申不害、慎到、韓非三人之學歸本黃老。

[2]　比如《莊子‧在宥》載黃帝對廣成子答「至道之精」，〈盜跖〉說：「世之所高，莫如黃帝……」，〈大宗師〉也述及黃帝；而班固漢志所載依託黃帝之作，道家類有五種、陰陽家類有一種、小說家類一種、兵陰陽五種、天文類二種、曆譜類一種、五行類二種、雜占類一種、醫經類一種、經方類兩種、神仙類四種，共計十二類二十六種，皆依託黃帝為說，依班注，實皆六國人之作。

黃帝，宣揚其說了，這便是黃老之學的緣起。

詳細地說，黃老之學的興起有南楚、北齊兩系說法。就北齊一系說法而言，黃老之學興起於田齊的稷下學宮，它同時也是稷下的主流學術。它的產生，和田齊政權漂白所作造祖運動以及原鄉情懷有很大的關係，是田齊在這兩種動機和動作下的學術顯現。

(一)田齊的造祖運動與原鄉情懷（北方齊地黃老）

郭沫若是此說的始創者，他認爲黃老之學起於齊國，昌盛於稷下學宮。[3]

1.黃帝的依託與附會

黃帝是傳說中，也是司馬遷歷史記載中的上古第一帝，他曾經戰蚩尤，戰炎帝，都獲得最後勝利，是絕對外王事功中的人物；而老子則是先秦時代的哲學家，這兩個形象、氣質差異如此大的角色人物，是如何被結合起來，成爲田齊逆取順守下的學術標誌？

西元前379年田齊太公田和把姜齊康公放逐到海邊，結束了姜齊政權，開啓了田齊一百五十幾年的統治。爲轉移國際對他們篡逆的不良印象，他們開始了逆取順守的補救措施：一方面大興黌宇，建造稷下學宮，招來天下英才，大倡國際學術，以轉移天下人的注意力；另一方面宣揚自己有著高遠的來歷與優良的血統，開始了哄抬黃帝的造祖運動。而這兩者其實是合一的，後者應該就是在前者的環境條件下所孕生的。

原來被田氏所篡的姜齊本是炎帝之後，而炎帝與黃帝同爲少昊之後，《國語·晉語四》說：

> 昔少典娶于有蟜氏，生黃帝、炎帝。黃帝以姬水成，炎

3　郭沫若〈稷下黃老學派的批判〉，收入《郭沫若全集》（北京北京人民出版社，1982年）第二卷歷史編《十批判書》，頁156。

> 帝以姜水成；成而異德，故黃帝為姬，炎帝為姜。[4]

同源異質的炎、黃二支兄弟部族，《國語》說它們「成而異德」，顯然在發展過程中，不但途轍各異，質性大別，且是互別苗頭，旗鼓相當的。衡諸以後姬周、姜齊文化與齊、魯之學涇渭歧分，仍然有跡可察。而篡姜齊的田氏，本為陳國之後，西元前672年，陳厲公之子敬仲完畏害奔齊，十世而至田和篡姜齊，為示與所篡的姜齊，有同等高遠的來歷，它們抬出與姜齊祖先本為兄弟，且旗鼓相當的「黃帝」來，作為他們的遠祖，以光顯自己的來歷。有一個相傳為田齊威王時所鑄造的鐓上銘文可以為證：

> 其惟因齊揚皇考，紹踵高祖黃帝，邇嗣桓文。

「因（齊）」是齊威王之名，銘文說威王要發揚偉大先人之業，上紹高遠的祖先——黃帝，近繼桓公（田午）與太公（田和），明奉「黃帝」為他們的「高祖」。同時配合著稷下學術活動，他們開始宣揚黃帝的聲威。一個有關黃帝戰炎帝而大勝的傳說，據推測，極可能就是此時期，由田齊政權所主導的傑作。不僅如此，「蚩尤」原本是齊地傳統「八祠」中的「兵主」，是齊地的戰神，地位應該是很崇高的。到了戰國的神話傳說中，卻成了黃帝的手下敗將。在有名的出土黃老文獻——馬王堆黃老帛書〈十大經〉中對於黃帝敗蚩尤也有著相當深刻而詳細的描寫。[5]而隨著稷下學術活動的展開、田氏繼承姜齊

4　（吳）韋昭注：《國語》（台北：藝文印書館，1951年，嘉慶庚申（五年）讀未見書齋重雕《天聖明道本》），卷10，頁259。

5　馬王堆黃老帛書〈十大經‧正亂〉說，在早先的階段裏，蚩尤逆形未顯，黃帝須其窮節而因之，說：「勿驚勿戒，其逆事乃始，吾將逐其逆而戮其身，……我將觀其往事之卒而朵焉，待其事之逐形而私和焉；壹朵壹和，……吾或使之自靡也。」等到時機成熟，單盈才、太山

的富厚與威勢，以及造祖運動的推闡，一個遠古的帝王便成了一時流行的標記，許多圍繞著他的傳說與記載霎時豐富了起來，以稷下學宮爲中心，形成了一股鉅大的附會風潮，其具體成果，就是《漢書・藝文志》所載那些依託爲黃帝的著作。[6]其中，除「小說家」外，如天文、曆譜、五行、雜占、房中、神仙、陰陽家固爲陰陽家學，即醫經與經方的傳統方技，亦與陰陽學有一定淵源，兵陰陽本兵家之言陰陽奇胲之數者。然則，漢志所列十二類依託的黃帝著作，除小說家外，其實主要是道與陰陽兩類，而陰陽學本來就是齊文化與齊學的主要成分之一。換言之，在這一由田齊政權所主導的黃帝流行風潮中，其反映在學術上的，是以道家與陰陽家學爲主體，再略參兵家。黃老之學中，有關「黃」的依託部分，就是這樣被製造起來的。

2.老學的推衍與轉化——領導統御與原鄉情懷

至於黃老思想何以選取老子學說做爲推闡轉化的主體思維？換言之，在這一波學術推闡與附會風潮中，爲什麼田氏會選取老學而不是他家學說？這是因爲從出土各類簡帛本《老子》看來，老學在當時流傳已相當普遍，其學說內容清靜無爲，由天地自然之道下轉爲治身治國虛無、清靜、儉嗇之理，多言侯王治國之道，極其方便領導統御方法之攝取與提煉，也合乎齊國需求。蓋齊自姜太公始封，迄於田氏篡接，有別於魯之興禮樂、推文教，行德化，始終走的都是務實尚功的外王經世路線，重視領導統御的強化，老子學說的轉化，極方便這一需求。

之稽告訴黃帝：「可矣」，黃帝於是「出其鏘鉞，奮其戎兵」，終擒「反義逆時」的蚩尤。對這個「反義逆時」的蚩尤，黃帝後續的處理是：「剝其□革以為干候，使人射之，多中者賞；其發而建之天，名曰蚩尤之旌；充其胃以為鞠，使人執之，多中者賞；腐其骨肉，使之苦醢，使天下雜之。」

6 詳註2。

　　何況，老子是田齊故鄉陳國人。根據司馬遷的考證之一，老子是
「楚苦縣厲鄉曲里人」，苦縣在今河南鹿邑縣，本為陳國領邑，春秋
時曾為楚邑，西元前497年滅於楚。田齊推崇轉化老子學說以為外王
統御之術，除了老學內容本身主客觀的優越與必然條件外，或亦不無
原鄉之微旨。

　　而隨著田齊稷下學宮的擴大交流與宣揚，這一表黃裏老的學術思
潮撲天蓋地地瀰漫開來，傳揚各地，成了一時的學術與文化風尚。

㈡南方楚地黃老說

　　有關黃老之學產生的地域，除了北齊說之外，第二種說法是在南
楚，始倡者是李學勤先生。[7]丁原明也說，戰國黃老學有兩個發源中
心，一是楚國，一是齊國：

> 　　就楚國來說，它以《黃老帛書》開其端，《莊子》後學
> 中的〈天道〉諸篇承其緒，《鶡冠子》揚其波，形成了
> 南方「黃老學」系統。就齊國來說，它統攝了田駢、接
> 子為代表的道之一術派，慎到及《管子‧法法》諸篇的
> 道、法派，以及《管子‧心術》四篇所代表的道之整合
> 派。……從時間上說，可能南方黃老學比北方黃老學產
> 生得要早一點。[8]

他雖不反對稷下作為黃老之學的發源地，卻更堅持南方楚黃老早於北
方齊黃老，更為黃老之學的源頭，等於間接認定黃老之學源於南方楚
國，並以馬王堆黃老帛書為及今所見最早的黃老理論文獻。

　　這樣的說法，對於老學部分的交代固然可以理直氣壯，因為老

---

[7]　參見李學勤：《簡帛佚書與學術史》（台北：時報出版社，1994年12月），頁18。

[8]　詳見丁原明：《黃老學論綱》（濟南：山東大學出版社，1997年12月），頁5。

子本楚人，老子學說本代表南方思想，其發展在楚，無庸置疑；但是，對於為何要依託、附會「黃帝」？丁氏依據〈五帝本紀〉、《管子·五行》與《易》傳中相關於黃帝的各類記載，寬泛地歸納為：黃帝與華夏族的形成、中央帝國的形成有關，是華夏文明的象徵。

這樣的說法其實共同適用於齊、楚兩系黃老依託黃帝之因由。問題是，司馬遷早說過：「百家言黃帝，其文不雅馴，搢紳先生難言之。」[9]黃帝的相關事蹟，在先秦其實是相當模糊不穩定的，《史記》、《管子》、《易傳》成書應都在黃老學形成之後，其部分內容記載和黃老學的先後因果關係可以再作深思。

但是，有關黃帝戰阪泉與十二姓、二十五子之說，卻早見於《左傳》、《國語》與《逸周書》。[10]這些記載是及今所能見最早的黃帝記載，也應是此後《大戴禮·帝繫姓》、〈五帝德〉、《史記·五帝本紀》中所載有關黃帝傳說的主要依據資料。可見南方楚黃老說也非無較早依據。

唯發源於南楚說的重點完全放在黃老帛書上，認為：㈠黃老帛書寫成時間如唐蘭推測，在B.C.400年左右，早於稷下。㈡帛書所記多處與《國語·越語》范蠡之言相同，范蠡在滅吳復越後，匿跡南

9　（漢）司馬遷：《史記》（台北：藝文印書館，1955年，清乾隆武英殿刊本），第1冊，卷1，頁40下。

10　《左傳·僖公二十五年》載秦伯將納王，狐偃勸晉侯勤王，使卜偃卜之，得「黃帝戰於阪泉之兆」，吉。〈昭公十七年〉載郯子曰：「昔黃帝以雲紀，故為雲師而雲名。」（晉）杜預注，（唐）孔穎達疏：《春秋左傳正義》（台北：藝文印書館，1997年，十三經注疏本），第6冊，卷16，頁262下；卷48，頁835下。《國語·魯語上》說：「黃帝能成命百物，以明民共財……有虞氏禘黃帝而祖顓頊，郊堯而宗舜；夏后氏禘黃帝而祖顓頊，郊鯀而宗禹……」皆奉黃帝為禘祭之主。（同註4，頁117-119）《國語·晉語四》說：「黃帝之子二十五人，其同姓者二人而已，唯青陽與夷鼓為己姓……其同生而異姓者，四母之子，別為十二姓，凡黃帝之子二十五宗。」（同註4，頁258-259）

楚，號「鴟夷子皮」，帛書內容多載其言，應為楚人之作。㈢黃老帛書、《莊子》外雜篇、《鶡冠子》連成南楚一系黃老作品。㈣又據王博之說，以〈十大經〉中反蚩尤的描述與齊國傳統乃至《管子·五行》所載蚩尤的觀點違異，絕非齊人之作，[11]因推定為楚人之作。

事實上，《莊子》外雜篇來源與作者、撰作時間說法都相當分歧。《鶡冠子》之作者，班固雖注為「楚人」，然近代稍早的錢穆與稍晚的戴卡琳都判定其為北方趙國文獻，經後來的楚人偽加，書中的「柱國」、「令尹」稱號即是緣此而來。[12]馬王堆黃老帛書唐蘭斷其寫於紀元前400年左右之推斷是否絕對可靠，是一個問題。與馬王堆三號墓同時出土的，除了〈十大經〉之外，另有因道全法、道法論的〈經法〉，另一匣中尚有專言刑名、法君、法臣的〈伊尹·九主〉與〈五行〉、〈德聖〉等多種儒典，即使去除另匣之附抄卷，光就四篇黃老帛書而言，〈經法〉的道法論與刑名說與北黃老的田、慎、《管子》、申、韓一系亦相容，如何肯定是楚人之作？

再次，《左傳》、《國語》的記載既可能為此後黃帝傳說資料之源頭，〈越語〉中的范蠡之言何必定為南方楚人所采？北人之作亦載，有何不可？何況稷下學宮人才薈萃，全盛時達千餘人，南北英才無所不有，焉知不有取其言以入說者？

至於南楚、北齊對蚩尤之載述不同，王博之說固有其是，然蚩尤形象地位之歧異，涉及時間問題，它們是共時存在現象？還是有時間先後的因果關係，如屬後者，會不會是在這一波黃帝崇奉風潮下，蚩尤形象因有轉化？都可以再作思慮。

二說相較之下，源起於北齊稷下之說較能解釋為何有關黃帝的依

11　參見王博：〈論《黃帝四經》產生的地域〉，《道家文化研究》第3輯（上海：上海古籍出版社，1993年3月），頁223-240。

12　錢說參見氏著：《先秦諸子繫年》（台北：東大圖書公司，1986年），頁484-485。戴說參見氏著：《解讀《鶡冠子》——從辯論學的角度》（瀋陽：遼寧教育出版社，2000年10月），頁20-22。

託、附會一時蠭起的現象。其實不管源於南方楚，還是北方齊，最後之所以能蔚為熱潮，甚至向下發展至漢而為治身、治國之要論，在在和齊稷下之推闡密切相關，這也就是丁教授雖主南楚黃老較早說，卻始終不否定北齊稷下亦黃老發源地之因。

二、黃老學對老子學說的轉化

要了解黃老之學與老子學說的關係，首先應當了解黃老學說的特質，這和其源生需求密切相關。

㈠老子學說的轉化背景

從大角度看，戰國時代是個社會、文化變化劇烈的時代，各家學說爭鳴發展交流到了一定的程度，互相吸收、融合，以強化、豐富自己學說的內涵，成了不可避免的趨勢，尤其是戰國中晚期。從馬王堆、郭店等地出土的簡帛文獻，以及《韓非子·解老》專篇詮釋老子學說的情況看來，老子學說至少在紀元前三百年左右的戰國中、晚期流傳已經相當普遍了，因而有了各種不同抄本出現。先秦道家不論老莊，原本都反對管理、反對政治干預；但迄於戰國中期的孟子時代（B.C372-289），即使是支持封建體制的儒家孟子，亦不得不承認天下終將「定於一」。任何學說思想，面對著這樣的新趨勢，都很難不做相對的順應與調整。鄒衍由談仁義轉而為五德終始、大九州說，將論述的焦點移向列國人君關切的政權取得問題，並擴大劃分州國疆界的封建地理，為向外層層拓擴，可以無窮的新地理思維，就是很具代表性的一例。道家包括《莊子》外雜篇的老子學派亦不例外，為了適應時代的需求，他們也必須吸收他家學說，將自己的學說從對玄虛靈妙之道與自然律則的崇奉推闡中，轉向對人道、政道的關注。

其次，從黃老學源生之地與大本營齊國來看，齊自姜太公始封，迄於田氏篡接，始終都是走的尊賢容智、務實尚功的外王路線，重視對現實事物的處理，講求知識學問的應世之用，不拘守理論，而要求

經世。[13]大別於魯文化之崇禮樂、重教化、推德治，齊學重視領導統御，《老子》學說中一切玄虛、靈妙之道，自然無為之理，到此不能不轉化為可操可作的經世之「術」。因此，不論從大時代的需求，還是齊學的傳統看來，看似消極、出世、無為的老學，至此都不能不轉化為積極、經世、尚功的黃老之學。

㈡黃老之學的內容與特質

要了解黃老學的思想特質及其主要議題，司馬談的〈論六家要旨〉有很清楚的提挈，它綜攝「道家」之學，說：

> 道家使人精神專一，動合無形，贍足萬物。其為術也，因陰陽之大順，採儒墨之善，撮名法之要，與時遷移，應物變化，立俗施事，無所不宜，指約而易操，事少而功多，……道家無為，又曰無不為，其實易行，其辭難知，其術以虛無為本，以因循為用，無成勢，無常形，故能究萬物之情；不為物先，不為物後，故能為萬物之主；有法無法，因時為業；有度無度，因物與合。故曰：「聖人不朽，時變是守。」虛者道之常也，因者君之綱也，群臣並至，使各自明也。……凡人所生者神也，所託者形也，神大用則竭，形大勞則敝，形神離則死，死者不可復生，亡者不可復返，故聖人重之。由是觀之，神者生之本也，形者生之具也，不先定其神，而曰「我有以治天下」，何由哉？[14]

13　有關齊學與齊文化的特質，筆者已著專文討論，今不贅述。詳見筆者：〈黃老與齊學（一）
　　治國〉，《中國學術年刊》第23期（2002年6月），頁117-156。

14　同註9，第3冊，卷130，頁1349下-1350下。

《史記》是中國文獻上第一次出現「道家」稱謂的載籍，其所謂「道家」，指的是西漢黃老治術所推崇的「道家」，也就是黃老道家，其所統攝提挈，當然就是黃老之學的主要內容：

1. 黃老之學是一種以無爲爲手段，無不爲爲目的，虛無因循、執簡馭繁、高效不敗的政術。
2. 爲了與時俱進，順應萬方，黃老之學兼採各家，以成其說，並強化老子的雌柔守後爲順時應變，靈活萬端之術。
3. 黃老之學堅信治身、治國一體互牽，故論統御，也重養生。
4. 黃老政術以虛靜因任與刑名爲內容。

　　根據這些內容的歸納，我們可以得知黃老之學的特質：㈠積極經世㈡博大兼容㈢治國、養生並講㈣重術尙用㈤與時俱進，靈活彈性，崇古卻不返古。

　　循著這些綱領與特質去查尋戰國、秦、漢文獻，可以發現，稷下代表作《管子》中的〈心術〉等四篇，乃至《呂氏春秋》、《淮南子》中的道家理論，所呈現的，正是這樣的狀況。法家申不害、愼到、韓非三人的道、法、刑名、虛靜之術，與此也有相當的交集，司馬遷因此說三人「其學歸本於黃老」、「學黃老道德之術」，說黃老治術時期的盛主文、景二帝都「頗雜刑名」。外王的黃老之學是很難不與刑名、法術相關聯的。

　　循著這樣的特質與綱領，去探索馬王堆黃老帛書的內容，除了治身養生術，另有220支竹木簡多種房中養生文獻同時出土外，其他幾項特質在黃老帛書都可以得到印證。〈經法〉第一章叫〈道法〉，〈道法〉開宗明義便說「道生法」[15]，〈經法〉中充滿了道法與刑名結合的理論。〈十大經〉則大寫黃帝戰蚩尤的盛況，清楚彰顯了黃帝威震四方的霸主與強權形象，這樣的形象和田齊的需求是吻合的。〈道原〉則是充滿了對「道」體的顯象鋪寫。即使是在較爲瑣碎零

15　河洛出版社編輯部：《帛書老子》（台北：河洛圖書出版社，1975年12月），頁193。

散的《莊子》外雜篇部分章節、或現存的一千七百多字的殘存竹簡
《文子》、乃至散亂的《鶡冠子》中，也都能得到支零的呼應。以下
我們便透過這些特質與上述文獻，來探討戰國中、晚期以迄秦、漢的
黃老理論，及其對《老子》之學的轉化情況。

㈢黃老學對老子的經世詮釋與推衍

先秦道家崇道而尙自然、主無爲、任虛無，老子尤以雌柔、儉後
爲應世之要，黃老之學對老學的因承、轉化就從這幾個角度切入，將
之顯實化、入世化。

1.由道到氣（氣化宇宙與精氣養生）

「道」是老子哲學的基礎，在傳世本《老子》的第十四、
二十一、二十五、三十四、三十九、四十二各章中，對之都有直接的
描述，根據這些描述，「道」是一種超乎時空、超乎現象界的非感官
知覺對象，一種另類的絕對存在，無形無跡、生生不息、統合一切相
對，先於一切，超乎一切，爲宇宙萬化之根源。到了《莊子》，更把
道由超高的地位拉下來，與萬物一體共存，〈知北遊〉說「道」，在
屎溺、稊稗、瓦甓。〈大宗師〉更爲這超越之「道」的來歷做了補
充交代，說它「自本自根，自古以固存」，「道」仍是超乎天地宇
宙、虛無的絕對存在。然而，到了黃老學裏，隨其功能之經世化，除
了保留其虛無、自然、廣大、生源之基本質性外，「道」很明顯地被
顯實化，甚至物質化爲「氣」，用以解釋「道」的創生與人的身心活
動。

《莊子》外雜篇一般推斷，雜有黃老理論。〈知北遊〉說，一切
有形之物皆由「氣」之類的「精」生化而來，萬物由「形」以生，等
於由「精」以生。又說：人的生死只不過是「氣」的聚散，氣聚了就
生，氣散了就死。人們將喜歡的稱爲「神奇」，將討厭的稱爲「臭
腐」，其實「神奇」、「臭腐」都是一「氣」之循環變化；《知北
游》說：

人之生，氣之聚也，聚則為生，散則為死，是其所美者
為神奇，所惡者為臭腐，臭腐化為神奇，神奇化為臭
腐，故曰：「通天下一氣」。[16]

直接推定人生命的存在與否為一「氣」之循環變化。

　　馬王堆帛書〈道原〉說「道」，「迵同太虛，虛同為一，濕濕夢
夢，未有明晦。」[17]「道」雖仍虛空，卻略帶物質性了。〈經法・名
理〉描述它所推崇的最高存在說：「有物始□，建於地而溢於天，
莫見其形……」[18]其範圍已經從超乎宇宙縮小入天地之間了。《管
子》雖然也說道「虛無無形」、「其大無外，其小無內」[19]、「萬物
以生，萬物以成」[20]，非口目耳之所能得，卻又說：「道在天地之
間」[21]。「道滿天下，普在民所，……上察於天，下極於地，蟠滿九
州。」[22]道在天、地、九州之內，範圍縮小，不再超自然，而成了自
然界的東西。

　　為了強調「道」的遍在性，它們還每每用「氣」去詮釋「道」。
〈內業〉說：「道者所以充形」[23]，〈心術下〉說「氣者，身之
充」[24]，「道」顯然就是「氣」。〈白心〉形容「道」，「灑乎天下

16　郭慶藩：《莊子集釋》收入《增訂中國學術名著》第一輯《增補中國思想名著》第十冊（台
　　北：世界書局1972年10月五版），頁320。
17　同註15，頁235。
18　同註15，頁207。
19　（日）安井衡：《管子纂詁》（台北：河洛圖書出版社，1976年3月），卷13〈心術上〉，
　　頁2-4。
20　同註19，〈內業〉，卷16，頁3。
21　同註19，〈心術上〉，卷13，頁4。
22　同註19，〈內業〉，卷16，頁5。
23　同註19，卷16，頁2。
24　同註19，卷13，頁10。

滿」，可以「集於顏色，知於肌膚」[25]，所說都是「氣」的質性。

到了「其學歸本於黃老」的《韓非子・解老》，除了同樣將道看作萬物稟性賦生的根源外，更認為其賦性稟生是透過「氣」在作用的，因此說「道」「死生氣稟焉」。五千言中的「德」與「不德」，〈解老〉都用「氣」去解釋，說都是氣的作用。氣聚；精神靈明，行為正常，謂之「有德」；氣散，則一切失軌，謂之「無德」，德與不德變成了生理性的表現，一切禍福、吉凶、鬼神、病痛，也都是氣的問題，《老子》清靜寡欲的修養工夫，變成血氣調治之理，攝生衛生之經。

《呂氏春秋・圜道》在談到「道」的運作時也說，「精氣一上一下，圜周復雜，無所稽留。」[26]它並以精氣為萬物生命稟受之元，又分氣為精氣、形氣，各以撐持物類的精神與生理生命，從而推導出去太去甚的養生說與心物雜揉的精誠感通論。[27]

下迄《淮南子》，在〈俶真〉、〈天文〉、〈精神〉各篇中，借用《莊子・齊物論》「有始也者」……等七句為間架，沿承〈內業〉、〈解老〉，乃至〈知北遊〉「通天下一氣」的觀點，圍繞著《老子》「道生一，一生二，二生三，三生萬物。萬物負陰抱陽，沖氣以為和」[28]的命題，開展出漢代，乃至傳統中國哲學史上，宇宙論的基本模式（太始→虛廓→宇宙→元氣〈$\genfrac{}{}{0pt}{}{輕揚—天}{重濁—地}$〉陰陽→萬物）與形、氣、神三位一體的精氣養神說，以及〈覽冥〉中氣類相動、精誠感通的天人感應論。[29]

---

[25]　同註19，卷13，頁18。

[26]　陳奇猷：《呂氏春秋集釋等五書》（台北：鼎文書局，1977年3月），上冊，卷3，頁158。

[27]　詳《呂氏春秋》的〈精通〉、〈應同〉、〈召類〉諸篇，同註26，頁372-377、491-499、946-953。

[28]　（魏）王弼注：《老子道德經注》收入《中國學術名著・中國思想名著》之一（台北：世界書局，1963年，華庭張氏原本），下篇，42章，頁26-27。

[29]　有關《淮南子》的氣化宇宙論與形、氣、神三位一體的精氣養身說，乃至其感應論，筆者已

2.由道到理、法（理爲分道、因道全法）

　　黃老之學不但以氣詮釋道，用以開說「道」的創生與形神生命的安養問題，爲了下轉爲人事、政治之用，還由道支分出「理」，甚而向下衍生出「法」來。〈經法・論〉說，「物有不合道者謂之失理」[30]，顯然合道謂之「理」。可見，理是道之分殊於物者；「道」是總「理」，「理」是分「道」。〈經法・論約〉說「四時有度，天地之理也。」[31]天道自然運行系統中有足效法的現象與恆度便是黃老帛書所說的「理」。《韓非子・解老》說「萬物各異理而道盡稽萬物之理」[32]，「理」是道的分殊，是「道」賦生於物的個別質性。「道」是總則，「理」是分律。

　　不僅如此，爲了方便政治的運作，黃老之學還將「法」與「道」拉上關係，高遠其所從來，說「法」是「道」的孳生，由「道」而來，「道」是自然而然的，「法」也就顯得愜理厭心了。黃老帛書第一篇叫〈經法〉，〈經法〉第一章叫〈道法〉，〈道法〉第一句就說：「道生法，法者引得失以繩，而明曲直者也。」[33]法有了「道」這個較高的合理根源，其「定是非，明曲直」的功能也就無庸置疑了。《管子・心術上》說：「事督乎法，法出於權，權出乎道。」[34]

於〈淮南子裡的黃老思想〉與〈淮南子與春秋繁露感應思想的異同〉中詳細討論過，此處不贅述。詳見筆者：〈淮南子裡的黃老思想〉，《中國學術年刊》第14期（1993年3月），頁113-159；〈淮南子與春秋繁露感應思想的異同〉，收入輔仁大學所主辦第一屆「先秦兩漢學術研討會」論文集《先秦兩漢論叢》第1輯，（台北：洪葉文化出版公司，1999年7月），頁115-182。

[30] 同註15，頁203。

[31] 同註15，頁206。

[32] 陳奇猷：《韓非子校釋》（台北：漢京文化事業有限公司，1983年5月），第1冊，卷6，頁365。

[33] 同註15，頁193。

[34] 同註19，卷13，頁6。

〈經法・道法〉也說：「執道者生法而弗敢犯也，法立而弗敢廢也。」[35]

到了《韓非子》，便明白將「道」與「法」結合起來，〈飾邪〉說：「道法萬全」、「先王以道爲本，以法爲常」[36]，「道」是作爲根源性的存在依據，其經常性的運作是要靠「法」來執行的。〈大體〉說「因道全法，君子樂而大姦止。」[37]黃老學推崇「道」是爲了保障「法」之運作與推行，《老子》原本統合相對的絕對之「道」，至此下轉爲較計是非的「法」。

3.由道到術（虛無靜因、無不爲）

司馬談〈論六家要旨〉再三地說道家是一種「術」，《史記・孟荀列傳》說，慎到、田駢諸人「皆學黃老道德之術」，班固也說道家是一種「清虛」、「卑弱」的「君子南面之術」。在漢代學者觀念中，黃老是「術」，因爲前漢七十年，黃老確實被推上政治舞台去操作，成爲一種成功的「治術」。今實際從先秦以來黃老相關文獻理論看來，黃老之學的確「術」化了《老子》的「道」。

⑴由卑下雌柔到蓄勢因時

《老子》說「道」自然無爲、虛無清靜，並將這種自然無爲、虛無清靜的「道」，作了治身、治國雙方面的推衍，得到清靜、儉約、謙下、柔後的要領與原則。[38]黃老之學對它們有繼承，也有轉

35　同註15，頁193。

36　同註32，卷5，頁310。

37　同註32，卷8，頁513。

38　《老子》第67章說：「我有三寶，持而保之，一曰慈，二曰儉，三曰不敢為天下先。」（同註28，下篇，頁41）76章說：「堅強者死之徒，柔弱者生之徒。」（同註28，下篇，頁45）22與66章都說：「夫唯不爭，故天下莫能與之爭。」（同註28，上篇，頁12；下篇，頁40）78章說：「柔勝剛，弱勝強。」（同註27，下篇，頁46）28章說：「知其雄，守其雌，為天下谿。」（同註28，上篇，頁16）26章說：「重為輕根，靜為躁君。」（同註28，上篇，頁15）19章說：「見素抱樸，少私寡欲」（同註28，上篇，頁10），第12章要人戒五色、五

化。馬王堆黃老帛書不談治身，只談治國，〈十大經・雌雄節〉推崇
「卑約主柔」的雌節，說：

> 憲傲驕倨，是謂雄節；□□恭儉，是謂雌節。夫雄節
> 者，涅之徒也；雌節者，兼之徒也。夫雄節以得，乃不
> 為福；雌節以亡，必得將有賞。[39]

〈十大經・順道〉推崇雌柔說，應：

> 安徐正靜，柔節先定，濕恭儉，卑約主柔，常後而不
> 先，……，好德不爭，立於不敢，行於不能，戰示不
> 敢，明示不能，守弱節而堅之，胥雄節之窮而因之。[40]

「守弱節」是爲了「胥雄節之窮而因之」，卑約柔後，是爲了蓄勢待
時以因應，奮欲有所作爲，這些都明顯強化了《老子》雌柔的積極
義。

　　這種蓄勢待時的哲學，在《淮南子・原道》得到全面的強力推
闡；它說：

> 得道者志弱而事強，心虛而應當。所謂志弱而事強者，
> 柔毳安靜，藏於不敢，行於不能，恬然無慮，動不失
> 時，與萬物回周旋轉；不為先唱，感而應之，……行

　　音、五味、馳騁田獵、難得之貨，「為腹不為目」（同註28，上篇，頁6）。凡此多見《老
　　子》治身、治國之主清靜、儉約、雌後、不爭。
[39]　同註15，頁218。
[40]　同註15，頁223。

> 柔而剛，用弱而強，……所謂其事強者，遭變應卒，
> 排患扞難，力無不勝，敵無不凌，應化揆時，莫能害
> 之。……欲剛者必以柔守之，欲強者必以弱保之。[41]

行柔用柔是爲了待時轉強，爲了「保」、「守」剛強，黃老道家不再
強調先後問題，轉而關切「時機」問題。時機未到，當然守柔、守
後；時機一至，則當因勢以爲。《老子》的柔後哲學至此轉變爲蘊含
無限後勁的「無不爲」之術。原本《老子》雖也講「動善時」[42]，也
教人「和其光，同其塵」[43]，卻終究沒有正面推闡「時」的重要，黃
老則以「時」取代先後，作爲事情成敗、吉凶的決定關鍵，教人掌握
時機。

　　此外，黃老道家還將《老子》的柔弱不爭、和光同塵結合成爲
「因任」之術，用以理事應物，立政治國。〈十大經〉有〈順道〉
章，就是要人「因順」其道。〈稱〉說：「聖人不爲始、不專己、不
豫謀，……因天之則」[44]〈稱〉要人「因天地以爲齊（資），因民以
爲師」[45]，「因時」以取成。所謂「因」，就是順隨外事、外物以舉
事。它是黃老學家對《老子》雌後、反智哲學的轉化，卻構成了黃老
之學的核心要素，所有黃老學家，沒有不講「因」術的。《管子》
有「靜因」之道，《慎子》主因循，《呂氏春秋》有〈貴因〉篇，
《淮南子》尤集各家「因」術之大成[46]。〈論六家要旨〉說黃老道家
「其術以虛無爲本，以因循爲用」，又說「虛者道之常，因者君之

---

[41] 劉文典：《淮南鴻烈集解》（台北：文史哲出版社1992年10月再版），卷1，頁24。

[42] 同註28，上篇，8章，頁4-5。

[43] 同註28，上篇，4章，頁3。

[44] 同註15，頁227。

[45] 同註15，頁229。

[46] 參見筆者：〈淮南子的無爲論〉，《國文學報》第17期（1988年6月），頁108-115。

綱」，「因」與「時」的講求與提出，使《老子》的雌柔更具彈性與韌度，積極化了無爲的義涵，使更趨近於無不爲的目的。將之大用於政治上的任人考核之術，權謀的意味便強了起來。

　　⑵由清靜儉損到虛無靜因

　　較之馬王堆黃老帛書只論治國，治身另有220支房中、醫書竹木簡一同出土，《管子》四篇則由治身談到治國，以治國爲終極目的。〈內業〉與〈心術上〉由氣爲創生根源起論，導入虛靜的治心之術，終而歸結出「靜因」的統御要領與刑名術。〈內業〉先說萬物由「道」（精氣）所生，道的修治是「精氣」的調理問題，《老子》說，爲道要「損」，要「儉」，要清靜，[47]〈內業〉也說：「心靜氣理，道乃可止」，「修心靜音，道乃可得」，如何使「心靜氣理」？〈內業〉說：「敬除其舍，精將自來」[48]，「舍」指「心」。清潔其心，去除心靈的雜質，不使情慾牽擾，氣便有充處的空間，靈明的精神與智慧才能源生，道才可得。《管子》四篇因而拈出虛、壹、靜以爲治心的綱領。「虛」是去除自我情欲、念慮與主觀成見，不預設立場，客觀應物以動，順物以爲，也叫「因」。黃老帛書從《老子》的雌柔之道中轉出「因」術，《管子》四篇卻從「虛」中轉出「因」術。

　　「壹」是專不旁鶩、不分神，心要專注凝聚，精氣才能聚集到最高點，靈妙的智慧才能產生，便能知吉凶，辨禍福。「靜」是安於位，不躁動，潛藏自我，以便清楚觀測外物，體悟最高妙之理。將這「壹」、「靜」與「因」相結合，《管子》四篇完成了最高的統御要領。

---

[47]　《老子》第48章說：「爲學日益，爲道日損，損之又損，以至於無爲，無爲而無不爲矣。」（同註28，下篇，頁29）第3章「不貴難得之貨」（同註28，上篇，頁2），67章說：「我有三寶：一曰慈，二曰儉，⋯⋯」（同註28，下篇，頁41）19章說：「見素抱樸，少私寡欲。」（同註28，上篇，頁10）。

[48]　同註19，卷16，頁2-5。

(3)道以刑名為核心

「刑名」是黃老之學的主要內容，黃老帛書說「道生法」，這個「法」的主要內容非指律令，而是「刑名」。帛書〈經法・道法〉開宗明義雖說「道生法」[49]，實則五分之一談道、法，五分之四談道與刑名。「法」與「刑名」都是道在政治層面的體現。《管子》四篇論「道」，說「靜因」，也不涉及「法」，而大論「刑名」。黃老帛書「因道全法」，主要是推闡「刑名」；其所謂「道」、「法」，往往指「刑名」。「刑名」的產生和「法」一樣，都是源於自然，由「道」而生。〈經法・道法〉說，「執道者」觀天下，必先「審其刑名」，「刑名立，則白黑之分已。」[50]透過授名定分，去穩定事物的條理和順序，可以不治而自治。「刑名」因此和「無為」結合起來，成為「無為」統御術的主要內容。〈十大經〉說：

> 欲知得失，請必審名察形。形恆自定，是我愈靜；事恆自施，是我無為。[51]

黃老帛書用「靜因」與「刑名」改造了《老子》「無為」的內容，其目的本在透過「靜因」，保持清明平正之心靈與智慧；透過「刑名」，維持上下尊卑不可踰越之倫等，與各盡其職之良好分工。在《管子》四篇中，督核的政治意味則較為濃烈，〈心術上〉說，君統百官，猶如心統九竅，君術猶如心術，要「毋代馬走，使盡其力；毋代鳥飛，使弊其羽翼。」「不奪能」，使能各居其位，各竭其能，盡其職。又說：「必知不言無為之事，然後知道之紀。」[52]

49　同註15，頁193。

50　同註15，頁193。

51　同註15，頁224。

52　同註19，卷13，頁1-2。

「靜因」與「刑名」都是領導統御的「道紀」。這個「道紀」，在申韓理論中稱爲「術」。申不害以「術」聞，其「術」正是這個虛靜因任與刑名的統合體。

然而，《管子》四篇主要仍在強調清明、條理、公正、無私，並不以權謀爲目的。到了申、韓，始正面強化其無限「深囿」、「以闇見疵」，極其陰鷙的察姦功能，教人君藉「術」以知「八姦」。這應是黃老之「術」，與「慘礉少恩」的申韓法家之「術」間的不同。

4.採儒墨之道德

老子崇道反智，對於儒家所推崇的仁、義、禮乃至忠、信諸德，亦有審慎的評估。今本《道德經》第八章說：「與善仁。」[53]對於仁德顯示了一定程度的珍惜。另一方面，對於社會失序的時代中，眞純之「道」不保，連帶使仁、義、禮也丟失了可貴的忠信內質，老子發出了沉痛的呼喊，今本第三十八章說：「失道而後德，失德而後仁，失仁而後義，失義而後禮。禮者，忠信之薄而亂之首也」[54]，沉痛呼籲人重視禮的內在情質，揚棄薄華的外在貌飾，以維繫良好的人倫關係。[55]這樣的觀點，在黃老之學中，有了更正面而直捷的推衍。黃老道家在推闡道德的同時，也納仁、義、禮諸德於其中。〈十大經・雌雄節〉說，「德積者昌」[56]，〈順道〉以「安徐正靜」、「體正信以仁，慈惠以愛人，端正勇，弗敢以先人」[57]爲柔節的內容。慈惠、仁愛、正勇諸德都被納入雌柔中，成爲相輔的內容。〈經法・君

---

[53] 同註28，上篇，頁4。

[54] 同註28，下篇，頁23。

[55] 有關《老子》第38章的思想，學者多就鄙薄仁、義、禮之觀點而論，此處採陳鼓應之見，視爲對道德失守，仁、義、禮失眞之喟歎。詳見氏著：〈先秦道家之禮觀〉，《漢學研究》第18卷第1期（2000年6月），頁1-22。

[56] 同註15，頁218。

[57] 同註15，頁223。

正）說，施政要「行文武之道」，恩威並重，刑德相養。一方面要「以法度治」、「賞罰信」，有「父之行」；另一方面還要有「母之德」，「兼愛無私」，使民親上，「父母之行備」，才是合於「天地之德」的好政治。這是與儒、墨有交集的寬容公道法論。[58]

在《管子》裡，與儒墨道德交集的情況更為明顯，開宗明義的〈牧民〉篇開篇便揭舉禮、義、廉、恥以為張國之「四維」，並謂「四維不張，國乃滅亡。」[59]〈心術上〉界定了道、德、義、禮、法之內涵。說：

> 以無為之謂道，舍之之謂德，故道之與德無間，言之者不別也，間之理者，謂其所以舍也。義者謂各處其宜也，禮者因人之情，緣義之理，而為之節文者也。……法者所以同出不得不然者也，故殺戮禁誅以一之也。[60]

「德」是「道」的落實與顯現，「義」是分寸恰當，安置妥善之稱。「禮」是內在人情合宜而節制的對外表現。「法」是逼不得已的最後手段，以刑殺來整飭綱紀。〈內業〉說：「去憂莫若樂，節樂莫若禮」[61]，對禮、樂調治情緒的功能有一定的肯定。

尤其特殊的是，《管子·法法》對法令的推行，要求由人君自身先遵行，說：「明君……置法以自治，立儀以自正」、「禁勝於身，則令行於民矣。」[62]這就是黃老法論與法家法論之不同。在三晉與秦法家的法論中，人君是立法者，卻不見納入法令的管轄中。在黃

58　同註15，頁197。

59　同註19，卷1，頁2。

60　同註19，卷13，頁5-6。

61　同註19，卷16，頁8。

62　同註19，卷6，頁3。

老的法論中，人君卻是法令所要規範的第一個對象。以後在《淮南子‧主術》中得到了繼承，說：「法生於眾適，眾適合於人心，此治之要」、「法者，非天墮，非地生，發於人間，而反以自正」、「法者天下之度量，而人主之準繩也。」[63]以法令訂定的根源爲來自民心的需求，人君立法非特以爲天下人之行爲準則，亦所以約治其身。黃老雖參刑名法論，終究還是博厚公道的。

5.因陰陽之政教

〈論六家要旨〉說黃老道家「因陰陽之大順」，從今存可見的黃老相關文獻資料與漢志所載列的十二類二十六種黃帝依托著作看來，除去道家類四種與小說家類一種外，其餘二十一種都涉及陰陽五行，且多與政教相連。

黃老帛書在〈稱〉裡大篇幅地將一時思慮所及的對等事物，諸如天地、男女、四時、晝夜、主臣、兄弟、父子、長少、大小、上下、輕重、喜喪、貴賤、窮達等，都作了陰陽二分。一切正面的、好的，都歸屬「陽」；負面的、低下的、壞的，都歸屬「陰」；且說：

> 諸陽者法天，……諸陰者法地，地之德安徐正靜，柔節先定，善予不爭，此地之度而雌之節。[64]

稱爲「陰陽大義」。這樣的說法很特殊，卻沒有如其後董仲舒崇陽黜陰，[65]而歸結於地道的雌柔不爭，以示對《老子》柔後之教的承繼與堅持，猶存道家本色。

63　同註41，卷9，頁295-296。

64　同註15，頁231。

65　詳凌曉樓《春秋繁露注‧陽尊陰卑》，收入《增訂中國學術名著》第一輯《增補中國思想名著》第三冊（台北：世界書局1967年12月再版），頁257-261。

　　唯黃老帛書只論陰陽，而不及五行。《管子》則在〈幼官（玄宮）〉、〈幼官（玄宮）圖〉、〈四時〉、〈五行〉、〈輕重己〉各篇中，對於五行的相關理論，有相當豐富的記載，從天候、節令、人事、政典到軍略，五花八門，無不含賅；然卻繁瑣、參差、不齊整。五方所配內容性質、篇幅多寡差異甚大，明顯呈現出階段性資料匯集的痕跡。學者以爲，乃尚在發展階段而未定型之記載，可視爲鄒衍之前陰陽家說，至鄒衍「五德終始」始言相剋，理論亦漸趨成熟。

　　到《呂氏春秋》十二紀，與《淮南子・時則》，五行之搭配，形式才趨整齊，結果亦顯成熟而完整。〈孟春紀〉說：

> 孟春之月，日……，（星）……，其日……，其帝……，其蟲……，其音……，律中……，其數八，其味……，其臭……，其祀……，祭先……，東風解凍，蟄蟲始振，魚上冰，獺祭魚，候鴈北。天子居……，乘……，駕……，載…，衣……，服……，食……，其器……。是月也，以立春。……盛德在木。是月也……（天子發布合宜時節的政令，祭帝，躬耕籍田。）是月也，天氣……，地氣……，天地…，草木…。王……，是月也，命樂正入學習舞，乃修祭典，……（發助生之禁令）。孟春行夏令，則……；行秋令，則……；行冬令，則……。[66]

其餘十一紀的內容與結構大抵如此：將節令、日躔、星野、干支、主神、蟲、音、律、數、味、臭、祭祀、方位、物候、宮室、車馬、服

---

[66] 同註26，卷1，頁1-2。

色、旗器、犧牲、主德、政令、天候、禁令，以迄逆令之災眚等一切
天人事物一一搭配聯結，構成形式一致而固定，天人緊密結合的帝王
全年施政綱領。下迨《淮南子・時則》，除了日躔改爲月躔，主德移
前外，又加配了獸。對於天子應時所作的政治動作，較之《呂氏春
秋》十二紀敘述益趨簡潔扼要，顯見其爲發展成熟之定式。

　　從帛書〈稱〉、《管子》的〈幼官（玄宮）〉、〈幼官（玄宮）
圖〉，至呂覽十二紀、《淮南子・時則》、《禮記・月令》，不論
陰陽，還是五行，其所反映出來的一致意義是：天人事物的全面整
理、分類與聯結，目的在求得天人之間一個合理而完備的搭配模
式，以提供政治一套穩定的運作依據，黃老援之以入政，目的也在求
得一個天人完賅的政教藍圖，其所表現出來的，是人事政教對自然
的尊重與配合。其言災眚之神秘意味，較之《書・洪範》「嚮用五
福，威用六極」[67]，少了神權氣氛，多了類應意味。司馬談〈論六家
要旨〉說陰陽家依順四季之天道大經，以長養萬類，並從中架構起治
政之綱紀，是可貴的長處；然其過度強調逆令災眚，則是不可諱言的
缺失，所言確有事實依據。黃老帛書〈經法・論約〉說：

> 始於文而卒於武，天地之道也。四時有度，天地之理
> 也。日月星辰有數，天地之紀也。三時成功，一時刑
> 殺，天地之道也。四時時而定，不爽不忒，常有法
> 式……一生一殺，四時代正，終而復始，人事之理
> 也。……順則生，理則成，逆則死。……不循天常，不
> 節民力，周遷而無功。養死伐生，命曰逆成，不有人
> 戮，必有天刑。[68]

---

[67] 舊題（漢）孔安國傳，（唐）孔穎達疏：《尚書正義》（台北：藝文印書館，1997年，十三
　　經注疏本），第1冊，卷12，頁168下。

[68] 同註15，頁206-207。

講的正是呂覽十二紀、淮南〈時則〉與《禮記‧月令》一系時令、節候與人事政令嚴謹搭配的問題。黃老這一系天道、人事、政令嚴謹搭配的陰陽理論，眞是推義和之學而爲明堂之用，功能大極了。

6.用兵與作爭

　　除了融合陰陽、儒、墨、刑名之外，幾乎所有黃老文獻皆談兵道與作爭，這是大反老學原旨的。《老子》不但主雌下、柔後，也反對「爭」，視兵爭爲凶事，「不祥之器」；戰勝，當以「喪禮處之」。[69]然而，崇功、尙用的黃老之學非特不反戰，且多論兵道。黃老之學以黃帝爲標記，先天上註定了《老子》反戰之論必得修正。因爲，黃帝在歷史傳說中的形象，原本驍勇善戰，每戰必勝。黃老帛書〈十大經〉將黃帝塑造成以武力殲滅強敵，兼幷天下的一統帝王，並詳載其兵爭與殲滅蚩尤的過程。〈姓爭〉說：「作爭者凶，不爭者亦無以成功。」[70]〈兵容〉說：「當斷不斷，反受其亂」[71]，〈五正〉說：「天下大爭，時至矣，后能愼勿爭？」[72]就黃老學產生的戰國時代言，這樣的理論是有其現實背景依據的。〈兵容〉與〈稱〉也都談兵。〈本伐〉分兵爲「爲利」、「爲義」、「行忿」三種，而以「爲義」爲高。伐人之國且當「兼之而勿擅」[73]，〈經法‧君正〉甚且開列一套教民戰守的七年訓練計劃。

　　《管子》爲尙實派法家代表作，又撰成於齊國稷下學宮，內多富國強兵之論可以理解。〈國准〉更推商戰爲兵戰之先，當一切經濟、政治等等管道皆不能奏效取勝時，兵戰是無可避免的選擇。在〈白心〉中，也叮囑人君，兵有「報反」之道，「出於人」，終必

---

[69] 詳31章，同見註28，頁43。

[70] 同註15，頁217。

[71] 同註15，頁219。

[72] 同註15，頁214。

[73] 同註15，〈經法‧國次〉，頁195。

「入於身」。下迨《呂氏春秋》,孟、仲二秋之紀〈蕩兵〉、〈振亂〉、〈論威〉、〈簡選〉、〈決勝〉各篇中多言兵。《淮南子》尤有〈兵略〉總集前此各家論兵之大要,權謀、形勢、陰陽、技巧兼而有之,並論「將」,黃老之學隆霸崇功,由此可見。

三、結論

黃老之學源起並發展於田齊稷下學宮,稷下學宮上承姜齊七百餘年[74]的富厚基業,下開田齊一百五十餘年風教,肩負扶正田齊政權與諮議國事、推展學術多重功能,格局開闊,氣勢宏博。齊文化崇利尚功、疏闊兼容,重時而因變,其宏闊之氣派與格局,在在構成黃老之學先天上彈性開放的特質與外王、經世的功能。黃老之學以傳說中的上古盛主黃帝為標幟,去改造田齊故鄉陳國的哲人老子的思想學說,使成為領導統御的要領與綱紀,在戰國、秦、漢的學術、思想、文化上綻放著璨爛的光芒。

就出土與傳世黃老文獻,若馬王堆黃老帛書、《管子》四篇、《韓非子・解老》、《莊子》外雜篇,乃至《呂氏春秋》與《淮南子》的相關內容看來,黃老之學推崇老子之「道」,吸收各家之說,並隨著自己的需要,將之轉化為術、為氣、為理、為法、為刑名,去談治國,談養生,又積極作爭與用兵。因了這些轉化,終使老子之學兩千多年來不論在中國政治或養生思想與文化上,都真正成為有體有用的學說。其治國之術固開啟初漢七十年的盛世與治局,從而奠定兩漢四、五百年帝國的初基;其精氣的養生之論,不僅為歷代帝王、公卿攝生的寶典,甚至深入民間,造成學術、社會、宗教界普遍的養生風潮,開啟《河上公章句》、《老子想爾注》以迄《太平經》中的養生論,甚至成為道教養生術的根源與依據,最後引出葛

---

[74] 自西元前1100年左右,周武王滅商,建立了周朝,周公封魯,太公封齊,下至康公26年(西元前379年),康公死海邊,姜齊亡為止,政權至少維持730年左右。

洪的丹道與魏晉的養生說，迄今猶是中國乃至所有華人世界中一切
攝生、衛生之理的源頭與基礎；其結合陰陽五行說所成的天道、人
道、政令一體同構的羲和明堂大論，幾千年來成爲歷朝人君施政的綱
領，影響深遠極了

貳、黃老與黃帝

　　流行於戰國秦漢之際的「黃老」思想，以黃帝爲標幟，轉化應用
「老子」學說以爲治身、治國之術。「黃帝」在中國文化史上被推爲
初祖，在中國歷史上被推爲一統天下的第一帝，「老子」則是中國玄
學第一人。以這個文化初祖兼一統第一帝和上古玄學第一人的連結組
合，作爲一種學術名稱，是很奇特的。因爲他們彼此之間原本沒有任
何關係。既不同時代、也不同性格、不同功能，二者之間幾乎找不到
任何可以連結的因素。唯一的原因是，他們都和田齊政府有淵源。
「黃老」就是憑藉著和田齊政府的這些淵源，在田齊所建造的國際學
術中心——稷下學宮，被製造出來的。

一、黃老是學術思潮

　　嚴格地說，「黃老」並不宜稱作學派，而是一種學術思潮。之所
以說它不宜稱學派，是因爲中國先秦的學派，如儒、墨，在先秦時就
因擁有相當數量的族群而有了定稱[75]；像《莊子・天下》、《荀子・
非十二子》、〈解蔽〉，乃至漢代《淮南子・要略》所稱：關尹、
老聃、莊周之風，子思、孟軻之說，彭蒙、田駢、愼到之學，「晏
子之諫」、「管子之書」、「商鞅之法」、「縱橫修短之術」……
等，都以個人之學或術著稱，基本上至少有一兩位代表人物與思想共

---

[75] 《韓非子・顯學》說：「世之顯學，儒、墨也。」

法。「黃老」則不然，它是田齊政權基於某些特定的政治目的，以它所建造培植的學術交流中心——稷下學宮爲據點，以黃帝爲標幟與號召，推闡宣揚起來的學術思潮。它們的組合相當奇妙，田齊政府透過溯祖，說自己的族群是黃帝的後裔，而黃帝正是那個打敗姜齊祖先炎帝的大英雄，以證明自己此次取代姜齊，只是先人功業事蹟的承繼與再現。於是大量頌揚黃帝相關事蹟的記載霎時多了起來。依附在田齊政權下的稷下各派、各類學術，都跟著「黃帝」了起來。稷下人才既多，於是陰陽、儒、道、法、兵家、數術、方技、（醫經、房中）、神仙、小說各展神通，都來加入。這就是《漢書・藝文志》中那些託名「黃帝」，其實多爲「六國時人」著作的來源[76]。其間的黃帝形象與性格也就各因其是，五花八門了。其中，較具思想體系，影響範圍最大，時間也最長的，便是以老子理論爲基本依據，結合著法家虛靜刑名之術，與陰陽家說，內以論治身，外以論治國的一支，稱爲「黃老」；稷下學術基本上也以這一支系爲核心。它們雖然也有一些相應著田齊政府擴張霸權的需求而推闡的政治議題；但這些議題基本上是從田齊故鄉陳國的哲人——老子的思想理論中去提煉、推衍出來的。此中固不無一點陳國人的原鄉情壞；更切合事實的是，老

---

[76] 這些著作，根據班固漢志的載錄，多達十二類、二十一種，四百四十九（一作七）篇（卷），其餘託名黃帝臣子的，另有一百二十九篇，茲列於後：雜占《黃帝長柳占夢》十一卷醫經《黃帝內經》十八卷、《外經》三十九（一作七）卷；經方《泰始黃帝扁鵲俞拊方》二十三卷、《神農黃帝食禁》七卷；房中《黃帝三王養陽方》二十卷；神仙《黃帝雜子步引》十二卷、《黃帝岐伯按摩》十卷、《黃帝雜子芝菌》十八卷；道家《黃帝四經》四篇、《黃帝銘》六篇、《黃帝君臣》十篇、《雜黃帝》五十八篇；陰陽家《黃帝泰索》二十篇；小說家《黃帝說》四十篇；兵陰陽《黃帝》十六篇、圖三卷；天文《黃帝雜子氣》三十三篇；曆譜《黃帝五家曆》三三卷；五行《黃帝陰陽》二十五卷。此外，另有託名黃帝臣之作，亦有一百二十九卷：房中《容成陰道》二十六卷；道家《力牧》二十二篇；陰陽家《容成子》十四篇；兵陰陽《封胡》五篇、《力牧》十五篇、《風后》十三篇、圖三卷、《鬼容區》三篇、圖一卷。

子的學說講抽象的原理、原則與智慧，確實方便提煉轉化爲高妙的政術。因此，所謂「黃老」，固然有一定的議題和論證方向；只是其理論的撰作，很難明確地推定爲絕對單一的對象，比如法家的愼到、申不害，韓非，《管子》中的許多作者，乃至《呂氏春秋》、《淮南子》中的黃老理論作者，都是在這一學術風潮中，擠身其列地作了黃老議題的表現；黃老理論或議題，卻未必是他們唯一或主要的議題，一如儒家之於道德倫理，墨家之於兼愛非攻，法家之於尊君明法、富國強兵。戰國秦漢時期的黃老學者，理論常是多面兼合的，這就是司馬談所說的「兼儒、墨，合名、法」。即使《尸子》、《鶡冠子》、田駢、彭蒙、愼到、環淵、接子等一般推定的黃老人物，也因爲著作多散佚，很難斷定於今所知所見者，確爲其生前的主體理論與思維。因此，對「黃老」，與其視爲一個學派，不如視爲一種學術思潮。

　　儘管如此，它所輻射的時空範圍與所產生的力量卻是巨大的。從戰國到秦漢，最後還由體入用地撐持了劉漢大帝國七十年治局。即使至漢武帝黜黃老，一尊儒學之後，黃老的清靜治國之論遭到了禁絕，其形、神兼重的治身之說，因應著統治貴族切身的需要，依然在檯面下緜延不絕地流傳著。有關「黃老」之學中的「老」學部分，如何轉化老子學說以爲「術」的詳細內容，個人已於前文〈黃老與老子〉一文中論述過，茲不贅述，只論「黃老」之學中相關於「黃帝」的部分。

二、黃帝的神話與歷史化

　　從表面上看，作爲一種學術思潮，其核心的思想內容重要性應該遠大於作爲標幟的記號；換言之，就「黃老」而言，「老」的價值與重要性應該遠大於「黃」，「老子」的思想價值意義應該深遠於「黃帝」的符號意象，這是我早先在從事黃老學研究時一向的認定，今知其不盡然。

　　不論就標舉「黃帝」以爲號幟，還是援引法家刑名說以轉化老子哲學；不論就「黃」還是就「老」而言，黃老思想的源起、內容和目的都是政治性的。田齊自篡姜齊至滅亡的百餘年間，正當戰國中晚期，戰爭頻仍已極，天下終將大定的情勢如欲來之山雨。面對這樣的局勢，以篡取起家，承接姜齊七百餘年富厚基業的田齊政權，有許多志業要經營。首先，爲了政局重開，宣示自己出身成分之堂正，他們抬出一個古老部落的領袖──黃帝，做爲自己的遠祖，以表明自己雖然來自陳國，卻和姜齊一樣，有著顯赫的遠祖。

　　在先秦較早的典籍中，無論是儒家孔、孟、荀思想言論載籍、其所推崇的五經經文中，還是道家《老子》的思想理論中，都不見相關於黃帝的載述，有關「黃帝」的記載，較早見諸《國語・晉語》、〈魯語〉、《左傳》，以及《山海經》的部分篇章。

　　《山海經》或以爲荒誕不經，或以爲瑰瑋奇譎之作，其非出自一時一人之手，可以肯定。它大致編成於戰國中晚期，爲「古代田野調查及大成之作」[77]。其中五卷五藏〈山經〉和四卷〈海外經〉，應是較爲早期之作；四卷〈大荒經〉和五卷〈海內經〉則被認爲成篇較晚，故內多重複、補益之處。在《山海經》的記載中，黃帝的面貌很不一致。在較早的五藏〈山經〉和〈海外經〉中，黃帝的形象大致仍停留在神話圖騰的階段；即使在稍後的〈大荒經〉中，也罷都還保留著這樣的記載。然而，到了稍後的〈大荒北經〉及〈海內經〉的記載中，黃帝卻成爲有世系的人祖與歷史人物。

　　〈海外西經〉原載：

> 軒轅之國在（此）窮山之際，其不壽者八百歲，在女子國北，人面蛇身，尾交首上，窮山在其北，不敢西射，畏軒轅之丘，在軒轅國北。其丘方，四蛇圍繞。

---

[77]　李豐楙《神話的故鄉──山海經》（時報文化出版事業有限公司，1982年11月），頁17-22。

在〈海外西經〉裏，黃帝似是個遙遠地區的蛇圖騰部族，他們部落所在，就在「窮山」之南。除〈海外西經〉外，〈西山經〉有關於「軒轅之國」、「軒轅之臺」、「軒轅之丘」，〈北山經〉有「軒轅之山」的記載，它們若非可達八萬歲的長壽之國，就是無草木，卻有水流，多出產丹粟、青雄黃等異產的地方。〈西山經〉上的「峚山」與丹水，也出產白玉、玉膏，都是黃帝的餐食。這樣的國、山、丘、臺根本就是仙鄉、仙山、仙臺。這些出產當然近乎神物、仙食，居食其間的黃帝，自然就是神仙了。〈大荒東經〉說，北海之神，名叫「禺虢」，人面鳥身，是黃帝之子，生禺京，也是人面鳥身的海神。黃帝的部族圖騰又似乎是鳥，和〈海外西經〉的記載很不一致。這些黃帝形象，有半人半蛇，也有半人半鳥，並不一致，它們的來源，可能是較爲早期的記載，故保留較多神話原味。

到了〈大荒經〉及〈海內經〉裡，黃帝卻開始成爲人祖，有了世系，建立了血緣系統。〈大荒西經〉說，有一個「北狄之國」，黃帝之孫「始均」生於此。以後始均生顓頊，顓頊生老童，老童生祝融，祝融生太子長琴。〈大荒北經〉與〈海內經〉說得更清楚，〈大荒北經〉說：

> 黃帝生苗龍，苗龍生祝吾，祝吾生弄民（明？），弄民生白犬，白犬有牝牡，是爲犬戎。

〈海內經〉說：

> 黃帝娶螺祖，生昌意，昌意降處若水，生韓流；韓流娶淖子曰阿女，生帝顓頊，顓頊生驩頭，驩頭生苗民。

依照〈大荒北經〉與〈海內經〉的說法，不止華夏，連犬戎和苗民部族都和黃帝有了血緣世系關係。問題是，《山海經》各經的成書時代

很難推斷，這些世系和血緣關係究竟是怎樣情況下的一種繫連？很難釐清；但很明顯的，上述記載都只有血緣關係和部族名號，沒有涉及姓氏問題，其所反映的，會不會就是古代母系社會未褪盡，部落族群分分合合的情況？只是都將他們和黃帝繫上了關係，以黃帝來統合這一切。但不論如何，在神話淵藪的鉅著《山海經》的許多篇章記載中，黃帝已由神話角色，進入了歷史。其相關的記載，明顯呈現出父系社會的狀況。

有關黃帝與古部族的圖騰，《左傳》的記載更豐富。昭公十七年記載郯子答昭子之問官曰：

> 昔者黃帝氏以雲紀，故為雲官而雲名；炎帝氏以火紀，故為火師而火名；共公氏以水紀，故為水師而水名；太皞氏以龍紀，故為龍師而龍名；我高祖少皞氏之立也，鳳鳥適至，故紀於鳥，為鳥師而鳥名。

根據這樣的說法，黃帝的部族圖騰又變成了雲。可見在田齊前後，相關於黃帝的部族圖騰與傳說仍存在著諸多不確定性，各家仍依著自己的想法去載記，這就是司馬遷所說的「百家言黃帝，其文不雅馴」的狀況。

相較於《山海經》的記載，《國語・晉語》與〈魯語〉對黃帝的來歷與世繫的記載，清楚許多。〈晉語〉以追溯的口吻說：

> 昔少典娶于有氏，生黃帝、炎帝，黃帝以姬水成，炎帝以姜水成，成而異德，故黃帝為姬，炎帝為姜，二帝用師以相濟也。

韋注「濟」為「滅」，「二帝用師相濟」指炎、黃戰阪泉。這是較早相關於炎、黃來歷的人文性記載。炎、黃二帝本是同族兄弟，皆為

少典與有蟜女之子，或許同母，或許異母，原本同族，後來分支，
各自擁有領域，也依所居環鏡，分了姓號，一姓姬，一姓姜，最後相
互攻滅，《晉語》只說到「二帝用師相濟」，並沒說出誰輸誰贏，但
後世的記載，卻都是黃帝大敗炎帝，取而代之爲領袖。這或許是稷下
學宮的附益與增生。除此之外，整部《國語》中，不見其他任何有關
炎帝的載述，〈齊語〉中所講的，也全都是姜齊桓公的霸業，一無及
於其祖炎帝。反之，或許是周人姬姓之故，也或許事實上那一次的阪
泉「相濟」，姬姓黃帝部族最終壓倒了姜姓炎帝部族，在〈晉語〉與
〈魯語〉中，對於黃帝的支系與發展，都有詳細的載述，相關於炎帝
者則從缺。〈晉語〉說：

> 黃帝之子二十五人，其同姓者二人而已。唯青陽與夷
> 鼓，皆為己姓。青陽，方雷氏之甥也；夷鼓，彤魚氏之
> 甥也。其同生而異姓者，四母之子，別為十二姓，凡
> 皇帝之子二十五宗，其得姓者十四人，為十二姓，姬、
> 酉、祁、己、滕、葳、任、荀、僖、儇、依是也。唯青
> 陽與蒼林氏同于黃帝，故皆為姬姓。

〈魯語〉也說：

> 昔烈山氏之有天下也，其子曰柱，能殖百穀百蔬，夏之
> 興也，周棄繼之，故祀以為稷。共工氏之伯九有也，其
> 子曰后土，能平九土，故祀以為社。
> 黃帝能成命百物，以明民共財；顓頊能修之，帝嚳能序
> 三辰以固民，堯能單均刑法以儀民，舜勤民事而野死，鯀
> 鄣洪水而殛死，禹能以德修鯀之功，契為司徒而民輯，冥
> 勤其官而水死，湯以寬治民，而除其邪，稷勤百穀而山

死，文王以文昭，武王去民之穢。故有虞氏禘黃帝而祖
顓頊，郊堯而宗舜；夏后氏禘黃帝而祖顓頊，郊堯而宗
禹；商人禘舜而祖契，郊冥而宗湯；周人禘嚳而郊稷，
祖文王而宗武王。幕能帥顓頊者也，有虞氏報焉；杼
能帥禹者也，夏后氏報焉；上甲微能帥契者也，商人報
焉；高圉大王能帥稷者也，周人報焉。凡禘、郊、祖、
宗，報此五者，國之祀典也。

《國語》的成書年代早在田齊之前，從〈晉語〉記載看來，黃帝時代
已由母系社會跨入了父系社會，父系氏族制度已經建立起來[78]，因此
有二十五子、「四母之子，別為十二姓」之說。其中青陽、夷鼓且明
載其外家。能說出如此明確的宗、舅來歷，顯示這是宗法倫次結構已
形成時期的思維與安排。

　　〈魯語〉則前列股聖王，後安排典祀。就古聖王言，它羅列了
上古幾個大部族「烈山氏」、「共工氏」、黃帝、有虞氏，下至顓
頊、帝嚳、堯、舜、鯀、夏、商、周等創業垂統的幾位領袖與聖
賢，及其功業、德澤，因而有了後半部的世系與典祀；其典祀且因世
系的先後而有禘、郊、祖、宗等大小輕重的不同，然所述卻只限於黃
帝的姬姓後裔與世族，而不及「烈山氏」的「姜炎」部族與「共工
氏」。這樣的載述比《晉語》更明顯呈現著周代縝密的宗法禮制架構
與色彩。晉國是周成王之弟唐叔所封，姬姓諸侯；魯國則是周公所
封，亦姬姓諸侯，都是周王室的同姓諸侯，魯晉兩語相關於黃帝的載
述，明顯有著姬姓周人根據他們所循守的宗法倫常，安列了上古部落
領袖的德澤、功業、世系與尊卑的次序。換言之，在較早可靠的典籍
《國語》中，黃帝已被姬姓子孫歷史化、宗法化了，炎帝一族則不見

78　何炳武《黃帝與中華文化》，西安：陝西旅遊出版社，1999年4月，頁25-26。

羅列。《大戴禮。帝繫姓》、〈五帝德〉一系的說法，基本上應是此類觀點的擴充與衍伸。

　　黃帝與炎帝在關鍵性的阪泉一戰，把中國歷史文化的主體性與主軸性清楚作了決定。隨著子孫與部族的繁衍擴大，姬姓文化從此成了中國文化的主流與主體。中國文化說是炎黃文化，實際上是以姬黃禮樂宗法架構爲主軸的；當然，這還牽涉到整個周、魯文化與儒學文化的問題，一時無法說盡。我們再回到黃老議題，田齊掌權後，推崇黃帝爲遠祖的因由之上。

三、田齊的正名與一統志業

　　根據〈魯語〉的記載，炎帝部落的「烈山氏」是以農耕文明見長的，故又號「神農氏」。「共工氏」則擅長平土治水，俾便提供農耕文明較廣大平順的耕作空間。而黃帝部族，則是特別長於開啓民衆智慧，創造發明，以滋生貨財。這一方面，是時代先後，文明遞邅的自然現象；另一方面，也顯示著黃帝部族的優越與智慧。自黃帝以下，顓頊、帝嚳、帝堯、帝舜、夏、商、周各代，世世依次遞祀，以爲國之祀典。值得注意的是，〈魯語〉歷敘古部族若烈山氏、共工氏，都僅止於其文明的功業，無有典祀；所有禘、郊、祖、宗之祀都自黃帝始，以之爲禘祀之源，也就是說，確立了中國之有祀典，自黃帝始，此下四帝三代悉以黃帝爲始祖。這不但是《大戴禮記・帝繫姓》、〈五帝德〉一系載述的依據，也是司馬遷寫《史記》，以〈五帝本紀〉爲第一紀，又以黃帝爲第一帝的緣由之一。

　　因此，我們可以說，田齊在篡取姜齊後，哄抬黃帝，以爲自己有高遠優良的來歷。這樣的作法，既不是憑空捏造，也不是史無前例，他們因承借用了周、魯一系的黃帝族系說，來爲自己正身，搭上了周、魯一系的宗法便車，光鮮起自己的先祖。一個齊威王稱王前所鑄的「陳侯因齊敦」上銘文，清楚印證了這一事實，敦上銘文說：

唯正六月癸末，陳侯因齊（威王之名）曰：皇考孝武桓
公，恭哉！大謨克成，其唯因齊揚皇考，紹緟高祖黃
帝，邇嗣桓、文，朝問諸侯，發揚厥德……[79]

田齊第三代威王因齊，遠宗黃帝為「高祖」，說要紹續其統，近承
桓公午之大業，「朝問諸侯」，發揚其德，希望「大謨克成」。如
此的銘文，當做一生志業般，近乎誓言地鑄於敦上。齊威王（公元
前378-343年）本人是東周第一位稱「王」的諸侯，《史記·六國
年表》說：「威王始以齊強天下」，證諸其後宣王被孟子所點破的
「朝秦楚、蒞中國而撫四夷」的一統天下「大欲」，威王因齊敦上銘
文的「朝問諸侯」與「大謨克成」所指的雄心與大業，到宣王時，仍
是壯志不改，一脈相承的。[80]

　　從敦上銘文看來，田齊之推崇黃帝，動機不一，目的與功能也多
元。既有政權漂白的當下宣示目的，將自己的血統追溯到遠古的黃
帝；更有遠承當年黃帝的雄風，敗炎帝、滅蚩尤的功業，要做華夏
部族的一統大帝。當年，炎帝以農耕文明統領眾部落，黃帝後出益
強，消滅了他。兩千多年後，炎帝後人姜齊的小白以一個尊王攘夷的
霸業，實質上一統了天下的諸侯，再現當年炎帝的雄風；如今，田
齊正如當年的黃帝一樣，從姜炎手中又搶回了主導權，他們要擴大
基業，再造當年黃帝取代炎帝，一統天下各部族的威勢。這個「大
謨」經過威、宣兩朝的積極運作與經營，到了戰國末期的齊湣王時
代，雖然已是田齊政權之末，卻終於與西戎的秦並峙，稱了「東
帝」。要之，從田氏篡姜齊，對照當年黃帝之覆敗炎帝，田齊崇揚
「黃帝」，目的不是單一的。它既有漂白性的宣示，也有承繼式的威

---

[79] 郭沫若《兩周金文辭大系考釋》下編（北京：中華書局，2011年4月21日）。

[80] 參見胡家聰〈從《管子》看田氏齊國崇奉黃帝——兼論百家言黃帝的時代思潮〉《中國史研
究》，1990年第四期。

風；更重要的，它還有光大先人，重開格局的雄心。稷下學宮的開設，就是一個空前，也幾乎是絕後的大格局開展。齊威王曾經說，自己要「不鳴則已，一鳴驚人」，都是這種野心雄志的表白。當年，據〈魯語〉所說，黃帝以「明民共財」，開展新局，成了華夏歷史、文明、文化三合一的初祖；如今，田齊也想以類似稷下學宮這樣開闊的格局，來開展政治學術的空前新頁。這應該就是田齊稷下黃老學術，以「黃」爲名的因由。

　　而這樣雄偉的政治企圖與活動，稷下的學術群果然透過他們各自的學術專業，分從各種門類、各個角度去協助與推闡，於是各種各樣、豐富多元的黃帝面貌與豐功偉績紛紛出現。兵家說黃帝是深明數術，驍勇善戰的戰神；陰陽家說黃帝是以陰陽五行大治天下的成功帝王；道家《莊子》中的黃帝是自然無爲的傳道者；而黃老道家的黃帝，從馬王堆黃老帛書看來，則既是戰神、數術家，也是不折不扣的法君；而在數術家的論著中，黃帝成了通曉占卜的大巫師，在方技家的理論裡，黃帝成了養生的鼻祖。[81]我們相信除了〈魯語〉、〈晉語〉，乃至《山海經》中早期的記載外，後世許多相關於黃帝的載述中，一定有不少稷下學宮的變造與增衍，包括了司馬遷所審慎擇取入史的某些材料。只是如今漢志所載的那些黃帝附會之書悉多亡佚，這些增益變造的內容究竟有那些，也無從詳細考證了。

四、一心四面的一統霸雄

　　除了繼承、推衍與安排《國語》、《山海經》裡的黃帝形象與世系外，在黃老大本營——稷下學宮，或黃老重要典籍的理論中，黃帝的形象與思維究竟是如何地呈現？在稷下學宮的學術論集《管子》中，黃帝至少十餘見，這十餘見中，黃帝是一統的治者與聖君；

---

81 李笑岩〈從《漢志》藉錄及諸子文獻中辨析先秦時期地黃帝形象〉http：//www.jianbo.org/showarticle.asp?artideid＝1670，2009年8月7日。

〈五行〉說，黃帝得蚩尤、太常、奢龍、、祝融、大封、后土六相而「天地治」、「神明至」。〈任法〉中，黃帝治天下是，「使民不引而來，不推而往，不使而成，不禁而止……置法而不變，使民安其法。」道法兼治。在〈封禪〉裡，管仲口中，黃帝和無懷氏、宓犧、神農、炎帝、顓頊、帝嚳、帝堯、帝舜，以及夏、商、周三代聖王都曾封泰山，或禪云云，或禪會稽、社首，而黃帝則是禪亭亭。在〈地數〉、〈揆度〉、〈輕重戊〉各篇中，黃帝是個充分開發自然資源的統治者，也是火食的發明者。〈法法〉的黃帝，則和「唐虞」同樣，是「資在天下，制在一人」的隆盛之帝。這些篇章中的黃帝，形象儘管不完全一致，卻有一個共同的特點，都是「資在天下，制在一人」的高度中央集權的一統帝王，其形象與田齊所憧憬的一致。

　　在公認的黃老代表作，馬王堆三號漢墓出土的黃老帛書中，黃帝是個尚刑名的理想「法君」（見〈伊尹九主〉）。在記載黃帝較多的〈十大經〉中，黃帝是個「質始好信，……方四面、傅一心，四達自中，前參後參，左參右參，踐位履參」的「天下宗」。是個道、法結合，以一心統四方，無不順遂穩當的統治者。〈十大經‧正亂〉、〈五正〉詳細記載了兩次黃帝伐蚩尤的「義」戰，整個討伐過程。

　　從開始「胥」蚩尤之「窮節」而「因」之，到正式興兵征討，終而制裁戰敗，可謂步步深謀，招招嚴苛，顯現了十足的權謀與霸氣。在早先的階段裏，蚩尤「逆」形未顯，黃帝說：

　　　　勿驚勿戒，其逆事乃始，吾將遂是其逆而僇（戮）其
　　　　身，更置大直而合以信……我將觀其往事之卒而朿焉，
　　　　寺（侍）其來〔事〕之遂刑（形）而私（和）焉。壹朿
　　　　壹和……吾或使之自靡也。

等到時機成熟，單盈才、大（太）山之稽告訴他：「可矣」，黃帝於是「出其鏘鉞，奮其戎兵」以「遇之（蚩）尤」，終擒之。對於

「反義逆時」的蚩尤，這個號稱順「天道」以興「義」師的黃帝的處決是：

> 剝其□革以為干候，使人射之，多中者賞。劗其髮而建之天□，曰之（蚩）尤之旌。充其胃以為鞠（鞠），使人㩧之，多中者賞。腐其骨肉，投之苦酶（醢），使天下□集之。

此外，還鄭重其事地下了一道殺雞儆猴的戒令：

> 其上帝未先而擅興兵，視蚩尤共工。屈其脊使甘其裔，不死不生，憝為地楹。……謹守吾正名，毋失吾恆刑，以示后人。

從這裏，我們看到了原始而赤裸的上古酷刑，他們反映了一點《漢書·刑法志》裏所記載的那些肉刑的早期面貌。

〈十大經·五正〉也說：黃帝在戰蚩尤之前，曾接受閹冉的建議，上博望之山，屈身自求三年，然後「出其鏘鉞，奮其戎兵，身提鼓枹，以遇蚩尤，因而擒之」，擒蚩尤之後，還刑盟作令：

> 反義逆時，其刑蚩尤，反義背宗，其法死亡以窮。

有關黃帝戰蚩尤的故事，較早在《逸周書·嘗麥解》和《山海經·大荒北經》裡都有過驚天動地的記載。〈嘗麥解〉說：先是炎帝吃了東方九黎部族蚩尤的大虧，求救於黃帝，才擺平，殺了蚩尤。〈大荒北經〉的記載則說：黃帝和蚩尤這涿鹿一戰戰況很激烈，蚩尤似乎很懂得掌握天候，能呼風喚雨似地，弄得黃帝很頭痛。黃帝也頗懂天候，請來旱魃協助，以旱制風止水，終於贏了這場戰爭。從

〈大荒北經〉看來，黃帝是個能統帥調度各方的戰神。從《管子》和帛書〈十大經〉的記載，黃帝不只歷史化，而且逐漸霸權化、法君化，完全符合結合著法家思維後的一代霸主，甚至一統大帝的形象。這和黃老的源生地——田齊所冀求和努力塑造的聖主形象應該是一致的。換言之，藉由黃帝形象的陳述，以田齊爲根源的黃老學者塑造了一個割據分裂、征戰已極的時代，終極統治者的形象，「黃老」的「黃」，是一統獨尊、雄悍霸氣、驍勇善戰的。

五、黃、土居中，以統四方

齊國居瀕東海，是陰陽五行、神仙方術說的故鄉。不論陰陽學說或神仙方術，一般都認爲崛起於燕、齊，尤其是「齊」。陰陽學說與神仙方術是齊學的主要內容，而「五行」是陰陽學的核心議題，它較早出現在《尚書‧洪範》，但〈洪範〉中的「五行」只是五種民生日用物質元素，絲毫無涉於任何人事事物的搭配架構。和帝王位階、德、色尤其扯不上關係。載籍中較早將五行和帝位搭上關係的是《墨子》，〈貴義〉說：

> 帝以甲乙殺青龍於東方，以丙丁殺赤龍於南方，以庚辛殺白龍於西方，以壬癸殺黑龍於北方。

這裏於天干中缺漏了「戊己」，於五色與方位中，獨缺「黃色」與中央；依五行之序，這個「帝」應該是指序列「戊己」，位居「中央」的「黃」帝。這個「黃帝」或未必指軒轅氏；但一個中央黃帝統四方的觀念已經很清楚地形成。以後戰國鄒衍再採五行配帝德，講政權轉移之「主運」，隱喻的是黑色水德將代起。因爲，那時鄒衍在「北」方的燕，接受燕昭王「擁彗相迎」、築碣石宮的接待，故其說崇北、崇黑，講相勝、輪替、代起，不講中央統一問題。田齊看來並沒接受這個說法，他們所關心的，顯然是中央一統的架構，而不是輪替問題。

　　然而，在田齊稷下代表作《管子》裡，類似《墨子・貴義》那種突出中央、黃、土的觀念明白地顯示了出來。〈幼官（玄宮）〉一開始便挺出一個「居四方中」的黃色之君，他以「處虛守靜」來「和時節」、「治和氣」、「用五數」，以下青、赤、白、黑四君各守春、夏、秋、冬一時，分治燥、陽、濕、陰之氣。一種以中、黃統四方的思維強烈地凸顯了出來。此外，在〈四時〉裏，這樣的觀點又再一次凸顯，〈四時〉安列五方之位與君，分主四時之氣：「東方曰星」、「南方曰日」、「西方曰辰」、「北方曰月」，分主春、夏、秋、冬四時，各治風、陽、陰、寒之氣，惟獨「中央曰土」，其位「實」，「輔四時入出」，「其德和平用均，中正無私，實輔四時，春嬴齊，夏養長，秋聚斂，冬用藏……」，以成「歲德」，「四方乃朝」。清清楚楚就是一個以中央和輔四方、四時，尊顯其德的帝王氣象。不過，在〈幼官（玄宮）〉、〈四時〉中所凸顯的，仍然偏重於方位、節令、德、色的主從問題；以後，在〈五行〉中，中央一統帝王的氣象，便完完全全確立了。它直接抬出一個得六相以治四方、五聲，調和天人的大帝，就叫黃帝。從此所謂的中央、土、黃等等記號就不再是節候、方位問題，而是不折不扣的人事政治問題了。一個居中以統四方的中央集權的大帝——黃帝的形塑從此確立。

六、結論

　　綜觀中國傳統載籍與歷史，黃帝的形象與義涵是始源的、尊高的，也是強勢的、籠罩性的、壓倒性的，這是經過長時間的形塑與增生累積而成的。

　　有關「黃帝」的各種傳說與形塑並不始於田齊稷下的黃老；但從田齊稷下黃老思潮形成之前與其同時較為可靠的資料看來，「黃帝」原本應是遠古部落的領袖，或部落名，在其發展的過程中，他既積極英明，也努力地有為，近取相鄰部落——炎帝各族，遠平九黎後

裔——蚩尤各族，在遠古的部落社會時代，凸出地成為統領四方部落的領袖，是三代、堯舜以前遠古眾部落中最為顯赫、強大的，中國早期的許多部落似皆曾在他的籠罩統領之下。處於這樣的盛況，進入周代後，周人依著周代宗法倫理思維，開始為他編列世系，安置姓氏，這就是《國語》以及《山海經》的部分篇章中，有關黃帝世系載述的由來。而田齊在這一系列安排中本為陳國後人，是舜的後裔，追源溯祖，自然是姬姓的黃帝之後了。

田氏篡齊，再一次重演姬黃壓倒姜炎，取代姜炎的歷史。田齊政府似乎相當得意於這樣的歷史重合，因此，一方面為了扶正自己的名分，尊隆自己的來歷，大手筆地建造了空前，也幾乎是絕後的大學宮，一方面漂白自己的政權，改變他人對其篡奪政權的不良印象，廣納天下賢才，一如黃帝當年之收編各部族般，統羅各地學術政治的英雄豪傑，進行其「一鳴驚人」，一統天下學術、政治的偉大志業。這個工程，始於田午之末，大張於威、宣兩朝，中興於襄王，至湣王而衰滅，卻實現了「東帝」的大志。他們以稷下學宮為中心，因著學宮中來歷不一的各派人才，哄抬、推尊，於是一個多面向、多功能、全方位、無所不是、無所不能，幾乎是天、人、神三位一體的「黃帝」形象，終於半真半假地被塑造出基本型來。以後《大戴禮記‧帝繫》、〈五帝德〉、《史記‧五帝本紀》、《帝王世紀》、《路史》裏的那些「黃帝」內容，相信基本上都是這樣擴充、推衍出去的。

因此，可以說，田齊黃老學說之以「黃」為標幟，除了有外干功能的標示外，更重要的是，他們因趁著當時天下的亂勢，崇仰也想再展一次先祖的雄風，而「黃帝」在當時是一個雖雄偉，卻並不十分明朗的記號與影像；因此，他們重抬並且繼續補充強化這一影像，務使更為清晰鮮明，以作為自己圖強稱霸，甚至一統天下的標竿。因此，他們運用、推衍並轉化其故鄉——陳國哲學家老子的哲學，事實上也是當時正流行，且傳抄相當興盛的學說，烙印上其所哄抬的遠祖——黃帝的標幟，冶學術、政治為一爐，道家、法家兼採並收，各家

學說齊輔並治的黃老之學，大致上就是這樣形成的。

　　總之，黃帝自從出現在中國的載籍中，一直都是以強者的姿態與形象存在。從神話、傳說到歷史，黃帝一直是強勢的、雄偉的。其形像與內容經過長時間不斷擴充，地位不斷增高，這其中固然有些事實，但更多的是增益；不過，那已經不太重要了。重要的是，從田齊的黃老哄抬開始，經過司馬遷的確認，他已經被形塑推崇成了華族聚合、一統的至尊標記，也成了中國五千年文明、文化、歷史的第一巨人與權威了。

參考資料

一、古籍

1. 〔周〕不詳撰人・〔漢〕孔安國傳・〔唐〕孔穎達疏《尚書正義》，台北：藝文印書館，1997年。

2. 〔周〕左丘明撰・〔晉〕杜預注・〔唐〕孔穎達疏《春秋左傳正義》，台北：藝文印書館，1997年。

3. 〔周〕左丘明撰・〔晉〕杜預注・〔唐〕孔穎達疏《左傳正義》，台北：藝文印書館，2001年。

4. 〔周〕左丘明撰・〔三國・吳〕韋昭注《國語》，台北：藝文印書館，1951年。

5. 〔周〕老子著帛書《老子》，台北：河洛圖書出版社，1975年。

6. 〔周〕老子著・〔魏〕王弼注《老子王弼注》，台北：河洛圖書出版社，1974年10月。

7. 〔周〕莊周著・〔清〕郭慶藩集釋《莊子集釋》，台北：河洛圖書出版社，1974年3月。

8. 〔周〕不詳撰人・〔日〕安井衡纂詁《管子纂詁》，台北：河洛圖書出版社，1976年3月。

9. 〔周〕荀卿撰・〔清〕王先謙集解《荀子集解》，台北：藝文印書館，1973年9月。

10. 〔周〕韓非撰・陳奇猷校釋《韓非子校釋》，台北：漢京文化事業有限公司，1983年5月。

11. 〔周〕不名撰者・〔晉〕郭璞注・袁珂校注《山海經校注》，台北：里仁書局，1982年。

12. 〔秦〕呂不韋主編・許維遹集釋《呂氏春秋集釋》，台北：鼎文書局，1977年。

13. 〔漢〕賈誼撰・《新書》，台北：世界書局，1967年12月。

14. 〔漢〕劉安主撰・劉文典集解《淮南鴻烈集解》，台北：文史哲出版社，1985年9月。

15. 〔漢〕董仲舒撰・〔清〕凌曙注《春秋繁露注》，台北：世界書局，1967年12月。

16. 〔漢〕司馬遷撰・〔唐〕張守節正義・〔唐〕司馬貞索隱・〔宋〕裴駰集解《史記》，台北：藝文印書館，1961年月。

17. 〔漢〕班固撰・〔唐〕顏師古注・〔清〕王先謙補注《漢書》，台北：藝文印書館，1955年。

18. 〔劉宋〕范曄撰・〔梁〕劉昭補志・〔唐〕章懷太子李賢注・〔清〕王先謙集解《後漢書》，台北：藝文印書館，1955年。

19. 〔漢〕嚴遵撰・王德有點校《老子指歸》，北京：中華書局，1994年3月。

20. 〔漢〕不詳撰人・王卡點校《老子道德經河上公章句》，北京：中華書局，1993年8月。

21. 〔漢〕張道陵撰・饒宗頤校箋《老子想爾注校箋》，香港：作者自印，1950年。

22. 〔唐〕陸德明撰《經典釋文》，上海：上海古籍出版社，1985年。

23. 〔宋〕黃震《黃氏日鈔》，京都：中文出版社，1979年。

24. 〔宋〕李昉等《太平御覽》，台北：臺灣商務印書館，1968年。

25. 〔清〕王念孫《讀書雜志》，台北：臺灣商務印書館，1978年。

二、今籍

(一)專書

1. 羅根澤《諸子考索》，台北：泰順書局，翻印年份不詳。

2. 劉汝霖《周秦諸子考》，北平：文化學社，1929年6月。

3. 高　亨《老子正詁》，台北：藝文印書館，1940年4月。

4. 于省吾《殷契駢枝》，台北：藝文印書館，1943年。

5. 侯外廬《中國思想通史》第一卷，北京：人民出版社，1957年。

6. 郭沫若《十批判書》，北京：人民出版社，1957年。

7. 金谷治《老莊的世界——淮南子的思想》，京都：平樂寺書店，1959年1月。

8. 平岡禎吉《淮南子に現われた氣の研究》，東京：理想社，1961年3月。

9. 劉文典《淮南鴻烈集解》二十一卷，台北：臺灣商務印書館，1968年3月。（國學基本叢書四百種）

10. 楠山春樹《淮南子》，東京：明德出版，1971年4月。

11. 張立志《山東文化史研究甲編》，台北：文海出版社，1971年6月。

12. 胡遠濬《老子述義》，《無求備齋老子集成》，台北：藝文印書館，1977年。

13. 何如璋《管子集校》，日本：東豐書店，1981年（昭和五六年）10月。

14. 李豐楙《神話的故鄉——山海經》，台北：時報文化出版事業有限公司，1982年11月。

15. 羅振玉編《三代吉金文存》北京：中華書局，1983年。

16. 張舜徽《周秦道論發微》，台北：木鐸出版社，1983年。

17. 王　明《道家和道教思想研究》，重慶：中國社會科學出版社，1984年6月。

18. 錢　穆《先秦諸子繫年》，台北：東大圖書公司，1986年。

19. 王德有《道旨論》，濟南：齊魯書社，1987年。

20. 小野澤精一、福永光司、山井湧編著、李慶（中）譯《氣の思想——中國における自然觀と人間の展開》，上海：上海人民出版社出版，1990年。

21. 徐漢昌《管子思想研究》，台北：臺灣學生書局，1990年6月。

22. 陳麗桂《戰國時期的黃老思想》，台北：聯經出版社，1991年4月

23. 林麗娥《先秦齊學考》，台北：臺灣商務印書館，1992年2月。

24. 李學勤《簡帛佚書與學術史》，台北：時報出版社，1994年12月。

25. 卿希泰《中國道教史》第一冊，成都：四川人民出版社，1996年12月。

26. 蒙文通《中國哲學思想探源》，台北：臺灣古籍出版社，1997年。

27. 陳麗桂《秦漢時期的黃老思想》，台北：文津出版社，1997年2月。

28. 王雲度《劉安評傳》，南京：南京大學出版社，1997年5月，302頁。

29. 張雙棣《淮南子校釋》（全二冊），北京：北京大學出版社，1997年8月。

30. 李　增《淮南子哲學思想研究》，台北：洪葉文化，1997年10月，346頁。

31. 丁原明《黃老學論綱》，濟南：山東大學出版社，1997年12月。

32. 葛志毅、張惟明所撰《先秦兩漢的制度與文化》，哈爾濱：黑龍江教育出版社，1998年8月。

33. 何　寧《淮南子集釋》，北京：中華書局（新編諸子集成一），1998年10月。

34. 王繼如《淮南子譯注》，台北：建安書局，1998年11月。

35. 張運華《先秦兩漢道家思想研究》，長春：吉林教育出版社，1998年12月。

36. 陳德和《淮南子的哲學》，嘉義：南華管理學院出版社，1999年2月。

37. 何炳武《黃帝與中華文化》，西安：陝西旅遊出版社，1999年4月。

38. 許匡一《淮南子》，台北：臺灣古籍出版社，2000年4月（中國古籍大觀子部之書）。

39. 戴卡琳《解讀《鶡冠子》——從辯論學的角度》，瀋陽：遼寧教育出版社，2000年10月。

40. 陳麗桂《新編淮南子（上）・（下）》，台北：國立編譯館出版，鼎文書局總經銷，2002年4月。

41. 孫以楷編、陳廣忠、梁宗華著《道家與中國哲學・漢代卷》，北京：新華書店，2004年6月。

42. 孫紀文《淮南子研究》，北京：學苑出版社，2005年7月。

43. 于大成《淮南鴻烈論文集》（上）、（下），台北：里仁書局，2005年12月。

44. 金春峰《漢代思想史》，北京：中國社會科學院，2006年2月增補3版。

(二)單篇論文

1. 期刊論文

《淮南子》

(1) 姚　璋〈淮南王書中的哲理〉（上），《光華大學半月刊》第4卷1、2期（合刊），頁41-73，1935年10月10日。

(2) 姚　璋〈淮南王書中的哲理〉（下），《光華大學半月刊》第4卷3期，頁53-60，1935年11月10日。

(3) 徐復觀〈淮南子與劉安的時代〉，《大陸雜誌》第47卷第6期，頁1-42，1973年12月。

(4) 陳麗桂〈淮南子論修養〉，《國立中央圖書館刊》新20卷1期，頁45-64，1987年6月。

(5) 陳麗桂〈淮南子的無為論〉，收入台灣師大《國文學報》第17期，頁108-115，1988年6月。

(6) 王永祥〈漢代唯物主義的道氣同一性——《淮南子》道、氣轉化的同一性〉，收入在王永祥《中國古代同一思想史》，濟南：齊魯書社，頁161-167，1991年5月。

(7) 陳麗桂〈淮南子裡的黃老思想〉收入《中國學術年刊》第14期，

頁113-159，1993年3月。

(8) 張運華〈漢代道家理論的代表——《淮南子》〉，《先秦兩漢道家思想研究》，長春：吉林教育出版社，1998年12月，頁197-231。

(9) 周桂鈿〈融合諸子學說，建立宇宙論體系——《淮南鴻烈》〉，《秦漢思想史》8，武漢：湖北人民出版社，2000年1月，頁77-78。

(10) 陳鼓應〈從《呂氏春秋》到《淮南子》論到家在秦漢哲學史上的地位〉，《文史哲學報》第52期，頁41-91，2000年6月。

《老子指歸》

(1) 嚴靈峰〈嚴遵老子指歸中總序與說目的真偽問題〉，《大陸雜誌》第64卷第2期，1982年2月，頁88-92。

(2) 鄭萬耕〈嚴君平哲學思想概述〉，《北京師範大學學報（社科版）》1984年第3期，頁48-54。

(3) 王德有〈《老子指歸》自然觀初探〉，《哲學研究》，1984年第9期，頁60-66。

(4) 那　薇〈嚴君平《道往指歸》淺析〉，《社會科學研究》1985年第3期，頁96-100。

(5) 鍾肇鵬〈嚴遵的《老子指歸》及其哲學和政治思想〉，《世界宗教研究》1985年第2期，頁33-49。

(6) 那　薇〈試析嚴君平的直覺思維〉，《哲學研究》1988年第10期，頁47-54。

(7) 那　薇〈嚴君平所崇尚的理想人格〉，《孔子研究》1990年第2期，頁34-40。

(8) 王德有〈嚴遵與王充、王弼、郭象之學源流〉，《道家文化研究》第4輯，1994年3月，頁222-231。

(9) 鄧星盈、黃開國〈試論嚴君平的學求思想〉，《社會科學研究》，1997年第6期，頁92-95。

⑽吳儀鳳〈《老子》王弼注，河上公注，嚴遵《道德指歸》三家注本比較〉，《孔孟月刊》第36卷第6期，1998年2月，頁16-23。

⑾趙雅博〈從《道德指歸》看嚴遵的思想（上）、（下）〉，《哲學與文化》第26卷第1期，1999年1月，頁2-14；第26卷第2期，1999年2月，頁100-116。

⑿鄭良樹〈《老子》嚴遵本教記〉，《書目季刊》第32卷第4期，1999年3月，頁23-51。

⒀張　濤〈嚴遵易學思想淺析〉《內蒙古師大學報（哲學社會科學版）》第28卷第3期，1999年6月，頁39-41。

⒁張實龍〈嚴君平解讀《老子》之方法〉，《安慶師範學院學報（社會科學版）》第18卷第4期，1999年8月，頁27-31。

⒂陳廣忠〈嚴遵《老子指歸》的思想特色〉，《中國文化研究所學報》（香港中文大學），2000年第9期，頁24-265。

⒃王　萍〈嚴遵、揚雄的道家思想〉，《山東大學學報》（哲學社會科學版）2000年第1期，頁72-77。

⒄蔡振豐〈嚴遵、河上公、王弼三家《老子》注的詮釋方法及其對道的理解〉，台大《文史哲學報》第25期，2000年6月，頁93-118

⒅張運華〈《老子指歸》「道開虛無」的自然哲學〉《湘潭大學社會科學學報》第24卷第4期，2000年8月，頁24-27。

《老子想爾注》

⑴陳世驤〈《想爾》老子道德經敦煌殘卷論證〉，《清華學報》，第1卷第2期，1957年6月，頁41-62。

⑵李　剛〈道教老學的誕生──《老子想爾注》〉，《安徽大學學報（哲學社會科學版）》，1993第1期，頁40-46。

⑶錢順清〈道教與黃帝、老子及張道陵〉，《中國道教》，1994年第4期，頁51-53。

⑷鍾肇鵬〈老子想爾注及其思想〉，《世界宗教研究》，1995年第2期，頁57-62, 155-156，1995年6月。

⑸鄭燦山〈敦煌寫本《老子想爾注》之思想特色與架構〉，《中國文化月刊》，第192期，頁90-101，1995年10月。

⑹唐明邦〈《老子想爾注》——道教祖師宣道的金科玉律〉，《宗教學研究》，1995年第1-2期（總27期），頁1-7。

⑺鍾肇鵬〈《老子想爾注》及其思想〉，《世界宗教研究》，1995年第2期，頁57-62。

⑻瀚　青〈《老子想爾注》教育思想簡論〉，《世界宗教研究》，1996年第1期，頁91-98。

⑼張運華〈從《老子想爾注》看道家思想的神學化〉，《人文雜誌》，1996年第3期，頁12-17。

⑽湯其領〈張陵蜀地創道初探〉，《徐州師範大學學報（哲學社會科學版）》，1997年第3期，頁109-113。

⑾馬承玉〈《想爾》釋義——《老子想爾注》與《四十二章經》之關係〉，《世界宗教研究》，1998年第4期，頁135-137。

⑿寶陽子〈蜀方志中有關張道陵的幾則資料〉，《宗教學研究》，1998年第2期，頁61-62。

⒀梁宗華〈道家哲學向宗教神學理論的切換——《老子想爾注》「道」論剖析〉，《哲學文化》，1999年第8期，頁51-57。

⒁李豐楙〈老子《想爾注》的形成及其道教思想〉，《東方宗教研究》，新1期，頁155，1999年10月。

⒂梁宗華〈道家哲學向宗教神學理論的切換——《老子想爾注》道的剖析〉複印報刊資料（中國哲學），1999年第9期，頁28，1999年11月。

⒃鍾來茵〈華夏文化史上的兩塊里程碑——《老子》與《老子想爾注》〉，《東南文化》2000年第7期（總135期），頁70-76，2000年7月。

⒄魏　峽〈張陵「客蜀」創道新解〉，《宗教學研究》，2000年第3期，頁60-66。

⒅潘　顯〈「道美」：妙不可言？——論道教美學思想從《河上公

章句》道到《想爾注》的轉變〉，《四川大學學報（哲學社會科
學版）》2000年第4期（總第109期），頁39-440。

⒆黃永峰〈張陵養生思想片論〉，《中華文化論談》，2004年第3
期，頁107-110。

⒇唐　建〈天師張陵族系及里籍考辯〉，《宗教學研究》，2005年
第3期，頁4-8。

漢代學術、漢代道家

⑴田中麻紗巳〈の道家思想について──處世實踐における考
察〉，《東方學》第50輯，頁51-65，1975年7月。

⑵胡家聰〈從《管子》看田氏齊國崇奉黃帝──兼論百家言黃帝的
時代思潮〉，《中國史研究》，1990年第四期。

⑶王　博〈論《黃帝四經》產生的地域〉，《道家文化研究》第3
輯，1993年3月，頁223-240。

⑷龔鵬程〈《老子道德經想爾》辨義〉，《道教文化》，第5卷第9
期，頁2，1994年9月。

⑸王澤應〈漢代道家的義利學說〉，《衡陽師專學報》（社科版）
第19卷第1期，頁7-11，1995年2月。

⑹陳麗桂〈從《太平經》看道教對黃老理論的附會與轉化〉，《中
國學術年刊》16期，頁27-52，1995年3月。

⑺張運華〈道家思想與漢代學術〉，《世界宗教研究》1995年第3期
（總61期），頁77-85，1995年9月。

⑻于迎春〈漢代道家思想的興盛及其對文人的影響〉，《齊魯學
刊》1996年第1期，頁17-22，1996年1月。

⑼陳麗桂〈從《新書》看賈誼融合儒道法的思想要論〉，《中國學
術年刊》第25期，頁40-41，1996年6月。

⑽詹哲裕〈漢末魏晉時耆老莊學說對儒家禮法思想的衝擊〉，《復
興崗學報》第57期，頁107-140，1996年6月。

⑾陳廣忠〈漢代道家的宇宙論〉，《中國文化研究》1996年第3期

（總13期），頁39-43，1996年8月。

⑿劉厚琴〈漢初新道家的作用與特點〉，《遼寧師範大學學報》
1997年第3期（總113期），頁67-70，1997年5月。

⒀葛　亮〈漢代的《莊子》研究與《莊子》影響〉，《天津師大學
報》（社科版），1997年第5期，頁51-54，1997年10月。

⒁楊秀實〈黃老思想與東漢政治〉，《華中師範大學學報》（哲社
版）第37卷第2期，頁90-94，1998年3月。

⒂王萍、劉保良〈論班固的道家思想〉，《山東大學學報》1998年
第3期，頁103-108，1998年7月。

⒃王克奇〈漢代的道家和異端思想〉，《文史哲》1998年第5期，頁
79-85，1998年。

⒄施舟人〈道與吾〉，收入陳鼓應主編《道家文化研究》第十五輯
（北京：生活・讀書・新知三聯書店），頁399-403，1999年3
月。

⒅鄭燦山〈漢唐《道德經》注疏輯佚〉，《國家圖書館館刊》1999
年第2期，頁145-203，1999年12月。

⒆譚久華〈西漢初年的統治思想及其產生的原因〉，《黔東南民族
師專學報》2000年第4期，頁14-15，2000年。

⒇鮑新山〈西漢前期黃老思想與儒家學說的興衰沉浮〉，《西北
第二民族學院學報》（哲社版）2000年第4期（總47期），頁
14-20，2000年。

(21)姜　生〈東漢原始道教與政治考〉，《社會科學研究》2000年第3
期（總128期），頁84-89，2000年5月。

(22)王　萍〈漢初道家思想的流傳〉，《山東大學學報》2000年第3
期，頁60-67，2000年5月。

(23)陳鼓應〈先秦道家之禮觀〉，《漢學研究》第18卷第1期，頁
1-22，2000年6月。

(24)余明光〈黃老無為而治與西漢前期社會經濟的重建〉，《湘潭大
學社會科學學報》2000年第5期，頁76-80，2000年10月。

⑵ 尚永亮〈《莊子》在兩漢之傳播接受〉，《文學評論》2001年第3期，頁89-96，2001年5月。

⑵ 王　萍〈道家思想在東漢中後期的發展〉，《東岳論叢》2001年第5期，頁78-81，2001年9月。

⑵ 劉章烈、江泰然〈黃老之學對西漢及當代中國的啓示〉，《地方政府管理》2001年第11期，頁33-34，2001年11月。

⑵ 劉曉東〈漢代黃老之學到老莊之學的演變〉，《山東大學學報》（社科版）2002年第1期，頁21-25，2002年1月。

⑵ 陳鼓應〈漢代道家易學鉤沉〉，《台大文史哲學報》第57期，頁43-65，2002年12月。

⑶ 林永強〈漢出道家思想指導地位的確立〉，《黑龍江農星師專學報》2003年第1期，頁39-42，2003年1月。

⑶ 鄭良樹〈西漢《老子》古義〉，《中文學刊》第3期，頁35-46，2003年12月。

⑶ 馬良懷〈論漢晉之際道家思想的發展〉，《廈門大學學報》（哲社版）2005年第1期，頁72-80，2005年1月。

⑶ 杜宗才〈試論漢代道家的生態和諧觀〉，《河南師範大學學報》（哲社版）第35卷第3期，頁37-40，2008年5月。

⑶ 程雅君〈先秦兩漢道家哲學對中醫學生命觀的影響〉，《宗教學研究》2008年第4期，頁31-36，2008年12月。

⑶ 張濤、王榮優〈東漢道教易學的形成和發展〉，《南都學壇》第29卷第4期，頁1-6，2009年7月。

2. 專書論文

⑴ 羅根澤〈莊子外雜篇探源〉，原載《燕京學報》第39期，1936年，後收入《諸子考索》頁282-312中，台北：泰順書局翻印，翻印年月不詳。

⑵ 黃錦鋐〈莊子書的考證〉，《新譯莊子讀本》，台北：三民書局，1974年。

⑶祝瑞開〈心術上派和心術下派的分歧及其對後來哲學的影響〉，《先秦社會和諸子思想新探》，福州：福建人民出版社，1981年。

⑷郭沫若〈稷下黃老學派的批判〉，收入《郭沫若全集》第二卷歷史編《十批判書》，北京：北京人民出版社，1982年。

⑸蒙培元〈《呂氏春秋》、《淮南子》中的自然素樸論〉，收入在蒙培元《中國心性論》，台北：臺灣學生書局，1990年4月。

⑹王志民主編《齊文化概論‧序》，濟南：山東人民出版社，1993年1月。

⑺楊寄林《太平經釋讀》，《中華道學通典‧六》，海口：南海出版社，1994年4月。

⑻張立文〈《淮南子》的心為身本〉，收入在張立文《心》，台北：漢興書局有限公司，頁77-82，1994年5月。

⑼張立文〈《淮南子》宇宙生氣的思想〉，收入在張立文《氣》，台北：漢興書局有限公司，頁57-62，1994年5月。

⑽丁原明〈《淮南子》對管子四篇哲學思想的繼承和發展〉，《管子學刊》，1995年第3期，頁7-13，1995年。

⑾丁原明〈《淮南子》對黃老學的總結〉，收入在丁原明《黃老學論綱》，濟南：山東大學出版社，頁302-332，1997年12月。

⑿葛志毅、張惟明〈黃帝與黃帝之學〉，《先秦兩漢的制度與文化》，哈爾濱：黑龍江教育出版社，1998年8月。

⒀陳廣忠〈《淮南子》研究〉，《中國道家新論》，合肥：黃山書社，2001年9月，頁289-386。

⒁汪高鑫〈漢出到家的史學貢獻與史學思想——司馬談的史學貢獻與史學思想〉，汪高鑫主編《中國史學思想通史》，合肥：黃山書社，頁135-150，2002年12月。

《老子指歸》

⑴嚴靈峰〈辨嚴遵《道德經指歸論》非偽書（附上卷輯佚）〉，

《嚴遵道德指歸論六卷》書前，收入《無求備齋老子集成》之一，台北：藝文印書館，1965年。

⑵王德有〈《老子指歸》之道〉，《道與論》濟南：齊魯書社，1987年9月。

⑶賈順先、戴大祿〈嚴遵的生平和著作〉，《四川思想家》，成都：巴蜀書社，頁3-34，1988年。

⑷那　薇〈河上公《老子章句》的治身養性思想〉，牟鍾鑑、胡孚琛、王葆玹主編《道教通論——兼論道家學說》，濟南：齊魯書社，頁311-320，1991年。

⑸那　薇〈嚴君平的《老子指歸》〉，牟鍾鑑、胡孚琛、王葆玹主編《道教通論——兼論道家學說》，濟南：齊魯書社，頁301-311，1991年。

⑹那　薇〈東漢道家向養生的轉化——《老子河上公注》〉，那薇《漢代道家的政治思想與直覺體悟》，濟南：齊魯書社，頁242-261，1992年。

⑺那　薇〈東漢後期道向道教的演變——《老子想爾注》〉，那薇《漢代道家的政治思想與直覺體悟》，濟南：齊魯書社，頁262-278，1992年。

⑻那　薇〈兩漢之交道家對現實的批判和直覺體悟——《道真經指歸》〉，那薇《漢代道家的政治思想與直覺體悟》，濟南：齊魯書社，頁148-246，1992年。

⑼王利器〈道藏本《道德真經指歸》提要〉，《王利器論學雜著》，台北市：貫雅文化出版社，頁424-456，1992年。

⑽張國華〈《老子指歸》的道家思想〉，《中國秦漢思想史》，北京市：人民出版社，頁177-184，1994年。

⑾熊鐵基〈嚴遵在老學中的地位〉，熊鐵基《中國老學史》，福州：福建人民出版社，頁167-180，1995年。

⑿張運華〈道家自然思想的重大發揮——《老子指歸》〉，《先秦兩漢道家思想研究》，長春：吉林教育出版社，頁257-286，1998

年。

⒀張運華〈身國並重的道家養生論──《老子河上公注》〉，《先
　秦兩漢道家思想研究》，長春：吉林教育出版社，頁287-306，
　1998年。

《老子河上公章句》

⑴王　明〈老子河上公章句考・序說〉，收入《道家道教思想研
　究》，頁293-304，重慶：中國社會科學出版社，1984年6月出
　版。

⑵黃　釗〈嚴遵、河上公等對道家學說的新貢獻〉，《道家思想史
　綱》第十一章，長沙：湖南師範大學出版社，頁212-224，1991
　年。

⑶張國華〈《老子河上公章句》的道家思想〉，《中國秦漢思想
　史》，北京市：人民出版社，頁184-186，1994年。

⑷熊鐵基〈河上公章句〉，熊鐵基《中國老學史》，福州：福建人
　民出版社，頁181-193，1995年。

⑸李　增〈論河上公注老之氣化宇宙論觀特色〉，《哲學與文化》
　第30卷第9期，頁93-107，2003年9月。

《老子想爾注》

⑴嚴靈峰〈「老子想爾注教箋」與「五千字的來源」〉，嚴靈峰
　《老莊研究》，台北：中華書局，頁403-417，1966年。

⑵嚴靈峰〈再論「老子想爾注」與「五千文」〉，嚴靈峰《老莊研
　究》，台北：中華書局，頁418-432，1966年。

⑶嚴靈峰〈老子「想爾注」寫本殘卷質疑〉，嚴靈峰《老莊研
　究》，台北：中華書局，頁433-459，1966年。

⑷湯一介〈《老子想爾注》與《老子河上公注》〉，《魏晉南北朝
　時期的道教》，台北：東大圖書股份有限公司，頁95-129，1988
　年。

⑸黃　釗〈《老子想爾注》及其對道家思想的曲解〉，《道家思想

史綱》第十二章，長沙市：湖南師範大學出版社，頁245-251，1991年。

(6)李　剛〈道教老學的發生──《老子想爾注》〉，李剛《漢代道教哲學》，成都：巴蜀書社，頁218-243，1995年5月。

(7)卿希泰〈五斗米到東西蜀的創立和傳播──《老子想爾注》的基本思想〉，卿希泰《中國道教史（第一卷）》，156-200頁，1996年12月。

(8)張運華〈以神學注解《老子》的《老子想爾注》〉，張運華《先秦兩漢道家思想研究》，長春：吉林教育出版社，頁344-364，1998年12月。

(9)趙中偉〈道者，天下萬事之本──《老子想爾注》的形上思維〉，《道者，萬物之宗──兩漢道家形上思維研究》，台北：洪葉文化事業有限公司，頁319-367，2004年。

3.論文集論文

(1)戴君仁《雜家與淮南子》，收入于大成主編《淮南子論文集》，台北：文光出版社，頁1-26，1975年12月。

(2)周駿富《淮南子與莊子的關係》，收入于大成主編《淮南子論文集》，台北：文光出版社，頁27-30，1975年12月。

(3)謝天佑、王家範合撰《評淮南子的無為思想》，《中華文史論叢》第1期總17號，上海：上海古籍出版社，頁231-254，1981年2月。

(4)陳　槃〈史記齊太公世家補註（上）〉，《史語所集刊》五十三本三分，《紀念趙元任先生論文集》，頁1-25，1982年12月。

(5)劉昭瑞〈論《老子想爾注》中的黃容「偽技」與天師道「合氣」說〉，《道家與文化研究》，第七輯，頁284-293，1995年6月。

(6)陳鼓應〈初讀簡本《老子》〉，收入美國達慕斯大學主辦「郭店《老子》國際研討會」論文集，1998年5月22-26日。

(7)趙中偉〈天人之際，大道畢矣──嚴遵天人思想研究〉，「第二

屆漢代文學與思想學術研討會」論文，國立政治大學中文系主
辦，1999年。

(8) 陳麗桂〈《荀子・解蔽》與《管子》四篇心術論的異同〉，收入
《劉正浩教授七十壽慶榮退紀念文集》，台北：文史哲出版社，
頁143-164，1999年。

(9) 朱越利〈《老子想爾注》的結精術〉，「第二屆海峽兩岸道教學
術研討會」論文集，頁1-25，1999年3月4日。

(10) 吳相武〈關於《河上公注》成書年代〉，陳鼓應主編《道家文化
研究》第十五輯（北京：生活・讀書・新知三聯書店），1999年3
月，頁209-246。

(11) 吳相武〈《老子想爾注》之年代和作者考〉，陳鼓應主編《道家
文化研究》第十五輯，北京：生活・讀書・新知三聯書店，1999
年3月，頁247-264。

(12) 陳麗桂〈淮南子與春秋繁露感應思想的異同〉收入輔仁大學所主
辦第一屆「先秦兩漢學術研討會」論文集《先秦兩漢論叢》第一
輯，1999年7月，頁155-182。

(13) 羅　因〈《老子指歸》的養生思想〉，「第二屆漢代文學與思想
學術研討會」論文，國立政治大學中文系主辦，2007年3月24-25
日。

(14) 羅　因〈戰國秦漢《老子》養生思想的發展──從簡本《老子》
到《老子指歸》〉，「先秦文本與出土文獻國際學術研討會」論
文，國立台灣大學中文系主辦，2008年12月27-28日。

4. **網路論文**

(1) 李笑岩〈從《漢志》藉錄及諸子文獻中辨析先秦時期地黃帝形
象〉http：//www.jianbo.org/showarticle.asp?artideid＝1670，2009
年8月7日。

(三) **學位論文**

1. 陳儷文《《老子指歸》──書「道」義涵之探索》，新北市：輔

仁大學中文研究所碩士論文，1996年6月，曾春海指導。

2. 劉為博《嚴遵《老子指歸》研究》，台北：國立台灣師範大學國文研究所碩士論文，2000年5月，陳麗桂指導。

3. 謝志祥《道家「自生」概念史研究——從先秦到東晉》，台中：靜宜大學中國文學研究所碩士論文，148頁，2006年6月，胡森永指導。

4. 張鴻愷《漢代老學之發展與變遷》，高雄：高雄師範大學國文學系博士論文，343頁，2008年6月，蔡崇明指導。

Note

國家圖書館出版品預行編目資料

漢代道家思想／陳麗桂著. ― 初版. ― 臺
北市：五南圖書出版股份有限公司，2013.11
　　面；　　公分

ISBN 978-957-11-7277-4（平裝）

1.道家　2.老莊哲學　3.漢代

121.3　　　　　　　　102016011

1X3S　五南當代學術叢刊 09

漢代道家思想

作　　　者 ― 陳麗桂

編輯助理 ― 王柏鈞　孫以強　張倚郡　簡汝恩　羅羽淳

發 行 人 ― 楊榮川

總 經 理 ― 楊士清

總 編 輯 ― 楊秀麗

副總編輯 ― 黃惠娟

責任編輯 ― 吳佳怡

出 版 者 ― 五南圖書出版股份有限公司

地　　　址：106台北市大安區和平東路二段339號4樓

電　　　話：(02)2705-5066　　傳　　真：(02)2706-6100

網　　　址：https://www.wunan.com.tw

電子郵件：wunan@wunan.com.tw

劃撥帳號：01068953

戶　　　名：五南圖書出版股份有限公司

法律顧問　林勝安律師事務所　林勝安律師

出版日期　2013年11月初版一刷
　　　　　2022年 5 月初版二刷

定　　　價　新臺幣480元

經典永恆・名著常在

五十週年的獻禮 —— 經典名著文庫

五南，五十年了，半個世紀，人生旅程的一大半，走過來了。

思索著，邁向百年的未來歷程，能為知識界、文化學術界作些什麼？

在速食文化的生態下，有什麼值得讓人雋永品味的？

歷代經典・當今名著，經過時間的洗禮，千錘百鍊，流傳至今，光芒耀人；

不僅使我們能領悟前人的智慧，同時也增深加廣我們思考的深度與視野。

我們決心投入巨資，有計畫的系統梳選，成立「經典名著文庫」，

希望收入古今中外思想性的、充滿睿智與獨見的經典、名著。

這是一項理想性的、永續性的巨大出版工程。

不在意讀者的眾寡，只考慮它的學術價值，力求完整展現先哲思想的軌跡；

為知識界開啟一片智慧之窗，營造一座百花綻放的世界文明公園，

任君遨遊、取菁吸蜜、嘉惠學子！